달인의 한국사능력검정시험 중급 3·4급

달인의 한국사능력검정시험 중급 3·4급

지은이 이재령
펴낸이 임상진
펴낸곳 도서출판 넥서스

초판 1쇄 발행 2017년 3월 30일
초판 2쇄 발행 2017년 4월 05일

출판신고 제 406-251002011000302호.
10880 경기도 파주시 지목로 5(4층)
Tel (02)330-5500 Fax (02)330-5555
ISBN 978-89-98454-81-4 13910

저자와 출판사의 허락 없이 내용의 일부를 인용하거나
발췌하는 것을 금합니다.

가격은 뒤표지에 있습니다.
잘못 만들어진 책은 구입처에서 바꾸어 드립니다.
www.nexusbook.com

달인의 한국사 능력검정시험

중급 3·4급

이재령 지음

넥서스

이 책을 펴내며

안녕하세요. 역사 강사 이재령입니다.

최근 들어 한국사에 대한 관심이 날로 높아지고 있으며 대학수학능력시험뿐만 아니라 여러 기업체에서도 한국사 능력을 요구하고 있는 추세입니다. 그래서 저는 국사편찬위원회가 주관하는 인증 시험인 한국사능력검정시험 중급을 2주 만에 완벽하게 대비할 수 있는 〈달인의 한국사능력검정시험〉을 출간하게 되었습니다.

한국사능력검정시험을 준비하는 수험생들이 좀더 쉽고 재미있게 공부할 수 있도록 구성하였으므로 여러분들께 많은 도움이 되길 바랍니다.

자~ 그럼 지금부터 한국사능력검정시험의 합격 법칙에 대해서 설명해 드리겠습니다. 이 책을 볼 때 다음과 같은 내용들을 항상 유의하면서 공부하세요.

첫째, 시간·공간·인물(유물)을 함께 공부하라!

역사는 '과거에 일어났던 사실'을 총칭하는 말입니다. 따라서 각 시대의 흐름을 파악하는 것과 동시에 사건을 주도했던 인물이나 유물이 있었던 장소를 함께 공부해야 합니다.

둘째, 역사가 가지고 있는 의미를 파악하라!

역사는 '역사가가 서술한 기록 등을 해석하여 가장 합당한 사실을 도출'하는 것입니다. 따라서 어떠한 사건에 해당하는 사료 등을 해석하여 원인과 결과를 파악하고 그것이 가지는 성격과 의미, 한계를 꼭 기억하세요.

셋째, 기출문제를 보면 답이 보인다!

기출문제는 단순히 문제 유형을 알기 위해서만 풀어보는 것이 아닙니다. 한국사능력검정시험 중급에 해당하는 문제들은 내용상 한계가 있기 때문에 기출문제를 꼭 확인하셔야 합니다. 물론 제시문에서 똑같은 사료가 다른 회차에 출제되는 것은 드물지만 선택지의 내용이나 사진 등은 반복해서 출제가 됩니다. 따라서 기출문제의 선택지를 유심히 살펴보면서 공부하세요.

위에서 언급했던 방식대로 공부를 한다면 충분히 합격의 영광을 누릴 수 있으리라 생각됩니다. 하지만 저는 여러분이 단순히 '합격의 영광'만으로 끝나지 않았으면 좋겠습니다. 역사를 공부하는 여러 가지 이유 중에 하나는 바로 '교훈'을 얻을 수 있다는 점입니다. 부디 우리의 조상들이 살아왔던 역사를 통해 교훈을 얻고 그냥 '착하게 사는 삶'이 아니라 '올바르게 사는 삶'이 어떤 것인지 한 번쯤 생각하는 계기가 되었으면 하는 바람을 가집니다.

저자 이재령

한국사능력검정시험이란?

1 목적
- 우리 역사에 대한 관심을 확산·심화시키는 계기를 마련함.
- 고차원적 사고력과 문제 해결 능력을 육성함.
- 균형 잡힌 역사의식을 갖도록 함.
- 역사 교육의 올바른 방향을 제시함.

2 응시 대상
한국사에 관심 있는 대한민국 국민(외국인도 가능)
- 한국사 학습자
- 상급 학교 진학 희망자
- 기업체 취업 및 해외 유학 희망자
- 교원임용시험(3급 이상) 응시 자격을 부여 받기 위한 수험생 등

3 특징
한국사 학습 능력을 측정할 수 있는 대표적인 시험입니다. 응시자의 계층이 매우 다양합니다. 한국사능력검정시험은 입시생이나, 각종 채용 시험과 같은 동일한 집단이 아니라 다양한 연령층과 직업군을 가진 사람들이 응시하고 있습니다. 한국사에 대한 관심과 애정만 있다면 응시자의 학력 수준이나 연령 등은 더욱 다양해질 것입니다. 본 시험은 국가기관인 국사편찬위원회가 주관합니다. 우리의 역사에 대한 자료를 관장하고 있는 교육부 직속 기관인 국사편찬위원회가 주관·시행을 함으로써, 수준 높고 참신한 문항과 공신력 있는 관리를 통해 안정적인 시험 운영을 하고 있습니다. 이는 '선발 시험'이 아니라 '인증 시험'입니다. 합격의 당락을 결정하는 선발 시험의 성격이 아니라 한국사의 학습 능력을 인증하는 시험입니다.

4 시험 구분

구분	등급	평가 내용	합격 기준 (100점 만점)	
고급	1, 2급	한국사 심화 과정으로 차원 높은 역사 지식, 통합적 이해력 및 분석력을 바탕으로 시대의 구조를 파악하고, 현재의 문제를 창의적으로 해결할 수 있는 능력 평가	1급	70점 이상
			2급	60~69점
중급	3, 4급	한국사 기초 심화 과정으로 한국사에 대한 기본적인 이해를 바탕으로 한국사의 흐름을 대략적으로 이해할 수 있는 능력과, 전반적인 이해를 바탕으로 한국사의 개념과 전개 과정을 체계적으로 파악할 수 있는 능력 평가	3급	70점 이상
			4급	60~69점
초급	5, 6급	한국사 입문 과정으로 한국사에 대한 흥미와 관심을 가지고 있으면 누구나 이해할 수 있는 기초적인 역사 상식을 평가	5급	70점 이상
			6급	60~69점

5 문항 유형과 문항 수

구분	문제 유형	형식	문항 수
중급	선택형(객관식)	5지 택 1형	50문항

6 접수 방법과 응시 수수료

접수 방법	한국사능력검정시험 홈페이지 (http://www.historyexam.go.kr)	
응시 수수료	중급	16,000원

7 시험 시간

구분	시간	형식	소요 시간
중급 (3,4급)	10:00~10:10	오리엔테이션(시험 시 주의사항)	10분
	10:10~10:15	신분증 확인(감독관)	5분
	10:15~10:20	문제지 배부 및 파본 검사	5분
	10:20~11:40	시험 실시(50문항)	80분

이 책의 구성

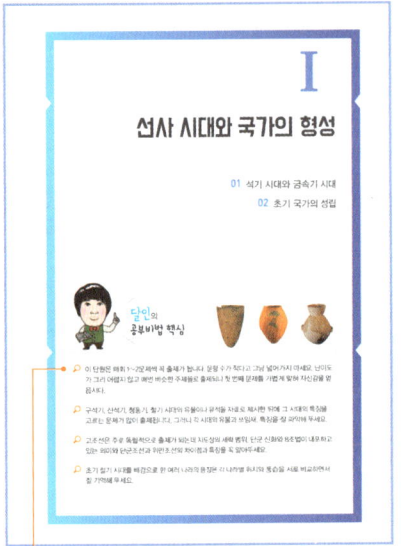

달인의 공부 비법 전수
한국사능력검정시험에서 해당 단원이 몇 문제 정도 나오는지 확인하고, 효과적으로 공부하기 위한 방법을 제시했습니다.

사료 보기
문제 또는 단원에 해당하는 사료를 제시하여 학습자의 이해도를 높이고, 해설을 통해 올바르게 해석하였는지 확인할 수 있도록 하였습니다.

기출문제 확인하기
각 소단원의 내용을 공부한 뒤 이를 평가하기 위한 대표 문제를 수록했습니다.

더 알아보기
해당 단원에 대한 이해를 높이거나, 추가적인 심화 학습을 위해 수록하였습니다.

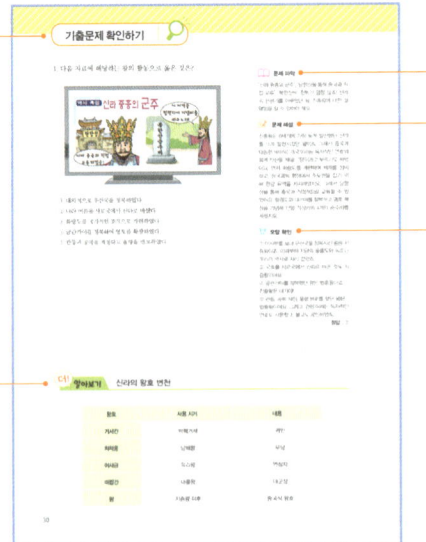

문제 파악
제시문을 해석하여 출제 의도, 문제 유형을 파악하고 올바르게 유추할 수 있도록 제시하였습니다.

문제 해설
문제에 해당하는 주제를 완벽히 이해할 수 있도록 자세하게 설명하였습니다.

오답 확인
선택지의 문항이 왜 틀렸는지에 대한 이유를 설명하였습니다.

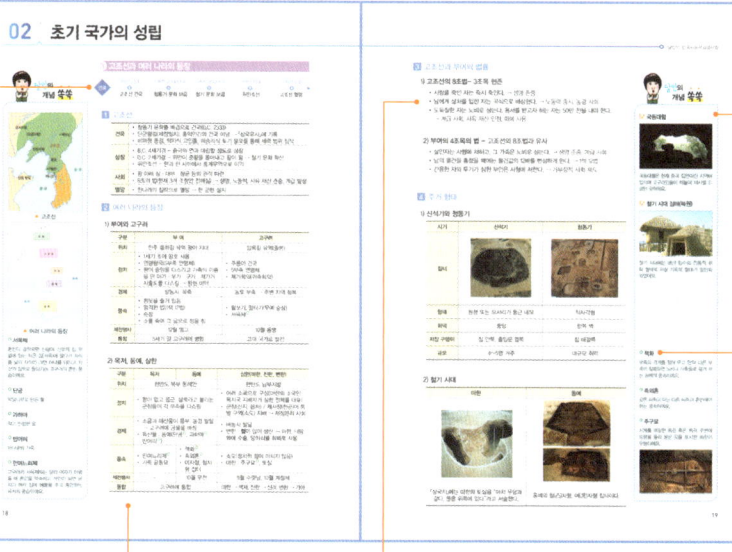

연표
해당 단원에서 꼭 알아야 할 주요 사건의 흐름을 한눈에 볼 수 있도록 하였습니다.

달인의 개념 쏙쏙
본문에 대한 사진, 지도, 강의식 설명을 통해 쉽게 이해할 수 있도록 했습니다.

용어 및 해석
어려운 역사 용어 및 사건에 대한 내용을 각주를 통해 설명하였습니다.

핵심 정리
해당 단원의 핵심 내용을 주제별로 도표화시켜, 비교를 통해 쉽게 공부할 수 있도록 했습니다.

사료
시험에 출제될 수 있는 사료를 선별하여 수록하였습니다.

단원별 핵심 기출문제
대단원과 중단원에 대한 내용을 다시 기출문제를 풀어봄으로써 스스로 평가할 수 있도록 수록했습니다.

만점 대비 기출문제 통합 모의고사
학습자가 최종적으로 자신의 실력을 평가할 수 있도록 시험에 자주 출제되는 주제들을 선별하여 완벽하게 시험에 대비할 수 있도록 하였습니다.

7

역사는 흐른다

우리나라 역사의 흐름을 한 번에 파악할 수 있는 노래 ♪ ♪

우리나라 역사 이야기 해주세요~ / 으음 들어봐.

★ 오오오 오오오오 오우~ 역사는 흐른다 / 오오오 오오오오 오우~ 역사는 흐른다
구석기 시대에는 사람들이 이동 생활해 (뗀석기)
　　사냥이나 채집으로 경제활동을 했기 때문에 먹을 것이 떨어지면 먹을 것을 찾아 이동생활을 할 수밖에 없었던 거죠.

신석기 시대에는 사람들이 정착 생활해 (간석기)
　　농경과 목축이 시작되면서 옮겨 다닐 필요가 없게 되었죠.

청동기 시대를 배경으로 단군왕검이 고조선을 건국했고
　　우리나라 최초의 국가네요!

철기 시대에 접어들어 부여와 고구려, 옥저, 동예, 삼한이 등장
　　만주와 한반도 일대에 여러 나라가 등장했어요.

삼국 시대는 주몽이 세운 고구려, 온조가 세운 백제, 혁거세가 세운 신라
전성기는 백제의 근초고왕, 고구려의 장수왕, 신라는 진흥왕
　　4세기,　　　　　5세기,　　　　　6세기에 각각 전성기를 이루었어요.

삼국은 중앙 집권 국가로 발전했지만~
가야는 연맹왕국 단계에서 멸망했어 (* 부분 반복)
　　삼국과 같은 시기에 있었지만 중앙 집권 국가로 발전을 못했기 때문에 '사국 시대'라 안 불러요.

통일신라는 문무왕 때 삼국을 통일
발해는 대조영이 건국하며 남북국 시대가 형성돼
　　남쪽에는 신라, 북쪽에는 발해가 있다 하여 '남북국 시대'라 불러요.

후삼국 시대의 성립은 신라 후기 지방 통제력이 약화되어
　　신라 후기에 중앙의 왕위 다툼이 일어났고, 이를 틈타 지방 세력이 성장했죠.

견훤이 후백제 세우고 궁예가 후고구려 건국해

rap) 　고려 성립 후삼국을 통일했던 태조 왕건 송악에서 건국
　　　시간 흘러 문벌 귀족 사회 모순 정중부의 무신정변 발생
　　　무신 정권 성립 이후 원나라의 침입으로 강화도로 천도
　　　원나라가 간섭하자 권문세족 등장하고 신진 사대부와 대립

(★ 부분 반복)

그리고요?/ 음~그리고
조선은 이성계가 건국, 한양으로 수도를 옮겨~
세종은 집현전에서 훈민정음 창제해(성종은 경국대전 완성)
　　조선의 대표적인 법전이죠.

선조 때 임진왜란 일어나 조선 후기로 넘어가
　　일본의 도요토미 히데요시가 조선을 침략했어요.

일제는 우리 국권을 침탈했고 조선은 일제의 식민지가 돼
　　"경술년의 국가의 치욕이다" 해서 '경술국치'라 말해요.

일제 강점기에 3.1 운동 일어나 만세의 물결이 퍼지고
1945년 8월 15일 광복을 맞이했고 대한민국 정부가 수립됐어 만세~

(★ 부분 반복)
이제 너도 한국사의 달인 하하하~

이 노래는 우리가 지켜야 할 섬에 대한 이야기……

삼국사기 책에서 신라 지증왕이 이사부 보내 우산국을 정복했대
<small>우리나라에 현존하는 가장 오래된 역사서에요.   지금의 울릉도와 독도에 있었던 소국이에요.</small>

그렇게 이 조그만 섬은 우리 역사 속에 자리 잡게 되었지

독도가 왜 우리 땅인지 역사적 근거를 설명한 노래 ♪

17세기 말 일본과 영유권 분쟁 일어나 안용복이 우리 영토로 인정받았어
<small>숙종 때 일본으로 건너가 일본 정부로부터 독도의 영유권을 확인받아냈어요.</small>

하지만 1905년 러·일 전쟁 중에 일본은 불법으로 자신들의 영토로 만들었지
<small>일본은 대한제국 정부에 알리지 않고 시마네 현 고시 제40호에 의해 독도를 편입시켜버렸어요.</small>

★ 독도야 우리가 널 지킬게. 독도야 우리가 함께 할게 이제는
   우리 모두 알고 있어 너를 함께 해야 할 이유를
   빼앗으려 해도 바꾸려 해도 넌 독도야
<small>'다케시마'가 아니라는 말이죠!</small>

세종실록지리지 동국문헌비고 만기요람에 우리 땅이라 돼 있어
<small>이 밖에도 신증동국여지승람, 동국지도 등에서도 독도가 우리 영토라고 기록하고 있어요.</small>

일본의 은주시청합기 조선동해안도 태정관문서에도
<small>심지어 일본 측 사료에서도 독도가 자신들의 영토가 아님을 입증하고 있어요.</small>

일제 강점기 거치고 카이로 선언에 따라 독도는 우리의 영토로 반환이 됐지
<small>1943년 카이로 선언은 "일본은 폭력과 탐욕에 의해 탈취한 모든 지역으로부터 축출되어야 한다"고
규정하여 일제의 패망과 동시에 독도의 영유권을 되찾게 되었어요.</small>

6.25 전쟁을 틈타 일본인이 독도를 침탈하자 독도 의용 수비대가 맞서~
<small>홍순칠을 비롯한 33인의 울릉도민으로 구성된 독도 의용 수비대는
일본과 충격전을 벌이면서까지 독도를 지키는 데 활약했어요.</small>

(★ 부분 반복)

계속되는 일본의 교과서 왜곡
<small>일본의 역사 왜곡은 독도뿐만 아니라 고대부터 근현대사까지 깊숙이 자리하고 있어요.</small>

말도 안 되는 독도의 영유권 수상
<small>조선 정부의 쇄환정책심의 주민들을 내지로 불러들이는 정책은 조선이 독도를 포기했고,
주인이 없는 땅이므로 국제법상 자신의 영토로 편입시킬 수 있다는 조항에 근거를 두고 있어요.</small>

아무리 빼앗으려 애써도
우리는 역사를 통해 지켜가면 돼~
<small>독도가 왜 우리 땅인지에 대한 '역사적인 근거'를 말할 수 있어야 하겠지요?</small>

(★ 부분 반복)

목차

- 이 책을 펴내며 ··· 4
- 한국사능력검정시험이란? ····················· 5
- 이 책의 구성 ·· 6~7
- 달인의 역사송 ······································ 8~9

I 선사 시대와 국가의 형성

01 석기 시대와 금속기 시대 ····················· 14
02 초기 국가의 성립 ································ 18

II 고대사

01 고대의 정치 ··· 26
02 고대의 경제·사회 ······························· 42
03 고대의 문화 ··· 50

III 중세사

01 고려의 정치 ··· 64
02 고려의 경제·사회 ······························· 80
03 고려의 문화 ··· 90

IV 근세사

01 조선의 정치 ······································· 102
02 조선의 경제·사회 ····························· 122
03 조선의 문화 ······································· 138

V 근대사

01 개화 정책의 추진과 반발 · · · · · · 150
02 동학 농민 운동의 전개와 갑오개혁 · · · · · · 162
03 근대 국가 수립을 위한 노력 · · · · · · 168
04 국권 침탈과 국권 회복 운동 · · · · · · 174
05 근대 문물의 수용과 발전 · · · · · · 176

VI 일제 강점기

01 일제의 식민통치 정책과 3·1 운동 · · · · · · 184
02 민족 해방 운동과 민족 문화 수호 운동 · · · · · · 196

VII 현대사

01 대한민국 정부의 수립과 분단 · · · · · · 212
02 민주주의의 시련과 발전 · · · · · · 218
03 경제 성장과 사회·문화의 변화 · · · · · · 224

 마무리 점검

01 만점 대비 기출문제 통합 모의고사 · · · · · · 236
02 정답 및 해설 · · · · · · 248

I

선사 시대와 국가의 형성

01 석기 시대와 금속기 시대

02 초기 국가의 성립

🔍 이 단원은 매회 1~2문제씩 꼭 출제가 됩니다. 문항 수가 적다고 그냥 넘어가지 마세요. 난이도가 그리 어렵지 않고 매번 비슷한 주제들로 출제되니 첫 번째 문제를 가볍게 맞혀 자신감을 얻읍시다.

🔍 구석기, 신석기, 청동기, 철기 시대의 유물이나 유적을 자료로 제시한 뒤에 그 시대의 특징을 고르는 문제가 많이 출제됩니다. 그러니 각 시대의 유물과 쓰임새, 특징을 잘 파악해 두세요.

🔍 고조선은 주로 독립적으로 출제가 되는데 지도상의 세력 범위, 단군 신화와 8조법이 내포하고 있는 의미와 단군조선과 위만조선의 차이점과 특징을 꼭 알아두세요.

🔍 초기 철기 시대를 배경으로 한 여러 나라의 등장은 각 나라별 위치와 풍습을 서로 비교하면서 잘 기억해 두세요.

01 석기 시대와 금속기 시대

연표	약 70만 년 전	기원전 8000년경	기원전 2000년경	기원전 400년경
	구석기	신석기	청동기	철기

달인의 개념 쏙쏙

📝 구석기 시대의 구분
구석기 시대는 돌을 다듬는 방법에 따라 전기, 중기, 후기로 구분할 수 있어요. 전기에는 하나의 석기를 여러 가지 용도로 사용했고, 중기에는 석기의 종류를 늘려 용도별로 구별해서 사용했어요. 후기에는 돌에다 쐐기 같은 것을 대서 형태가 같은 여러 개의 석기를 만들게 되었지요.

📝 구석기 시대 흥수아이

흥수아이는 구석기 시대의 유적지인 청원 두루봉 동굴에서 발견되었어요. 키 110~120cm 되는 어린아이의 화석 유골을 복원하여 지금 보이는 동상으로 만든 거예요. '흥수아이'란 이름은 이 유골을 발견한 최초의 사람인 김흥수 씨의 이름을 따서 붙여졌답니다.

◉ 치레걸이
짐승의 뼈 등을 이용하여 몸을 치장하는 데 사용했어요.

◉ 토테미즘
신석기 시대에는 원시 신앙이 등장하기 시작했어요. 애니미즘은 자연 환경이나 사물에 영혼이 있다고 믿는 신앙이고, 샤머니즘은 무당이나 예언, 주술을 믿는 신앙, 토테미즘은 호랑이나 곰 같은 특정 동식물을 부족의 수호신으로 숭배하는 신앙이라고 할 수 있어요.

1 석기 시대 비교

구분	구석기	신석기
도구	뗀석기	간석기
경제	사냥, 채집, 어로	• 사냥, 채집, 어로 • 농경, 목축 시작 → 신석기 혁명 • 원시 수공업(뼈바늘, 가락바퀴)
생활	이동 생활	정착 생활
주거	동굴, 바위그늘, 막집(강가)	움집(해안가, 강가)
유물	• 전기 : 주먹도끼, 찍개 • 중기 : 긁개, 밀개, 찌르개 • 후기 : 슴베찌르개	• 돌괭이, 돌삽, 돌보습, 돌낫 • 토기 : 이른 민무늬, 덧무늬, 눌러찍기무늬, 빗살무늬 토기
사회	무리사회	평등사회 씨족, 부족 사회
예술	주술적 의미의 예술품 : 고래, 물고기 등을 새긴 조각	조개껍데기 가면, 치레걸이◉, 흙으로 빚은 얼굴
원시 신앙	–	• 영혼 · 조상숭배 • 애니미즘, 샤머니즘, 토테미즘◉
유적지	• 전국 각지에 분포 : 상원 검은 동굴, 연천 전곡리, 공주 석장리 등	• 강가나 해안가에 분포 : 서울 암사동, 양양 오산리, 부산 동삼동, 제주 한경 고산리 등

◆ 석기 시대의 유물 비교

구석기	신석기
주먹도끼, 슴베 찌르개	가락바퀴, 갈돌과 갈판, 조개껍데기 가면, 간석기, 빗살무늬토기, 움집

2 금속기 시대 비교

구분	청동기	철기
도구	• 청동기 → 지배 계급의 장식품이나 무기로 사용(농기구로 사용할 수 없음) • 간석기 - 반달돌칼(농기구)	• 철제 농기구, 철제 무기 • 청동기 → 의례용 도구로 사용
경제	• 밭농사 중심, 벼농사 시작 • 수렵·어로 비중 감소	• 철제 농기구 사용 → 농업 생산력 증대 → 인구 증가
주거	• 낮은 구릉이나 야산에 위치 • 움집의 지상 가옥화	• 배산 임수의 취락 형태 • 지상 가옥
유물	비파형 동검, 거친무늬거울	• 청동기 : 세형동검, 잔무늬거울, 거푸집 • 명도전, 오수전, 반량전, 붓 → 중국과의 교류를 보여 줌
토기	민무늬 토기, 미송리식 토기, 붉은 간 토기	덧띠 토기, 검은 간토기
사회	계급사회	
예술	• 울주 반구대 암각화 : 사냥, 고기잡이의 성공 기원 • 고령 양전동 암각화 : 동심원, 삼각형 등의 기하학무늬 → 풍요로운 생활 기원	
무덤	고인돌, 돌널무덤	독무덤, 널무덤

◆ 금속기 시대의 유물 비교

청동기

비파형동검 / 미송리식 토기 / 민무늬토기 / 농경무늬 청동기 / 거친무늬거울

탁자식 고인돌(북방식) / 바둑판식 고인돌(남방식) / 반달돌칼

철기

세형동검(한국식 동검) / 잔무늬거울 / 명도전

반량전 / 철제 농기구 / 독무덤

📝 반달돌칼로 벼를 수확하는 모습

청동은 강도가 약하여 농기구로 사용할 수 없었어요. 그래서 간석기로 만든 농기구가 사용되었지요. 반달돌칼은 청동기 시대에 만들어진 농기구라는 점과 이 시기부터 벼농사가 시작되었다는 점 꼭 기억하세요.

📝 암각화 제작 시기

암각화 제작 시기에 대해서는 아직도 논란이 되고 있어요. 울주 반구대 암각화의 경우는 신석기 시대 설과 청동기 시대 설로 나누어졌는데, 최근 연구된 바에 의하면 신석기 후기에 제작되었다는 것이 설득력을 가지고 있으며, 양전동 암각화는 청동기 후기로 추측하고 있어요.

◎ 농경무늬 청동기

자세히 살펴보면 농사 짓는 사람과 농기구, 경작지 등이 새겨져 있어요. 이를 통해 우리는 청동기 시대의 농경 모습을 짐작할 수 있겠죠?

기출문제 확인하기

1. 다음 특별전에 전시될 유물로 적절하지 않은 것은?

   〈○○○ 시대 유물 특별전〉
   - 기간 : 2016년 ○○월 ○○일 ~ ○○일
   - 장소 : ○○ 박물관 기획 전시실
   - 전시 유물 : 농경 생활을 시작한 시대의 사람들이 사용한 도구

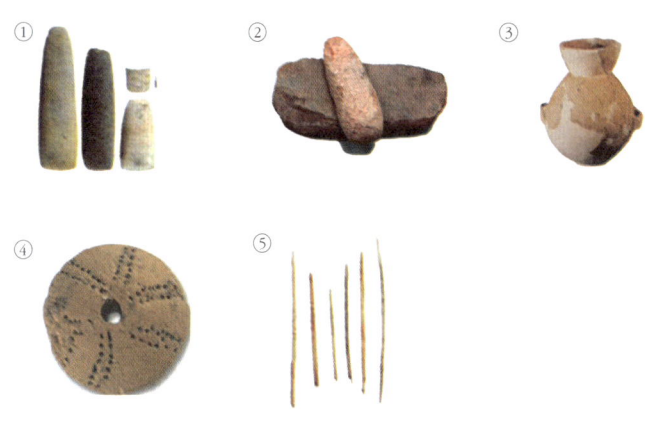

📖 문제 파악

제시된 자료에서 '농경 생활을 시작한 사람들'이란 설명을 통해 신석기 시대의 유물이라는 것을 파악할 수 있겠네요. 선사 시대의 유물 종류는 그리 많은 편이 아니기 때문에 각 시대별 주요 유물을 숙지하고 있어야 해요.

📝 문제 해설

신석기 시대는 돌을 갈아서 만든 간석기를 사용하고 농경과 목축이 시작되면서 정착 생활을 하고 새로운 도구들을 만들기 시작했어요. 농사 도구를 만들고 곡식을 빻기 위해 갈돌과 갈판을 만들었고, 음식을 저장하고 조리하기 위해 토기를 만들게 되었지요. 그리고 가락바퀴와 뼈바늘을 이용하여 의복과 그물을 제작하기도 하였어요. 하지만 ③번의 토기는 평북 의주군 미송리 동굴에서 발견된 미송리식 토기로 양 옆에 손잡이가 달린 것이 특징인 청동기 시대의 대표적인 토기예요.

🎓 오답 확인

① 간석기 ② 갈돌과 갈판 ④ 가락바퀴 ⑤ 뼈바늘

정답 : ③

더! 알아보기 — 구석기와 신석기 시대의 유적지

 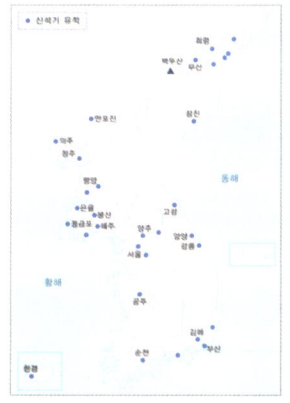

구석기	
종성 동관진	한반도 최초 발견
덕천 승리산	한반도 최초 인골 발견
연천 전곡리	주먹도끼 발견
공주 석장리	원시 예술 흔적 발견

신석기	
봉산 지탑리	탄화된 좁쌀 출토
서울 암사동	빗살무늬토기 출토
양양 오산리	사람 얼굴 조각상 출토
부산 동삼동	뼈·조개로 만든 유물 출토

2. 다음 문화유산이 처음 제작된 시대의 사회 모습으로 옳은 것을 〈보기〉에서 고른 것은?

ㄱ. 돌무지 덧널무덤을 만들었다.
ㄴ. 미송리식 토기를 제작하였다.
ㄷ. 철로 만든 농기구를 사용하였다.
ㄹ. 권력을 가진 지배자가 출현하였다.

① ㄱ, ㄴ　　② ㄱ, ㄷ　　③ ㄴ, ㄷ
④ ㄴ, ㄹ　　⑤ ㄷ, ㄹ

📖 문제 파악

제시된 유물은 비파형 동검이네요. 비파형 동검은 청동기 시대에 처음 제작되기 시작한 유물이므로 청동기 시대의 특징을 파악할 수 있어야 하겠죠?

📝 문제 해설

청동기 시대는 농경이 발달하면서 빈부 격차가 생겨남에 따라 계급이 발생하고 족장, 군장으로 불리는 지배자가 등장하기 시작했어요. 청동기 시대에 제작된 토기로는 대표적으로 민무늬 토기, 미송리식 토기 등이 있고요. 무덤은 돌널무덤과 고인돌을 만들어 시체를 매장하였어요. 초기 철기 시대에는 널무덤과 독무덤이 주로 만들어졌다는 거 잊지 않으셨죠?

🎓 오답 확인

ㄱ. 돌무지 덧널무덤은 신라의 무덤 양식이에요.
ㄷ. 철로 만든 농기구는 철기 시대에 제작되었고, 청동은 재료를 구하기 어렵고 강도가 약하여 농기구로 적합하지 않아요.

정답 : ④

더! 알아보기 — 군장의 등장과 고인돌

▲ 북방식(탁자식) 고인돌

▲ 남방식(바둑판식) 고인돌

청동기 시대에 접어들면서 농경의 발달과 정복 활동이 활발해져 지배자와 피지배자의 분화가 촉진되었어요. 이렇게 평등사회에서 계급사회로 전환되면서 권력과 경제력을 가진 군장(족장)이 등장하게 된 것이죠. 군장이 이끄는 부족들은 스스로 하늘의 자손이라도 믿는 선민사상을 가지고, 주변의 약한 부족들을 통합하거나 정복하였어요. 고인돌을 보면 굉장히 많은 노동력이 필요했음을 짐작할 수 있죠? 이러한 노동력을 동원할 수 있는 지배 계급, 즉 군장의 무덤임을 유추할 수 있겠지요? 고인돌은 형태에 따라 북방식(탁자식), 남방식(바둑판식)으로 구분하며, 강화, 고창, 화순의 고인돌 유적지는 유네스코 세계 문화유산으로 지정되었어요.

02 초기 국가의 성립

3 고조선과 여러 나라의 등장

연표: 기원전 2333 고조선 건국 → 기원전 2000년경 청동기 문화 보급 → 기원전 400년경 철기 문화 보급 → 기원전 194 위만조선 → 기원전 108 고조선 멸망

1 고조선

건국	• 청동기 문화를 배경으로 건국(B.C. 2333) • 단군왕검(제정일치), 홍익인간의 건국 이념 → 『삼국유사』에 기록 • 비파형 동검, 탁자식 고인돌, 미송리식 토기 분포를 통해 세력 범위 짐작
성장	• B.C. 4세기경 - 중국의 연과 대립할 정도로 성장 • B.C. 2세기경 - 위만이 준왕을 몰아내고 왕이 됨 → 철기 문화 확산 • 위만조선 - 한과 진 사이에서 중계무역으로 이익
사회	• 왕 아래 상·대부·장군 등의 관직 마련 • 8조의 법(현재 3개 조항만 전해짐) → 생명, 노동력, 사유 재산 존중, 계급 발생
멸망	• 한나라의 침략으로 멸망 → 한 군현 설치

▲ 고조선

2 여러 나라의 등장

1) 부여와 고구려

구분	부여	고구려
위치	만주 쑹화강 유역 평야 지대	압록강 유역(졸본)
정치	• 1세기 초에 왕호 사용 • 연맹왕국(5부족 연맹체) • 왕이 중앙을 다스리고 가축의 이름을 딴 마가·우가·구가·저가가 사출도를 다스림 → 왕권 미약	• 주몽이 건국 • 5부족 연맹체 • 제가회의(귀족회의)
경제	밭농사, 목축	농토 부족 → 주변 지역 정복
풍속	• 흰옷을 즐겨 입음 • 엄격한 법(1책 12법) • 순장 • 소를 죽여 그 굽으로 점을 침	• 활쏘기, 말타기(무예 숭상) • 서옥제◎
제천행사	12월 영고	10월 동맹
통합	5세기 말 고구려에 병합	고대 국가로 발전

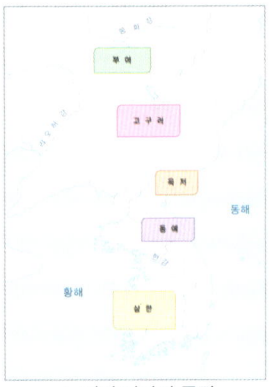

▲ 여러 나라의 등장

◎ **서옥제**
혼인이 결정되면 신랑이 신부의 집 뒤꼍에 있는 작은 집(서옥)에 살다가 자식을 낳아 자식이 크면 아내를 데리고 자신의 집으로 돌아가는 고구려의 혼인 풍습이에요.

◎ **단궁**
박달나무로 만든 활

◎ **과하마**
작고 민첩한 말

◎ **반어피**
바다표범 가죽

◎ **민며느리제**
고구려의 서옥제와는 달리 여자가 어렸을 때 혼인을 약속하고 성인이 되면 남자가 여자 집에 예물을 주고 혼인하는 옥저의 풍습이에요.

2) 옥저, 동예, 삼한

구분	옥저	동예	삼한(마한, 진한, 변한)
위치	한반도 북부 동해안		한반도 남부지방
정치	• 왕이 없고 읍군, 삼로라고 불리는 군장들이 각 부족을 다스림		• 여러 소국으로 구성(마한의 소국인 목지국 지배자가 삼한 전체를 대표) • 군장(신지, 읍차) / 제사장(천군)이 특별 구역(소도) 지배 → 제정분리 사회
경제	• 소금과 해산물이 풍부, 농경 발달 → 고구려에 공물을 바침 • 특산물 : 동예(단궁◎, 과하마◎, 반어피◎)		• 벼농사 발달 • 변한 : 철이 많이 생산 → 마한, 낙랑, 왜에 수출, 덩이쇠를 화폐로 사용
풍속	• 민며느리제◎ • 가족 공동묘	• 책화 • 족외혼 • 여자형, 철자형 집터	• 소도(정치적 힘이 미치지 않음) • 마한 : 주구묘◎, 토실
제천행사	-	10월 무천	5월 수릿날, 10월 계절제
통합	고구려에 통합		마한 → 백제, 진한 → 신라, 변한 → 가야

3 고조선과 부여의 법률

1) 고조선의 8조법 - 3조목 현존
- 사람을 죽인 자는 즉시 죽인다. → 생명 존중
- 남에게 상처를 입힌 자는 곡식으로 배상한다. → 노동력 중시, 농경 사회
- 도둑질한 자는 노비로 삼는다. 용서를 받고자 하는 자는 50만 전을 내야 한다.
  → 계급 사회, 사유 재산 인정, 화폐 사용

2) 부여의 4조목의 법 - 고조선의 8조법과 유사
- 살인자는 사형에 처하고, 그 가족은 노비로 삼는다. → 생명 존중, 계급 사회
- 남의 물건을 훔쳤을 때에는 물건값의 12배를 변상하게 한다. → 1책 12법
- 간음한 자와 투기가 심한 부인은 사형에 처한다. → 가부장적 사회 제도

4 주거 형태

1) 신석기와 청동기

시기	신석기	청동기
집터		
형태	원형 또는 모서리가 둥근 네모	직사각형
화덕	중앙	한쪽 벽
저장 구덩이	집 안쪽, 출입문 옆쪽	집 바깥쪽
규모	4~5명 거주	대규모 취락

2) 철기 시대

마한	동예

「삼국지」에는 마한의 토실을 "마치 무덤과 같다. 문은 위쪽에 있다"라고 서술했다.

동예의 철(凸)자형, 여(呂)자형 집터이다.

📋 국동대혈

국동대혈은 현재 중국 집안이란 지역에 있으며 고구려인들이 하늘에 제사를 드렸던 곳이에요.

📋 철기 시대 집터(복원)

철기 시대에는 배산 임수의 전통적 취락 형태와 지상 가옥의 형태가 일반화되었어요.

○ 책화
부족의 경계를 정해 두고 만약 다른 부족이 침범하면 노비나 가축들로 갚게 하는 동예의 풍속이에요.

○ 족외혼
같은 씨족이 아닌 다른 씨족과 혼인해야 하는 풍속이에요.

○ 주구묘
시체를 매장한 목관 혹은 목곽 주변에 도랑을 둘러 묻은 곳을 표시한 마한의 무덤이에요.

기출문제 확인하기

1. 교사의 질문에 대한 답변으로 옳은 것을 〈보기〉에서 고른 것은?

ㄱ. 건국 이야기가 삼국유사에 기록되어 있어요.
ㄴ. 왕 밑에 마가, 우가, 저가, 구가 등이 있었어요.
ㄷ. 위만 집권 이후 철기 문화가 본격적으로 수용되었어요.
ㄹ. 남의 물건을 훔친 사람에게 12배를 배상하게 하였어요.

① ㄱ, ㄴ   ② ㄱ, ㄷ   ③ ㄴ, ㄷ
④ ㄴ, ㄹ   ⑤ ㄷ, ㄹ

📖 문제 파악
제시된 지도의 세력 범위와 고인돌, 비파형 동검의 분포를 통해 고조선에 대한 설명임을 파악할 수 있어야 해요.

📝 문제 해설
단군의 고조선 건국 이야기는 고려 시대 승려였던 일연이 쓴 『삼국유사』에 처음으로 기록되어 있으며, 이후 『제왕운기』, 『동국여지승람』 등에 나타나 있어요. 단군의 건국 이야기를 통해 고조선이 선민 의식과 농경 사회, 제정 일치 사회였음을 알 수 있어요. 청동기 시대를 배경으로 등장한 고조선은 위만을 중심으로 한 유이민 집단이 고조선으로 이주하여 준왕을 몰아내고 왕이 됨에 따라 위만조선이 성립하였어요. 위만조선은 철기 문화를 본격적으로 수용함에 따라 철기 문화가 확산되어 철기 시대로 넘어가게 되었죠. 그리고 한과 진 사이에서 중계무역을 통해 이득을 독점하였지만 한나라의 침입으로 결국 멸망하고 말았어요.

🎓 오답 확인
ㄴ. 가축의 이름을 딴 마가, 우가, 저가, 구가는 부여에 대한 설명이죠.
ㄹ. 남의 물건을 훔친 사람에게 12배를 배상하게 한 것은 부여의 4조목의 법률에서 1책 12법에 대한 설명이에요.

정답 : ②

사료史料 보기

단군 이야기

옛날 환인의 아들 ①환웅이 천부인 세 개와 삼천의 무리를 이끌고 태백산 신단수 밑에 내려왔는데 이곳을 신시라 하였다. 그는 ②풍백, 우사, 운사로 하여금 ③인간의 360여 가지 일을 주관하게 하였는데 그중에서 곡식, 생명, 질병, 형벌, 선악 등 다섯 가지 일이 가장 중요한 것이었다. 이로써 인간 세상을 교화시키고 ④인간을 널리 이롭게 하였다. 이때 곰과 호랑이가 사람이 되기를 원하므로 환웅은 쑥과 마늘을 주고 이것을 먹으면서 100일간 햇빛을 보지 않으면 사람이 될 것이라고 하였다. ⑤곰은 금기를 지켜 21일 만에 여자로 태어났고, 환웅과 혼인하여 아들을 낳았다. 이가 곧 ⑥단군왕검이었다. ― 『삼국유사』

사료 해설
① 선민 사상 ② 농경 사회 ③ 계급 분화 ④ 홍익인간의 건국 이념 ⑤ 호랑이 숭배 부족과 연합 ⑥ 제정 일치 사회

2. 밑줄 그은 '이 나라'에 대한 설명으로 옳은 것은?

> 이 나라에는 왕이 있고 모두 가축의 이름으로 관명을 지은 마가, 우가, 저가, 구가 등이 있었다. 이들 가(加)는 저마다 따로 행정 구획인 사출도를 다스리고 있어서 왕이 직접 통치하는 중앙과 합쳐 5부를 이루었다.

① 영고라는 제천 행사가 있었다.
② 혼인 풍속으로 민며느리제가 있었다.
③ 천군이 다스리는 소도라는 신성 지역이 있었다.
④ 특산물로 단궁, 과하마, 반어피 등이 유명하였다.
⑤ 다른 부족의 생활권을 침범하면 노비, 소, 말로 갚게 하였다.

📖 문제 파악

제시된 자료에서 '왕'이 있다는 것과 가축의 이름을 딴 '마가, 우가, 구가, 저가'의 관명, '사출도', '5부'라는 용어를 통해 부여에 대한 설명임을 알 수 있어야 해요.

📝 문제 해설

부여는 쑹화강 유역의 평야지대에 위치하여 농경에 유리하였으며, 관리의 명칭을 가축에서 따온 것을 통해 목축이 성행하였음을 보여 주고 있어요. 그리고 흉년이 들면 왕에게 그 책임을 묻기도 하였다고 해요. 즉 왕권이 강하지 못했던 거죠. 부여 사람들은 12월에 하늘에 제사를 지내는 영고라는 제천행사를 열었어요. 그럼 이쯤에서 초기 국가들의 제천행사를 한 번 정리해 볼까요?

구분	시기	제천행사
부여	12월	영고
고구려	10월	동맹
동예	10월	무천
삼한	5월, 10월	수릿날, 계절제

🎓 오답 확인

② 민며느리제는 옥저의 혼인 풍습이에요.
③ '소도'의 존재는 제정 분리를 나타내며 이는 삼한에 해당하겠네요.
④ 단궁, 과하마, 반어피는 동예의 특산물이지요.
⑤ 다른 부족의 생활권을 침범하면 노비 등으로 갚게 하는 것은 동예의 책화에 대한 설명이네요.

정답 : ①

사료史料 보기

삼국지 위서 동이전의 기록

- 부여는 구릉과 넓은 못이 많아서 동이 지역 가운데서 가장 넓고 평탄한 곳이다. 토질은 오곡을 가꾸기에는 알맞지만, 과일은 생산되지 않았다. 사람들은 체격이 매우 크고, 성품이 강직 용맹하며, 근엄하고 후덕하여 다른 나라를 노략질하지 않았다.
- 고구려는 큰 산과 깊은 골짜기가 많고 평원과 연못이 없어서 계곡을 따라 살며 골짜기 물을 식수로 마셨다. 좋은 밭이 없어서 힘들여 일구어도 배를 채우기는 부족하였다. 사람들의 성품은 흉악하고 급해서 노략질하기를 좋아하였다.
- 옥저 읍락 거수들은 스스로 삼로라 일컬으니 … 큰 나라 사이에서 시달리고 괴롭힘을 당하다가 마침내 고구려에게 복속되었다. 고구려는 그 나라 사람 가운데 대인을 뽑아 사자로 삼아 토착 지배층과 함께 통치하게 하였다.

TEST
단원별 핵심 기출 문제

1. 그림은 어느 시대의 생활 모습을 나타낸 것이다. (가)에 들어갈 말로 적절한 것을 〈보기〉에서 고른 것은?

ㄱ. 고인돌을 만들다가 다친 돌쇠에게 문병이나 가야겠다.
ㄴ. 청동으로 무기를 만들어야 하는데, 원료를 어디서 구하지.
ㄷ. 내일은 가락바퀴로 실을 뽑는 방법을 배우러 가야겠다.
ㄹ. 조와 피를 심었는데, 조상님께 농사가 잘 되기를 빌어야지.

① ㄱ, ㄴ   ② ㄱ, ㄷ   ③ ㄴ, ㄷ
④ ㄴ, ㄹ   ⑤ ㄷ, ㄹ

2. 다음 가상의 보고서에 나타난 시기의 생활 모습으로 옳은 것은?

○○ 유적 발굴 조사 보고서
- 장소 : ○○도 ○○군
- 발굴 상황 : 이곳에서 발굴된 집터의 형태는 대체로 직사각형이다. 중앙에 있던 화덕은 한쪽 벽으로 옮겨지고, 저장 구덩이도 따로 설치하거나 한쪽 벽면을 밖으로 돌출시켜 만들었다.

① 족장의 무덤으로 고인돌을 만들었다.
② 동굴이나 강가에 막집을 짓고 살았다.
③ 사냥감을 찾아다니며 이동 생활을 하였다.
④ 모든 사람이 평등한 공동체 생활을 하였다.
⑤ 토기를 만들어 음식물을 저장하기 시작하였다.

3. 다음 집터에서 발굴된 유물로 옳은 것은?

- 주로 강가나 바닷가에 위치함.
- 집터의 중앙에 화덕이 있고, 화덕이나 출입문 옆에 저장 구덩이 흔적이 발견됨.

①    ②    ③
④    ⑤

4. 다음 유물을 통해 알 수 있는 당시 우리 민족의 생활 모습으로 옳은 것을 〈보기〉에서 고른 것은?

ㄱ. 중국과 교류하였다.
ㄴ. 한자를 사용하였다.
ㄷ. 비파형 동검을 만들기 시작하였다.
ㄹ. 화폐가 주조되어 널리 유통되었다.

① ㄱ, ㄴ   ② ㄱ, ㄷ   ③ ㄴ, ㄷ
④ ㄴ, ㄹ   ⑤ ㄷ, ㄹ

5. 밑줄 그은 '이 나라'에 대한 설명으로 옳은 것은?

> 이 나라는 구릉과 넓은 못이 많아서 동이 지역 중에서 가장 넓고 평탄한 곳이다. 토질은 오곡을 가꾸기에는 알맞지만, 과일은 생산되지 않았다. 사람들은 체격이 매우 크고, 성품이 강직하고 용맹하며, 근엄하고 후덕하여 다른 나라를 노략질하지 않았다. 나라에는 군왕이 있고, 가축의 이름을 딴 관명이 있었다.

① 소도라고 불리는 별읍이 있었다.
② 특산물로 단궁, 과하마가 유명하였다.
③ 별도의 행정 구획인 사출도가 있었다.
④ 10월에 왕과 신하들이 국동대혈에 모여 함께 제사를 지냈다.
⑤ 시체를 가매장하였다가 그 뼈를 추려서 목곽에 안치하는 풍습이 있었다.

6. 그림의 풍속이 있던 나라를 지도의 (가)~(마)에서 옳게 고른 것은?

① (가) ② (나) ③ (다) ④ (라) ⑤ (마)

7. 다음 법률을 시행하였던 국가의 세력 범위를 짐작할 수 있는 유물로 적절한 것은?

- 사람을 죽인 자는 즉시 죽인다.
- 남에게 상처를 입힌 자는 곡식으로 갚는다.
- 도둑질을 한 자는 노비로 삼는다. 용서받고자 하는 자는 한 사람마다 50만 전을 내야 한다.

8. 그림에 나타난 혼인 풍습이 있었던 나라의 사회 모습으로 옳은 것은?

① 천군이 다스리는 소도가 있었다.
② 10월에 동맹이라는 제천행사를 거행하였다.
③ 마가, 우가, 저가, 구가 등이 사출도를 다스렸다.
④ 가족 공동 무덤인 큰 목곽에 뼈를 추려 안치하였다.
⑤ 다른 부족의 영역을 침범하면 소, 말 등으로 변상하였다.

9. 다음 계획서의 (가)에 들어갈 장면으로 옳지 <u>않은</u> 것은?

연천 전곡리 ○○○ 축제 준비 계획서
– 전시관 만들기 –

전곡리 선사 유적지에서 발견된 대표적인 유물과 전곡리 유석지의 특징을 활용하여 선사 시대의 생활 모습을 재현한다.

기간 : ○○월 ○○일 ~ ○○일
장소 : △△
전시 장면 : [(가)]

① 동물 뼈로 연장을 만들고 있는 모습
② 쐐기를 대고 돌날격지를 만드는 모습
③ 빗살무늬토기를 제작하고 있는 모습
④ 주먹도끼로 동물을 사냥하고 있는 모습
⑤ 긁개와 밀개를 이용하여 음식을 조리하는 모습

10. 밑줄 그은 ㉠을 뒷받침할 수 있는 유물로 옳은 것을 〈보기〉에서 고른 것은?

우리나라에서는 기원전 5세기에 접어들면서 철기를 쓰기 시작하였다. 그 이후 철기의 사용과 함께 청동기 문화도 더욱 발달하여 ㉠ 한반도 안에서 독자적 발전을 이룩하였다.

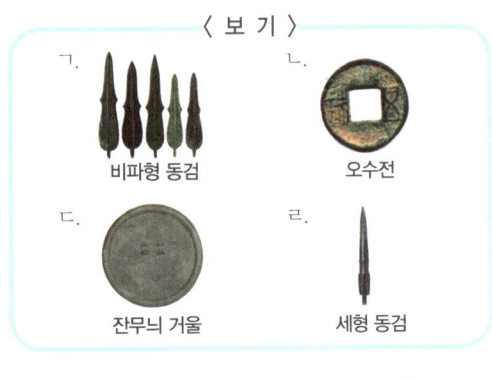

〈 보 기 〉
ㄱ. 비파형 동검
ㄴ. 오수전
ㄷ. 잔무늬 거울
ㄹ. 세형 동검

① ㄱ, ㄴ   ② ㄱ, ㄷ   ③ ㄴ, ㄷ
④ ㄴ, ㄹ   ⑤ ㄷ, ㄹ

11. 다음 유물이 처음으로 제작된 시대의 신앙 생활에 대한 설명으로 옳은 것을 〈보기〉에서 고른 것은?

〈보기〉
ㄱ. 군장이 정치와 종교를 주관하였다.
ㄴ. 천군이 지배하는 소도를 신성시하였다.
ㄷ. 태양이나 물 등 자연물에 정령이 있다고 믿었다.
ㄹ. 사람이 죽어도 영혼은 없어지지 않는다고 생각하였다.

① ㄱ, ㄴ   ② ㄱ, ㄷ   ③ ㄴ, ㄷ
④ ㄴ, ㄹ   ⑤ ㄷ, ㄹ

12. (가) 국가에 대한 설명으로 옳은 것은?

① 제가 회의를 열어 죄인을 처벌하였다.
② 왕권 강화를 위해 불교를 수용하였다.
③ 철을 생산하여 낙랑, 왜에 수출하였다.
④ 사회 질서를 유지하기 위한 8조법이 있었다.
⑤ 왕과 신하들이 국동대혈에 모여 제사를 지냈다.

13. 다음 포고문의 (가)에 들어갈 내용으로 적절한 것을 〈보기〉에서 모두 고른 것은?

● 이 나라의 건국 이야기

옛날에 하늘나라의 임금인 환인의 아들 환웅이 …… 널리 인간을 이롭게 하기에 알맞은 곳에 내려와 …… 이 때에 호랑이 한 마리와 곰 한 마리가 사람이 되고 싶어 환웅에게 사람이 되게 해 달라고 부탁하였다. …… 곰은 그로부터 스무하루 만에 예쁜 여자가 되었다. …… 환웅이 남자로 변하여 웅녀와 결혼하였다. 이리하여 태어난 이가 단군왕검이다.

● 이 나라 사람들이 지켜야 하는 법

〈보기〉
ㄱ. 사람을 죽인 자는 사형에 처한다.
ㄴ. 남에게 상처를 입힌 자는 곡식으로 갚는다.
ㄷ. 다른 부족의 영역을 침범하면 노비, 소 등으로 갚게 한다.
ㄹ. 도둑질한 자는 노비로 삼는데, 용서받고자 하는 사람은 50만 전을 내야 한다.

① ㄱ, ㄴ   ② ㄱ, ㄷ   ③ ㄴ, ㄷ
④ ㄱ, ㄴ, ㄹ   ⑤ ㄴ, ㄷ, ㄹ

Ⅱ 고대사

01 고대의 정치
02 고대의 경제·사회
03 고대의 문화

달인의
공부비법 핵심

- 삼국 시대, 남북국 시대, 후삼국 시대에 이르는 고대사는 보통 6~8문제 출제되며, 정치사와 문화사가 많은 비중을 차지하고 있습니다.

- 정치사를 공부할 때 국가별 각 왕의 업적과 시기를 구분하여 공부하고, 각 국의 전성기 때의 지도와 이를 알려주는 사료나 유물 등을 유의하여 살펴보세요. 특히 신라의 경우 통일 과정과 통일 이후의 변화, 신라 하대의 특징을 잘 구분하여야 합니다.

- 경제·사회사는 신라가 녹읍을 언제 폐지했고, 언제 다시 부활했으며, 어떤 의미를 지니고 있는지를 잘 살펴보고 신라 촌락 문서의 목적과 내용, 골품제의 특징을 꼭 확인하세요.

- 문화사는 고구려와 백제·발해의 관계를 말해주는 유물과 이에 대한 근거를 알아두어야 합니다. 그리고 삼국 시대와 남북국 시대의 유적과 유물의 제작 시기를 정치사, 경제·사회사와 연계해서 공부하세요.

01 고대의 정치 ①

1 삼국의 성립과 고대 국가의 특징

연표: 기원전 57 신라 건국 / 기원전 37 고구려 건국 / 기원전 18 백제 건국

1 삼국의 성립

고구려	부여에서 내려온 유이민 세력(주몽) + 토착 세력
백제	고구려 유이민 세력(온조) + 한강 유역의 토착 세력
신라	진한의 사로국에서 성장 → 박·석·김의 3성이 교대로 왕위 계승
가야	변한 지역의 12국 → 전기 가야연맹(금관가야 중심) → 후기 가야연맹(대가야 중심)

달인의 개념 쏙쏙

국가의 변화 과정

청동기 시대에 농업 생산력이 발전하면서, 계급이 발생하고 권력을 가진 군장(족장)이 등장하게 되었어요. 이 시기에는 각 부족의 군장들이 자신들의 지역을 독립적으로 다스렸죠(군장 국가). 철기 시대에 접어들면서 각 부족들이 연합하여 연맹 왕국으로 발전을 하는데 이때 우세한 군장이 왕으로 선출되었어요. 하지만 왕과는 별도로 군장이 자기 부족을 독자적으로 다스렸기 때문에 왕권이 미약할 수밖에 없었죠. 철기 문화가 확산되면서 왕이 직접 지배하는 중앙 집권 국가 즉 고대 국가로 발전을 하게 돼요. 왕권이 강화되면서 군장들은 왕에게 예속되거나 귀족으로 변모하게 된 거죠. 고대 국가의 특징을 잘 파악하고 삼국이 어느 왕 시기에 이를 완성했는지 잘 기억해 두세요.

가야연맹

2 고대 국가로의 발전

1) 국가의 발전 단계

군장 국가	연맹 왕국	중앙 집권 국가
옥저, 동예	고조선, 초기 고구려, 부여, 삼한, 가야	고구려, 백제, 신라

2) 고대 국가로의 발전

왕권 강화	체제 정비	사상 통일	영토 확장
(왕위 세습)	(율령 반포)	(불교 수용)	(정복 전쟁)

3) 삼국의 중앙 집권 과정

구분	고구려	백제	신라
중앙 집권 기틀 마련	태조왕(2세기)	고이왕(3세기)	내물왕(4세기)
왕위 부자 상속	고국천왕	근초고왕	눌지왕
율령 반포	소수림왕	고이왕	법흥왕
불교 공인	소수림왕	침류왕	법흥왕
전성기	장수왕(5세기)	근초고왕(4세기)	진흥왕(6세기)

2 삼국 시대 왕의 업적

연표	2세기	3세기		4세기			5세기	
고구려	태조왕	고국천왕	동천왕	미천왕	고국원왕	소수림왕	광개토대왕	장수왕
백제			고이왕		근초고왕	침류왕	비유왕 개로왕	문주왕
신라					내물마립간		눌지마립간	

	5세기	6세기				7세기		
고구려	문자명왕	귀족연립체		영양왕			보장왕	
백제	동성왕	무령왕	성왕			무왕	의자왕	
신라	소지마립간	지증왕	법흥왕	진흥왕	진평왕	선덕여왕	진덕여왕	무열왕 문무왕

1 고구려

유리왕 (BC.19~AD.18)	• 졸본 → 국내성으로 천도
태조왕 (53~146)	• 옥저 정복 • 계루부 고씨에 의한 왕위 세습(형제 상속)
고국천왕 (179~197)	• 5부 개편 (부족적 → 행정적 성격) • 왕위의 부자 상속 • 진대법 실시
미천왕 (300~331)	• 서안평 점령 • 낙랑 축출
고국원왕 (331~371)	• 전연에 의해 수도 함락 • 백제(근초고왕)와의 전투로 전사
소수림왕 (371~384)	• 불교 수용(전진) • 태학 설립 • 율령 반포
광개토대왕 (391~413)	• 백제 공격 • 요동 지역 정복(후연, 숙신 등 공격) • 신라 원조(내물왕의 요청으로 왜구 격퇴), 가야 공격 → 광개토대왕릉비, 호우명 그릇 • 최초로 연호 사용 : 영락
장수왕 (413~491)	• 국내성 → 평양성으로 천도(남진정책) • 중국 남북조와 교류 • 백제 공격(개로왕 전사), 한성을 함락시킴. 죽령~남양만 진출 → 중원(충주) 고구려비

달인의 개념 쏙쏙

◎ **미천왕**

미천왕의 이름은 '을불'이에요. 그는 중앙의 권력 투쟁으로 한때 소금장수로 생활을 연명해 나갔던 특이한 이력(?)이 있어요. 국상이었던 창조리의 도움으로 왕이 된 미천왕은 서안평을 공격하고, 고조선 멸망 이후 한나라가 세웠던 낙랑군과 대방군을 완전히 축출하여 대동강 유역으로 진출하는 업적을 이루었죠.

◎ **진대법**

흉년이나 춘궁기에 농민들에게 곡식을 빌려주고 추수기에 갚게 하는 구휼 제도예요. 을파소의 건의로 시작되었어요.

◎ **호우명 그릇**

신라 경주 호우총이라는 무덤에서 발견되어 '호우명'이라 이름이 붙여졌어요. 이 그릇의 밑바닥에 '을묘년국강상 광개토지호태왕호우십(乙卯年國岡上廣開土地好太王壺杅十)'이라는 글자가 새겨져 있어요. 이를 통해 당시 고구려가 신라에 정치적으로 영향력을 끼치고 있었다는 것을 알 수 있어요.

01 고대의 정치 ②

달인의 개념 쏙쏙

📝 칠지도

7개의 가지로 되어 있는 칼이라 해서 '칠지도'라 불려요. 이 유물은 4세기 근초고왕 시기에 왜왕에게 하사했던 것으로 알려져 있어요. 이를 통해 당시 백제와 왜의 긴밀한 관계를 파악할 수 있겠죠? 현재 이소노카미신궁에 소장되어 있으며 일본의 국보로 지정되어 있어요.

📝 삼국의 수도 변천

고구려	졸본(주몽) ↓ 국내성(유리왕) ↓ 장수왕(평양성)
백제	한성(온조) ↓ 웅진성(문주왕) ↓ 사비성(성왕)
신라	금성

📝 삼국 전성기의 공통점

삼국 모두 한강 유역을 장악했다는 점이죠. 아래 표를 통해 한강 유역의 이점이 무엇인지 확인하세요.

한강 유역의 이점	
군사	전략적 요충지
경제	비옥한 토지를 바탕으로 한 생산력 확보
외교	중국과 직접 교역할 수 있는 발판 마련

2 백제

고이왕 (234~286)	• 관제 정비(6좌평, 16관품) • 관등에 따른 복색 제정 • 율령 반포 • 한강 장악
근초고왕 (346~375)	• 마한 정복 • 고구려 공격(고국원왕 전사) • 동진, 왜와 교류 – 칠지도 • 요서·산둥·규슈 진출 • 왕위 부자 상속 • 고흥에게 『서기』를 편찬케 함
침류왕 (384~385)	• 불교 수용(동진)
비유왕 (427~455)	• 나제동맹 체결(신라 눌지왕)
개로왕 (455~475)	• 고구려 장수왕의 공격으로 전사 → 한강 유역 상실
문주왕 (475~477)	• 한성 → 웅진으로 천도
동성왕 (479~501)	• 신라(소지왕)와 혼인 동맹 체결
무령왕 (501~523)	• 22담로 설치(왕족 파견) → 지방 통제력 강화 • 남조와 교류(무령왕릉)
성왕 (523~554)	• 웅진 → 사비로 천도 • 남조와 교류 • 국호 개정(남부여), 제도 개편(22부, 5부 5방) • 한강 유역 일시 회복 → 신라(진흥왕)의 배신으로 상실 → 관산성 전투에서 전사

3 신라

내물왕 (356~402)	• 김씨에 의한 왕위 세습('마립간' 칭호 사용) • 고구려 광개토대왕의 원조로 왜구 방어(호우명 그릇)
눌지왕 (417~458)	• 나제 동맹(백제의 비유왕) 체결 • 왕위 부자 상속 • 불교 전래(고구려) – 수용하진 않았음
소지왕 (479~500)	• 백제(동성왕)와 혼인동맹
지증왕 (500~514)	• 마립간 → 중국식 왕호 '왕' 사용 • 국호를 '신라'로 개정 • 우경 시작, 동시전 설치 • 순장 금지 • 이사부를 통해 우산국 정복
법흥왕 (514~540)	• 율령 반포, 불교 공인, 공복 제정 • 병부·상대등 설치, 골품제 정비 • 금관가야 복속 • 연호 사용 : 건원
진흥왕 (540~576)	• 화랑도 개편 • 거칠부에게 『국사』를 편찬케 함 • 한강 유역, 함경도 지역, 대가야 정복 → 단양 적성비와 4개의 순수비 • 연호 사용 : 개국

◆ 가야

전기 가야연맹	• 5세기 초 광개토대왕의 원정으로 세력 약화 → 전기 가야연맹 해체
후기 가야연맹	• 고령의 대가야를 중심으로 성립
가야연맹의 멸망	• 금관가야(김해)는 신라 법흥왕, 대가야는 진흥왕에게 멸망 • 고대 국가로 발전하지 못하고 연맹 왕국 단계에서 멸망

4 삼국의 전성기

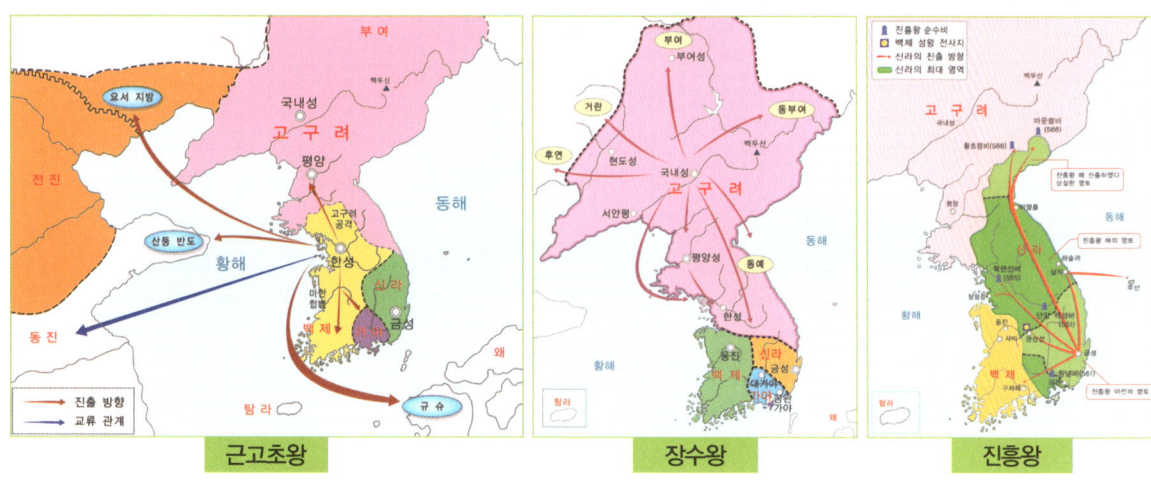

4세기	백제 VS. 고구려, 신라 ▶ 고구려 고국원왕 전사
5세기	고구려 VS. 백제, 신라(나제 동맹) ▶ 백제 개로왕 전사, 웅진 천도
6세기	신라 VS. 고구려, 백제 ▶ 백제 사비 천도, 성왕 관산성 전투에서 전사
7세기	십자형 외교관계 남북 세력(돌궐, 고구려, 백제, 왜) VS. 동서 세력(신라, 수·당)

◆ 삼국의 전성기를 알려주는 비석

고구려 (장수왕)		신라 (진흥왕)	
광개토대왕릉비	중원(청주) 고구려비	단양 적성비	북한산 순수비

◎ 광개토대왕릉비

광개토대왕의 아들인 장수왕이 건립하였어요. 현재 중국 길림성 집안현에 소재하고 있으며, 고구려의 건국 신화, 광개토대왕의 정복 활동, 묘지기에 대한 규정으로 구성되어 있어요.

◎ 중원 고구려비

현재 충청북도 충주시에 소재하고 있으며, 한반도 내에 남아 있는 유일한 고구려 비석이라는 거 잊지 마세요.

◎ 단양 적성비

충청북도 단양시에 소재하고 있으며, 신라가 고구려의 영토를 공격하여 세운 비석이에요.

◎ 북한산 순수비

북한산 순수비는 신라 진흥왕이 새로 넓힌 영토를 직접 돌아보고 세운 비석이에요. 북한비, 황초령비, 마운령비, 창녕비가 남아 있는데, 특히 북한산비는 한강 하류 지역을 점령한 것을 기념하여 세워졌어요.

기출문제 확인하기

1. 다음 자료에 해당하는 왕의 활동으로 옳은 것은?

① 대외적으로 우산국을 정복하였다.
② 나라 이름을 사로국에서 신라로 바꿨다.
③ 화랑도를 국가적인 조직으로 개편하였다.
④ 금관가야를 정복하여 영토를 확장하였다.
⑤ 관등과 공복을 제정하고 율령을 반포하였다.

📖 문제 파악
'신라 중흥의 군주', '당항성을 통해 중국과 직접 교류', '북한산비' 힌트가 엄청 많죠 신라의 전성기를 이루었던 왕, 진흥왕에 대한 설명임을 알 수 있어야 해요.

📝 문제 해설
진흥왕은 6세기에 가장 늦게 발전했던 신라를 크게 발전시켰던 왕이죠. 그래서 중국과 대등한 의미의 '개국'이라는 독자적인 연호와 함께 자신을 '태왕', '짐'이라고 부르기도 하였어요. 먼저 화랑도를 개편하여 체제를 정비하고, 삼국과의 항쟁에서 주도권을 잡기 위해 한강 유역을 차지하였지요. 그래서 당항성을 통해 중국과 직접적으로 교류할 수 있었어요. 함경도와 대가야를 정복하고 영토 확장을 기념해 단양 적성비와 4개의 순수비를 세웠지요.

🔍 오답 확인
① 이사부를 보내 우산국을 정복시킨 왕은 지증왕이죠. 이때부터 지금의 울릉도와 독도가 우리의 역사로 자리 잡았죠.
② 국호를 사로국에서 신라로 바꾼 것도 지증왕이에요.
④ 금관가야를 정복했던 왕은 법흥왕이죠. 진흥왕은 대가야!
⑤ 관등, 공복 제정, 율령 반포를 했던 왕은 법흥왕이에요. 그리고 '건원'이라는 독자적인 연호도 사용했고, 불교도 공인하였죠.

정답 : ③

더! 알아보기 — 신라의 왕호 변천

왕호	사용 시기	내용
거서간	박혁거세	귀인
차차웅	남해왕	무당
이사금	유리왕	연장자
마립간	내물왕	대군장
왕	지증왕 이후	중국식 왕호

2. 다음 TV 드라마에서 주인공이 활동하던 시기에 볼 수 <u>없는</u> 것은?

① 수도를 국내성에서 평양성으로 옮기는 장면
② 백제를 공격하여 아신왕의 항복을 받아내는 장면
③ 신하들 앞에서 '영락'이라는 연호를 선포하는 장면
④ 후연을 공격하기 위해 기병들이 요하를 건너는 장면
⑤ 왜의 침략으로 위기에 처한 신라의 사신이 도움을 청하는 장면

📖 문제 파악

이번 문제는 유추할 필요가 없겠죠? 정복의 왕 광개토대왕의 업적이 아닌 것을 물어보는 문제니까요.

📝 문제 해설

광개토대왕은 그 이름에 걸맞게 많은 업적을 이룬 왕이죠. 후연과 숙식 등을 복속시켜 요동 지역을 확보했고 백제를 공격하여 임진강까지 영토를 넓혔어요. 그리고 내물왕의 요청으로 신라에 쳐들어온 왜구를 무찔렀지요. 이러한 사실은 신라 호우총에서 발견된 호우명 그릇과 장수왕이 세운 광개토대왕릉비에 나타나 있죠. 북진 정책을 추진하여 넓은 영토를 정복했던 광개토대왕은 그 위상에 걸맞게 우리나라 최초로 '영락'이라는 독자적인 연호를 사용했답니다.

🎓 정답 확인

① 수도를 평양성으로 천도한 것은 광개토대왕의 아들 장수왕이죠. 그 이름에 걸맞게 98세까지 살았다고 하네요.

정답 : ①

사료史料 보기

광개토대왕, 신라에 침입한 왜 격퇴!

(영락) 9년 기해에 백제가 서약을 어기고 왜와 화통하므로, 왕은 평양으로 살피러 내려갔다. 신라가 사신을 보내 왕에게 말하기를, "왜인이 그 국경에 가득차 성을 부수었으니, 노객은 백성된 자로서 왕에게 귀의하여 분부를 청한다."고 하였다. …10년 경자에 보병과 기병 5만을 보내, 신라를 구원하게 하였다. … 관군이 이르자 왜적이 물러가므로, 뒤를 급히 추격하여 임나가라의 종발성에 이르렀다. 성이 곧 귀순하여 복종하므로, 순라병을 두어 지키게 하였다. 신라의 농성을 공략하니 왜구는 위축되어 궤멸되었다.

– 「광개토대왕릉 비문」

사료 해설

신라에 왜구가 침략하자, 내물왕은 고구려에 구원을 요청함에 따라 광개토대왕은 군사를 보내 왜구를 격퇴시킵니다. 이 과정에서 금관가야까지 공격하여 가야연맹의 주도권이 대가야로 넘어가게 되는 계기가 되었지요.

01 고대의 정치 ③

3 고구려의 수·당 전쟁과 신라의 삼국 통일

6세기 말~7세기 국제 정세

신라가 한강 유역을 차지하고 수가 중국을 통일하자 당시 국제 정세는 고구려·돌궐·백제·왜의 '남북 세력'과 신라와 수(이후 당)의 '동서 세력'이 대립하였어요.

1 고구려와 수·당 전쟁

1) 살수대첩 (고구려 VS. 수)

고구려의 요서 지방 선제 공격 → 수 문제의 침입 (실패) → 수 양제의 침입 (실패) → 수 우중문의 별동대 → 을지문덕 살수대첩 (612)

2) 안시성 싸움 (고구려 VS. 당)

당이 중국 통일 → 고구려에 화친 정책 → 당 태종 즉위 → 고구려 압박 → 고구려 천리장성(연개소문) 축조 → 연개소문 대막리지가 되어 권력 장악(연개소문 정변) → 신라와 당에 강경책 실시

→ 당 태종, 연개소문의 정변을 구실로 고구려 침략 → 요동성 등 점령, 안시성 공격 → 안시성 성주(양만춘)와 백성들이 힘을 합쳐 막아냄(안시성 싸움, 645)

3) 의의 : 고구려의 국가 보위, 중국의 한반도 침략 저지

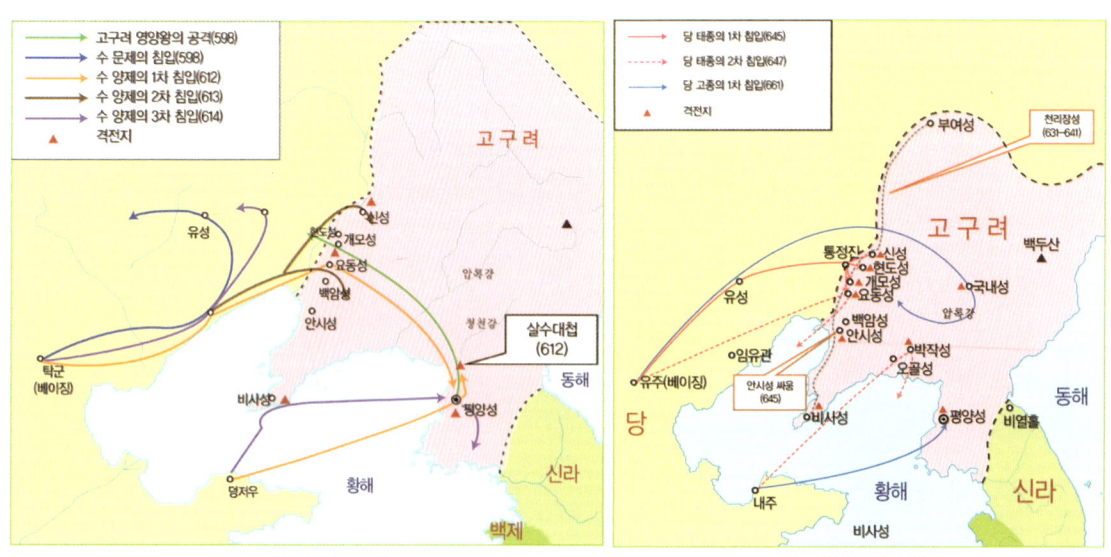

▲ 고구려와 수의 전쟁 　　　　　▲ 고구려와 당의 전쟁

2 신라의 삼국 통일

1) 신라의 나·당 동맹
- 고구려와 동맹 시도 실패 → 당과 동맹(김춘추)

2) 백제와 고구려의 멸망

백제의 멸망 (660)	• 의자왕의 실정과 지배층의 분열 • 나·당 연합군의 공격 → 김유신의 신라군 VS. 계백의 결사대 (황산벌 전투) → 패배 → 사비성 함락 → 멸망 • 부흥 운동 : 복신·도침(주류성), 흑치상지(임존성) → 왕자 '풍'을 추대 → 지도층의 내분, 백강 전투(왜의 도움) 패배 → 실패
고구려의 멸망 (668)	• 계속된 전쟁으로 국력 약화, 연개소문 사후 권력 다툼 • 나·당 연합군의 공격 → 평양성 함락 → 멸망 • 부흥 운동 : 검모잠(한성), 고연무(오골성) → 보장왕의 서자인 안승(금마저) 추대

3) 나·당 전쟁과 삼국 통일

배경	• 당의 한반도 지배 야욕 → 웅진 도독부(백제), 안동 도호부(고구려), 계림 도독부(신라) 설치
신라의 대응	• 고구려 부흥 운동 지원(안승이 금마저에 보덕국을 세우게 함) • 매소성·기벌포 전투 승리 → 삼국 통일 완성(676)
의의와 한계	• 자주적으로 당 축출, 민족 문화 발전 토대 마련 • 외세를 이용, 대동강~원산만 이남까지만 차지

> **김춘추의 외교**
>
> 백제 의자왕이 신라의 요충지였던 대야성을 공격하여 김춘추의 딸과 사위가 목숨을 잃자, 김춘추는 신라의 위기 상황을 타파하기 위해 고구려 연개소문에게 달려갔어요. 연개소문이 동맹의 조건으로 죽령 이북의 땅을 요구하자 김춘추는 거절하고 감옥에 갇히게 되었죠. 김유신의 도움으로 겨우 탈출하여 그는 당으로 가서 당 태종과 삼국 통일을 이룩할 시 대동강 이북의 땅을 당에게 넘겨 준다는 조건으로 동맹을 성사시켰답니다. 이것이 '나·당 동맹'이에요.

▲ 백제와 고구려의 부흥 운동

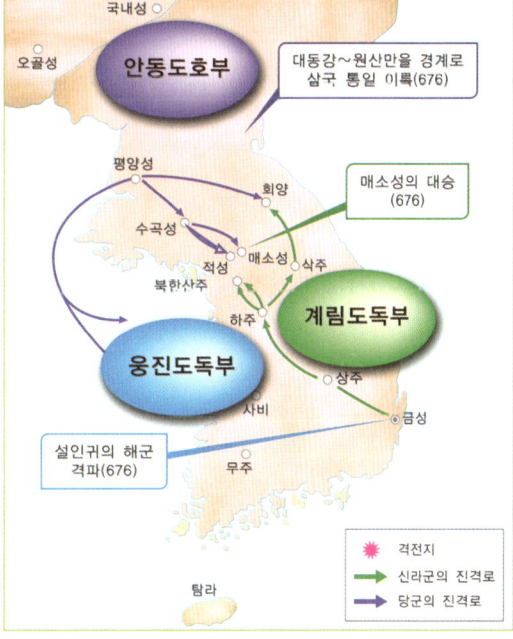

▲ 나·당 전쟁

기출문제 확인하기

1. 다음 전쟁이 일어난 시기를 연표에서 옳게 고른 것은?

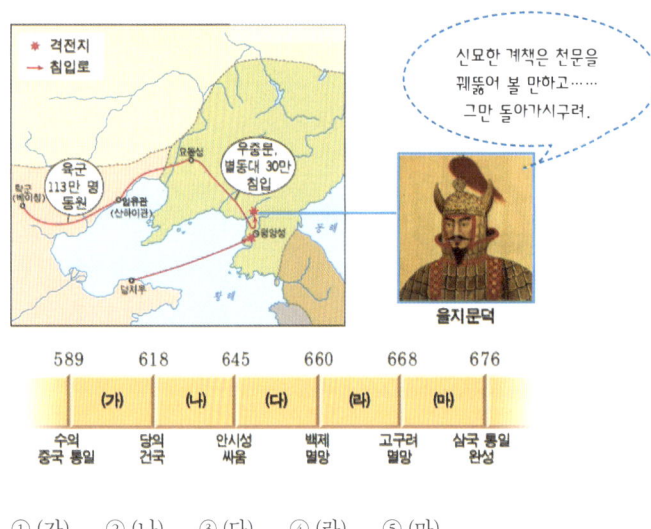

① (가) ② (나) ③ (다) ④ (라) ⑤ (마)

📖 문제 파악

우중문의 30만 별동대가 고구려로 침입했고, 을지문덕 장군의 그림이 보이네요. 을지문덕 하면 아! 살수대첩 하고 바로 알 수 있겠죠? 하지만 이 문제는 살수대첩이 어느 시기에 일어났는지를 파악하는 것이에요.

📝 문제 해설

중국에서 남북조를 통일시킨 수나라가 등장하자 고구려를 압박하기 시작했죠. 그래서 위협을 느낀 영양왕은 요서지방을 선제 공격했어요. 이에 수 문제가 30만 대군을 이끌고 고구려를 침입했지만 실패하고, 그의 아들 수 양제가 다시 침략했어요. 수 양제의 2차 침입 때 을지문덕이 살수(지금의 청천강)로 적을 유인해 크게 승리해서 '살수대첩'이라 불려요. 수는 고구려 전쟁의 실패와 무리한 토목 공사(대운하 건설)로 인해 멸망하고 중국에는 '당'이 등장하게 되었지요.

🎓 오답 확인

① 살수대첩은 고구려와 수의 전쟁이니 수의 통일과 당의 건국 이전 시기가 되겠네요.

정답 : ①

사료 보기

여수장우중문시(與隋將于仲文詩)

신묘한 계책은 천문을 꿰뚫어 볼 만하고
오묘한 전술은 땅의 이치를 모조리 알도다.
전쟁에 이겨서 공이 이미 높아졌으니
만족을 알고 그만 돌아가시구려.

사료 해설

이 시는 을지문덕 장군이 살수까지 추격하여 온 적장 우중문(于仲文)을 희롱하기 위해 지어 보냈다고 해요.

살수대첩과 고구려의 수·당 전쟁

수의 중국 통일 → 남북 세력(돌궐–고구려–백제–왜) VS. 동서 세력(수–신라) → 수의 침입 → 을지문덕 살수대첩 → 수 멸망 → 당 중국 통일

→ 당 태종 즉위 후 고구려 압박 → 연개소문 천리장성 축조 → 연개소문의 정변 → 당의 침입 → 양만춘 안시성 싸움

2. 연표의 (가) 시기 상황으로 적절한 것은?

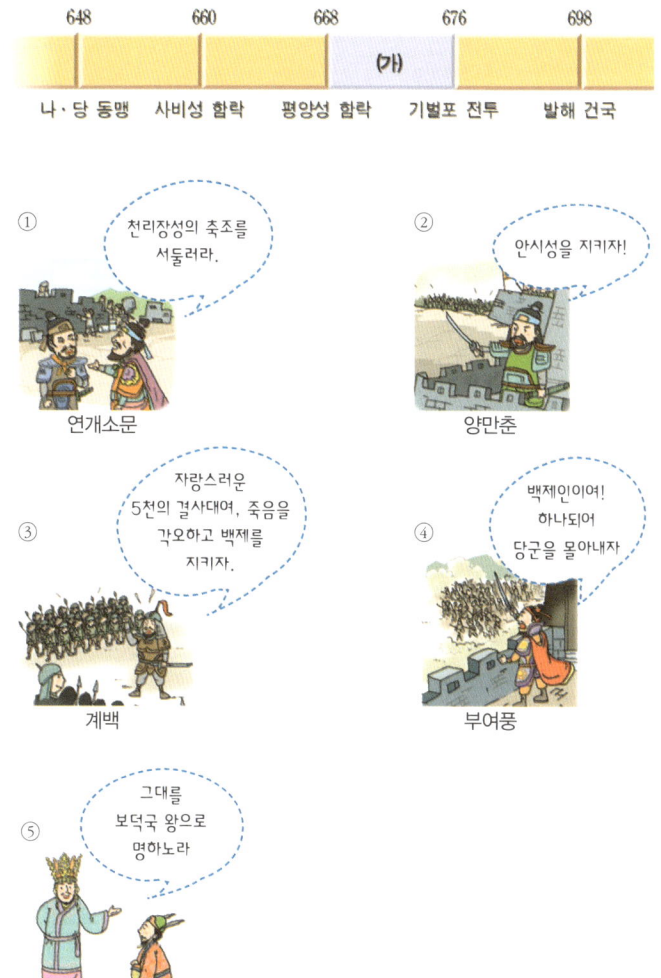

📖 문제 파악

이번 문제는 특정 시기에 있었던 사건을 고르는 문제예요. 연표를 보고 삼국의 통일 과정임을 알 수 있어야 해요. 그중에서도 표시된 (가) 부분은 평양성이 함락된 시점, 즉 고구려가 멸망했음을 알 수 있고, 기벌포 전투 이전이면 고구려 부흥 운동이 일어나고 나·당 전쟁이 한창 벌어지고 있을 시기이겠죠?

📝 문제 해설

수·당과의 전쟁을 치르면서 국력이 약화된 고구려는 연개소문 사후 권력 다툼이 발생하면서 내부적인 분열까지 생겨났어요. 결국 나·당 연합군의 공격으로 고구려는 멸망하게 되었지요. 신라는 삼국 통일을 이루었다 생각했지만 당이 웅진 도독부, 안동 도호부, 계림 도독부를 설치하여 한반도 전체를 지배하려 하자 나·당 전쟁이 일어나게 된 거죠. 그래서 신라는 나·당 전쟁에 필요한 군사들을 모으기 위해 고구려 부흥 운동을 지원하였어요. 그래서 보장왕의 서자였던 안승을 금마저(지금의 익산)에 보덕국을 세우게 한 것이죠. 결국 신라는 매소성·기벌포 전투의 승리로 당을 대동강 이북으로 축출시키면서 삼국 통일을 완성시켰어요.

🎓 오답 확인

① 연개소문의 천리장성은 수와의 전쟁이 끝나고 당의 침입을 막기 위해 축조한 것이죠.
② 안시성 싸움은 고구려와 당과의 전쟁 중에 있었던 사건이에요. 나·당 동맹 이전이죠.
③ 백제 계백과 나·당 연합군(김유신, 소정방)의 황산벌 전투는 당연히 백제 멸망(사비성 함락) 이전 시기이겠죠?
④ 부여풍은 의자왕의 아들이에요. 백제가 멸망하고 의자왕이 당으로 끌려가자 복신과 도침 등은 부흥 운동을 일으켰죠. 이들은 풍을 왕으로 맞이하고 신라와 당에 맞서 싸웠지만 내부 분열로 인해 실패하였어요.

정답 : ⑤

사료史料 보기

계백의 결사 항전

계백(階伯)은 백제 사람으로 벼슬이 달솔(達率)이었다. 당 고종이 소정방(蘇定方)을 신구도 대총관으로 삼아 군대를 거느리고 바다를 건너 신라와 함께 백제를 치게 하였다. 계백은 장군이 되어 결사대 5천을 뽑아 이를 막고자 하며 말하였다. "한 나라의 사람으로 당과 신라의 많은 병사를 당해내자니, 나라의 존망을 알기 어렵다. 내 처자식이 붙잡혀 노비가 될까 두렵구나. 살아서 치욕을 당하는 것보다 흔쾌히 죽는 것이 나으리라." 그리고 마침내 처자식을 다 죽였다. 그리고 드디어 처절하게 싸웠다. 백제군 한 명이 천 명을 당해내지 못하는 사람이 없으니, 신라군이 끝내 퇴각하였다. 이렇게 진퇴를 네 번이나 거듭하다가 힘이 다해 전사하였다.

01 고대의 정치 ④

4 남북국 시대와 후삼국의 성립

연표

676	698	780	828
신라 삼국 통일	대조영 발해 건국	혜공왕 피살 신라 하대	장보고 청해진 설치

889	900	901	918
원종과 애노의 난	견훤 후백제 건국	궁예 후고구려 건국	왕건 고려 건국

달인의 개념 쏙쏙

신라의 시대 구분

삼국사기(김부식)	
상대	혁거세~진덕
중대-무열왕 계	무열~혜공
하대-내물왕 방계	선덕~경순

삼국유사(일연)	
상고-고유어	혁거세~지증
중고-불교식 왕명	법흥~진덕
하고- 중국식 왕명	무열~경순

▲ 신라 하대의 혼란

▲ 후삼국의 성립

1 통일신라의 중대와 하대

1) 중대(무열왕~혜공왕) : 무열왕 직계, 전제왕권 확립

무열왕	• 최초의 진골 출신 왕 • 이후 무열왕 직계 자손이 왕위 독점
문무왕	• 삼국 통일 완성 • 수중릉 "죽은 뒤에 나라를 지키는 용이 될 것이요"
신문왕	• 진골 귀족들의 반란 진압 (김흠돌의 난) • 집사부와 시중↑ 화백회의와 상대등↓ • 녹읍 폐지 → 관료전 지급 • 국학 설립 • 통치 제제 정비·9주 5소경, 9서당 10정 • 전제왕권 확립, 6두품 세력의 성장 • 만파식적 설화
성덕왕	• 정전 지급
경덕왕	• 녹읍 부활(왕권 약화)
혜공왕	• 귀족들의 왕위 다툼 → 혜공왕 피살 • 이후 왕위 쟁탈전 심화

2) 하대(선덕왕~경순왕) : 내물왕 방계, 쇠퇴기

왕위 쟁탈전	• 혜공왕 이후 150여 년 동안 20여 명의 왕 교체 • 김헌창의 난, 장보고의 난 발생
골품제의 붕괴	• 통일 이후 1~3두품 소멸
새로운 사상	• 선종과 풍수지리설 유행
6두품과 호족의 성장	• 6두품(진골 중심의 골품제에 대해 불만) • 호족(촌주, 지방 귀족 출신으로 성주, 장군이라 불리며 신라에 저항, 선종·풍수지리설 수용)
농민봉기	• 원종과 애노의 난(진성여왕 때 발생) • 적고적, 초적의 발생 • 양길(북원), 기훤(죽산), 견훤(완산주)은 농민 봉기 지원 → 세력 확대

2 후삼국의 성립

후백제	• 견훤이 무진주 점령 → 완산주(전주)에서 건국 • 반(反) 신라적 성격
후고구려	• 양길의 수하에 있던 궁예가 송악(개성)에서 건국 • 송악 → 철원(국호 마진 → 태봉)으로 천도

3 발해의 건국과 발전

대조영	• 고구려 유민 + 말갈 집단이 길림성 동모산 근처에서 건국 • 고구려 계승(일본에 보낸 국서, 문화의 유사성 등)
무왕	• 신라와 당에 적대 관계 • 북만주 일대 장악 • 장문휴로 하여금 당의 산둥 지방 공격 • 연호 사용 : 인안
문왕	• 당과 친선 관계 수립(3성 6부제, 주작대로) • 중경 → 상경으로 천도 • 연호 사용 : 대흥
선왕	• 전성기 – 요동 진출 • 제도 정비 : 5경 15부 62주 • 중국에서 '해동성국'(동쪽에 융성한 나라)이라 불림
멸망	• 10세기 무렵 귀족들의 권력 다툼 심화 • 거란의 침입으로 멸망(926)

남북국 시대

조선 시대 학자였던 유득공이 『발해고』라는 책에서 발해를 우리의 역사로 인식하고 남쪽에는 신라, 북쪽에는 발해가 양립하고 있던 시대를 '남북국 시대'라 칭했어요.

5 고대의 통치 체제

1 삼국의 통치 체제

구분	고구려	백제	신라
초기(연맹 왕국 단계)	5부	5부	6부
관등	10여 관등(4C경)	16관등(고이왕)	17관등(법흥왕)
수상(국정 총괄)	대대로 → 막리지	좌평	상대등
귀족 회의	제가회의	정사암회의	화백회의(만장 일치)
중앙 부서	–	6좌평제→ 22부	집사부, 병부
특수 구역	3경	22담로(무령왕)	2소경

발해의 중앙 관제

당의 3성 6부제를 수용하였지만 명칭(중앙 관제의 명칭)을 당과 달리 하였고, 6부는 유교식 명칭과 운영을 달리하여 발해의 독자성을 유지하였어요.

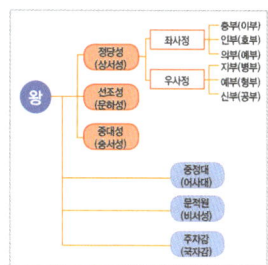

2 남북국 시대의 통치 체제

구분	통일신라	발해
중앙	• 집사부(시중) 기능 강화 • 사정부(감찰 기구) • 국학(국립대학) 설치	• 당의 3성 6부제 수용 • 정당성 중심(수상 : 대내상) • 중정대(감찰 기구) • 문적원(서적 관리) • 주자감(국립대학) 설치

지방	• 9주 5소경
	  9주 : 주 아래 군·현 설치하여 지방관 파견,
	  5소경 : 수도가 한쪽에 치우쳐 있는 것 보완, 지방 문화의 중심지
	• 특수 행정구역 : 향, 부곡
		• 5경 15부 62주
		  5경 : 전략적 요충지
		  15부 : 도독 파견
		  62주 – 현 – 촌락(주로 말갈족)

군사 제도	• 9서당(중앙군) : 고구려, 백제, 말갈인까지 포함 → 민족 융합책 • 10정(지방군) : 9주에 설치	• 10위(중앙군) : 왕궁과 수도 경비

9주 5소경

기출문제 확인하기

1. 밑줄 그은 '왕'에 대한 설명으로 옳은 것은?

> 왕은 나라를 다스린 지 21년 만에 돌아가셨는데, 유언에 따라 동해의 큰 바위에 장사를 지냈다. 왕은 살아계실 때 "나는 죽은 뒤에 나라를 지키는 큰 용이 되어 불법(佛法)을 받들고 국가를 수호할 것이오."라고 지의 법사에게 곧잘 말씀하셨다.
> —「삼국유사」—

① 진골 출신으로 처음 왕위에 올랐다.
② 건원이라는 독자적 연호를 사용하였다.
③ 왕의 칭호를 마립간에서 왕으로 고쳤다.
④ 당을 몰아내고 삼국 통일을 이룩하였다.
⑤ 화랑도를 국가적인 조직으로 개편하였다.

📖 문제 파악

제시된 사료에서 "동해의 큰 바위에 장사를 지냈다"가 결정적인 힌트네요. 즉 이 왕의 무덤은 바다에 있다는 이야기가 되겠죠? 우리나라 역대 왕들 중에 바다에 무덤이 왕은 바로 문무왕이죠.

📝 문제 해설

진골 출신 중에 최초로 왕이 된 인물은 김춘추죠? 무열왕이라 불리고요. 이후 무열왕계 직계 자손들이 왕위를 계승하게 되죠. 하지만 무열왕은 삼국 통일을 모두 완성시키지 못하고 죽고 말아요. 이후 왕이 된 사람은 무열왕과 김유신의 누이였던 문희 사이에서 태어난 아들, 문무왕이에요. 문무왕은 나·당 전쟁을 통해 삼국 통일을 완성시켰던 인물이죠. 문무왕은 죽기 전에 "죽어서도 용이 되어 나라를 지키겠다." 하여 화장한 유골을 동해의 큰 바위에 장사를 지냈어요. 그래서 이 바위를 '대왕암' 또는 '대왕바위'라고도 불러요.

🎓 오답 확인

① 진골 출신 최초로 왕위에 오른 인물은 무열왕(김춘추)이에요.
② '건원'이라는 독자적인 연호를 사용한 왕은 법흥왕이죠.
③ 왕호를 마립간에서 왕으로 고친 왕은 지증왕이에요.
⑤ 화랑도를 개편한 왕은 신라의 전성기를 이루었던 진흥왕이죠.

정답 : ④

사료史料 보기

신문왕, 만파식적 설화

용이 말하였다.
"비유하자면 한 손으로 손뼉을 치면 소리가 나지 않지만, 두 손으로 치면 소리가 나는 것과 같습니다. 이 대나무라는 물건도 합해진 연후에야 소리가 납니다. 거룩하신 왕께서 소리로 천하를 다스릴 상서로운 징조입니다. 왕께서 이 대나무를 가져다가 피리를 만들어서 불면 천하가 평화로워질 것입니다. 지금 왕의 아버지께서 바다의 큰 용이 되셨고 김유신은 다시 천신이 되었습니다. 두 성인이 마음을 합치셔서 이처럼 값으로 따질 수 없는 큰 보물을 저에게 바치도록 하셨습니다." …… 왕이 대궐로 돌아와서 그 대나무로 피리를 만들어 월성(月城) 천존고(天尊庫)에 보관하였다. 피리를 불면 적군이 물러나고 병이 나았으며, 가물면 비가 오고 장마가 지면 날이 개었으며, 바람이 잠잠해지고 파도가 잔잔해졌다. 그래서 만파식적(萬波息笛)이라고 부르고 국보로 삼았다. —「삼국유사」

사료 해설
신문왕 때의 이러한 만파식적 설화를 통해 신라 중대의 전제왕권을 이룬 자신감을 보여주고 있네요.

2. 밑줄 그은 '이 나라'에 대한 설명으로 옳은 것은?

- 이 나라는 고구려의 영토를 회복하고 부여의 풍속을 갖추었다.
- 부여씨가 망하고 고씨가 망하게 되니 김씨가 그 남쪽 땅을 차지하고, 대씨가 그 북쪽 땅을 차지하여 <u>이 나라</u>라고 하였다

① 전성기에 해동성국이라 불리웠다.
② 기벌포에서 당의 수군을 물리쳤다.
③ 전국을 9주 5소경으로 정비하였다.
④ 건원, 개국이라는 연호를 사용하였다.
⑤ 도련포에서 압록강 입구까지 천리장성을 쌓았다.

📖 문제 파악

이 문제의 핵심적인 힌트는 "대씨가 그 북쪽 땅을 차지하였다"라는 말이 되겠네요. 부여씨는 백제를 의미하고, 고씨는 고구려, 김씨는 신라를 의미해요. 즉 대씨하면 떠오르는 인물이 한 명 있죠? 바로 발해를 건국했던 대조영이죠!

📝 문제 해설

발해는 고구려의 유민이었던 대조영이 동모산 근처에서 건국한 나라죠? 무왕 때 요서와 산둥 지방을 공격하고 영토 확장을 본격화하게 되죠. 선왕 때 이르러서는 전성기를 맞이하게 되는데 요동 지역에 대한 지배권을 획득하고 최대의 영토를 차지하게 되죠. 그래서 당나라는 이러한 발해를 두고 '동쪽의 융성한 나라'라 칭하며 '해동성국'으로 불리게 되었죠.

🎓 오답 확인

② 신라의 나당 전쟁에 대한 설명이죠.
③ 9주 5소경의 지방 제도 개편은 신라의 신문왕 때 일이죠.
④ 건원은 법흥왕, 개국은 진흥왕 때 쓰던 연호죠.
⑤ 압록강 입구까지 천리장성을 축조한 것은 고구려의 연개소문이죠.

정답 : ①

사료 史料 보기

유득공, 남북국 시대를 주장하다

고려가 발해사를 편찬하지 않은 것을 보면 고려가 국세를 떨치지 못했음을 알 수 있다. 옛날에는 고(高)씨가 북에서 고구려를, 부여씨가 백제를, 박·석·김씨가 동남에서 신라를 각각 세웠으니, 이것이 삼국이다. 여기에는 반드시 삼국사(三國史)가 있어야 할 것인데, 고려가 편찬한 것은 잘한 일이다. 그러나 부여씨와 고씨가 망한 다음 김씨의 신라가 남(南)에 있고, 대씨의 발해가 북에 있으니 이것이 남북국이다. 여기에는 마땅히 남북사(南北史)가 있어야 할 터인데, 고려가 편찬하지 않은 것은 잘못이다. - 『발해고』

사료 해설

조선 후기 실학자였던 유득공은 『발해고』라는 책을 저술하여 발해를 우리 역사로 인식하고 '통일신라 시대'가 아닌 '남북국 시대'라는 용어를 사용할 것을 주장했어요.

TEST

단원별 핵심 기출 문제

1. (가)에 들어갈 내용으로 옳은 것은?

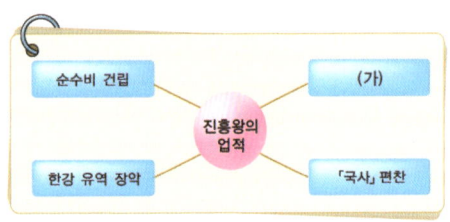

① 국학 설립　② 녹읍 부활　③ 불교 공인
④ 화랑도 정비　⑤ 우산국 정복

2. 밑줄 그은 '이 사람'이 행한 역사적 사실로 옳은 것은?

① 고구려의 남하 정책에 밀려 도읍을 옮겼다.
② 22담로를 설치하여 지방 세력을 장악하였다.
③ 해외의 요서, 산둥, 규슈 지역으로 진출하였다.
④ 남진 정책을 추진하여 중원 고구려비를 세웠다.
⑤ 불교를 수용하고 율령을 반포하여 왕권을 강화하였다.

3. 가야연맹의 (가), (나) 지역을 중심으로 발전한 나라에 대한 설명으로 옳은 것을 〈보기〉에서 고른 것은?

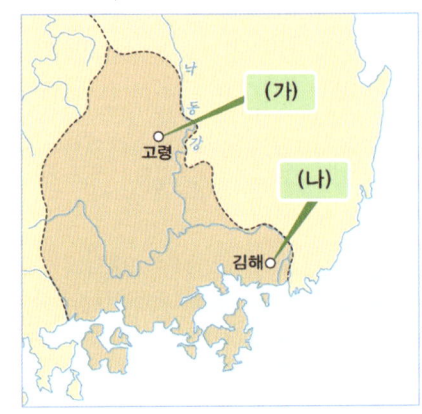

ㄱ. (가) 전기 가야연맹을 이끌었다.
ㄴ. (가) 법흥왕 때 신라에 복속되었다.
ㄷ. (나) 낙랑, 왜에 철을 수출하며 부를 쌓았다.
ㄹ. (나) 고구려의 침략으로 연맹의 주도권을 상실하였다.

① ㄱ, ㄴ　② ㄱ, ㄷ　③ ㄴ, ㄷ
④ ㄴ, ㄹ　⑤ ㄷ, ㄹ

4. 다음 유물을 통해 알 수 있는 사실로 옳은 것은?

① 백제가 요서 지역에 진출하였다.
② 가야가 신라에 의해 통합되었다.
③ 고구려가 천리장성을 축조하였다.
④ 왜의 수군이 백제 부흥군을 지원하였다.
⑤ 신라가 고구려의 정치적 영향을 받고 있었다.

5. 지도와 같은 형세를 이룬 시기의 백제에 대한 설명으로 옳은 것은?

① 수도를 사비로 옮겼다.
② 신라의 대야성을 빼앗았다.
③ 고흥이 서기를 편찬하였다.
④ 국호가 남부여로 바뀌었다.
⑤ 관산성에서 신라에 패배하였다.

6. 밑줄 그은 '왕'에 대한 설명으로 옳은 것은?

- 왕의 이름은 '무예'로 고왕 대조영의 아들이다. 인안이라는 연호를 쓰고 영토를 개척하였다. -「발해고」-
- 왕이 이르기를, "흑수가 당과 더불어 앞뒤로 우리(발해)를 치려는 것이다." 하고 흑수를 치게 하였다. -「신당서」-

① 나라 이름을 '진'이라 하고 왕위에 올랐다.
② 수도를 중경 현덕부에서 상경 용천부로 옮겼다.
③ 장문휴로 하여금 산둥 지방을 공격하게 하였다.
④ 5경 15부 62주로 지방 행정 제도를 정비하였다.
⑤ 신라와 상설 교통로를 개설하여 대립을 해소하려 하였다.

7. 다음 시기의 신라 사회 모습에 대한 설명으로 옳은 것만을 〈보기〉에서 모두 고른 것은?

( ) 안의 숫자는 재위 기간

〈 보 기 〉
ㄱ. 지방에 대한 중앙 정부의 통제력이 약화되었다.
ㄴ. 국왕은 6두품과 결탁하여 전제왕권을 강화하였다.
ㄷ. 진골 귀족들은 사병을 거느리고 권력 다툼을 벌였다.
ㄹ. 지방에서는 호족이라 불리는 새로운 세력이 성장하였다.

① ㄱ, ㄴ   ② ㄱ, ㄹ   ③ ㄴ, ㄷ
④ ㄱ, ㄷ, ㄹ   ⑤ ㄴ, ㄷ, ㄹ

8. 선생님의 질문에 대한 대답으로 옳은 것을 〈보기〉에서 고른 것은?

ㄱ. 관리를 감찰하는 기구를 두었습니다.
ㄴ. 중앙 관제의 명칭을 당과 달리하였습니다.
ㄷ. 중앙 관제를 3성 중심으로 편성하였습니다.
ㄹ. 좌사정과 우사정이 3부씩 각각 나누어 관할하였습니다.

① ㄱ, ㄴ   ② ㄱ, ㄷ   ③ ㄴ, ㄷ
④ ㄴ, ㄹ   ⑤ ㄷ, ㄹ

02 고대의 경제 · 사회 ①

1 삼국의 경제 · 사회

연표

194	502	509
고국천왕	지증왕	지증왕
진대법 실시	우경 실시	동시전 설치

1 삼국의 경제

1) 수취 체제

조세	• 재산의 정도에 따라 호를 나누어 세금 부과
역	• 15세 이상의 남자를 동원하여 노동력 징발

2) 농민 안정책

생산력 증대	• 철제 농기구 보급 • 황무지 개간 권장 • 저수지 축조 • 소를 이용한 '우경' 장려
구휼정책	• 고구려 : 고국천왕, 진대법 실시

3) 상공업

수공업	• 초기 : 노비 중심 생산 • 변화 : 수공업을 담당하는 관청 설치
상업	• 주로 도시에만 시장 형성 • 신라 : 6세기 초 지증왕 때 동시전 설치

4) 무역

고구려	• 남북조 · 북방 유목 민족과 교류
백제	• 남중국 · 왜와 교류
신라	• 한강 유역 진출 후 당항성을 통해 중국과 직접 교류

5) 삼국 시대 사람들의 경제 생활

귀족	• 세습되어 온 토지와 노비 소유 • 국가로부터 녹읍과 식읍, 노비 제공 • 고리대를 이용 → 농민의 토지 약탈하거나 노비로 만들어 재산 증식 • 풍족하고 화려한 생활
농민	• 자영농(자신 소유의 토지 경작)과 소작농(토지를 빌려 경작) • 시비법의 미발달 → 토지를 휴경 • 국가와 귀족에게 세금 납부 • 전쟁 시 군사로 동원되거나 전쟁 물자 조달 • 자연 재해 및 고리대로 인해 노비 · 도적 · 유랑민으로 전락

달인의 개념 쏙쏙

📝 고구려 무용총 「접객도」

이 고분 벽화를 보면 뭔가 이상하지 않나요? 앉아 있는 사람이 너무 크죠? 이는 신분에 따라 사람의 크기를 다르게 그린 것이라 할 수 있어요.

◎ 진대법

흉년이 들면 백성들을 구제하기 위해 봄에 곡식을 빌려주고 가을에 추수한 것으로 다시 갚게 한 제도예요. 이는 백성들이 노비가 되는 것을 막아 귀족 세력이 커지는 것을 차단하기 위한 방편이었어요. 이와 같은 백성들을 위한 국가의 구휼 정책을 시대별로 구분해 보면 다음과 같아요.

고구려	진대법
고려	의창
조선	환곡

◎ 동시전

신라의 수도였던 서라벌(경주)에 설치한 시장 가운데 동쪽에 있던 동시(東市)를 관리하던 관청이에요.

2 삼국의 사회

1) 삼국의 신분 구조

귀족	• 왕족, 옛 부족장 → 정치·사회·경제적 특권, 자손에게 세습
평민	• 대부분 농민 • 조세·노동력 부담
천민	• 대부분 노비 • 왕실·귀족·관청에 예속

2) 신라의 골품제

구성	• 지방 족장을 왕 밑에 편입하는 과정에서 성립 • 골(骨) : 왕족 – 성골, 진골 • 품(品) : 귀족 – 6~1두품
특징	• 관직 진출 제한 • 일상 생활 규제 : 가옥, 복색, 수레 크기 등

3) 신라의 화랑도

구성	• 원시 사회의 청소년 집단에서 기원 → 진흥왕 때 국가 조직으로 개편
조직	• 화랑(귀족), 낭도(귀족~평민) → 계층 간 갈등 완화
특징	• 국가 인재 양성 • 행동 규범 : 세속오계(원광법사) • 유교 경전 공부 : 임신서기석

2 남북국 시대의 경제·사회

연표
- 687 신문왕 관료전 지급
- 689 신문왕 녹읍 폐지
- 722 성덕왕 정전 지급
- 757 경덕왕 녹읍 부활
- 828 장보고 청해진 설치

1 통일신라의 경제

1) 수취 제도

조세	• 생산량의 1/10 수취
역	• 16~60세까지의 남자들에게 군역과 요역 부과

2) 토지 제도

목적	• 왕권 강화 • 농민 생활 안정 추구
내용	• 관료전 지급(신문왕) → 녹읍 폐지 • 정전 지급(성덕왕) → 왕토 사상, 백성들에게 지급 • 녹읍 부활(경덕왕) → 귀족들의 반발, 왕권 약화

달인의 개념 쏙쏙

◎ 신라의 골품제

신라는 골품에 따라 승진할 수 있는 관등이 정해져 있었어요. 아무리 능력이 있고 공을 세우더라도 정해져 있는 관등까지만 승진할 수 있었지요. 6두품은 아찬까지만 승진할 수 있었대요. 이 밖에도 가옥의 크기나 장식물, 복색 등 일상 생활까지 규제하는 아주 폐쇄적인 사회였어요. 그래서 일부 능력 있는 6두품 출신들은 이러한 골품제에 불만을 품고 당나라로 건너가 활약하거나 이후 고려를 세우는 데 동조하였어요.

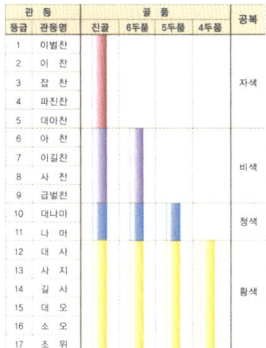

◎ 화랑도

화랑도의 수장을 풍월주라 불러서 '풍월도'라고도 했어요. 이 밖에도 '국선도', '풍류도'라고 불리기도 했답니다. 그리고 원광법사이 세속 5계를 행동 규범으로 삼았는데 원래 불교는 살생을 금지하잖아요? 하지만 세속 5계를 살펴보면 호국 불교의 성격을 나타내고 있어요. 확인해 볼까요?

사군이충 (事君以忠)	충성으로 임금을 섬긴다.
사친이효 (事親以孝)	효도로 어버이를 섬긴다.
교우이신 (交友以信)	믿음으로 벗을 사귄다.
임전무퇴 (臨戰無退)	전쟁에 임할 때는 물러서지 않는다.
살생유택 (殺生有擇)	살아 있는 것을 가려서 죽인다.

02 고대의 경제 · 사회 ②

달인의 개념 쏙쏙

📝 **신라 촌락 문서의 내용**

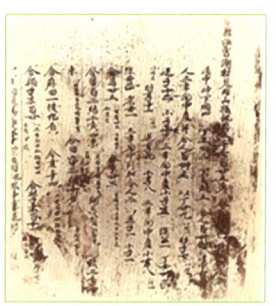

마을의 모든 사람을 합하면 147명이다. …말은 모두 25마리이고, 소는 모두 22마리이다. 논을 합하면 102경 2부 2속인데 … 뽕나무는 모두 1,004그루이고, 잣나무는 모두 120그루, 호두나무는 모두 112그루이다. - 「신라 촌락 문서」

신라는 당과의 교류가 활발해지면서 중국 내에 신라인들을 위한 여러 시설들을 만들었어요.

신라방	신라인들의 거주지
신라소	신라인들을 통치하기 위한 자치 기구
신라관	신라인들의 숙소
신라원	신라인들의 절

◯ **금입택**
금입택은 신라 귀족들의 주택으로 금을 입힌 주택이라고 해요. 이를 통해 신라 귀족들이 얼마나 호화롭고 사치스러운 생활을 했는지 알 수 있겠네요.

3) 신라 촌락(민정)문서

발견	• 1933년 일본 도다이사 쇼소인에서 발견 • 서원경(청주) 인근의 촌락에 대해 기록
목적	• 조세 수취, 노동력 징발
작성	• 촌주가 3년마다 작성
내용	• 촌락의 면적, 인구, 호구, 논밭, 과실나무, 가축 수 등

4) 상공업

시장 증가	• 7세기 말, 서시와 남시 추가 설치
수공업	• 관청의 장인과 노비를 통해 공급

5) 무역

당	• 공무역 · 사무역 활발 • 산둥반도 · 양쯔강 하류에 신라방 · 신라소 · 신라관 · 신라원 설치◯
일본	• 초기에는 적대 • 8세기 이후 교류 활발
아라비아	• 울산항을 통해 아라비아 상인 유입 • 유리 그릇, 향료 등 귀족의 사치품 유입
장보고의 활동	• 청해진(전라남도 완도) 설치 • 중국 산둥에 절을 세움(법화원) • 해적 소탕, 서남 해상권 장악, 국제무역 전개

6) 통일신라 사람들의 경제 생활

귀족	• 녹읍 폐지, 관료전 지급 → 여전히 사치 생활 지속 • 금입택◯
농민	• 전세 · 공물 · 부역의 의무
향 · 부곡민	• 일단 농민보다 더 많은 세금 부담

◆ **신라에 전파된 서역 문화**

유리 그릇 / 황금 보검 / 괘릉 무인석 : 서역인의 모습을 하고 있다.

2 발해의 경제

1) 수취 체제와 산업

수취체제	• 조세 · 공물 · 부역
농업	• 밭농사 중심, 일부 벼농사, 목축
상공업	• 수공업 : 제철, 방직, 도자기업 등 • 상업 : 도시와 교통의 중심지에서 활발

2) 무역

교통로	• 조공도, 영주도, 거란도, 일본도, 신라도
교역품	• 수출 : 모피, 인삼, 불상, 자기 • 수입 : 비단, 책
당	• 초기 적대 → 8세기 후반 이후 활발(발해관 설치)
신라	• 초기 적대 → 친선(신라도)과 대립
일본	• 외교관계 중시, 신라를 견제하기 위한 목적

📝 **남북국 시대의 무역**

청해진의 위치를 잘 파악해 두세요.

3 남북국 시대의 사회

1) 통일 후 신라 사회의 변화

민족 통합 정책◎	• 고구려 · 백제 지배층에게 관등 부여 • 9서당 설치 → 신라인, 옛 고구려 · 백제인, 말갈인 편성
골품제의 변화	• 성골 소멸 : 7세기 중반 통일 전 • 진골 : 정치적 · 경제적 특권 향유, 진골 귀족 내부의 경쟁 심화 • 6두품 : 학문 · 실무 능력을 바탕으로 국왕 보좌 • 3~1두품 : 통일 이후 평민화
신라 말의 혼란	• 정치적 혼란 : 왕위 쟁탈전, 중앙 정부의 통제력 약화 • 지방 세력의 성장 : 호족 등장 • 농민봉기 확산 : 초적, 원종 · 애노의 난

2) 발해의 사회

지배층	• 대(大)씨, 고(高)씨 등 대부분 고구려 유민이 다수 • 중앙과 지방의 중요 관직 차지
피지배층	• 대부분 말갈인 • 일부는 지배층, 다수는 촌락을 단위로 자치적인 생활(촌장)
사회 모습	• 상층 사회 : 당의 문화 수용, 당의 빈공과 응시 • 하층 사회 : 고구려나 말갈의 전통적인 사회 유지

◎ **민족 통합 정책**

신라는 피정복국의 지배층을 포섭하려 했어요. 금관가야의 후손인 김유신과 고구려의 안승을 진골 귀족으로 삼은 것을 예로 들 수 있겠네요. 그리고 중앙군으로 9서당을 설치해 고구려, 백제, 말갈인 등 피정복민으로 구성된 부대를 만들었어요. 이를 통해 신라는 삼한(삼국)이 하나가 되었다는 자부심을 가지게 한 거죠.

기출문제 확인하기

1. 다음 자료와 관련된 제도에 대한 설명으로 옳은 것은?

방[室] 크기의 상한선	24자	21자	18자	15자
골품	진골	6두품	5두품	4두품

〈 보 기 〉

ㄱ. 계층 간의 갈등을 완화하였다.
ㄴ. 사회 활동과 정치 활동을 제한하였다.
ㄷ. 능력에 따라 노력하면 신분 상승이 가능하였다.
ㄹ. 부족장을 중앙 귀족에 편입하는 과정에서 성립되었다.

① ㄱ, ㄴ   ② ㄱ, ㄷ   ③ ㄴ, ㄷ
④ ㄴ, ㄹ   ⑤ ㄷ, ㄹ

📖 **문제 파악**

제시문에서 이미 제도를 알려주고 있네요. 바로 신라의 골품제죠!

📝 **문제 해설**

골품제는 신라가 중앙 집권 국가로 성립하려던 시기에 각 지방의 족장 세력을 통합하기 위한 목적으로 성립되었어요. 혈연에 의해 사회적 제약이 가해지거나 개인의 사회 활동과 정치 활동의 범위까지 골품에 의해 엄격하게 제한되었죠. 심지어 가옥의 규모, 장식물, 복색이나 수레 등 일상 생활까지 규제했던 굉장히 폐쇄적인 신분제였어요.

🎓 **오답 확인**

ㄱ. 계층 간 갈등을 완화한 역할을 한 것은 화랑과 낭도로 구성된 화랑도에 대한 설명이죠.
ㄷ. 능력이 뛰어나도 골품을 바꿀 순 없었어요. 그래서 6두품 세력 중에 불만을 가진 사람들이 많았죠.

정답 : ④

사료史料 보기

6두품, 설계두 골품제에 불만을 품고 당으로 건너가다

처음에 신라 사람 설계두가 일찍이 친우(親友)와 더불어 그의 뜻을 말하기를, "국가에서 사람을 등용하는데 골품을 논하여 진실로 그 족속이 아니면 아무리 크나큰 재질과 뛰어난 공로가 있더라도 스스로 떨치지 못하니, 나의 소원은 서쪽으로 중국에 유람하면서 불세(不世)의 책략을 떨치고 비상한 공을 세워서 스스로 영화로운 길을 이룩하여 잠신(簪紳)·검패(劍佩)로 천자의 곁에 출입했으면 족하겠다." 하고, 해선을 따라 당나라로 들어갔다. －「동국통감」

사료 해설

설계두는 6두품 출신으로 골품제에 불만을 품고 당으로 건너가 활약한 무인이었어요. 이렇듯 6두품 세력은 골품제의 한계 때문에 당으로 건너가거나 호족과 손을 잡고 새로운 사회를 건설하려 했어요. '시무 10조'를 진성여왕에게 올렸던 최치원도 당의 빈공과에 합격한 적이 있었죠.

2. 지도와 같은 형세를 이룬 시대에 대한 설명으로 옳은 것은?

① 상평통보가 활발하게 유통되었다.
② 경시서가 시전을 관리 감독하였다.
③ 만상이 중국과의 무역을 주도하였다.
④ 벽란도가 국제 무역항으로 번성하였다.
⑤ 울산항에 아라비아 상인이 왕래하였다.

문제 파악

지도의 형세와 북쪽의 발해의 수도였던 상경이 보이고, 남쪽의 신라의 수도인 금성이 보이네요. 이를 통해 남북국 시대에 대한 설명임을 파악할 수 있어야 해요.

문제 해설

통일신라는 당의 산둥반도와 양쯔강 하류일대에 신라방·신라소·신라관·신라원 등이 설치될 만큼 당과 활발히 무역을 전개했어요. 뿐만 아니라 울산항을 통해 아라비아 상인들이 왕래하여 서역의 문화가 전파되기도 했죠. 그리고 이 시기 무역하면 빼놓을 수 없는 인물! 장보고죠. 장보고는 해적을 소탕하고 완도에 청해진을 설치하여 해상 무역권을 장악하기도 했어요.

오답 확인

① 상평통보는 조선 숙종 때 활발하게 유통된 화폐예요.
② 경시서는 고려 시대에 시전을 관리·감독하는 관청이에요.
③ 만상은 조선 후기 의주에서 활발하게 활동했던 상인이죠.
④ 벽란도는 고려의 대표적인 무역항이에요.

정답 : ⑤

사료史料 보기

바다의 왕, 장보고

- 장보고는 신라로 돌아와 흥덕왕을 찾아보고 말하기를 "중국에서는 우리 사람들을 노비로 삼으니 청해진을 만들어 적으로 하여금 사람들을 약탈하지 못하도록 하기를 원하나이다."라고 하였다. 청해는 신라의 요충으로 지금의 완도를 말하는데, 대왕은 그 말을 따라 장보고에게 군사 만 명을 거느리고 해상을 방비하게 하니, 그 후로는 해상으로 나간 사람들이 잡혀가는 일이 없었다.

- 청해진 대사 궁복(장보고)이 자기 딸을 왕비로 맞지 않은 것을 원망하고 청해진을 근거로 반란을 일으켰다.

— 『발해고』

사료 해설

장보고는 청해진을 중심으로 서남 해안의 해상 무역권을 장악했어요. 그리고 신라 하대에 이르러 왕위 쟁탈전에 참여하기도 하였죠.

1. 다음은 가상의 인터뷰이다. 밑줄 그은 제도를 건의한 목적으로 옳은 것을 〈보기〉에서 고른 것은?

기자 : 시골에서 농사를 짓고 있는 분을 나라의 재상으로 삼으셨으니 아주 파격적인 인사였네요. 고구려 재상으로 부임하시면서 여러가지 개혁을 하셨는데, 그중에서 가장 기억에 남는 제도에 대해 말씀해 주시겠습니까?

재상 : 대왕께서 굶주림에 시달리는 백성들을 보고, 이들을 도와줄 방법을 찾으라고 명하셨습니다. 그래서 나라에서 백성들에게 식량 사정이 어려운 봄에 곡식을 빌려 주고 가을에 추수를 하여 갚는 제도를 마련하자고 건의하여, 이에 시행하게 되었습니다.

〈보기〉
ㄱ. 유교 정치 이념을 보급하기 위하여
ㄴ. 백성이 노비가 되는 것을 막기 위하여
ㄷ. 귀족 세력이 커지는 것을 막기 위하여
ㄹ. 지배층의 정치·경제적 특권을 유지하기 위하여

① ㄱ, ㄴ   ② ㄱ, ㄷ   ③ ㄴ, ㄷ
④ ㄴ, ㄹ   ⑤ ㄷ, ㄹ

2. 그림은 어느 인물에 관한 대화를 가상으로 꾸민 것이다. 이 인물에 대한 설명으로 옳지 <u>않은</u> 것은?

① 중국 당나라 시대에 활약하였다.
② 당시의 대표적인 해상 세력이었다.
③ 왕위 쟁탈전에 관여하기도 하였다.
④ 해적을 소탕하기 위하여 청해진을 설치하였다.
⑤ 유교 정치 이념을 바탕으로 개혁을 시도하였다.

3. 다음 자료로 알 수 있는 것을 〈보기〉에서 고른 것은?

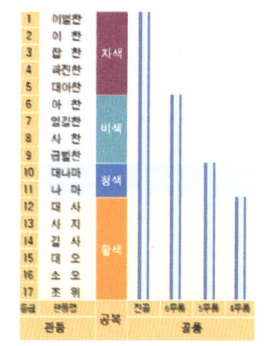

골품제 사회에서는 같은 신분끼리 혼인하는 것이 원칙이었다. 같은 진골이라도 경주 출신과 지방 소국 왕족의 후예들 사이에는 차별이 있었다. 경주 출신 진골 김춘추는 가야 왕족 후예인 김유신의 누이와 혼인하여 한때 동료 진골 귀족들에게 따돌림을 당하기도 하였다.

〈보기〉
ㄱ. 관등에 따라 관리의 복색이 달랐다.
ㄴ. 6두품은 자색의 공복을 입을 수 있었다.
ㄷ. 4두품은 12등급인 대사까지 오를 수 있었다.
ㄹ. 김유신은 5등급인 대아찬에는 오를 수 없었다.

① ㄱ, ㄴ   ② ㄱ, ㄷ   ③ ㄴ, ㄷ
④ ㄴ, ㄹ   ⑤ ㄷ, ㄹ

4. 다음 글의 밑줄 그은 '이 단체'에 대한 설명으로 옳지 <u>않은</u> 것은?

김유신, 사다함 등은 이 단체에서 활동한 인물이다. 김대문은 이 단체를 "현명한 재상과 충성스런 신하가 여기서 솟아나오고, 훌륭한 장수와 용감한 병사가 이로 말미암아 생겨났다."고 한 바 있다. 또 국가적 위기 때는 전사단으로서 군부대에 배속되어 작전에 동원되었으며, 수련 기간이 끝난 뒤에는 정규 부대에 편입되어 정식 군인으로 활동하였다.

① 원광의 세속 5계를 행동 규범으로 삼았다.
② 원시 사회의 청소년 집단에서 기원하였다.
③ 국선도, 원화도, 풍류도, 풍월도라고도 불렸다.
④ 국왕을 추대하거나 왕권을 견제하기도 하였다.
⑤ 계층 간의 대립과 갈등을 조절하는 구실도 하였다.

5. (가), (나) 국가에 대한 설명으로 옳은 것은?

① (가) 군사 제도로 9서당과 10정을 두었다.
② (가) 전국을 9주로 나누고 5소경을 두었다.
③ (나) 전국을 5도 양계로 나누어 다스렸다.
④ (나) 중앙 정치 기구로 3성 6부를 두었다.
⑤ (가)와 (나)는 신라도를 이용하여 교류하기도 하였다.

6. 다음 문화유산을 이용한 탐구 활동의 주제로 가장 적절한 것은?

① 가야의 대외 교류
② 통일신라의 무역 활동
③ 발해와 통일신라의 대외 관계
④ 삼국 시대에 전래된 서역 문화
⑤ 일본에 전해진 삼국의 불교 문화

7. 다음 연표의 (가) 시기에 있었던 역사적 사실로 옳지 않은 것은?

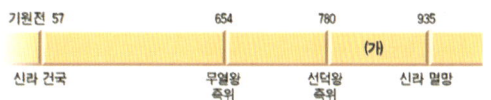

① 선종과 풍수지리 사상이 유행하였다.
② 호족이라 불리는 지방 세력이 성장하였다.
③ 토지를 잃은 농민들이 초적이 되기도 하였다.
④ 진골 귀족들 사이에 왕위 쟁탈전이 치열하였다.
⑤ 문무 관리에게 관료전이 지급되고 녹읍이 폐지되었다.

8. 동아시아 형세가 (가), (나)와 같았을 때 지도의 경로를 따라 여행한 사람이 할 수 있는 말로 적절한 것은?

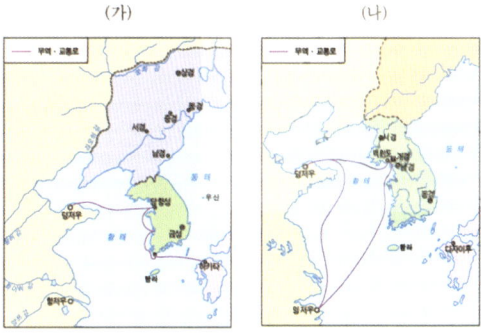

① (가) 여진이 세운 금의 방해로 해로를 이용할 수밖에 없어.
② (가) 활구로 구입한 나전칠기를 중국에 가서 팔면 많은 이익을 얻을 수 있어.
③ (가) 이번에 덩저우에 가면 신라방에 숙소를 정해야 겠어.
④ (나) 송상이 만상과 내상을 중계하면서 막대한 이익을 보고 있다더군.
⑤ (나) 장보고가 해적을 소탕하고 있으니 안심하고 여행할 수 있겠어.

03 고대의 문화 ①

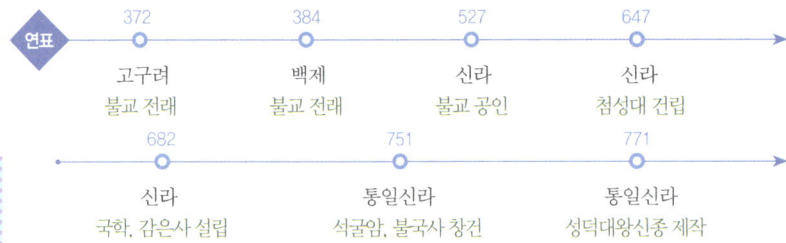

연표	372	384	527	647
	고구려 불교 전래	백제 불교 전래	신라 불교 공인	신라 첨성대 건립
	682	751	771	
	신라 국학, 감은사 설립	통일신라 석굴암, 불국사 창건	통일신라 성덕대왕신종 제작	

📄 **임신서기석**

1 학문과 사상

1 한자의 보급○과 교육

고구려	• 태학(국립, 수도) – 소수림왕, 유교 경전과 역사서 교육 • 경당(사립, 지방) – 한학과 무술 교육
백제	• 5경 박사, 의박사, 역박사의 존재가 기록되어 있음
신라	• 임신서기석 : 유교 경전 학습 기록
통일신라	• 국학 : 신문왕, 유교 경전 교육 • 독서삼품과 : 원성왕, 유교 경전 이해 수준으로 관리 선발 → 귀족들의 반발로 실패
발해	• 주자감 : 귀족 자제에게 유교 경전 교육

◆ **통일신라의 유학자**○

김대문	• 『화랑세기』, 『고승전』 저술
강수	• 외교 문서 작성에 능함
설총	• 이두 정리, 『화왕계』 저술
최치원	• 당의 빈공과 합격 • 『토황소격문』, 『계원필경』 저술 • 진성여왕에게 시무 10조를 올렸으나 받아들여지지 않음

2 역사 편찬

구분	고구려	백제	신라
시기	영양왕	근초고왕	진흥왕
저자	이문진	고흥	거칠부
역사서	『유기』→『신집』	『서기』	『국사』

3 불교

1) 불교의 수용

구분	고구려	백제	신라
공인	소수림왕	침류왕	법흥왕 (이차돈의 순교)
전파 경로	전진	동진	고구려
역할	• 왕권 강화의 기반 • 왕과 귀족의 특권 인정(업설○) • 호국 불교		

○ **한자의 보급**
철기 시대에 붓이 발견되면서 한자가 사용되었다는 것은 이전에 배웠었죠? 삼국 시대에도 지배층들이 한자를 수용하면서 중국의 유교・불교・도교 서적을 접하게 되었고, 이후 이두가 제작되면서 한문이 토착화되었어요.

○ **통일신라의 유학자**
유교는 골품제를 비판하고 사회 모순을 해결하고자 하는 개혁적 사상이었어요. 그래서 6두품 출신의 학자들이 많았죠. 옆에 제시된 학자들도 진골 출신이었던 김대문을 제외하고 모두 6두품 출신이었답니다.

○ **업설**
불교의 업설(業說)은 사람의 행위에 따라 업보를 받는다는 이론이에요. 쉽게 설명하자면 불교는 전생을 믿잖아요? 즉 왕이나 귀족은 전생에 선한 공덕을 많이 쌓아 지금의 지위와 특권을 가졌다는 것이죠.

2) 통일신라의 불교

원효	• 일심 · 화쟁사상 : 불교의 통합 • 불교의 사상적 이해 기준 확립 : 「대승기신론소」, 「금강삼매경론」 저술 • 아미타 신앙 : 불교의 대중화
의상	• 신라 화엄종 개창 • 부석사 창건 • 관음신앙 • 「화엄일승법계도」
원측	• 당나라 현장에게 불법을 배움 • 티벳 불교에 영향을 미침
혜초	• 인도 · 중앙아시아 등을 여행하고 「왕오천축국전」 저술
선종의 수용	• 신라 하대에 유행 • 호족 · 6두품 세력과 연결 • 9산 선문 성립, 승탑 유행

◆ 교종과 선종

구분	교종	선종
유행	신라 중대	신라 하대
특징	경전을 통한 깨달음 추구	참선, 수행을 통한 깨달음 추구
세력	중앙 귀족 → 고려 문벌 귀족	지방 호족 → 고려 무신 정권
대표 사원	5교	9산 선문
예술	조형 예술 발달	지방 문화 발달, 승탑 유행

4 삼국의 도교

수용	산천 숭배와 신선 사상과 결합하여 귀족들의 환영을 받음
유물	• 고구려 : 사신도◎ • 백제 : 산수무늬벽돌, 금동대향로

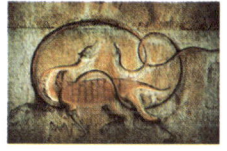
▲ 고구려 현무도

▲ 백제 산수무늬 벽돌

▲ 백제 금동대향로

5 풍수지리설

전래	• 신라 하대 선종 승려인 도선이 중국에서 도입
특징	• 지형에 의해 인간의 길흉화복이 결정된다고 주장
영향	• 금성(경주) 중심에서 벗어나 지방의 중요성 강조 → 신라 정부의 권위 약화, 이후 고려 · 조선 시대에도 영향을 줌

2 과학 기술

천문학	• 고구려 : 천문도 제작 • 신라 : 7세기 선덕여왕 때 첨성대 건립
제지술	• 통일신라 : 「무구정광대다라니경」 – 불국사 3층 석탑에서 발견 → 세계에서 가장 오래된 목판 인쇄물
금속 기술	• 백제 : 칠지도 – 4세기 후반 일본에 하사 　　　　금동대향로 – 우수한 공예 • 신라 : 금 세공 기술 발달 – 금관 등 • 통일신라 : 성덕대왕신종(에밀레종)

달인의 개념 쏙쏙

◎ **사신도**

사신도는 우주 질서를 지키는 상징적인 동물을 그린 그림이에요. 북쪽을 지키는 현무, 남쪽을 지키는 주작, 동쪽은 백호, 서쪽은 청룡으로 구분되어 있고 도교의 영향을 받았어요. 그중에서도 고구려의 강서고분에 그려진 사신도 벽화가 굉장히 유명하죠.

▲ 첨성대

▲ 선덕대왕신종

기출문제 확인하기

1. 다음 연보에 해당하는 인물로 옳은 것은?

857년	6두품 가문에서 태어남
868년	당에 유학함
874년	빈공과에 급제함
886년	계원필경을 정강왕에게 바침
894년	진성여왕에게 시무책 10여 조를 올림

   ① 강수   ② 설총   ③ 김대문
   ④ 장보고   ⑤ 최치원

📖 문제 파악
6두품 출신에 당의 빈공과에 합격하고, 계원필경을 저술하고, 진성여왕에게 시무 10조를 올렸던 인물! 답이 바로 나오죠?

📝 문제 해설
최치원은 신라 하대의 6두품 출신의 학자이죠. 중국 당나라에서 '토황소격문(討黃巢檄文)'으로 문장가로서 이름을 떨쳤으며, 신라로 돌아온 뒤에는 진성여왕에게 시무책을 올려 정치 개혁을 추진하였지만 받아들여지지 않았어요. 그는 유교·불교·도교에 모두 이해가 깊었고 수많은 시문(詩文)을 남겨 한문학의 발달에도 기여하였어요.

🎓 오답 확인
① 강수는 외교 문서 작성에 탁월한 능력을 발휘했던 6두품 출신의 유학자죠.
② 설총은 원효의 아들로 이두를 정리하고 「화왕계」를 저술했죠. 마찬가지로 6두품 출신이었어요.
③ 김대문은 진골 출신으로 「화랑세기」, 「고승전」 등을 저술했죠.
④ 장보고는 해적을 소탕하고 해상 무역을 주도했던 인물이죠.

정답 : ⑤

사료 보기

신라 하대의 농민 봉기

진성왕 3년 나라 안의 여러 주·군에서 공부(貢賦)를 바치지 않으니 창고가 비어버리고 나라의 쓰임이 궁핍해졌다. 왕이 사신을 보내어 독촉하였지만, 이로 말미암아 곳곳에서 도적이 벌떼같이 일어났다. 이에 원종·애노 등이 사벌주(상주)에 의거하여 반란을 일으키니 왕이 나마 벼슬의 영기에게 명하여 잡게 하였다. 영기가 적진을 쳐다보고는 두려워하여 나아가지 못하였다. - 「삼국사기」

사료 해설
신라 하대 특히 진성여왕의 사치와 귀족들의 수탈로 인해 원종과 애노의 난을 시작으로 전국 곳곳에서 농민 봉기가 일어나게 되었어요. 붉은 바지를 입은 도적이라는 뜻의 '적고적'과 초적 등 농민들의 반란이 극심하게 일어났던 시기, 중앙의 지방 통제력이 약화되어 지방의 호족들이 성장하던 시기가 바로 '신라 하대'죠.

2. 밑줄 그은 '이 시기'에 대한 설명으로 옳은 것은?

이 시기에는 실천 수행을 통하여 깨달음을 얻는다는 선종이 널리 확산되었다. 이와 함께 승려의 사리를 봉안하는 승탑이 세워지기 시작하였다. 기본형이 팔각 원당형인 승탑은 그 모양이 세련되고 균형감이 뛰어나 당시의 조형 미술을 대표하고 있다.

쌍봉사 철감선사 승탑

① 무신들이 중앙 권력을 독점하였다.
② 노비안검법의 실시로 왕권이 안정되었다.
③ 사림들이 중앙 정계에 진출하여 정국을 주도하였다.
④ 문벌 귀족이 과거와 음서를 통해 관직을 독점하였다.
⑤ 지방에서 호족이라 불리는 새로운 세력이 성장하였다.

📖 **문제 파악**

"선종이 널리 퍼지면서 승탑이 세워지기 시작하였다"라는 설명과 제시된 쌍봉사 철감선사 승탑을 통해 신라 하대에 대한 설명임을 유추할 수 있어야 해요.

📝 **문제 해설**

신라 하대에 이르러 실천 수행을 통해 깨달음을 추구하는 선종이 등장했어요. 선종은 신라 하대의 혼란기를 틈타 성장했던 호족 세력과 골품제의 모순으로 불만을 품고 있던 6두품 세력의 호응을 받아 크게 유행하였어요. 그래서 승탑이 전국 각지에 세워지기 시작했던 거죠. 특히 쌍봉사 철감선사 승탑처럼 팔각 원당형의 승탑은 고려 고달사지 승탑에 영향을 주었어요.

🎓 **오답 확인**

① 무신들이 권력을 독점했던 시기는 고려의 무신정변(1170) 이후예요.
② 노비안검법은 고려 전기 광종의 개혁 정책이에요.
③ 사림은 조선 성종 때 중앙으로 진출하기 시작했어요.
④ 문벌 귀족은 고려 전기의 대표적인 지배 세력이에요.

정답 : ⑤

더! 알아보기   선종 9산의 성립

중국의 달마 대사의 선법을 이어받은 선종은 신라 하대에 호족들의 후원을 받으면서 9개의 종파가 형성되었어요. 이를 '9산 선문'이라고 불러요.

03 고대의 문화 ②

달인의 개념 쏙쏙

📝 천마도

신라 천마총에서 발견된 말 안장에 그려진 그림이에요. 천마총은 돌무지덧널무덤 양식이기 때문에 도굴이 쉽지 않고 벽화를 그릴 수 없는 구조라는 점, 즉 천마도는 벽화가 아니라는 거죠~

📝 장군총과 석촌동 고분

두 국가의 초기 무덤을 보면 형태가 비슷하죠? 이는 백제가 고구려와 같은 계통이라는 증거가 됩니다. 이 밖에도 삼국사기에 기록되어 있는 백제의 건국 설화(주몽의 아들 온조 이야기)와 고구려의 모태인 '부여'를 성씨로 삼았다는 것도 백제는 고구려에서 내려온 유이민 집단이 건국한 나라였음을 입증하네요.

◎ 정혜공주 묘

발해는 고구려 유민이었던 대조영이 건국했던거 기억하시죠? 그래서 정혜 공주 묘도 고구려의 무덤 양식(굴식돌방무덤)을 따랐어요. 또한 발해가 고구려를 계승한 국가임을 알 수 있는 사료는 고구려식 천장(모줄임구조), 기와 양식, 온돌 사용, 일본에 보낸 국서에 나라 이름을 고려라 부르고 왕을 고려 국왕이라 칭한 것이 있어요.

3) 예술

1 고분과 고분 벽화

1) 고분

고구려	• 돌무지무덤(장군총) → 굴식 돌방무덤(쌍영총, 강서대묘)
백제	• 한성 시기 : 계단식 돌무지무덤(서울 석촌동 고분) • 웅진 시기 : 굴식돌방무덤(송산리 고분군) 　　　　　　벽돌무덤(무령왕릉) : 중국 남조의 영향 • 사비 시기 : 굴식돌방무덤(능산리 고분군)
신라	• 돌무지덧널무덤(천마총 등) → 굴식돌방무덤
통일신라	• 화장 유행 • 둘레돌무덤 : 12지신상 조각(김유신 묘)
발해	• 굴식돌방무덤 • 정혜공주묘◎ : 고구려식, 모줄임천장 구조 • 정효공주묘 : 당의 영향, 벽돌무덤

▲ 장군총

▲ 석촌동 고분

▲ 무령왕릉

▲ 천마총

▲ 김유신 묘

2) 고분 벽화

고구려	• 초기 : 사람의 생활 모습 위주 • 후기 : 사신도 등 추상적인 그림 위주
백제	• 공주 송산리 • 부여 능산리에 벽화
신라	• 돌무지덧널무덤 : 벽화를 그릴 수 없는 구조 • 굴식 돌방무덤 : 경북 순흥에 벽화

▲ 고구려 각저총 씨름도

▲ 고구려 무용총 수렵도

2 건축과 탑

1) 건축

고구려	• 안학궁터(평양)
백제	• 미륵사터(익산)
신라	• 황룡사터(경주)
통일신라	• 안압지 : 인공 연못 → 귀족들의 화려한 생활 • 불국사 : 불국토의 이상을 표현 청운교와 백운교, 불국사 3층 석탑(석가탑), 다보탑 등 • 석굴암 : 인공 석굴, 아름다운 비례와 균형미
발해	• 상경용천부 : 주작대로 → 당의 영향 • 온돌 : 고구려 영향

📝 **무령왕릉에서 출토된 금제 장식**

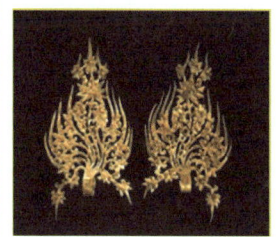

백제의 무령왕릉은 중국 남조의 영향을 받아 벽돌 무덤 양식으로 만들어졌어요.

▲ 안압지   ▲ 청운교와 백운교

2) 탑

❶ 삼국 시대

고구려	• 현재 전해지지 않음
백제	• 미륵사지 석탑(익산) : 가장 오래된 탑, 목탑 양식 • 정림사지 5층 석탑(부여)
신라	• 분황사 탑(경주) : 선덕여왕 때, 벽돌 양식(모전석탑) • 황룡사 9층 목탑(경주) : 선덕여왕 때, 몽골의 침입 때 소실

▲ 미륵사지 석탑   ▲ 정림사지 5층 석탑   ▲ 분황사 모전 석탑

03 고대의 문화 ③

달인의 개념 쏙쏙

고달사지 승탑

고려 시대에 만들어진 고달사지 승탑이에요. 신라 후기의 쌍봉사 철감선사 승탑과 매우 유사하죠? 왜냐하면 팔각원당형으로 되어 있기 때문이에요. 즉 고려의 승탑이 신라 후기의 양식을 계승했다고 볼 수 있지요.

❷ 통일신라

전기	• 이중 기단 위에 3층으로 탑을 쌓은 양식 • 감은사지 3층 석탑, 불국사 3층 석탑(석가탑), 다보탑 • 구례 화엄사 4사자 3층 석탑
후기	• 진전사지 3층 석탑 : 탑신에 불상을 새김 • 선종의 영향으로 승려의 사리를 봉안한 승탑과 탑비 유행

▲ 감은사지 3층 석탑　　▲ 불국사 3층 석탑　　▲ 다보탑

▲ 화엄사 4사자 3층 석탑　　▲ 진전사지 3층 석탑　　▲ 쌍봉사 철감선사 승탑

2 불상 및 기타

1) 삼국 시대

불상	• 고구려 : 연가 7년명 금동 여래입상 • 백제 : 서산 마애 삼존불 • 신라 : 경주 배동석조 여래입상 • 삼국 시대 : 미륵보살 반가사유상 유행
음악	• 고구려 : 왕산악 - 거문고 제작 • 신라 : 백결선생 - 방아타령 • 가야 : 우륵 - 가야금 연주

서산 마애 삼존불

충남 서산 운산면에 있는 서산 마애 삼존불은 온화한 미소 때문에 '백제의 미소'라고도 불려요.

▲ 연가 7년명 금동 여래입상　　▲ 서산 마애 삼존불　　▲ 경주 배동석조 여래입상

2) 남북국 시대

불상	• 통일신라 : 석굴암 본존불 • 발해 : 이불병좌상(고구려 영향)
공예	• 통일신라 : 법주사 쌍사자 석등, 불국사 석등, 화엄사 석등 　　　　　성덕대왕신종, 상원사동종(현존하는 가장 오래된 종) • 발해 : 상경 석등, 돌사자상 　　　　벽돌과 기와 무늬(고구려 영향)

▲ 석굴암 본존불

▲ 법주사 쌍사자 석등

▲ 이불병좌상

▲ 발해 상경 석등

④ 고대 문화의 일본 전파

고구려	• 담징 : 종이 · 먹 제조법 전파, 호류사 금당 벽화 • 혜자 : 쇼토쿠 태자의 스승 • 혜관 : 불교 전파 • 수산리 고분 벽화와 다카마스 고분 벽화 : 매우 유사
백제	• 아직기 : 일본 태자에게 한자 교육 • 왕인 : 천자문 · 논어 • 노리사치계 : 불경 · 불상 → 일본과 가장 밀접, 아스카 문화 형성에 기여
신라	• 조선술, 제방 쌓는 기술 전수
가야	• 토기 기술 → 스에키 토기에 영향을 줌
통일신라	• 하쿠호 문화에 영향을 줌

▲ 수산리 고분 벽화

▲ 다카마스 고분 벽화

달인의 개념 쏙쏙

▲ 돌사자상

📝 삼국과 일본의 반가사유상

일본의 목조 미륵보살 반가사유상을 보면 삼국 시대에 유행하던 우리나라의 국보 83호 금동 미륵보살 반가사유상과 굉장히 유사한 것을 확인할 수 있죠? 이를 통해 고대 삼국과 일본과의 관계를 상징적으로 짐작할 수 있어요.

▲ 목조 미륵보살 반가사유상(일본)

▲ 금동 미륵보살 반가사유상(우리나라)

기출문제 확인하기

1. 밑줄 그은 '문화유산'으로 가장 적절한 것은?

> ❖ 초청 강연 ❖
> 1. 주제 : 백제 건국 세력과 고구려의 관계
> 2. 내용
>   (1) 문화유산을 통해 본 백제의 건국 세력
>   (2) 삼국사기를 통해 본 백제의 건국 세력

①

금관총 금관

②
화엄사 각황전 앞 석등

③
고달사지 승탑

④

금동 대향로

⑤
석촌동 고분

📖 문제 파악
백제는 고구려 주몽의 아들이였던 온조가 세운 나라였던 것 기억하시죠? 이를 입증하는 문화유산을 고르는 문제예요.

📝 문제 해설
백제가 고구려에서 파생된 국가임을 증명하는 대표적인 문화유산은 바로 고분이죠! 고구려의 장군총과 백제의 석촌동 고분의 양식은 돌무지무덤 양식으로 그 모양이 매우 흡사하다는 것을 알 수 있어요. 이를 통해 사료에서 나타나는 백제의 건국 주체가 고구려 계통이었다는 것을 확인시켜 주는 것이죠.

🎓 오답 확인
① 신라 금관총의 금관은 최초로 발견된 금관이에요. 나뭇가지 모양 장식은 신라 금관이 특징이라 할 수 있죠.
② 전남 구례에 있는 화엄사 각황전 앞 석등은 통일신라 시대의 석등이에요.
③ 고달사지 승탑은 고려의 대표적인 승탑이죠.
④ 금동 대향로는 도교의 영향을 받은 백제의 유물이죠.

정답 : ⑤

사료(史料) 보기

온조의 건국 이야기

주몽이 졸본에 와서 비류와 온조 두 아들을 낳았다. 주몽이 부여에서 낳았던 아들(유리)이 왕이 되자, 비류와 온조는 고구려를 떠나게 되었다. 형 비류는 바닷가인 미추홀(인천)에 터를 잡았고, 동생 온조는 위례성에 도읍을 정하고, 열 명의 신하로 하여금 보좌하게 하여 나라 이름을 '십제'라 하였다. 미추홀은 물이 짜서 농사에 적합하지 않았다. 비류는 자신의 잘못을 부끄러워하다가 참지 못하고 죽고 말았다. 비류를 따르던 신하들은 온조에게 합류하였다. 그 뒤 백성들이 많아지고, 나라가 커지자 나라 이름을 '백제'라 하였다. 그 조상이 고구려와 마찬가지로 부여에서 나왔다고 하여 성을 부여씨라 하였다.

사료 해설
주몽의 아들이라는 점, 성을 부여씨로 하였다는 점을 통해 백제의 건국 세력이 고구려와 같은 계통임을 알 수 있어요.

2. 다음 글에서 설명하는 나라의 문화유산으로 옳은 것은?

   ○ 도읍지를 중심으로 많은 무덤이 남아 있는데, 이중에서 정혜 공주 묘는 굴식 돌방무덤으로 고구려 고분과 닮았다.
   ○ 상경은 당시 당의 수도인 장안을 본떠 건설하였는데, 외성을 쌓고 남북으로 넓은 주작대로를 내고, 그 안에 궁궐과 사원을 세웠다.

①
②
③
④
⑤

📖 문제 파악
'고구려 고분과 닮은 정혜공주 묘'와 상경이 수도였다는 점을 통해 발해에 대한 설명임을 알 수 있어야 해요.

📝 문제 해설
발해는 고구려의 유이민이었던 대조영이 세운 나라인 거 기억하시나요? 그래서 문화유산에도 고구려 양식의 흔적을 많이 발견할 수 있어요. 정혜공주 묘의 굴식 돌방무덤 양식과 모줄임 방식의 천정, 이불병좌상 등 고구려의 색채가 묻어나 있어요.

🎓 오답 확인
② 삼국 시대에 제작된 금동 미륵보살 반가사유상이죠. 일본에 영향을 주었어요.
③ 신라 하대에 선종의 유행으로 제작된 쌍봉사 철감선사 승탑이죠.
④ 고구려의 수산리 고분 벽화의 영향을 받은 일본의 다카마스 고분 벽화네요.
⑤ 백제 무령왕릉에서 출토된 금제 장식이에요.

정답 : ①

 **알아보기**　　발해의 고구려 계승 의식

발해는 고구려 유민들의 주도 아래 건국되었고, 고구려인들이 지배층을 이루었던 나라죠? 발해인들은 항상 고구려 계승국임을 자처했어요. 예를 들면 무왕 때 일본에 보낸 국서에 "발해국은 고려(고구려)의 옛 영토를 회복하고 부여 이래의 오랜 전통을 이어받고 있다"라고 썼으며, 당시 일본 왕의 답서에는 "귀국이 고구려의 옛 영토를 회복하고 이전 고구려 때와 같이 우리나라(일본)와 국교를 가지게 된 데 대해 매우 축하하는 바이다"라고 한 것을 보면 양국이 발해의 고구려 계승을 인정했다고 할 수 있죠. 또한 발해의 문화에서 고구려의 색채가 돋보인다는 점이 이러한 사실을 뒷받침해 줍니다.

TEST
단원별 핵심 기출 문제

1. (가)~(다)에 대한 설명으로 옳은 것을 〈보기〉에서 고른 것은?

〈보기〉
ㄱ. (가)는 백제왕이 왜왕에게 보낸 칼이다.
ㄴ. (나)는 발해와 일본의 문화 교류를 보여 준다.
ㄷ. (다)는 일본 다카마쓰 고분 벽화에 영향을 주었다.
ㄹ. (가), (나), (다)는 일본의 하쿠호 문화 발전에 기여하였다.

① ㄱ, ㄴ ② ㄱ, ㄷ ③ ㄴ, ㄷ
④ ㄴ, ㄹ ⑤ ㄷ, ㄹ

2. (가)~(다)에 대한 설명으로 옳지 <u>않은</u> 것은?

① (가) 목탑의 모습을 많이 지니고 있다.
② (나) 기단과 탑신에 불상을 조각하였다.
③ (다) 선종이 널리 퍼지면서 유행하였다.
④ (가), (나) 이중 기단 위에 3층으로 쌓은 석탑이다.
⑤ (나), (다) 신라 말기에 제작되었다.

3. (가)에 들어갈 문화유산으로 옳은 것은?

4. (가)에 해당하는 유물로 옳은 것은?

5. 밑줄 그은 ㉠의 근거가 될 수 있는 문화유산으로 적절한 것은?

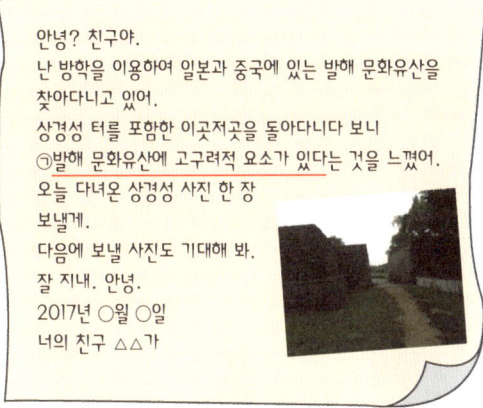

① ② ③
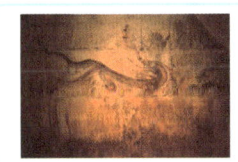   
④ ⑤

6. 다음과 같은 벽화를 볼 수 있는 무덤 양식으로 옳은 것은?

① ② ③
고인돌 독무덤 돌무지무덤

④ 돌무지덧널무덤 (천마총)   ⑤ 굴식 돌방무덤 (강서대묘)

7. 다음 사진전에서 관람할 수 있는 자료로 적절한 것을 〈보기〉에서 고른 것은?

역사 탐구반 특별 사진전
일본에 숨쉬는 우리의 고대 문화

역사 탐구반 정기 행사로 일본에 남아 있는 삼국 문화의 흔적에 관한 사진전을 개최하고자 합니다. 관심 있으신 분의 많은 관람 바랍니다.

1. 일시 : 2016년 ○월 ○일 ~ ○월 ○일
2. 장소 : 학교 강당

〈보기〉
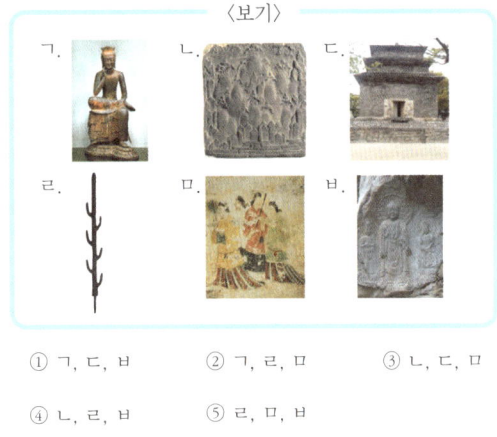
ㄱ. ㄴ. ㄷ.
ㄹ. ㅁ. ㅂ.

① ㄱ, ㄷ, ㅂ   ② ㄱ, ㄹ, ㅁ   ③ ㄴ, ㄷ, ㅁ
④ ㄴ, ㄹ, ㅂ   ⑤ ㄹ, ㅁ, ㅂ

8. 다음은 어느 지역 축제의 캐릭터이다. 이 지역에서 관람할 수 있는 문화재로 가장 적절한 것은?

동이   금이

- 명칭 : 동이와 금이
- 제작 배경
 - 캐릭터는 금동대향로 형상인 '동이'와 금제 관식 형상인 '금이'로 명명함.
 - '금색'을 대표 색상으로 하여 품격과 고귀함 등을 복합적으로 표현함.

① ② ③

돌사자상 정림사지 5층 석탑 갑옷과 투구
④ ⑤

장군총 천마도

9. 다음 인물 카드의 주인공에 대한 설명으로 옳은 것을 〈보기〉에서 고른 것은?

〈보기〉

ㄱ. 관음 신앙을 신라 사회에 확산시켰다.
ㄴ. 금강삼매경론, 대승기신론소 등을 저술하였다.
ㄷ. 모든 존재의 조화를 강조하며 신라 화엄종을 개창하였다.
ㄹ. 선종을 중심으로 교종을 포용하여 선교 일치를 이루고자 하였다.

① ㄱ, ㄴ   ② ㄱ, ㄷ   ③ ㄴ, ㄷ
④ ㄴ, ㄹ   ⑤ ㄷ, ㄹ

10. 다음 퀴즈에 대한 답으로 옳은 것은?

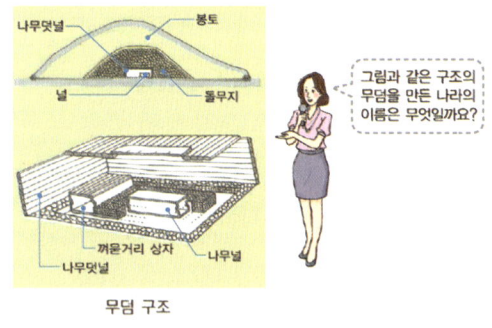

무덤 구조

①  고구려   ②  백제   ③  신라
④  발해   ⑤ 고려

11. 다음은 문화유산 카드의 앞뒷 면이다. (가)에 들어갈 문화유산으로 옳은 것은?

①    ②    ③

④    ⑤

12. 자료에서 설명하고 있는 문화유산으로 옳은 것은?

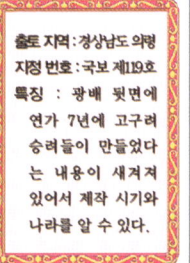

△△신문   2012년 ○월 ○○일

문화재 다시 보기

이 탑은 경주에 남아 있는 삼국 시대의 석탑으로 돌을 벽돌 모양으로 다듬어 쌓은 것이다. 임진왜란 때 반쯤 파괴되었는데, 1915년에 수리하였다. 현재는 일부 층만 남아 있으나 원래는 7층 혹은 9층이었을 것으로 추측된다. 국보 제30호로 지정되어 있다.

①    ②    ③

④    ⑤

Ⅲ

중세사

01 고려의 정치
02 고려의 경제 · 사회
03 고려의 문화

달인의
공부비법 핵심

- 고려 시대에 관한 문제는 6~7문제 정도 출제가 되며 정치 · 경제 · 사회 · 문화 전반에 걸쳐 골고루 출제가 됩니다.

- 정치사는 고려 초 왕들의 정책과 체제 정비에 대한 내용을 살펴보고, 고려의 지배 계급(호족 → 문벌 귀족 → 무신 → 권문세족, 신진 사대부)에 따른 정치적 변화와 성격을 잘 파악해야 해요. 또한 거란 · 여진 · 몽골과의 항쟁 과정을 지도와 함께 숙지하고 특히 공민왕의 개혁 정치에 대한 것은 주의 깊게 살펴보세요.

- 경제사는 고려의 전시과에 대한 내용과 특징을 자세히 살펴보세요. 그리고 사회사는 무신 집권기의 하층민들의 봉기와 원 간섭기 사회 변화를 확인하고 고려의 여성과 조선의 여성들의 지위를 서로 비교하면서 공부하세요.

- 문화사는 먼저 사상사 부분에서 각 승려들이 어떤 활동을 했고, 무엇을 주장하였는지 알아두세요. 유물과 유적 중에 특히 대장경, 탑, 불상을 잘 확인하세요.

01 고려의 정치 ①

고려의 후삼국 통일

고려는 신라와 후백제뿐만 아니라 발해의 유민까지도 포용하였어요. 즉 고구려를 계승한 고려의 동족 의식을 확인할 수 있겠죠?

○ 고려

왕건은 고구려를 계승했다는 의미로 국호를 '고려'라고 정했어요.

○ 사심관 제도와 기인 제도

사심관 제도는 지방의 관리를 그 지방 사람으로 임명하여 지방에서 반역이 발생하면 사심관에게 연대 책임을 지게 함으로써 지방 세력을 약화시키는 제도예요. 최초의 사심관은 신라 마지막 왕이었던 경순왕이었어요. 기인 제도는 호족의 자제를 중앙에 거주하게 하여 일종의 인질로 삼는 것이지요. 이는 신라의 상수리 제도를 계승한 것이에요.

1 고려의 후삼국 통일

건국	• 왕건이 궁예를 몰아내고 고려◯ 건국(918) • 철원에서 송악(개성)으로 천도
통일	• 신라에 우호적 정책, 후백제에 강경책 병행 ↓ • 발해 멸망(926) 이후 유민 포용 ↓ • 후백제의 왕위 계승을 둘러싼 분열 → 견훤, 고려에 귀순 ↓ • 신라 경순왕의 귀순(935) ↓ • 후백제 정복 → 후삼국 통일
의의	• 민족의 재통일 이룩

2 고려 전기 중앙 집권화 정책

태조 (918~943)	① 호족에 대한 정책 • 포섭책 : 혼인 정책, 왕씨 성 하사, 관리 등용 • 견제책 : 사심관 제도, 기인 제도◯ ② 민생 안정책 • 취민 유도 : 백성으로부터 조세를 거둘 때에는 일정한 법도가 있어야 한다는 뜻 → 백성으로부터 과도한 세금을 걷지 않는 정책 • 조세 세율 : 1/10로 낮춤 • 흑창 설치 : 빈민 구제 정책(성종 때 의창으로 개칭) ③ 북진 정책 • 서경 설치 : 북진정책의 기지로 서경(평양)을 중요시함 • 영토 확장 : 청천강~영흥만에 이르는 국경선 확보 ④ 규범 제시 • 「정계」, 「계백료서」를 통해 규범 제시 • 「훈요 10조」 → 후계 왕들이 지켜야 할 정책 제시
광종 (925~975)	① 혜종, 정종 때의 왕권의 불안정 : 왕위 계승 다툼, 왕규의 난 발생 ② 광종의 개혁 정치 → 왕권 강화 • 노비안검법 : 불법으로 노비가 된 자를 양인으로 해방 → 호족의 경제적·군사적 세력 약화, 국가 재정 확충 • 과거제 실시 : 후주 사람인 쌍기를 등용하여 실시 → 신진 관료 등용 • 공복 제정 : 관리의 복색을 관등에 따라 구분 → 관리의 위계 질서 확립 • 칭제 건원 : 황제 칭호와 독자적 연호(광덕, 준풍) 사용 • 호족 세력 숙청
경종 (975~981)	• 전시과 제정(시정전시과)
성종 (981~997)	• 유교를 정치 이념으로 도입 • 최승로의 시무 28조 수용 • 통치 체제 정비 : 2성 6부제, 12목에 지방관 파견, 국자감 정비

3 통치 체제

1 중앙 정치 제도

중서문하성	• 고려 최고 기구, 문하시중이 국정 총괄 • 재신(국가 정책 심의)과 낭사(정치 잘못 비판)로 구성
상서성	• 정책 집행 담당, 6부 총괄
중추원	• 추밀(군사 기밀 담당)과 승선(왕명 출납)으로 구성
삼사	• 화폐와 곡식의 출납에 대한 회계 업무 담당
도병마사	• 전기 : 대외적인 국방 문제 담당 • 후기 : 도평의사사(도당)로 개편 → 국정 전반을 관장하는 최고 기구로 변모
식목도감	• 법과 격식 등을 제정하는 회의 기구
어사대	• 관리의 비리 감찰 기구 • 중서문하성의 낭사와 함께 대간◎으로 불림

📝 **고려의 중앙 관제**

고려의 중앙 관제는 당을 모방했지만, 고려의 독자적인 제도로 도병마사와 식목도감이 있어요. 이거 중요하니 꼭 기억하세요!

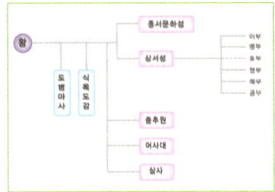

2 지방 행정 조직

5도 양계	• 5도(일반 행정 지역) : 안찰사 파견, 5도 밑에 주·군·현을 설치 • 양계(군사 행정 지역) : 병마사 파견, 국경 지대에 설치
특징	• 주현(지방관 파견)보다 속현(지방관 X)이 많음 • 향·소·부곡 : 일반 군현에 비해 더 많은 세금 부담, 이주 금지 • 실질적 행정 사무는 향리가 담당
3경(京) 중시	• 초기 : 개경(개성), 서경(평양), 동경(경주) • 중기 : 개경(개성), 서경(평양), 남경(서울)

▲ 5도 양계

3 군사 제도

중앙군	• 2군 : 왕의 친위 부대 • 6위 : 수도와 국경 지대 방어 → 직업 군인으로 편성되며 군인전을 받고 직역을 세습
지방군	• 주현군 : 5도에 주둔, 지역 방위 • 주진군 : 양계에 주둔, 국경 수비 전담

◎ **대간**

어사대의 관원과 중서문하성의 낭사로 구성된 대간은 왕의 잘못을 논의(간쟁)하고 왕명을 불이행(봉박)하거나 왕의 관리에 대한 임명권에 동의(서경권)하는 기능을 가졌어요. 이를 통해 정치 운영에서 견제와 균형을 추구하려 했던 것이지요.

4 관리 등용 제도◎

1) 과거제

법제적으론 양인 이상이면 응시 가능, 실제로 문과는 귀족이나 향리의 자세가 응시, 잡과는 양인이 응시

문과	제술과	• 문학적 능력 시험
	명경과	• 유교 경전에 대한 이해 능력 시험
잡과		• 법률, 회계, 의학, 천문, 지리, 음양 등 기술관 선발 시험
승과		• 승려를 선발하는 시험

2) 음서제

① 공신이나 5품 이상의 관료 자손은 과거를 보지 않고 관리가 될 수 있는 특권 부여
② 관직 승진에 제한 없음 → 고려의 귀족적 특성을 나타냄

◎ **관리 등용 제도**

고려 시대의 과거제는 무과가 거의 시행되지 않았어요. 그래서 무반들은 직위를 세습하게 되는 것이지요. 또 불교 국가답게 승과를 실시하여 승려의 지위를 보장했죠.

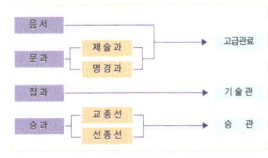

기출문제 확인하기

1. 지도에 ▨ 표시된 지역을 확보한 왕의 정책으로 옳은 것은?

〈 보 기 〉

ㄱ. 노비안검법을 실시하였다.
ㄴ. 12목에 지방관을 파견하였다.
ㄷ. 민생 안정을 위해 흑창을 설치하였다.
ㄹ. 서경을 중시하고 북진 정책을 추진하였다.

① ㄱ, ㄴ ② ㄱ, ㄷ ③ ㄴ, ㄷ
④ ㄴ, ㄹ ⑤ ㄷ, ㄹ

📖 문제 파악

제시된 지도에서 먼저 수도가 개경이라는 점을 통해 고려에 대한 설명임을 쉽게 파악하셨죠? 그리고 지도에 표시된 지역이 청천강~영흥만 일대인 점을 통해 고려 초 태조의 북진 정책으로 영토를 확장한 것임을 알 수 있어요. 즉 태조의 정책에 대해 묻는 문제겠죠?

📝 문제 해설

고려를 세운 태조 왕건은 호족들을 회유시키기 위해 혼인 정책과 왕씨 성을 하사했고, 다른 한편으로 기인 제도와 사심관 제도를 통해 호족을 견제하였어요. 그리고 취민 유도와 흑창을 설치하여 민생을 안정시키고자 했죠. 또한 고구려를 계승한 나라답게 서경을 중시하고 북진 정책을 추진하여 청천강~영흥에 이르는 국경선을 확보했어요.

🎓 오답 확인

ㄱ. 불법으로 노비가 된 자들을 양인으로 해방시켜 주는 노비안검법은 광종의 개혁정책이죠.
ㄴ. 최승로의 시무 28조를 받아들인 성종이 12목에 지방관을 파견했죠.

정답 : ⑤

사료史料 보기

태조의 훈요 10조

1조 : 국가의 대업은 여러 부처의 호의를 받아야 하므로 … 간신과 승려의 간청에 따라 각기 사원을 경영, 쟁탈하지 못하게 하라.
2조 : 사원은 도선이 산수를 점쳐 놓은 데 있으므로 정해 놓은 이외의 땅에 함부로 절을 세우지 말아라.
4조 : 거란은 금수의 나라이므로 풍속과 말이 다르니 의관 제도를 본받지 말라.
5조 : 서경의 수덕은 순조로워 우리나라 지맥의 근본을 이루고 있어 길이 대업을 누릴 곳이니…
6조 : 연등회와 팔관회를 지금과 같이 시행하라.

사료 해설
태조 왕건은 후대 왕들에게 당부하는 유언을 남겼는데요, 그것이 곧 '훈요 10조'예요. 주요 내용으로는 불교를 숭상하여 연등회와 팔관회를 열 것, 풍수지리설을 중시할 것, 거란을 배척할 것을 당부했어요.

2. ㉠, ㉡에 들어갈 고려의 통치기구를 바르게 나열한 것은?

- (㉠)에서 아뢰기를, "안변 도호부의 경내에서는 상음현이 국경 지대의 요충이오니 성과 보루를 쌓아서 외적을 방비하기를 청합니다." 하니 좇았다.
- (㉡)에서 아뢰기를, "간신 이자의 등이 사사로이 수만 석의 미곡을 축적하였습니다. 이는 모두 백성을 착취하여 모은 것이니 관에서 몰수하기를 청합니다." 하니 그 말을 따랐다.   － 「고려사절요」

	㉠	㉡
①	삼사	어사대
②	삼사	중추원
③	삼사	식목도감
④	도병마사	식목도감
⑤	도병마사	어사대

문제 파악
고려 시대의 통치기구가 어떤 일을 담당하고 있었는지를 파악할 수 있어야 해요.

문제 해설
먼저 ㉠에서 '국경 지대에 외적을 방비해야 한다'라는 설명을 통해서 군사와 관련된 기구임을 짐작할 수 있겠죠? 고려 시대에 국방 문제를 회의했던 기구, 식목도감과 함께 고려의 독자적인 기구! 바로 도병마사네요. ㉡은 '간신 이자의 등이 사사로이 미곡을 축적해 이를 몰수해야 한다'라는 설명이 결정적인 힌트인데요. 관리의 비리를 감찰했던 기구, 바로 어사대에 대한 설명이네요.

정답 : ⑤

더! 알아보기 고려와 조선의 통치 기구

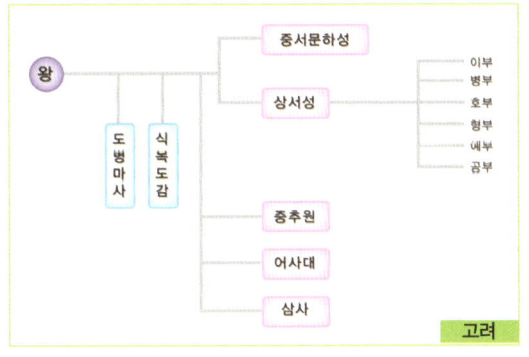
고려

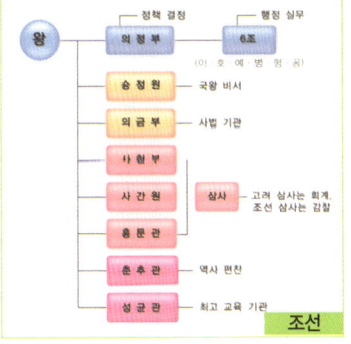
조선

구분	고려	조선
최고 통치 기구	중서문하성	의정부
왕명 전달	중추원	승정원
관리 감찰	어사대	사헌부
최고 교육 기관	국자감	성균관

01 고려의 정치 ②

◎ **공음전**
5품 이상의 관리들에게 지급한 토지로, 자손들에게 세습이 가능했어요.

◎ **척준경**
척준경은 이자겸과 함께 난을 일으킨 인물이에요. 그런데 인종의 회유에 넘어가 이자겸을 제거하게 되지요. 척준경은 공신으로 권세를 누리다가 정지상의 탄핵을 받고 몰락하게 돼요.

◎ **묘청의 서경 천도 운동**

4 문벌 귀족 사회의 성립과 동요

1 문벌 귀족의 형성

출신	• 호족 출신 중앙 관료, 6두품 출신, 개국 공신 → 성종 이후 형성
기반	• 정치적 : 음서를 통해 관직 세습 • 경제적 : 공음전◎을 통해 부 축적 • 왕실 또는 귀족과의 폐쇄적인 혼인을 통해 형성
특징	• 오랜 시간에 걸쳐 중앙에서 고위 관직자를 배출한 가문
대표 가문	• 경원 이씨(이자겸), 해주 최씨(최충), 파평 윤씨(윤관), 경주 김씨(김부식)

2 문벌 귀족 사회의 동요

2) 묘청의 서경 천도 운동(1135)◎

배경	• 왕실과의 혼인 관계로 약 80년간 권력 장악 • 경원 이씨 가문의 권력 독점으로 인한 왕권 약화 • 금에 타협적인 이자겸 세력과 왕의 측근 세력의 대립
전개	• 위협을 느낀 인종이 이자겸 제거 시도 → 이자겸의 난 발생 → 인종은 척준경◎을 이용하여 진압
결과	• 중앙 귀족들의 분열로 문벌 귀족 사회의 해체를 촉진

2) 묘청의 서경 천도 운동◎(1135)

배경	• 금에 대한 외교정책을 둘러싸고 지배층 사이에서 대립 발생 • 개경 세력과 서경 세력으로 분열하여 대립
전개	• 묘청 등은 풍수지리설을 근거로 서경 천도 주장 • 금 정벌 주장, 황제국 칭호와 독자적인 연호 사용 건의 ↓ • 김부식 등은 민생 안정을 내세우며 금과 사대 관계 주장 • 묘청 세력이 국호를 '대위', 연호를 '천개'로 정하고 서경에서 반란 • 김부식이 이끄는 관군에 의해 1년 만에 진압당함
결과	• 문벌 귀족 사회의 내부적 분열과 모순 심화

◆ **개경 세력과 서경 세력**

구분	개경 세력(중앙 세력)	서경 세력(지방 세력)
중심 인물	김부식, 김인존	묘청, 정지상
사상	유교 사상	풍수지리설, 불교
대외 정책	사대 정책(금에 사대)	북진 정책(금 정벌)
성향	보수적, 신라 계승 의식	진보적, 고구려 계승 의식

1 무신 정권의 성립

1) 무신정변

배경	• 문벌 귀족 사회의 모순 심화 • 문신 우대, 무신 차별 • 의종의 사치와 향락 • 군인전을 지급 받지 못한 하급 군인들의 불만
전개	• 의종의 보현원 행차 → 정중부, 이의방 등의 정변(무신정변, 1170) → 문신 제거 → 의종 폐위 → 명종 옹립 → 중방을 통해 권력 행사
결과	• 문벌 귀족 사회 붕괴, 무신 정권 수립

2) 최씨 정권의 수립

무신들의 권력 다툼	• 이의방 → 정중부 → 경대승 → 이의민 → 최충헌 집권
최씨 정권	• 60여 년 동안 4대(최충헌-최우-최항-최의)에 걸쳐 정권 차지 • 무신 정권의 정치적 안정기 • 최충헌은 봉사 10조의 개혁책 제시 • 최우 때 몽골의 침입으로 강화도로 천도

◆ 최씨 정권의 권력 기반

정치	• 교정도감(최충헌) : 국가의 중요 정책을 결정하는 최고 기구 • 정방(최우) : 관직의 인사권을 결정하는 행정 기구 • 서방(최우) : 문신을 등용하여 국가의 중요 정책 자문
군사	• 도방 : 무신 집권 초 경대승이 처음 설치했던 사병 집단 → 최씨 정권 때 확대 • 삼별초◎(최우) : 좌별초, 우별초, 신의군으로 구성된 특수 부대

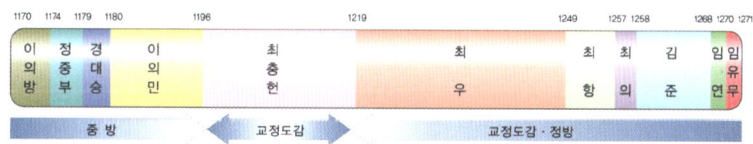

📝 무신에 대한 차별 대우

무신들은 문신에 비해 차별 대우를 많이 받았어요. 예를 들면 과거 제도 무신들을 선발하는 무과가 실시되지 않았고, 능력이 아무리 뛰어나도 정3품 상장군의 자리밖에 오르지 못했어요. 여러분들이 기억하는 귀주대첩의 강감찬 장군이나 동북 9성을 설치했던 윤관 장군도 사실 문신이었답니다.

📝 무신 집권기의 반란

문벌 귀족 사회가 몰락하고 무신 집권기에는 전국 곳곳에서 반란이 많이 일어났어요.

무신 집권 반대	김보당의 난, 조위총의 난
삼국 부흥 운동	최광수(고구려), 이연년(백제)
백성들의 봉기	망이·망소이, 김사미·효심, 만적

◎ 삼별초

삼별초는 최우가 도적들을 막기 위해 설치한 '야별초'에서 비롯되었어요. 야별초의 수가 증대되자 이를 좌별초와 우별초로 나누고, 몽골과 항전 중에 포로가 되었다가 탈출한 병사들로 구성한 신의군과 합쳐져 삼별초가 된 것이지요.

01 고려의 정치 ③

5 고려 후기의 정치 변화

1 원의 내정 간섭

일본 원정에 동원	• 정동행성을 설치하여 2차례 여·몽 연합군의 원정 → 실패 • 이후 정동행성의 부속 기구인 이문소를 통해 내정 간섭
영토 상실	• 쌍성총관부 : 철령 이북 • 동녕부 : 자비령 이북 • 탐라총관부 : 제주도
관제 격하	• 중서문하성, 상서성 → 첨의부 • 도병마사 → 도평의사사 • 예부와 공부 폐지
왕실 용어 격하	• 조, 종 → 왕 • 폐하 → 전하 • 태자 → 세자
자원 수탈	• 고려의 처녀들을 공녀로 끌고 감 • 금·은·자기·인삼 등의 물품 수탈 • 응방을 설치하여 매 징발
영향	• 조혼의 유행, 몽골풍 유행 • 친원 세력 대두, 자주성 손상

2 권문세족과 신진 사대부의 등장

1) 권문세족
① 대몽 항쟁 이후 새롭게 형성된 지배 세력
② 문벌 귀족 출신 일부와 원과의 관계에서 출세한 세력 등
③ 불법적인 토지 수탈 → 대농장 경영으로 부 축적

2) 신진 사대부
① 지방 향리의 자제 출신, 무신 집권기 이후 과거를 통해 중앙으로 진출한 세력
② 성리학을 수용하고, 불교의 폐단 지적, 권문세족과 대립
③ 고려 말 온건파(이색·정몽주)와 급진파(정도전·조준)로 분열

3 공민왕의 개혁 정치

배경	• 원·명 교체기 이용 → 14세기 중엽 원의 세력 약화
반원 자주 정책	• 기철 등 친원 세력 제거 • 정동행성 이문소 폐지 • 격하된 관제 복구와 몽골풍 금지 • 쌍성총관부 공격 → 철령 이북 땅 수복
왕권 강화 정책	• 정방 폐지 → 신진 사대부 등용 • 신돈 등용 → 전민변정도감 설치
결과	• 권문세족의 반발로 신돈 제거, 공민왕이 시해됨으로 개혁 중단

달인의 개념 쏙쏙

📝 공민왕의 영토 수복

◉ 원의 내정 간섭
몽골의 계속되는 침략 이후 몽골과 강화를 맺으면서 무신 정권이 끝이 나게 되었어요. 이로써 원은 자기들 마음대로 고려의 왕을 교체하고 왕을 원의 공주와 혼인시켜 고려를 사위의 나라(부마국)로 만들어 버렸지요. 왕의 시호는 모두 앞에 원에 충성한다는 '충(忠)'자가 붙게 되었고 왕자들도 원에서 교육을 받은 뒤에야 왕으로 즉위할 수 있었어요.

◉ 조혼
원 간섭기에 고려의 많은 처녀들이 원나라의 공녀로 보내지게 되었죠? 어떤 부모가 자기의 딸을 머나먼 이국으로 떠나보내고 싶겠어요? 그래서 어린 나이에 결혼을 하는 조혼의 풍습이 고려 시대에 유행하게 되었어요.

◉ 몽골풍
몽골식 머리 모양이나 의복, 소주 등 몽골의 풍습이 고려에 유행하였어요.

◉ 전민변정도감
권문세족이 불법적으로 토지와 노비들을 차지하자 이를 시정하기 위해 설치한 기구예요. 이를 통해 국가 재정을 확충시키고 권문세족의 경제 기반을 약화시키려 했어요.

4 고려의 멸망

1) 배경
① 공민왕의 개혁 실패, 권문세족의 권력 독점
② 홍건적과 왜구의 침략으로 혼란 → 신흥 무인 세력의 등장(이성계, 최영)

2) 전개

| 명의 철령 이북 영토 요구 | 고려 거절 → 요동 정벌 추진(우왕·최영 주도) → 이성계의 요동 정벌 반대(4불가론◎) |

▼

| 위화도 회군(1388) | 이성계가 위화도(압록강 부근)에서 회군 → 개경으로 돌아와 우왕과 최영을 몰아내고 정권 장악 |

▼

| 과전법 실시(1391) | 권문세족의 농장을 몰수하고 관료들에게 재분배 → 신진 사대부의 경제적 기반 마련 |

▼

| 조선 건국(1392) | 온건파 신진 사대부(정몽주 등) 제거 → 급진파 신진 사대부들이 이성계를 왕으로 추대 → 공양왕이 왕위를 내어 줌 → 고려 멸망 → 조선 건국 |

◆ 고려 시대 지배 세력의 변화

호족 ▶ 문벌 귀족 ▶ 무신 ▶ 권문세족/신진 사대부

📝 '하여가'와 '단심가'

이런들 어떠하며 저런들 어떠하리.
만수산 드렁칡이 얽혀진들
그 어떠하리.
우리도 이같이 얽혀져
백 년까지 누리리라.
— 이방원

이 몸이 죽어 죽어
일백 번 고쳐 죽어
백골이 진토되어
넋이라도 있고 없고,
임 향한 일편단심이야
가실 줄이 있으랴.
— 정몽주

이성계의 아들인 이방원은 새로운 왕조 개창을 위해 온건파 신진 사대부인 정몽주를 회유하기 위해 위와 같은 시를 읊었으나 정몽주는 끝까지 고려를 버리지 않겠다는 의지가 돋보인 '단심가'로 답했지요.

◎ 4불가론
① 작은 나라가 큰 나라를 치는 것은 불가하다.
② 농사철에 군사를 동원하는 것도 불가하다.
③ 요동 정벌을 틈타 왜구가 침략할지 모르니 불가하다.
④ 여름이라 더위와 비 때문에 전염병이 돌고 활이 풀리니 불가하다.

기출문제 확인하기

1. (가) 인물에 대한 설명으로 옳은 것을 〈보기〉에서 고른 것은?

서경은 좋은 땅으로 이곳에 새 궁궐을 짓고 도읍을 옮기면 천하를 다스릴 수 있으며, 금나라가 선물을 바치고 스스로 항복할 것입니다.

올 여름에 대화궁의 30여 곳에 벼락이 떨어졌는데, 서경이 길지(吉地)라면 그럴 리가 없습니다.

(가)   김부식

〈 보 기 〉

ㄱ. 삼국유사를 저술하였다.
ㄴ. 서경에서 난을 일으켰다.
ㄷ. 금나라 정벌을 주장하였다.
ㄹ. 신라 계승 의식을 표방하였다.

① ㄱ, ㄴ   ② ㄱ, ㄷ   ③ ㄴ, ㄷ
④ ㄴ, ㄹ   ⑤ ㄷ, ㄹ

📖 **문제 파악**

오른쪽에 김부식이 보이고 왼쪽에 승려로 보이는 사람이 서경으로 수도를 옮기자고 말하고 있네요. 누군지 기억하나요? 바로 묘청이죠!

📝 **문제 해설**

문벌 귀족 내부에서 김부식의 개경 세력과 묘청의 서경 세력이 금나라와의 외교관계로 대립하게 되었어요. 이에 묘청은 풍수지리설을 근거로 수도를 개경에서 서경으로 옮기고, 금나라를 정벌하자고 주장하죠. 이것이 바로 묘청의 서경 천도 운동이에요. 개경 세력이 이에 반대하자 묘청은 서경에서 나라 이름을 '대위', 연호를 '천개'로 정하고 난을 일으켰지만 결국 김부식에 의해 1년 만에 진압되었죠.

🎓 **오답 확인**

ㄱ. 삼국유사를 저술한 건 고려 후기의 일연이라는 승려예요.
ㄹ. 신라 계승 의식은 김부식의 삼국사기에 나타나 있어요.

정답 : ③

사료 史料 보기

신채호의 서경 천도 운동 인식

실상은 낭가(郎家)와 불교 양가 대 유교의 싸움이며, 국풍파(國風派) 대 한학파(漢學派)의 싸움이며, 진취사상 대 보수사상의 싸움이니, 묘청은 전자의 대표요, 김부식은 후자의 대표였던 것이다. 묘청의 서경 천도 운동에서 묘청 등이 패하고 김부식이 이겼으므로 조선사가 사대적, 보수적, 속박적 사상인 유교사상에 정복되고 말았다. 만일 김부식이 패하고 묘청이 이겼더라면, 조선사가 독립적, 진취적으로 진전하였을 것이니 이것이 어찌 "일천년래 제일대사건"이라 하지 아니하랴. — 신채호, 「조선 역사상 일천년래 제일대사건」

사료 해설

단재 신채호는 묘청의 서경 천도 운동이 실패로 끝난 것을 '조선 역사 일천년래 제일대사건'이라 평가하며 매우 안타까워했어요.

2. (가)에 들어갈 사실로 가장 적절한 것은?

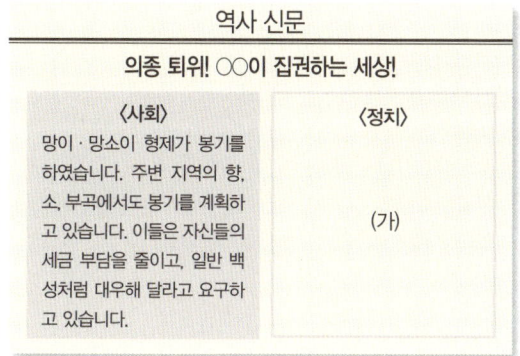

① 중방이 최고 권력 기관으로 부상하였다.
② 쌍기의 건의를 수용하여 과거 제도를 실시하였다.
③ 이자겸 일파가 군사를 이끌고 궁궐에 불을 질렀다.
④ 공민왕이 머리 모양과 옷을 고려식으로 바꾸었다.
⑤ 최무선의 건의를 받아들여 화통도감을 설치하였다.

📖 문제 파악
제시문에서 '의종의 퇴위'와 "망이·망소이 형제가 봉기를 하였다"라는 것을 통해 무신 집권기라는 것을 유추할 수 있어야 해요.

📝 문제 해설
무신들의 차별 대우와 의종의 실정으로 결국 1170년 무신정변이 일어나게 되었어요. 이후 권력을 잡은 무신들은 무신들의 회의 기구였던 중방을 통해 권력을 독점하였죠. 이후 최충헌이 권력을 잡은 뒤에는 교정도감이 최고 통치 기구가 되었다는 점! 기억하세요~

🎓 오답 확인
② 후주 사람이었던 쌍기가 과거제를 건의하여 시행했던 것은 광종 때의 일이죠.
③ 이자겸의 난은 무신정변이 일어나기 전이죠.(1126)
④ 원 간섭기에 원의 세력이 약해지자 공민왕은 개혁 정책을 실시했죠. 무신 집권기 이후네요.
⑤ 최무선은 고려 말의 신흥 무인 세력이에요.

정답 : ①

사료史料 보기

망이와 망소이의 난

망이 등이 홍경원을 불태우고 그곳에 있던 승려 10명을 죽인 다음, 주지승을 협박하여 편지를 가지고 서울로 가게 하니, 그 내용은 다음과 같다. "우리 고을을 승격하여 현으로 만들고 또 수령을 두어 무마시키더니, 다시 군사를 동원하여 와서 치고 우리 어미니와 처를 붙잡아 가두니 그 뜻이 어디에 있는가? 차라리 창칼 아래 죽을지언정 끝내 항복하여 포로가 되지는 않을 것이며, 반드시 서울에 이른 연후에 그만둘 것이다. - 「고려사」

사료 해설
망이와 망소이 형제가 난을 일으킨 곳은 공주 명학소란 곳이에요. 고려 시대는 특수 행정 구역으로 향·소·부곡이 있었는데, 이곳에 사는 주민들은 신분은 양인이지만 일반 양인에 비해 무거운 세금 부담의 의무를 지고 있었어요. 무신들의 수탈과 이러한 차별에 항거하여 난을 일으킨 것이죠.

01 고려의 정치 ④

달인의 개념 쏙쏙

📝 거란의 침입

📝 윤관의 동북 9성 축조

▲ 「척경입비도」

◎ (태조의) 거란정책

고려가 고구려를 계승한 국가라는 것은 다 알고 계시죠? 그래서 태조는 고구려를 계승한 발해를 멸망시킨 거란에 대해 적대 관계를 유지하였어요. '훈요 10조'에서도 후계 왕들에게 거란과 교류하지 말 것을 당부했고, 심지어 거란이 친교를 위해 고려에 사신을 보냈을 때에도 사신을 유배 보내고, 그들이 가져온 낙타도 '만부교'라는 다리에서 모조리 굶겨 죽여버렸어요.

⑥ 고려의 대외 관계

연표

① 거란(요) : 10C 말 ~ 11C

1) 고려의 거란정책
① 야율아보기가 발해를 멸망시키고 요(遼)를 세움
② 고려는 송과 친교를 맺고 거란에 적대 관계

2) 거란의 침입

원인	• 고려의 북진 정책, 친송 정책
전개	① 1차 침입(993) • 거란의 성종 때 소손녕이 쳐들어 옴 • 서희의 외교 담판으로 강동 6주 획득 ② 2차 침입(1010) • 강조의 정변을 구실로 성종이 쳐들어 옴 • 양규의 분전 • 개경이 함락되고 고려 현종은 나주로 피난 • 거란과 화의를 맺고 거란 철군 ③ 3차 침입(1018) • 강동 6주 반환을 구실로 소배압이 쳐들어 옴 • 강감찬이 귀주에서 대승(귀주 대첩)
결과	• 동아시아의 세력 균형 유지 • 나성, 천리장성 축조 • 현종 때 거란의 침략을 물리치기 위해 초조대장경 조판 시작

② 여진(금) : 12C

1) 고려 초기의 여진 정책
① 숙신, 말갈, 여진 등으로 불리고 조선 시대에는 만주족으로 불림
② 여진은 고려를 부모의 나라로 섬기며 특산품을 바쳐 옴

2) 윤관의 여진 정벌과 동북 9성
① 12세기 초 여진이 통합되자 숙종 때 마찰이 생김
② 윤관은 별무반을 편성하여 여진을 정복하고 동북 9성 축조
③ 여진족의 반환 요청과 거란과의 대치 상황, 관리 문제를 고려하여 1년 만에 동북 9성 반환

3) 금(金)의 건국과 고려의 정책
① 여진은 나라 이름을 '금'이라 정하고 세력 확대
② 금이 고려에 군신 관계 요구 → 이자겸의 수용, 북진 정책 좌절 → 묘청의 서경 천도 운동

3 몽골(원) : 13C

1) 몽골과의 접촉
① 칭기즈칸이 몽골제국 건설 → 동아시아로 세력 확장
② 거란이 몽골군에 쫓겨 고려 침입 → 고려군과 몽골군 연합하여 강동성에서 격퇴
→ 외교관계 수립 → 몽골의 무리한 공물 요구 → 관계 악화

2) 몽골의 침입과 무신 정권의 붕괴

1차 침입 (1231)	• 원인 : 몽골 사신 저고여의 피살 • 박서가 귀주성에서 몽골군 격퇴 → 몽골과 강화 → 몽골군은 다루가치◎를 두고 철수
2차 침입 (1232)	• 원인 : 최우의 강화도 천도◎ • 처인성 전투 : 살리타가 이끄는 몽골군을 김윤후와 부곡민들이 격퇴 • 대구 부인사 초조대장경 소실
3~6차 침입 (1235~1254)	• 3차 : 경주 황룡사 9층 목탑 소실 • 5차 : 충주성 관노의 활약 • 6차 : 충주 다인철소인들의 활약
강화 체결	• 김준이 최의 제거 → 최씨 정권 붕괴 • 원종이 임유무를 제거하면서 무신 정권 붕괴 • 원종이 개경으로 환도(1270)
삼별초의 항쟁	• 원인 : 무신 정권의 붕괴와 개경 환도 반대 • 배중손의 지휘로 강화도 → 진도 → 제주도(김통정 지휘)로 옮겨 항전 → 고려와 몽골의 연합군에 의해 진압

4 홍건적과 왜구 : 14C

1) 홍건적
① 원 말기의 한족(漢族) 반란군, 머리에 붉은 두건을 써서 홍건적이라고 불림
② 공민왕 4년(1355) 이후 여러 차례 고려를 침략 → 한때 개경 함락
③ 홍건적을 물리치는 과정에서 최영, 이성계 등의 신흥 무인 세력 성장

2) 왜구
① 고송 이후 끊임없이 침입
② 신흥 무인 세력의 격퇴

3) 신흥 무인 세력

최무선	• 원으로부터 화약 제조법 습득 • 화통도감 설치 → 진포에서 승리
이성계	• 황산에서 왜구 격퇴(황산 대첩)
박위	• 대마도(쓰시마섬) 정벌

몽골의 침입

홍건적과 왜구의 격퇴

◎ 다루가치
다루가치는 점령지를 감독하는 원의 직급명을 의미해요.

◎ 강화도 천도
육지와 가깝고 상대적으로 수군이 약한 몽골군에 대비하여 장기적인 항전을 하기 위해 옮겼어요.

기출문제 확인하기

1. 다음 자료에 나타난 사건의 결과로 확보한 국경선으로 옳은 것은?

> 성종 12년 거란이 고려를 침략하였다. 소손녕이 서희에게 말하였다. "그대의 나라는 신라 땅에서 일어났으니, 고구려 땅은 우리의 땅인데 당신들이 침범하였다. 또, 우리와 국경을 마주하면서도 송을 섬겼기에 출병한 것이다." 서희가 대답하였다. "아니다. 우리나라는 고구려를 계승하였기 때문에 나라 이름을 고려라 하였다. …… 압록강 동쪽의 여진을 내쫓고 우리 옛 땅을 돌려준다면 어찌 서로 왕래하지 않겠는가?"
> – 「고려사」

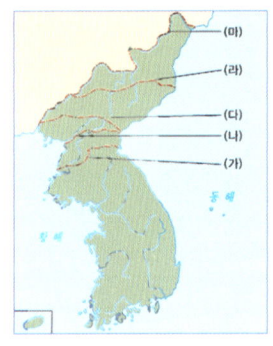

① (가)   ② (나)   ③ (다)   ④ (라)   ⑤ (마)

📖 문제 파악
소손녕이 고려을 침략했고, 서희가 외교 담판을 통해 강동 6주를 획득한 것에서 나아가 강동 6주의 위치가 어디인지를 파악할 수 있어야 해요. 굉장히 좋은 문제예요. 오답을 꼭 확인하세요!

📝 문제 해설
거란은 이후 있을 송과의 전쟁에 대비하기 위해 송과 친선 관계에 있던 고려를 견제하려 했어요. 그래서 거란은 고려를 침략하게 되죠. 이것이 거란의 1차 침입이에요. 하지만 서희의 외교 담판을 통해 압록강 동쪽의 홍화진, 용주, 통주, 철주, 귀주, 곽주(강동 6주)를 획득했어요.

🎓 오답 확인
① 통일신라 : 대동강 ~ 원산만
② 고려 태조 : 청천강 ~ 영흥만
④ 고려 공민왕 : 쌍성총관부를 공격하여 철령 이북 수복
⑤ 조선 세종 : 4군 6진 개척 압록강~두만강

정답 : ③

더! 알아보기 — 고려의 강동 6주 획득

고려는 서희의 외교 담판으로 강동 6주를 획득했어요. 이후 2차, 3차 침입을 막아낸 뒤 나성을 축조하고 천리장성을 쌓았어요.

2. (가)~(라)를 일어난 순서대로 옳게 나열한 것은?

고려 시대의 대외 관계

(가)

강감찬, 귀주에서 통쾌한 승리

(나)

서희, 적장과 담판하여 강동 6주 획득

(다)

윤관, 별무반을 이끌고 동북 9성 개척

(라)

김윤후와 처인 부곡민, 세계 최강 군대 격퇴

① (가) - (나) - (다) - (라)
② (가) - (나) - (라) - (다)
③ (나) - (가) - (다) - (라)
④ (나) - (라) - (다) - (가)
⑤ (다) - (나) - (라) - (가)

📖 문제 파악

고려 시대에 있었던 시기별 대외 관계를 파악할 수 있어야 해요.

📝 문제 해설

고려 시대의 이민족과의 전쟁은 크게 거란, 여진, 몽골 순으로 일어났어요. 먼저 10세기 말에서 11세기 초에는 거란이 고려를 침략했죠. 거란의 1차 침입 때는 서희의 외교 담판으로 강동 6주를 획득했고, 2차 침입 때는 양규가 활약, 3차 침입 때는 강감찬의 귀주 대첩으로 승리를 거두었죠. 12세기에 이르러 윤관이 별무반을 이끌고 동북 9성을 개척했고요. 13세기 몽골이 침입하자 김윤후와 처인 부곡민들은 적장이었던 살리타를 사살하는 성과를 이루었어요.

정답 : ③

사료 史料 보기

윤관의 별무반

"신이 오랑캐에게 패한 것은 그들은 기병인데 우리는 보병이라 대적할 수 없었기 때문이었습니다." 이에 왕에게 건의하여 새로운 군대를 편성하였다. 문·무 신관, 이서, 상인, 농민들 가운데 말을 가진 자를 신기군으로 삼았고, 과거에 합격하지 못한 20살 이상 남자들 중 말이 없는 자를 모두 신보군에 속하게 하였다. 또 승려를 뽑아서 항마군으로 삼았다. - 「고려사절요」

사료 해설

별무반은 기병인 신기군, 보병인 신보군, 승병인 항마군으로 편성되었어요.

TEST 단원별 핵심 기출 문제

1. (가)에 들어갈 내용으로 옳은 것은?

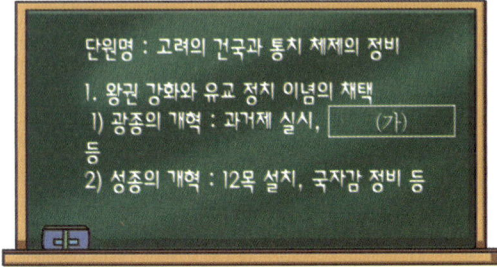

① 정방 폐지
② 2성 6부제 정비
③ 노비안검법 시행
④ 사심관 제도 마련
⑤ 전민변정도감 설치

2. 다음 인물이 활동할 당시 고려의 대외 관계에 대한 설명으로 옳은 것은?

낙성대에 세워진 동상

서북면 행영도통사(行營都統使)였던 그는 외적이 침입하자 상원수가 되어 부원수 강민첨 등과 함께 곳곳에서 활약하였다. 흥화진 전투에서는 1만 2,000여 명의 기병을 산골짜기에 매복시키고, 굵은 밧줄로 쇠가죽을 꿰어 성 동쪽의 냇물을 막았다가, 적병이 이르자 막았던 물을 일시에 내려보내 적병을 크게 무찔렀다. 이어 고려군의 협공을 받아 도망가는 적병을 추격하여 귀주에서 섬멸하였다.

① 금이 고려에 군신 관계를 요구하였다.
② 저고여의 피살로 몽골과의 관계가 악화되었다.
③ 명의 요구에 반발하여 요동 정벌을 단행하였다.
④ 친송·북진 정책의 추진으로 거란과 대립하였다.
⑤ 남쪽에서 왜구가, 북쪽에서는 홍건적이 침입하였다.

3. 다음 자료의 (가)에 들어갈 제목으로 가장 적절한 것은?

역사 신문
△△△△년 △△월 △△일

(가)

이것은 문벌 귀족 사회 내부의 분열과 지역 세력 간의 대립, 풍수지리설이 결부된 자주적 전통 사상과 사대적 유교 정치 사상의 충돌, 고구려 계승 이념에 대한 이견과 갈등 등이 얽혀 일어난 것으로, 귀족 사회 내부의 모순을 드러낸 것이다.

① 묘청, 서경에서 반란을 일으키다
② 김사미와 효심의 봉기, 경상도를 휩쓸다
③ 무신정변, 문벌 귀족 사회를 무너뜨리다
④ 이자겸, 왕실 외척이 되어 권력을 독점하다
⑤ 망이·망소이의 봉기, 중부 지역을 장악하다

4. 다음 자료의 밑줄 그은 '왕'에 대한 설명으로 옳은 것은?

(이연종이) 말하기를 "변발과 호복은 선왕의 제도가 아니오니 원컨대 전하께서는 본받지 마소서."라고 하니, 왕이 기뻐하면서 즉시 변발을 풀어버리고 그에게 옷과 요를 하사하였다.
- 「고려사」

① 원의 수도에 만권당을 설립하였다.
② 동녕부와 탐라 총관부를 폐지하였다.
③ 기철로 대표되던 친원 세력을 숙청하였다.
④ 전제 개혁을 단행하여 과전법을 실시하였다.
⑤ 노비안검법을 실시하여 국가의 수익 기반을 확대하였다.

5. 밑줄 그은 '이 섬'과 관련된 역사적 사실로 옳은 것은?

항파두리 항몽 순의비

고려는 몽골과 40여 년간 항쟁하였으나, 끝내는 강화를 맺고 개경으로 환도하였다. 이에 반대하는 세력은 강화도에서 진도로, 진도에서 이 섬으로 옮겨 가며 몽골군에 맞서 싸웠다. 위의 비는 이 섬에서 몽골군에 끝까지 항전한 것을 기념하기 위해 세운 것이다.

① 최초의 근대적 조약이 체결되었다.
② 원 간섭기에 탐라 총관부가 설치되었다.
③ 장보고가 해상 무역 기지를 설치하였다.
④ 이순신이 학익진으로 왜군을 크게 물리쳤다.
⑤ 러시아 견제를 구실로 영국이 불법 점령하였다.

6. 다음 가상 인터뷰의 (가)에 들어갈 내용으로 적절한 것은?

긴급 체포된 '송인(送人)'의 시인 정지상

문 : 반란에 연루된 혐의로 체포되었는데, 혐의를 인정하십니까?
답 : 이건 개경파의 모락이오. 그들과 다른 외교 정책을 주장한 것에 대한 정치적 탄압이오.
문 : 당신의 외교 정책은 어떤 것이 었습니까?
답 : [(가)]

① 특수 부대를 편성하여 요를 정벌하자는 것이오.
② 몽골의 무리한 조공 요구를 시정하자는 것이오.
③ 우리를 얕보는 금나라를 무력으로 정벌하자는 것이오.
④ 천리장성을 축조하여 거란의 침입에 대비하자는 것이오.
⑤ 명과 같이 큰 나라와는 화친하여 싸움을 피하자는 것이오.

7. (가)~(다)를 일어난 순서대로 옳게 나열한 것은?

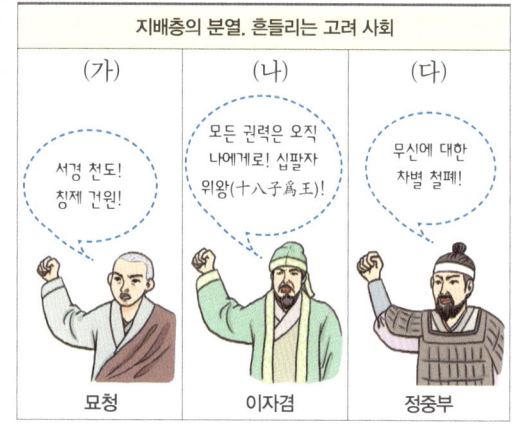

지배층의 분열. 흔들리는 고려 사회

(가) 서경 천도! 칭제 건원! — 묘청
(나) 모든 권력은 오직 나에게로! 십팔자 위왕(十八子爲王)! — 이자겸
(다) 무신에 대한 차별 철폐! — 정중부

① (가)-(나)-(다)
② (가)-(다)-(나)
③ (나)-(가)-(다)
④ (나)-(다)-(가)
⑤ (다)-(나)-(가)

8. 다음 내용과 관련된 왕의 정책으로 옳은 것을 〈보기〉에서 고른 것은?

• 스스로 황제라 칭하고 광덕, 준풍이라는 독자적 연호를 사용하였다.
• 호족들이 불법으로 차지하고 있던 노비들을 양인으로 해방시킨 노비안검법을 실시하였다.

〈보기〉

ㄱ. 과거제 시행
ㄴ. 지방에 12목 설치
ㄷ. 백관의 공복 제정
ㄹ. 시정전시과 실시

① ㄱ, ㄴ
② ㄱ, ㄷ
③ ㄴ, ㄷ
④ ㄴ, ㄹ
⑤ ㄷ, ㄹ

02 고려의 경제·사회 ①

전지와 시지의 수조권
먼저 수조권이란 토지의 소유권을 주는 것이 아니라 토지에서 세금을 걷어 드릴 수 있는 권한을 주는 것이에요. 전지는 곡식을 걷을 수 있는 토지이고요, 시지는 땔감을 얻을 수 있는 임야를 말해요.

1 고려의 경제

1 경제 정책

1) 재정 운영

조세 징수	• 양안과 호적을 기준으로 징수
관청 설치	• 호부 : 양안과 호적 관리 • 삼사 : 국가 재정에 관한 회계 업무 담당
재정 지출	• 관리의 녹봉, 국방비, 왕실 경비 등으로 지출 • 관청의 운영비는 국가가 토지 지급 → 부족할 시 각 관청이 스스로 마련

2) 수취 제도

조세	• 토지의 비옥도에 따라 3등급으로 구분 • 생산량의 1/10 징수 • 조운을 통해 개경으로 운송
공물	• 호(戶)를 기준으로 향리가 토산물 징수 • 정기적으로 징수하는 상공과 필요 시 징수하는 별공으로 구분
역	• 호적에 등록된 16~60세의 양인 남자에게 부과 • 노동력 징발 : 군역, 요역(토목 공사, 광물 채취 등에 동원)

2 토지 제도

1) 역분전 : 태조 때 통일 과정에서 공을 세운 신하들에게 지급

2) 전시과 제도
① 운영 : 관리를 18등급으로 구분하여 전지와 시지의 수조권 지급
② 전시과의 변천

구분	시기	기준	대상
시정전시과	경종(976)	관직, 인품	전·현직 관료
개정전시과	목종(998)	관직	전·현직 관료
경정전시과	문종(1026)	관직	현직 관료

3) 토지의 종류

공음전	• 5품 이상의 관리에게 지급, 세습 가능 • 음서제와 함께 귀족들의 기반
한인전	• 6품 이하의 관리 자제로 관직이 없는 자에게 지급
군인전	• 군역의 대가로 지급
구분전	• 자식이 없는 하급 관리, 군인의 유가족에게 지급
공해전	• 관청의 경비 마련을 위해 지급
내장전	• 왕실의 경비를 충당하기 위해 왕실이 소유한 토지
사원전	• 사원(절)에 지급
민전	• 매매 · 상속 · 임대가 가능한 사유지 • 소유권을 가진 토지로 국가에 세금 납부

📝 **고려의 간척지 개간**

최씨 무신 정권 때 강화도로 수도를 옮기면서 식량 확보를 위해 간척 사업이 활발하게 진행되었어요.

3 경제 활동

1) 귀족들의 경제 활동

경제 기반	• 상속 받은 토지와 노비 • 관리가 되어 받는 과전과 녹봉◎
귀족의 생활	• 고리대를 이용하여 농민의 토지를 약탈하거나 매입 → 농장 경영 • 막대한 부 축적으로 화려한 생활 영위

2) 농민의 경제 활동

경제 활동	• 자신의 토지(지영농), 타인의 토지(소작농) 경작, 품팔이로 생계 유지 • 황무지 개간, 연해안의 저습지나 간척지 개간
농업기술의 발달	• 농기구, 종자 개량 • 시비법의 발달 → 휴경지 감소 • 밭농사 : 2년 3작의 윤작법 보급 • 논농사 : 고려 말 일부 남부 지방에 이앙법(모내기법) 보급 • 원으로부터 농서인 『농상집요』, 문익점이 목화씨를 들여옴

3) 수공업자의 경제 활동

관영 수공업	• 관청에 소속된 기술자가 생산
소 수공업	• 특수 행정 구역인 소에서 전문적인 제품 생산
사원 수공업	• 승려와 노비가 생산

◎ **녹봉**

문종 때 녹봉제가 완비되어 관리들은 1년에 두 번 쌀이나 비단 등을 받았어요.

02 고려의 경제·사회 ②

달인의 개념 쏙쏙

📝 고려의 대외무역

📝 대각국사 의천의 화폐 사용 건의

돈이라고 하는 것은 몸은 하나이지만 기능은 네 가지입니다. 첫째로 하늘과 땅처럼 만물을 완전하게 덮고 받쳐 줍니다. 둘째로 돈은 샘처럼 끝없이 흘러 한이 없습니다. 셋째로 돈은 민간에 퍼뜨리면 위와 아래에 골고루 돌아다녀 영원히 막힘이 없게 됩니다. 넷째로 돈은 이익을 가난한 사람과 부자에게 나누어 주는데 그 날카로움이 칼날과 같아 매일 써도 둔해지지 않습니다. - 의천, 「대각국사문집」

○ 활구

활구는 은 1근으로 만든 고액 화폐였어요. 병 하나의 값이 무려 포 100필 정도의 가치를 가지고 있었답니다.

---

4) 화폐 주조

목적	· 국가의 재정 수입 증대 · 화폐를 주조하는 주전도감 설치(1101)
종류	· 건원중보 : 성종 때 주조, 우리나라 최초의 화폐, 철전과 동전으로 불림 · 삼한통보, 해동통보, 해동중보, 활구(은병) : 숙종 때 의천의 건의로 시행 · 저화 : 공양왕 때 고려 말~조선 초 사용된 지폐
한계	· 활발히 유통되지 못함 → 곡식이나 포로 거래

▲ 삼한통보   ▲ 해동통보   ▲ 활구(은병)

4 무역 활동

특징	· 공무역 중심 : 벽란도가 국제 무역항으로 발전 · 원 간섭기 사무역 발달 : 금·은·소·말의 지나친 유출로 문제 발생
송	· 수출 : 금·은·나전칠기·인삼 등 · 수입 : 비단·약재·서적·자기 등 귀족의 사치품
거란, 여진	· 수출 : 농기구·문방구 등 · 수입 : 은·모피·말 등
일본	· 수출 : 식량·인삼·서적 등 · 수입 : 수은·황 등
아라비아	· 수은·향료·산호 등 수입 · 'Corea'라는 이름을 얻음

2 고려의 사회

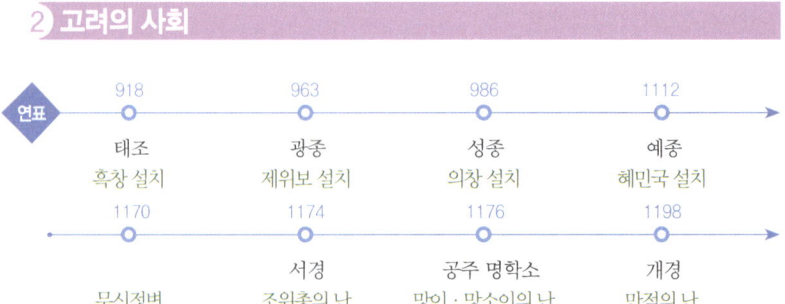

1 고려의 신분제

1) 귀족

특징	• 왕족과 5품 이상의 고위 관리 • 음서와 공음전의 혜택 부여 • 정치 · 경제 · 사회 전반에 걸쳐 특권 향유
문벌 귀족	• 고려 전기 • 개경 거주 → 범죄를 저지르면 귀향을 가기도 함 • 관직, 대토지 소유, 왕실과 혼인 • 무신정변으로 몰락
권문세족	• 원 간섭기 • 원을 배경으로 권력 장악, 음서를 통해 신분 세습 • 대농장 경영
신진 사대부	• 고려 말 • 지방 향리 출신, 과거를 통해 중앙 진출 • 권문세족 비판, 성리학 수용, 사회 개혁 추구

2) 중류층

특징	• 지배 기구의 말단 행정직, 직역 세습
잡류	• 중앙 관청의 말단 서리
남반	• 궁중의 실무 담당
향리	• 지방 행정 실무 담당
군반	• 직업군인으로 하급 장교
역리	• 지방의 역 관리

2) 양민

백정(白丁)	• 고려 시대 농민을 지칭 • 양민의 대다수를 차지하며 조세 · 공납 · 역의 의무
향 · 소 · 부곡민	• 특수 행정 구역인 향 · 소 · 부곡에 거주 • 신분은 양민이지만 규제가 심함 → 양민보다 많은 조세 부담, 다른 지역으로 이주 불가 • 일반 군현이 향 · 소 · 부곡으로 강등되거나 반대로 향 · 소 · 부곡이 승격 가능

4) 천민

특징	• 매매 · 상속 · 증여의 대상, 재산으로 간주
공노비	• 입역노비 : 관청 등 공기관에 소속 • 외거노비 : 농업에 종사하고 관청에 세금 납부
사노비	• 솔거노비 : 귀족이나 사원에 소속되어 거주하면서 잡일 종사 • 외거노비 : 주인과 따로 살면서 주인에게 신공 납부
노비의 신분 결정	• 일천즉천(一賤則賤) → 부모 중 한 명이 노비이면 그 자식도 노비

호족 출신의 향리

호족 출신의 향리는 일반 하위의 향리와는 구별이 돼요. 호장과 부호장을 배출한 지방의 실질적 지배층이라고 할 수 있죠. 이들은 과거 문과 응시가 가능했기 때문에 고려 말에 신진 사대부로 성장하는 사람들도 있었죠. 하지만 이러한 향리들은 계속되는 중앙 집권 정책으로 조선 시대에는 단순히 수령을 보좌하는 보조자로 전락하고 말았죠.

외거노비

외거노비는 주인의 토지 외에 다른 사람의 토지도 소작할 수 있어서 노력에 따라 재산을 축적할 수 있었어요. 이렇게 재산을 모은 외거노비 가운데는 양인의 신분을 얻는 사람도 생겨났지요.

고려의 신분제

고려의 신분제는 신라의 골품제에 비해 개방적이었어요. 물론 신분제가 엄격하였지만 그렇다고 신분의 이동이 아예 불가능하지 않았다는 것이죠. 과거를 통해 중앙으로 진출한다거나 노비 중에서는 군공을 세워 출세하는 경우도 있었어요.

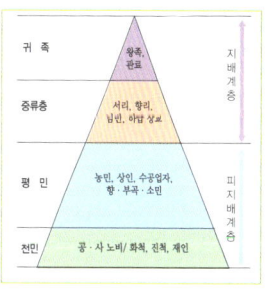

향 · 소 · 부곡

향 · 부곡	농업에 종사
소	수공업 또는 광산업

02 고려의 경제·사회 ③

달인의 개념 쏙쏙

◎ **매향(埋香) 활동**
위기가 닥쳤을 때를 대비하여 향나무를 바닷가에 묻었다가, 이를 통하여 미륵을 만나 구원받고자 하는 염원에서 향나무를 땅에 묻는 활동을 매향활동이라 해요.

◎ **5형** :

태	볼기를 치는 매질 (10~50대)
장	곤장형(60~100대)
도	징역형
유	유배형
사	사형(교수형, 참수형)

◎ **연등회와 팔관회**
연등회와 팔관회는 국가에서 주도했던 불교행사예요. 그중에서 팔관회는 토속신에게도 제사를 지내고, 송나라 상인이나 여진 및 탐라(耽羅)의 사절이 축하의 선물을 바치고 무역을 크게 행하는 국제적 행사였어요.

2 백성의 생활 모습

1) 향도
① 불교의 신앙 조직으로 매향 활동◎을 하는 무리에서 시작한 공동체 조직
② 고려 전기 : 신앙적인 성격 → 사원, 불상, 석탑 등 건축
③ 고려 후기 : 불교적인 색채가 없어짐 → 마을 노역, 장례, 혼례 등에 협력하여 공동체 생활을 주도하는 농민 조직으로 발전

2) 사회시책과 제도

목적	• 농민의 생활을 안정시켜 국가 재정 확보
농민 안정책	• 농번기에 잡역 면제 • 자연재해 발생 시 조세와 부역 감면
빈민 구제 시설	• 의창 : 흉년이 들었을 때 곡식으로 빈민 구제 • 상평창 : 물가조절기관 → 개경·서경·12목에 설치 • 제위보 : 빈민 구제와 질병 치료를 위하여 설치한 기관 • 혜민국 : 빈민들에게 무료로 약을 주고 치료하던 기관 • 동서 대비원 : 빈민 환자 치료, 의료 및 생활 보호를 담당하던 기관 • 구제도감·구급도감 : 각종 재해가 발생하였을 때 임시 관청으로 설치

3) 법률과 풍속

법률	• 관습법 중시, 지방관이 사법권 행사 • 5형◎ 시행
풍속	• 장례, 제사 : 대부분 불교·도교식 • 명절 : 정월 초하루, 단오, 유두, 삼짇날, 추석 등 • 놀이 : 단오 때 격구, 씨름, 그네뛰기 등 • 국가적 행사 : 연등회, 팔관회◎

4) 혼인과 여성의 지위

혼인	• 왕실에서는 친족 간의 혼인 성행 • 왕실 외에 일부일처제(一夫一妻制)가 일반적 • 남자가 처가에서 자식이 어느 정도 클 때까지 생활
여성의 지위	• 여성이 호주(戶主)가 될 수 있음 • 유산 상속을 남녀 구분 없이 골고루 분배 • 태어난 순서에 따라 족보에 기재 • 아들이 없을 경우 양자를 들이지 않고 딸이 제사를 지냄 • 여성이 재혼을 할 수 있었고, 그 자식이 차별받지 않음

3 고려 후기 사회 변화

1) 무신 집권기의 사회
① 무신 간의 권력 다툼으로 인한 백성에 대한 통제력 약화
② 무신들의 농장 확대로 농민 수탈
③ 하층민의 봉기 발생

조위총의 난	• 농민들이 가세하면서 농민 항쟁으로 연결
망이·망소이의 난	• 공주 명학소에서 발생
전주 관노의 난	• 전주에서 발생
김사미·효심의 난	• 초전과 운문에서 발생
만적의 난	• 개경에서 발생, 신분 해방 운동
이비·패좌의 난	• 경주를 중심으로 신라 부흥 운동의 성격
최광수의 난	• 서경에서 발생, 고구려 부흥 운동의 성격
이연년 형제의 난	• 담양에서 발생, 백제 부흥 운동의 성격

2) 원 간섭기의 사회
① 신분 이동 : 전쟁에 나가 공을 세우거나, 몽골 귀족과 혼인, 몽골어에 능통한 역관 → 권문세족으로 성장
② 몽골풍과 고려양

몽골풍	• 몽골의 풍습이 고려의 지배층을 중심으로 유행 • 변발, 몽골식 의복(호복), 그릇, 소주, 족두리, 연지 등
고려양	• 고려의 풍습이 몽골에서 유행 • 고려의 의복, 음식(떡), 그릇 등

③ 무리한 공물 요구 : 결혼도감을 설치하여 공녀 공출 → 고려에 조혼의 풍습이 생겨남
④ 왜구의 침입 : 격퇴하는 과정에서 신흥 무인 세력 성장(최영, 이성계 등)

무신 집권기 하층민의 봉기

◎ **조위총의 난**
정중부와 이의방의 타도를 명분으로 서경 유수였던 조위총은 난을 일으켰어요. 조위총은 하층민이 아니지만 이러한 과정에서 농민들이 합세하였지요.

◎ **만적의 난**
만적은 최충헌의 노비였어요. "왕후장상의 씨가 따로 없다"면서 노비들의 신분해방을 주장하며 난을 일으키려 했지만 사전에 발각되어 실패하고 말았지요.

◎ **결혼도감**
원이 요구하는 여자를 선발하기 위해 설치한 기구예요. 처음에는 역적의 처나 파계승의 딸을 강제로 보냈지만 점점 더 많이 요구하게 되자 민간의 처녀들을 강제로 보내게 되었어요. 그래서 이를 피하려 어린 나이에 일찍 혼인시키는 조혼의 풍습이 생겨났어요.

기출문제 확인하기

1. 다음 토지 제도와 관련된 설명으로 옳은 것은?

등급		1	2	3	4	5	6	7	8	9	10	11	12	13	14	15	16	17	18
시정	전지	110	105	100	95	90	85	80	75	70	65	60	55	50	45	42	39	36	33
	시지	110	105	100	95	90	85	80	75	70	65	60	55	50	45	40	35	30	25
개정	전지	100	95	90	85	80	75	70	65	60	55	50	45	40	35	30	27	23	20
	시지	70	65	60	55	50	45	40	35	33	30	25	22	20	15	10			
경정	전지	100	90	85	80	75	70	65	60	55	50	45	40	35	30	25	22	20	17
	시지	50	45	40	35	30	27	24	21	18	15	12	10	8	5				

① 관리에게 지급하는 토지의 결수가 점차 늘어났다.
② 관직에 따라 등급을 나누어 토지와 임야를 주었다.
③ 지급된 토지는 자유로운 매매, 기증, 임대가 가능하였다.
④ 토지를 받은 관리가 죽은 후 그 자식에게 휼양전을 지급하였다.
⑤ 경기의 토지를 분배하여 신진 관리의 경제적 기반을 마련하였다.

문제 파악

표에서 시정, 개정, 경정이 보이고 전지와 시지로 구분되어 있는 것을 통해 쉽게 고려의 전시과 제도라는 것을 파악할 수 있네요.

문제 해설

관직이나 직역을 담당하는 사람들에게 등급을 나누어 토지와 임야에 대한 수조권을 주는 전시과는 시기에 따라 변화했어요. 경종 때 실시된 시정전시과는 관직과 인품을 기준으로 전직·현직 관료에게 지급했고, 목종 때 실시된 개정전시과는 관직을 기준으로 전직·현직 관료에게 지급했지요. 문종 때 실시된 경정전시과는 현직 관료에게만 지급했어요. 이렇듯 전시과를 개정할수록 관직과 현직 관리 위주로 지급하고 그 액수도 점차 줄어들었지요.

오답 확인

① 표를 통해 관료에게 지급하는 결수가 점차 줄어드는 것을 확인할 수 있어요.
③ 전시과는 세습할 수 없고 죽으면 반환하는 것이 원칙이었어요.
④ 조선 시대에 실시된 과전법에 대한 설명이에요.
⑤ 마찬가지로 과전법에 대한 설명이에요.

정답 : ②

사료 보기

고려 귀족들의 생활

김돈중 등이 절의 북쪽 산은 민둥하여 초목이 없으므로 그 인근의 백성들을 모아 소나무, 잣나무, 삼나무, 전나무와 기이한 꽃과 이채로운 풀을 심고 단을 쌓아 임금의 방을 꾸몄는데, 아름다운 색채로 장식하고 대의 섬돌은 괴석을 사용하였다. 하루는 왕이 이곳에 행차하니 김돈중 등이 절의 서쪽 대에서 잔치를 베풀었다. 휘장, 장막과 그릇이 사치스럽고 음식이 진기하여 왕이 재상, 근신들과 더불어 매우 흡족하게 즐겼다. ― 「고려사」

사료 해설

고려의 귀족들은 토지를 비롯하여 노비와 녹봉을 받았고, 권력과 고리대를 이용하여 농민들의 토지를 수탈하여 막대한 부를 축적하였어요.

2. 다음 대화가 이루어진 시기의 사회 모습으로 옳은 것은?

① 향약이 널리 보급되었다.
② 여성의 재혼이 비교적 자유로웠다.
③ 중인층의 신분 상승 운동이 활발하였다.
④ 골품제에 따른 신분 차별이 엄격하였다.
⑤ 아들이 없으면 양자를 들이는 것이 일반적이었다.

문제 파악

대화 내용에서 '문하시중', '안찰사', '아들과 딸에게 재산을 균등하게 나누어 주었다'라는 것을 통해 고려 시대임을 파악할 수 있겠죠?

문제 해설

고려 시대의 여성의 지위는 성리학이 뿌리 깊게 자리 잡았던 조선 후기의 여성보다 높았어요. 아들과 딸을 차별하지 않고 태어난 순서대로 족보에 기재했고, 재산 상속도 동등한 권리를 지녔었죠. 또한 여성이 호주가 될 수 있고 제사를 지내기도 했어요. 그래서 아들이 없을 시 양자를 들일 필요가 없었던 거죠. 혹여 과부가 재혼을 한다 해도 이에 대해 사회적으로 부정적인 인식을 갖지 않았어요.

오답 확인

① 향약이 널리 보급된 것은 조선 중기 이후예요.
③ 중인들의 신분 상승 운동은 조선 후기에 활발하게 진행되었어요.
④ 골품제는 신라의 신분제였죠?
⑤ 아들이 없으면 양자를 들이는 것이 일반화되었던 시기는 조선 후기예요.

정답 : ②

 알아보기   **고려와 조선 여성의 지위**

고려~조선 전기	조선 후기
여성 호주 가능	남성만 호주(아들이 없으면 양자를 들임)
나이 순으로 호적·족보 기재	남녀순 족보 기재
처가살이	시집살이
자녀 균등 상속	장자 상속
과부 재가 허용	과부 재가 금지
딸이 제사를 지낼 수 있음	장자가 제사를 지냄

TEST
단원별 핵심 기출 문제

1. 다음 건의를 받아들인 국왕이 주조한 화폐를 〈보기〉에서 고른 것은?

> 돈이라고 하는 것은 몸은 하나이지만 기능은 네가지입니다. 첫째로 하늘과 땅처럼 만물을 완전하게 덮고 받쳐 줍니다. 둘째로 돈은 샘처럼 끝없이 흘러 한이 없습니다. 셋째로 돈을 민간에 퍼뜨리면 위와 아래에 골고루 돌아다녀 영원히 막힘이 없게 됩니다. 넷째로 돈은 이익을 가난한 사람과 부자에게 나누어 주는데, 그 날카로움이 칼날과 같아 매일 써도 둔해지지 않습니다.
> - 의천, 「대각국사문집」

〈 보 기 〉

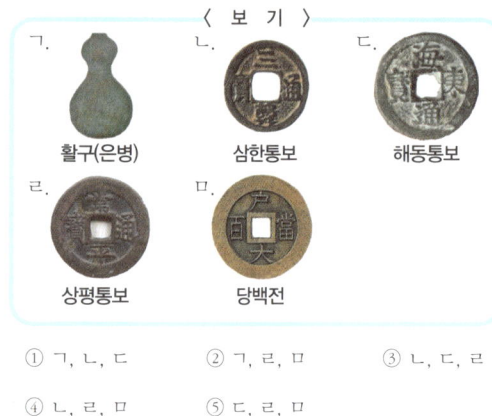

ㄱ. 활구(은병) ㄴ. 삼한통보 ㄷ. 해동통보
ㄹ. 상평통보 ㅁ. 당백전

① ㄱ, ㄴ, ㄷ ② ㄱ, ㄹ, ㅁ ③ ㄴ, ㄷ, ㄹ
④ ㄴ, ㄹ, ㅁ ⑤ ㄷ, ㄹ, ㅁ

2. 다음 대화와 관련된 토지 제도에 대한 설명으로 옳은 것은?

"올해부터는 전지와 시지가 지급된다지?"
"그렇다는군. 관리의 등급에 따라 차등 있게 지급된다는데."

① 공양왕 때 처음으로 실시되었다.
② 경기도에 한해 토지를 지급하였다.
③ 지급된 토지의 매매와 임대가 가능하였다.
④ 관직 복무의 대가로 수조권을 부여하였다.
⑤ 토지를 받은 관리가 죽으면 자식에게 휼양전을 지급하였다.

3. 다음 연극의 배경이 된 시기를 옳게 찾은 것은?

이 연극은 공주 명학소에 살던 망이·망소이 형제가 지배층의 가혹한 수탈에 반발하여 봉기한 이야기를 담고 있습니다.

918	976	1170	1270	1352	1392
	(가)	(나)	(다)	(라)	(마)
고려 건국	전시과 실시	무신 집권	개경 환도	전민변정 도감 설치	조선 건국

① (가) ② (나) ③ (다) ④ (라) ⑤ (마)

4. 다음 상황이 나타난 시기에 볼 수 있었던 모습으로 옳지 <u>않은</u> 것은?

> 원과의 교류가 활발해지고 무역이 확대되면서 고려 사회에서는 새로운 변화가 나타났다. 고려의 왕실과 지배층을 중심으로 몽골 풍습이 퍼져 나가고, 고려의 문화가 원에 소개되어 고려 풍습이 유행하기도 하였다.

① 왕의 칭호와 관제가 격하되었다.
② 고려 왕은 원나라 공주와 결혼하였다.
③ 정동행성이 고려의 내정을 간섭하였다.
④ 국정 운영을 위한 교정도감이 설치되었다.
⑤ 만권당에서 고려와 원의 학자가 교류하였다.

5. 고려의 무역 활동에 관한 역사 신문이다. 이와 관련된 사실로 옳은 것을 〈보기〉에서 고른 것은?

역사 신문

푸른 눈의 대식국인 고려에 오다!

그동안 송나라에만 오는 줄 알았던 푸른 눈의 아라비아 상인들이 고려에 왔다. 이들이 가져온 주요 물품은 수은, 향료, 산호이며, 정기적으로 고려와 무역을 원하고 있는 것으로 알려졌다. 아라비아 상인들의 물품은 많은 사람들에게 호기심을 유발하고 있어 앞으로 고려의 무역 발달에 기여할 것으로 보인다.

〈보기〉
ㄱ. 벽란도 번성 ㄴ. 청해진 설치
ㄷ. 송상의 인삼 무역 ㄹ. '코리아' 이름 전파

① ㄱ, ㄴ ② ㄱ, ㄷ ③ ㄱ, ㄹ
④ ㄴ, ㄷ ⑤ ㄷ, ㄹ

6. 다음 자료가 저술된 시기의 사회 모습으로 옳은 것을 〈보기〉에서 고른 것은?

> 지금은 남자가 장가갈 때 처가로 가게 되어 자기가 필요로 하는 것은 모두 처가에 의지하고 있습니다. 그리하여 장인과 장모의 은혜가 부모의 은혜와 똑같습니다. 아아, 장인께서 저를 두루 보살펴 주셨는데 돌아가셨으니, 저는 장차 누구를 의지해야 합니까! - 이규보, 「동국이상국집」

〈보기〉
ㄱ. 남녀 순으로 족보에 기재하였다.
ㄴ. 동족 마을이 전국적으로 확산되었다.
ㄷ. 부모의 유산을 자녀에게 골고루 분배하였다.
ㄹ. 부모의 제사를 자녀들이 돌아가면서 지냈다.

① ㄱ, ㄴ ② ㄱ, ㄷ ③ ㄴ, ㄷ
④ ㄴ, ㄹ ⑤ ㄷ, ㄹ

7. 고려 시대를 배경으로 한 희곡이다. 희곡 속의 사건이 일어난 시기의 정치 상황으로 옳은 것은?

1장 (개경 뒷산에 노비들이 모여 앉아 이야기를 나누고 있다.)

순정: 노비로 사는 것이 너무 고통스러워.
만적: 그래, 우리도 귀족과 마찬가지로 사람이고, 왕후장상의 씨가 따로 있는 것도 아닌데 말이야.
장삼: 맞아. 이의민은 아버지가 소금 장수였고 어머니는 절의 노비였는데도 최고의 지위에 올랐잖아.
만적: 우리도 때만 잘 만나면 귀족이 될 수 있어. 궁궐로 쳐들어 가자. 그리고 각자 집으로 가서 노비 문서를 불사르고, 삼한의 천인을 없애자!

① 최충헌이 정변을 통해 권력을 장악하였다.
② 최무선이 화포를 사용하여 왜구를 격퇴하였다.
③ 이성계가 위화도 회군으로 권력을 장악하였다.
④ 거란의 침입을 막기 위하여 천리장성을 축조하였다.
⑤ 쌍성총관부를 공략하여 철령 이북의 땅을 수복하였다.

8. 다음 그림을 통해 알 수 있는 시기의 대화 내용으로 적절한 것을 〈보기〉에서 고른 것은?

〈보기〉
ㄱ. 처녀들을 공녀로 끌고 간다고 하네.
ㄴ. 이의민의 횡포가 갈수록 심해지니 큰일이네.
ㄷ. 자기들 사냥할 때 쓸 매까지 잡아 바치라고 하네.
ㄹ. 동북 9성을 쌓는 데 필요한 농민을 동원한다고 하네.

① ㄱ, ㄴ ② ㄱ, ㄷ ③ ㄴ, ㄷ
④ ㄴ, ㄹ ⑤ ㄷ, ㄹ

03 고려의 문화 ①

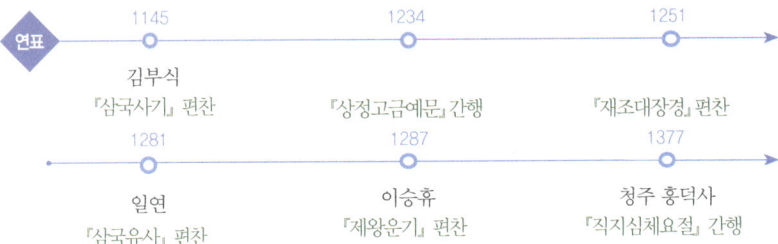

- 1145 김부식 『삼국사기』 편찬
- 1234 『상정고금예문』 간행
- 1251 『재조대장경』 편찬
- 1281 일연 『삼국유사』 편찬
- 1287 이승휴 『제왕운기』 편찬
- 1377 청주 흥덕사 『직지심체요절』 간행

① 불교

1 고려의 숭불 정책

태조	• 적극적인 숭불 정책 • 훈요 10조에서 연등회·팔관회 개최 당부
광종	• 승과 제도 실시 : 승계, 승려의 지위 보장 • 국사·왕사 제도, 사원전 지급, 승려는 역을 면제
특징	• 정치 이념(유교)과 신앙(불교)

2 불교의 발전

1) 초기
① 균여 : 화엄종과 법상종◎ 융합
② 불교의 융성 : 개경에 흥왕사와 현화사 건립

2) 중기
① 종파 분열 → 교단 통합 운동
② 의천의 교단 통합 운동

교종 통합	• 흥왕사를 근거지로 하고 화엄종 입장에서 교종을 통합하려 함
교·선 통합	• 국청사 창건 → 해동 천태종 개창 → 교관겸수(敎觀兼修)◎를 통해 교·선 통합을 이루고자 함 • 교종을 중심으로 선종을 통합하고자 함

3) 무신 집권기
① 의천의 사후 불교는 분열되고 타락됨 → 결사 운동
② 지눌의 수선사 결사 운동

수선사 결사	• 수선사(송광사)를 중심으로 불교의 타락을 비판
선·교 통합	• 정혜쌍수(定慧雙修)와 돈오점수(頓悟漸修)◎ 주장 • 선종 중심으로 교종을 통합하고자 함 • 조계종 개창

③ 혜심과 요세

혜심	• 지눌의 제자, 최씨 정권의 후원을 받고 수선사를 이끎 • 유불일치설 주장 "유교와 불교는 하나다"
요세	• 참회를 중시하는 법화신앙을 바탕으로 백련사 결사 운동 전개 • 수선사와 양립

4) 원 간섭기 이후
① 불교의 폐단 심화 → 보우의 교단 정비 → 실패
② 신진 사대부의 불교 비판 : 정도전 『불씨잡변』

달인의 개념 쏙쏙

📝 **대각국사 의천**

의천은 숙종의 동생이에요. 즉 왕자였다는 말이죠. 그래서 왕실과 문벌 귀족의 후원을 받을 수 있었고요, 숙종에게 화폐를 주조할 것을 건의하여 화폐가 발행되기도 하였죠. 또한 교장도감을 설치하여 『속장경』을 간행하였어요.

◎ **화엄종과 법상종**
화엄종은 통일신라의 문화에서 의상이 당에서 유학하고 들여왔던 거 기억하시죠? 법상종은 유식사상(唯識思想)과 미륵신앙(彌勒信仰)을 기반으로 하여 성립한 종파랍니다.

◎ **교관겸수(敎觀兼修)**
불교에서 교리 체계인 교(敎)와 실천수행법인 관(觀)을 함께 닦아야 한다는 사상이에요.

◎ **정혜쌍수와 돈오점수**
정혜쌍수는 선종과 교종을 같이 수행하자는 것이고, 돈오점수는 문득 깨달음에 이르는 경지에 이르기까지에는 반드시 점진적 수행 단계가 따라야 한다는 것을 의미해요.

3 대장경의 간행

초조대장경	• 현종 때 거란의 침입을 막기 위해 간행 • 대구 부인사에 보관 → 몽골의 침입으로 소실
속장경(교장)	• 초조대장경을 보완하기 위해 의천의 건의로 간행 • 흥왕사에 보관 → 몽골의 침입으로 소실
재조대장경 (팔만대장경) (고려대장경)	• 최씨 정권 때 몽골의 침입을 막기 위해 간행 • 합천 해인사에 현존 • 조선 시대에 건립된 해인사 장경판전은 유네스코 세계 문화유산으로 지정

> **📝 기전체와 편년체**
>
> 역사를 서술하는 체계는 여러 가지가 있는데 그중에서도 기전체와 편년체가 가장 기본적인 서술 형태라고 할 수 있어요. 기전체는 본기·세가·열전·지·연표 등으로 나누어서 설명하는 방식이고 편년체는 시간의 순서대로 서술하는 방식이에요. 대표적인 편년체는 왕조 실록이 되겠죠?

② 유학의 발달과 역사 편찬

1 유학의 발달

초기	• 태조 : 6두품 출신의 학자들 활약 • 광종 : 과거제 실시 • 성종 : 최승로 시무 28조 수용, 국자감 정비
중기	• 사학 12도의 발달 : 최충의 문헌공도를 비롯한 12개의 사학이 진흥 → 파벌을 만들고 지공거◎를 배출함, 관학인 국자감보다 번창 • 무신 집권기에 점차 침체
후기	• 충렬왕 때 안향이 원에서 성리학을 들여옴 • 충선왕 때 만권당◎이 세워져 원의 학자들과 교류 • 신진 사대부가 성리학을 적극 수용

> **📝 고려의 국립 교육 기관**
>
> | 중앙 | 국자감(국립대학) |
> |---|---|
> | | 동서학당(중등교육) |
> | 지방 | 향교(중등교육) |

2 역사 편찬

전기	7대실록	• 태조~목종까지의 왕조를 기록 • 거란의 침입 때 소실
중기 (보수적)	삼국사기	• 김부식이 편찬, 기전체 • 현존하는 가장 오래된 역사서 • 유교적 합리주의 사관, 신라 계승의식 반영
후기 (자주적)	해동고승전	• 각훈 저술 • 삼국 시대 승려들의 전기
	동명왕편	• 이규보 저술 • 동명왕(주몽)의 영웅서사시
	삼국유사	• 승려 일연이 저술, 자유로운 형식으로 저술 • 불교 사관, 단군 이야기 수록, 설화·전설 수록
	제왕운기	• 이승휴 저술, 서사시 • 단군 기원의 역사의식

> **◎ 지공거**
>
> 지공거는 과거를 주관하는 시험관을 의미하고 '좌주'라고도 불렀어요. 또한 과거 급제자를 '문생'이라 지칭했죠. 이러한 좌주, 문생의 관계는 단순히 사제의 관계를 넘어 정치 세력이 되었지요.

> **◎ 만권당**
>
> 충선왕이 폐위되어 원나라에서 머물 때 세운 독서당이에요. 이곳에서 백이정과 이제현 등은 원의 학자들과 학문적 교류를 하게 되었어요.

03 고려의 문화 ②

풍수지리에 입각한 명당

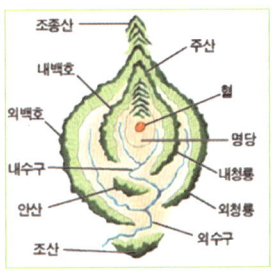

▲ 고려 첨성대(개경)

3 도교와 풍수지리설

1 도교

특징	• 불로장생, 신선사상과 연계
팔관회	• 도교와 불교, 민간 신앙이 합쳐진 국가 행사
도교 사원	• 예종 때 처음 건립
초제	• 도교 제사, 국가와 왕실의 번영을 기원
한계	• 체계의 미비로 민간 신앙으로 전락

2 풍수지리설

특징	• 길흉화복을 예언하는 도참사상과 결합
태조	• '훈요 10조'에서 풍수지리설 강조
묘청	• 묘청의 서경 천도 운동과 북진 정책의 근거 제공
한양 명당설	• 한양이 남경으로 승격

4 과학기술의 발달

1 천문학과 의학

천문학	• 사천대 설치 : 첨성대에서 관측
의학	• 태의감 설치 • 『향약구급방』 간행 : 현존하는 가장 오래된 의학서

2 인쇄술의 발달

목판 인쇄술	• 한 가지 책을 다량 인쇄 • 초조대장경, 속장경, 팔만대장경
활판 인쇄술	• 여러 책을 소량 인쇄 • 상정고금예문 : 세계에서 가장 오래된 금속 활자본 (현존 X) • 직지심체요절 : 현존하는 가장 오래된 금속 활자본 　　　　　　　현재 프랑스 파리 국립 도서관 소장 　　　　　　　청주 흥덕사에서 간행 　　　　　　　유네스코 세계기록유산으로 등록

◆ 고대의 대표적인 탑 비교

백제

▲ 미륵사지 석탑   ▲ 정림사지 5층 석탑

신라

▲ 분황사 모전 석탑

고려 시대 탑과 비교하면서 다시 한 번 정리해 보세요. 매회 1문제씩 꼭 출제됩니다.

통일신라 : 전기

▲ 감은사지 3층 석탑   ▲ 석가탑   ▲ 다보탑   ▲ 화엄사 4사자 3층석탑

통일신라 : 후기   발해

▲ 진전사지 3층 석탑   ▲ 쌍봉사 철감선사 승탑   ▲ 영광탑

03 고려의 문화 ③

▲ 원각사지 10층 석탑(조선)

5 예술의 발달

1 건축과 조각

1) 건축

전기	• 주심포 양식이 유행 • 안동 봉정사 극락전 : 현존하는 가장 오래된 목조 건물 • 영주 부석사 무량수전 : 배흘림 기둥 • 예산 수덕사 대웅전
후기	• 다포식 건물 유행 • 사리원 성불사 응진전

▲ 안동 봉정사 극락전　▲ 영주 부석사 무량수전　▲ 예산 수덕사 대웅전

2) 조각

❶ 석탑과 승탑

특징	• 신라 양식을 일부 계승 + 독자적 형태
석탑	• 무량사 5층 석탑 : 부여 소재, 백제 정림사지 5층 석탑의 양식 • 월정사 8각 9층 석탑 : 송의 영향, 고려의 대표적인 다각다층탑(전기) • 경천사 10층 석탑 : 원나라의 영향, 대리석으로 만들어짐(후기), 현재 국립 박물관 소재, 조선의 원각사지 10층 석탑에 영향을 줌
승탑	• 고달사지 승탑 : 신라 후기의 팔각원당형 승탑 계승 • 법천사지 지광국사 현묘탑 : 국립 중앙 박물관 소재

▲ 무량사 5층 석탑　▲ 월정사 8각 9층 석탑　▲ 경천사 10층 석탑

▲ 고달사지 승탑　▲ 법천사지 지광국사 현묘탑

❷ 불상

부석사 소조 아미타 여래 좌상	• 경북 영주 소재 • 신라 양식 계승
광주 춘궁리 철불	• 경기 광주 춘궁리에서 발견, 대형 철불
관촉사 석조 미륵보살 입상	• 충남 논산 소재, 개성 있는 모양 • 지방적 · 향토적 성격(호족의 영향)
용미리 마애이불 입상	• 경기 파주 소재, 개성 있는 모양 • 지방적 · 향토적 성격(호족의 영향)

▲ 부석사 소조 아미타 여래 좌상   ▲ 광주 춘궁리 철불   ▲ 관촉사 석조 미륵보살 입상   ▲ 용미리 마애이불 입상

2 청자와 공예

1) 청자
① 귀족의 생활 도구와 불교 도구로 사용
② 11세기 순청자 → 12세기에 이르러 고려의 독창적인 '상감기법' 개발
→ 원 간섭기 이후 쇠퇴 → 고려 말 조선 초 분청사기로 변화

▲ 청자 참외 모양 병   ▲ 청자 상감운학문 매병

2) 공예
① 금속공예 : 은입사 기술 발달 → 청동 은입사 포류 수금무늬 정병
② 나전칠기 : 불경함, 문방구, 화장품갑 등

3 서예, 회화, 음악

서예	• 전기 : 구양순체 유행 • 후기 : 송설체 유행
회화	• 전기 : 이령, 「예성강도」(현존 X) • 후기 : 공민왕, 「천산대렵도」, 혜허, 「수월관음도」
음악	• 아악 : 송에서 들여온 대성악이 궁중 음악으로 발전 • 향악 : 동동 · 한림별곡 · 대동강 등

▲ 수월관음도

◎ **상감기법**
도자기의 표면을 파내고 다른 색의 흙을 넣어 문양을 만드는 방식이에요.

◎ **은입사 기술**
표면을 파낸 곳에 은을 채워 무늬를 장식하는 기법이에요.

◎ **청동 은입사 포류 수금무늬 정병**

기출문제 확인하기

1. (가), (나) 인물에 대한 설명으로 옳은 것을 〈보기〉에서 고른 것은?

대각국사 의천
교종을 중심으로 선종을 통합할 것을 주장

보조국사 지눌
정혜쌍수와 돈오점수를 주장

〈보기〉

ㄱ. (가) 풍수지리설을 도입하였다.
ㄴ. (가) 해동 천태종을 창시하였다.
ㄷ. (나) 불교계 정화 운동을 전개하였다.
ㄹ. (나) 교장도감에서 교장을 간행하였다.

① ㄱ, ㄴ　　② ㄱ, ㄷ　　③ ㄴ, ㄷ
④ ㄴ, ㄹ　　⑤ ㄷ, ㄹ

문제 파악
친절하게도 사진과 이름, 주장했던 사상까지 제시문에 나와 있네요. 의천과 지눌이 어떤 활동을 했는지 알면 쉽게 풀 수 있는 문제겠죠?

문제 해설
의천은 숙종의 동생으로 숙종에게 화폐를 주조할 것을 건의했고, 천태종을 개창하여 교관겸수를 통해 교선 통합을 이루려 했어요. 지눌은 수선사를 중심으로 당시 불교계의 타락성을 비판하면서 불교계의 정화 운동을 전개했죠. 선종 중심으로 교종을 통합하려 했고, 조계종이 형성되는 계기를 마련했어요.

오답 확인
ㄱ. 풍수지리설은 신라 하대 선종 승려였던 도선이 도입했어요.
ㄹ. 교장도감에서 교장(속대전)을 간행한 것은 의천이에요.

정답 : ③

사료 史料 보기

지눌의 정혜결사문

지금의 불교계를 보면 아침저녁으로 행하는 일들이 비록 부처의 법에 의지하였다고 하나 자신을 내세우고 이익을 구하는 데 열중하며 세속의 일에 몰두한다. 도덕을 닦지 않고 옷과 밥만 허비하니 비록 출가하였다고 하나 무슨 덕이 있겠는가. 하루는 같이 공부하는 사람 10여 인과 약속하였다. 마땅히 명예와 이익을 버리고 산림에 은둔하여 같은 모임을 맺자. 항상 선을 익히고 지혜를 고르는 데 힘쓰고, 예불하고 경전을 읽으며 힘들여 일하는 것에 이르기까지 각자 맡은 바 임무에 따라 경영하자. 인연에 따라 성품을 수양하고 평생을 호방하게 고귀한 이들의 드높은 행동을 좇아 따른다면 어찌 통쾌하지 않겠는가? - 「권수정혜결사문」

사료 해설
지눌은 불교를 통합하기 위해 수선사 결사 운동을 전개하였어요.

2. (가)에 해당하는 문화유산으로 옳은 것은?

답사 보고서

- 주제 : 고려의 불상을 찾아서
- 답사 일정

구분	날짜	불상
제1차	○○월 ○○일	파주 용미리 마애이불 입상
제2차	○○월 ○○일	(가)

- 답사 후 소감

고려 초에는 개성 있는 불상이 많이 만들어졌다. 그중에서도 인체 비례가 불균형한 거대 불상은 매우 인상적이었다.

①
이불병 좌상

②
석굴암 본존 불상

③
서산 마애여래 삼존상

④
관촉사 석조 미륵보살 입상

⑤
경주 배동석조 본존 여래 입상

📖 문제 파악

주제가 일단 고려의 불상이고, 개성이 있으며 비례가 불균형한 거대 불상이라는 설명을 통해 혹여 전혀 고려의 불상을 모른다 하더라도 맞출 수 있는 문제예요.

📝 문제 해설

고려 초에는 지방 호족의 영향으로 지방색이 매우 강하며, 개성적인 모습의 불상들이 많이 제작되었어요. 대표적인 불상이 관촉사 석조 미륵보살 입상이죠. 사진을 보시면 몸에 비해 머리가 너무 크고 생김새 또한 특이한 모습을 하고 있지요. 이러한 모습은 조형 감각이 다소 떨어져 보일 수 있으나 호족들의 자유 분방한 성격이 반영되었다고도 할 수 있어요

🎓 오답 확인

① 이불병좌상은 고구려의 영향을 받은 발해의 불상이죠.
② 석굴암 본존 불상은 통일신라 시대에 만들어졌어요.
③ '백제의 미소'라 불리는 서산 마애여래 삼존상이에요.
⑤ 경주 배동 석조 본존여래 입상은 삼국 시대 신라에서 만들어진 석불이에요

정답 : ④

사료史料 보기

관촉사 설화

어느 여인이 봄날 반야산에서 고사리를 꺾고 있었다. 갑자기 갓난아기 울음소리가 들려왔다. 울음소리를 나는 곳을 찾아 가니 아기는 보이지 않고 큰 바위가 땅에서 솟아올랐다. 바위가 태어나며 울고 있었던 것이다. 여인이 기이한 광경을 마을에 내려와 퍼뜨렸고, 결국 임금의 귀에까지 들어갔다. 광종은 고승 혜명을 불러 불상을 만들어 세우라고 명했다. 혜명은 석공 백여 명을 모아 부처를 만들었다. 이윽고 갓난바위는 미륵보살 입상으로 환생했다. 그러자 미간의 옥호(玉毫)에서 밝은 빛이 나왔다. 그 빛이 누리를 비쳤다. 송나라 지안 스님이 그 빛을 보았다. 그래서 미륵불상 아래 지은 절 이름을 관촉(灌燭)이라 했다. - 「신증동국여지승람」

TEST 단원별 핵심 기출 문제

1. 다음 인물에 대한 설명으로 옳은 것은?

- 문종의 아들이자 숙종의 아우
- 교종 중심의 불교 통합 운동을 주도함
- 화폐를 만들어 유통할 것을 주장함

① 유불 일치설을 주장하였다.
② 국청사를 창건하고 천태종을 창시하였다.
③ 백련사에서 신앙 결사 운동을 전개하였다.
④ 정혜쌍수를 바탕으로 철저한 수행을 강조하였다.
⑤ 해인사에 있는 재조대장경 조판 사업에 참여하였다.

2. (가)에 대한 설명으로 옳은 것을 〈보기〉에서 고른 것은?

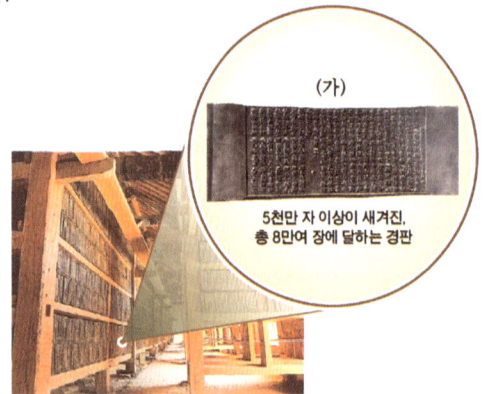
5천만 자 이상이 새겨진, 총 8만여 장에 달하는 경판

〈보기〉
ㄱ. 경주 불국사에 보관되어 있다.
ㄴ. 의천이 교장도감에서 조판하였다.
ㄷ. 몽골의 침략을 물리치기 위해 제작하였다.
ㄹ. 유네스코 세계기록유산으로 등재되었다.

① ㄱ, ㄴ ② ㄱ, ㄷ ③ ㄴ, ㄷ
④ ㄴ, ㄹ ⑤ ㄷ, ㄹ

3. (가)~(다)를 제작한 순서대로 옳게 나열한 것은?

(가)  (나)  (다)
월정사 8각 9층 석탑 감은사지 3층 석탑 원각사지 10층 석탑

① (가) - (나) - (다) ② (가) - (다) - (나)
③ (나) - (가) - (다) ④ (나) - (다) - (가)
⑤ (다) - (가) - (나)

4. 다음 안내문의 (가)~(다)에 대한 설명으로 옳은 것만을 〈보기〉에서 모두 고른 것은?

■ ○○사 안내 ■
- 소재지 : 경북 영주시
- 창립 시 종파 : (가)
- 창건 설화 : 의상 대사가 이곳에 절을 세우려 하자, 이미 자리를 잡고 있던 나쁜 무리들이 의상 대사를 내쫓으려 하였다. 이때 의상 대사를 보호하기 위해 용이 된 선묘 낭자가 큰 바위로 변해 나쁜 무리들을 위협하였다. 이들이 물러나자 선묘는 땅속으로 사라졌다.
- 대표 건물과 불상

(나)  (다)

〈보기〉
ㄱ. (가) 화엄 사상을 바탕으로 성립하였다.
ㄴ. (나) 화려한 다포 양식으로 지어졌다.
ㄷ. (다) 신라 양식을 계승한 불상이다.
ㄹ. (나), (다) 고려 시대에 만들어졌다.

① ㄱ, ㄴ ② ㄷ, ㄹ ③ ㄱ, ㄴ, ㄷ
④ ㄱ, ㄷ, ㄹ ⑤ ㄴ, ㄷ, ㄹ

5. 밑줄 그은 ㉠에 해당하는 문화유산으로 옳은 것을 〈보기〉에서 고른 것은?

고려 불상을 찾아서
2016년 ○월 ○일

역사 동아리에서 '고려 문화 탐방'을 다녀왔다. ㉠ 규모가 거대하고 지방색이 강한 불상을 볼 수 있었는데, 그것들을 제작한 지방 호족들의 독특한 개성과 자유분방함에 묘한 매력을 느낄 수 있었다.

〈보기〉
ㄱ. 파주 용미리 이불 입상
ㄴ. 논산 관촉사 석조 미륵보살 입상
ㄷ. 서산 용현리 마애 여래 삼존상
ㄹ. 석굴암 본존 불상

① ㄱ, ㄴ ② ㄱ, ㄷ ③ ㄴ, ㄷ
④ ㄴ, ㄹ ⑤ ㄷ, ㄹ

6. (가)에 들어갈 검색어로 옳은 것은?

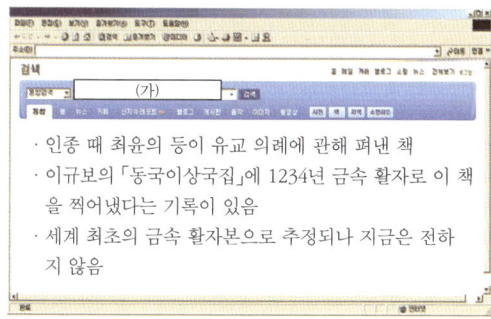

- 인종 때 최윤의 등이 유교 의례에 관해 펴낸 책
- 이규보의 「동국이상국집」에 1234년 금속 활자로 이 책을 찍어냈다는 기록이 있음
- 세계 최초의 금속 활자본으로 추정되나 지금은 전하지 않음

① 팔만대장경 ② 삼강행실도 ③ 직지심체요절
④ 상정고금예문 ⑤ 무구정광대다라니경

7. 다음 인터뷰의 내용에 해당하는 역사서는?

이 시기 역사 서술 경향에 대해 말씀해 주시겠습니까?

이 시기에는 민족적 자주 의식을 바탕으로 전통 문화를 올바르게 이해하려는 경향이 대두하였습니다. 이러한 경향을 반영하여 고구려 건국 영웅의 업적을 노래하고, 고구려 계승 의식을 드러낸 역사서가 편찬되기도 하였습니다.

① 7대 실록 ② 동명왕편 ③ 삼국유사
④ 삼국사기 ⑤ 조선왕조실록

8. 다음 글의 밑줄 그은 '이 문화유산'에 해당하는 것은?

고려 시대에는 귀족 문화와 지방 문화가 함께 성장하였는데, 이 문화유산은 지방 문화의 특색을 잘 드러내고 있다.

① 관촉사 석조 미륵보살 입상
② 청자 상감 운학문 매병
③ 청동은입사 포류 수금문 정병

④ 수월관음도
⑤ 경천사 10층 석탑

9. 다음 공모 내용에 해당하는 소재로 가장 적합한 것은?

공모

- 주 제 : ○○ 지역을 상징할 수 있는 역사 캐릭터
- 시 대 : 고려
- 소 재 : 현존하는 활판 인쇄물
- 마감일 : 2016년 5월 14일
- 접수처 : ○○ 시청 민원실

① 「속장경」 ② 「초조대장경」

③ 「직지심체요절」 ④ 「상정고금예문」

⑤ 「무구정광대다라니경」

11. 연표의 (가)~(마) 시기에 있었던 사실로 옳지 <u>않은</u> 것은?

918	1019	1170	1232	1270	1392
(가)	(나)	(다)	(라)	(마)	
고려 건국	귀주 대첩	무신 정변	강화 천도	개경 환도	고려 멸망

① (가) 상감청자 유행
② (나) 「삼국사기」 편찬
③ (다) 수선사 결사 운동 전개
④ (라) 팔만대장경 조판
⑤ (마) 「삼국유사」 편찬

10. 다음 글에서 설명하는 불상으로 옳은 것은?

이 불상은 고려 초기에 조성된 것으로 보이며, 통일 신라 전성기의 양식을 잇는 대표적인 것이다. 이 불상은 석굴암 본존불 계통의 철불로 고려 초 왕건의 정치 세력 기반이나 불교 사원의 융성과 관련 있는 것으로 보인다.

①  ②  ③

④  ⑤

12. (가)에 들어갈 대답으로 가장 적절한 것은?

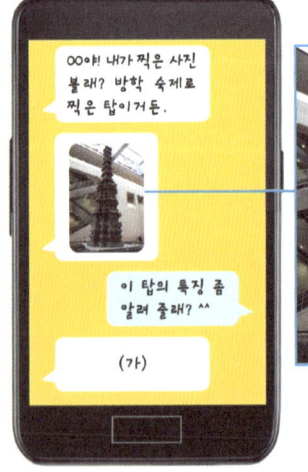 

① 팔각원당형으로 만든 탑이야.
② 현존하는 가장 오래된 백제 탑이야.
③ 돌을 벽돌 모양으로 다듬어 쌓았어.
④ 신라가 삼국을 통일한 직후에 만든 탑이야.
⑤ 원의 영향을 받은 탑으로 대리석으로 만들었지.

Ⅳ 근세사

01 조선의 정치
02 조선의 경제 · 사회
03 조선의 문화

달인의 공부비법 핵심

- 이 단원에서는 11~13문제가 출제됩니다. 조선 전기와 후기를 잘 구분해서 공부해야 해요.

- 정치사는 각 왕들의 업적을 확인하고 조선의 통치 기구와 고려의 통치 기구의 공통점과 차이점을 구분해 두세요. 그리고 훈구파와 사림파의 차이점을 확인하고, 4대 사화의 원인을 유의깊게 살펴보세요.

- 붕당정치가 어떻게 형성되고 어떻게 변질되어 가는지를 살펴보고 이를 해결하기 위해 실시된 탕평책, 정조 사후 세도정치의 특징을 파악하세요.

- 조선 후기의 조세 제도의 개편과 농업의 발달로 인한 사회 변화를 확인하세요.

- 조선 전기의 문화와 조선 후기의 문화의 양상을 잘 파악해야 해요. 특히 세종 때의 과학 발전과 조선 후기 서민 문화를 특히 유념해서 살펴보세요.

01 조선의 정치 ①

연표

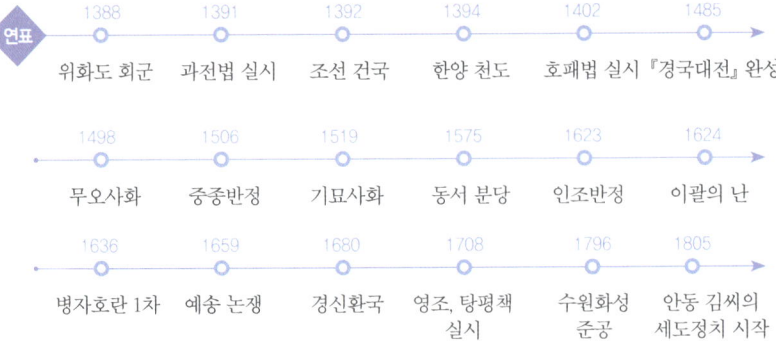

1388	1391	1392	1394	1402	1485
위화도 회군	과전법 실시	조선 건국	한양 천도	호패법 실시	『경국대전』 완성

1498	1506	1519	1575	1623	1624
무오사화	중종반정	기묘사화	동서 분당	인조반정	이괄의 난

1636	1659	1680	1708	1796	1805
병자호란 1차	예송 논쟁	경신환국	영조, 탕평책 실시	수원화성 준공	안동 김씨의 세도정치 시작

1 조선의 건국과 체제의 완성

1 조선의 건국

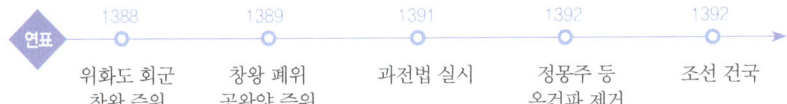

1388	1389	1391	1392	1392
위화도 회군 창왕 즉위	창왕 폐위 공양왕 즉위	과전법 실시	정몽주 등 온건파 제거	조선 건국

2 조선 전기 체제의 완성

태조 (1392~1398)	• 국호제정 : 조선 = 고조선 계승 • 한양으로 천도 • 정도전의 재상정치 : 성리학적 이념 확립, 『불씨잡변』, 『조선경국전』
태종 (1400~1418)	• 왕권 강화 : 6조 직계제◦ 실시, 사병 혁파, 창덕궁 건립 • 민생 안정 : 호패법◦ 실시, 신문고 설치
세종 (1418~1450)	• 집현전 설치 • 의정부 서사제◦ 실시 • 공법 실시(전분 6등법, 연분 9등법) • 4군 6진 개척 : 김종서·최윤덕, 현재의 국경선 확립 • 대마도(쓰시마) 정벌 : 이종무 • 훈민정음 창제 • 서적 편찬 : 『팔도도』, 『신찬팔도지리지』, 『삼강행실도』, 『농사직설』 • 과학기술의 발달 : 자격루, 측우기(장영실), 역법(칠정산◦)
세조 (1455~1468)	• 집현전 폐쇄, 경연 폐지 • 6조 직계제 실시 • 직전법 시행
성종 (1469~1494)	• 『경국대전』 완성 : 통치 방향과 이념 제시 • 유교 정치 : 홍문관 설치, 경연 부활

3 사림의 대두와 붕당의 출현

1) 사림의 성장

대두	• 중소 지주 출신, 성리학에 투철한 지방 사족 중심
특징	• 향촌 자치, 왕도 정치 추구
성장	• 성종 때 김종직, 김굉필을 중심으로 진출 → 과거를 통해 중앙 진출, 전랑과 3사와 같은 언관직 중심으로 진출, 훈구파의 비리 비판

사림의 계보도

○ **6조 직계제**
6조에서 의정부를 거치지 않고 곧장 사안을 국왕에게 올려서 재가를 받아 시행하는 제도를 말해요.

○ **호패법**

조선 시대에는 16세 이상의 남자는 의무적으로 호패를 차고 다니도록 했어요. 호패는 신분에 따라 달리 제작되었으며, 백성을 효율적으로 통제하고 세금을 잘 걷기 위해 실시한 것이에요.

○ **의정부 서사제**
6조에서 올라오는 모든 일을 영의정, 좌의정, 우의정이 중심이 된 의정부에서 논의한 다음, 합의된 사항을 국왕에게 올려 결재를 받는 형식을 말해요.

○ **칠정산**
우리나라 역사상 최초로 서울을 기준으로 천체 운동을 계산한 역법서예요.

◆ 훈구파와 사림파

구분	훈구파	사림파
기원	• 급진개혁파 신진 사대부	• 온건개혁파 신진 사대부
성립	• 세조 집권 이후의 공신 • 대지주 출신	• 김종직 때 이르러 중앙 진출 • 중소지주 출신
정치적 입장	• 중앙 집권제, 부국 강병	• 왕도 정치, 향촌 자치
사상 정책	• 성리학 이외 다양한 사상 수용	• 성리학 이외 모든 사상 배척
주요 활동 시기	• 15C 정치 주도	• 15C 성종 때 정계 진출 시작 • 16C 이후 사회 주도
영향	• 15C 민족 문화 발달	• 16C 성리학 발달

2) 사화의 발생
① 연산군 : 훈구 · 사림 모두 억제, 사림의 언론 활동 탄압(무오 · 갑자사화)
② 중종 : 조광조의 개혁(현량과 실시) → 훈구 반발(기묘사화)
③ 명종 : 외척 간의 갈등(을사사화)

구분	발단	결과
무오사화 (연산군 4년, 1498)	• 김종직의 '조의제문'이 세조를 비판한 것이라고 훈구 세력이 공격	김일손, 권오복 등 사림파 관료 제거
갑자사화 (연산군 10년, 1504)	• 연산군의 생모 윤씨 폐출 사건을 들어 훈구와 사림 동시 공격	사림파 관료 제거
기묘사화 (중종 14년, 1519)	• 조광조의 급격한 개혁과 위훈 삭제 사건을 계기로 발생 • '주초위왕(走肖爲王)' 사건을 계기로 조광조 제거	조광조 등의 신진 사림 제거
을사사화 (명종 원년, 1545)	• 왕실의 외척 윤임(대윤파)과 윤원형(소윤파) 간의 권력 다툼	대윤파(윤임) 축출

3) 붕당의 출현
① 사림의 집권 : 서원과 향약을 기반으로 세력 확대 → 선조 때 중앙 진출
② 동서 분당의 형성 : 이조전랑직을 둘러싸고 동인(신진 관료)과 서인(기성 관료)으로 분열 → 이후 붕당 상호 간의 비판과 견제를 원리로 하는 붕당정치 시작

동인	• 이황, 조식, 서경덕 계승 • 신진 관료, 훈구파 척결에 강경
서인	• 이이, 성혼 계승 • 기성 관료, 훈구파 척결에 온건

◎ 조의제문

초나라 항우에게 살해된 의제를 애도한 내용으로, 세조의 왕위 찬탈을 비판한 글이었어요.

◎ 조광조의 급격한 개혁 (정치)

조광조를 비롯한 당시의 사림은 경연의 강화, 언론 활동의 활성화, 위훈 삭제, 소격서의 폐지, 소학의 보급 등을 주요 정책으로 삼아 개혁을 시행했답니다.

◎ 위훈 삭제와 주초위왕

위훈 삭제는 '거짓 공로로 관직에 있거나 노비와 땅을 받은 공신의 관직과 노비와 땅을 회수한다는 정책'이었어요. 자신의 것을 빼앗기게 된 훈구 세력은 크게 반발을 하였고 조광조를 해할 음모를 세워요. 궁중 동산의 나뭇잎에 꿀로 '주초위왕(走肖爲王)'이라고 쓴 뒤, 이것을 벌레가 갉아 먹게 한 후 왕에게 보여 주었어요. 주초위왕은 '주초가 왕이 된다'라는 뜻인데, 주(走)와 초(肖)를 합치면 '조(趙)'라는 글자가 되는데, 이것은 조광조의 성씨예요. 즉, '조광조가 왕이 된다', 곧 '조광조가 반역을 일으킬 것이다'라는 해석이 가능한 거죠. 이 사건으로 조광조는 귀양을 갔다가 사약을 받고, 많은 사림들이 유배를 당하거나 사형에 처하게 되었어요.

◎ 이조전랑

이조의 정랑(정5품)과 좌랑(정6품)을 가리키는데, 삼사의 인사권을 행사할 수 있는 직책으로 벼슬은 높지 않으나 주요 인사를 임명할 수 있는 자리였어요.

기출문제 확인하기

1. 연표의 (가)~(마) 시기에 있었던 사실로 옳은 것은?

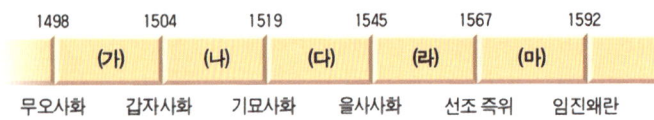

① (가) 중종반정으로 연산군이 쫓겨났다.
② (나) 조광조가 급진적인 개혁을 추진하였다.
③ (다) 동인과 서인이라는 붕당이 형성되었다.
④ (라) 김종직과 그 문인들이 중앙에 대거 진출하였다.
⑤ (마) 윤원형 일파의 소윤이 윤임 일파의 대윤을 제거하였다.

📖 문제 파악

제시된 연표가 '무오사화'에서 '임진왜란'까지인 것을 통해 사림의 등장 이후 발생했던 사화에 대한 내용임을 파악할 수 있어야 합니다.

📝 문제 해설

사림은 주로 언론 계통의 관직에 진출해서 비리를 비판하는 언론 활동을 활발히 전개하였어요. 연산군이 즉위하면서 사림에 대한 훈구파의 보복으로 무오년과 갑자년에 사화가 발생하여 사림의 세력이 크게 약화되었답니다. 중종 대에 다시 정계에 진출한 사림은 조광조를 중심으로 급격한 개혁을 추진했지만 기묘년에 다시 사화가 일어나 사림 세력이 크게 위축되었어요. 중앙에서는 윤임과 윤원형을 중심으로 한 척신 정치가 행해지고 있을 때 사림은 지방에서 향약과 서원을 중심으로 기반을 강화했고, 16세기 후반 선조가 즉위한 후 이들은 결국 정권을 장악하게 되었습니다.

🎓 오답 확인

① 중종반정으로 연산군이 쫓겨난 것은 갑자사화 이후로 (나) 시기예요.
③ 동인과 서인이라는 붕당이 형성된 것은 선조 즉위 후이므로 (마) 시기입니다.
④ 김종직과 그 문인들이 중앙에 대거 진출한 것은 성종 때이므로 (가) 시기 이전이에요.
⑤ 윤원형 일파의 소윤이 윤임 일파의 대윤을 제거한 것은 을사사화 때이므로 (라) 시기랍니다.

정답 : ②

사료史料 보기

을사사화

정유년 이후부터 조정 신하들 사이에는 대윤, 소윤 설이 있었는데 군소배들이 부회하여 말이 많았다. 이기 등은 윤원형 형제와 은밀히 결탁하였다. 인종이 승하한 뒤에 윤원형이 기회를 얻었음을 기뻐하며 비밀리에 보복할 생각을 품고 위험한 말을 꾸며 다른 사람들을 두렵게 하니 소문이 위에까지 들리고 자전(왕의 어머니)은 밀지를 윤원형에게 내렸다. 이에 이기 등이 변을 고하여 큰 화를 만들어냈다. - 「명종실록」

사료 해설
인종이 재위 8개월 만에 타계하자 명종이 12세에 즉위하였어요. 명종이 어린 탓에 문정왕후가 수렴청정을 하고 동생인 소윤의 윤원형 일파가 실권을 장악하였답니다. 을사사화는 이러한 요인이 겹치면서 명종 즉위년에 일어나게 돼요.

2. 다음과 관련된 사실로 가장 적절한 것은?

> • 의정부의 서사를 나누어 6조에 귀속시켰다. …… 예조에서 아뢰기를, "6조로 하여금 각각의 직무를 직계하게 하소서."라고 하니, 임금이 그대로 따랐다.
> • 지금부터 형조의 사형수를 제외한 모든 서무는 6조가 각각 그 직무를 담당하여 직계한다.

〈 보 기 〉

ㄱ. 6조의 권한을 강화하였다.
ㄴ. 태종과 세조 때에 실시되었다.
ㄷ. 의정부 대신들의 역할을 확대시켰다.
ㄹ. 붕당 간의 균형을 이루기 위해 실시되었다.

① ㄱ, ㄴ   ② ㄱ, ㄷ   ③ ㄴ, ㄷ
④ ㄴ, ㄹ   ⑤ ㄷ, ㄹ

📖 문제 파악

이것은 태종 때 실시되었던 6조 직계제에 대한 문제예요. 지문에 제시된 "6조로~직무를 직계하소서.", '6조가~직무를 담당하여 직계'라고 설명된 부분을 통해 6조 직계제에 대한 문제임을 쉽게 파악할 수 있겠죠?

📝 문제 해설

의정부는 국정 운영을 총괄하고 6조는 행정을 분담했어요. 원래 6조는 의정부에 속한 기관이었지만, 조선 초기 의정부와 6조의 역할은 왕권의 강약과 맞물려 결정되었답니다. 태종 때에는 6조 직계제를, 어느 정도 왕권이 안정된 세종 때에는 의정부 서사제를 실시했어요. 의정부의 권한이 지나치게 커지자 세조는 왕권 강화를 위해 6조 직계제를 실시했습니다.

🎓 오답 확인

ㄷ. 의정부 대신들의 역할을 확대시켰던 것은 세종 때 의정부 서사제를 실시하면서부터예요.
ㄹ. 붕당이 발생한 것은 선조 때 사림이 동인과 서인으로 분열되면서부터고 붕당 간의 균형을 이루게 하기 위해 실시했던 것은 탕평책이에요.

정답 : ①

사료史料 보기

의정부 서사제와 6조 직계제

• 의정부의 서사(庶事)를 나누어 6조에 귀속시켰다. …… 처음에 상은 의정부의 권한이 막중함을 염려하여 이를 혁파할 생각이 있었고 신중히 급직스럽지 않게 이에 이르러 행하였다. 의정부가 관장한 것은 사대문서와 중죄수의 복안뿐이었나. 시금 의정부의 권한한 폐단을 혁파하더라도 권한이 6조로 나누어짐으로써 통일된 바가 없어지고 서사를 품승하기에 적합하지 않아 많은 일들이 막히고 쌓이게 되었다. – 「태종실록」

• 6조 직계제를 시행한 이후, 일의 대소경중이 없고, 모두 6조에 붙어 의정부와 관련을 맺지 않고, 의정부의 관여 사항은 오직 사형수를 논결하는 일뿐이므로 옛날부터의 재상을 임명한 뜻에 어긋난다. …… 6조는 각기 모든 직무를 먼저 의정부에 품의하고, 의정부는 가부를 헤아린 연후에 계문하고 전지를 받아 6조에 내려 보내어 시행한다. – 「세종실록」

• 상왕이 유충하여 무릇 조치하는 바는 모두 대신에게 맡겨 논의 시행하였다. 지금 내가 명을 받아 왕통을 계승하여 군국 서무를 아울러 모두 청단하며 조종의 옛 제도를 모두 복구한다. 지금부터 형조의 사형수를 제외한 모든 서무는 6조가 각각 그 직무를 담당하여 직계한다. – 「세조실록」

01 조선의 정치 ②

2 조선 후기 붕당 정치의 심화와 탕평책

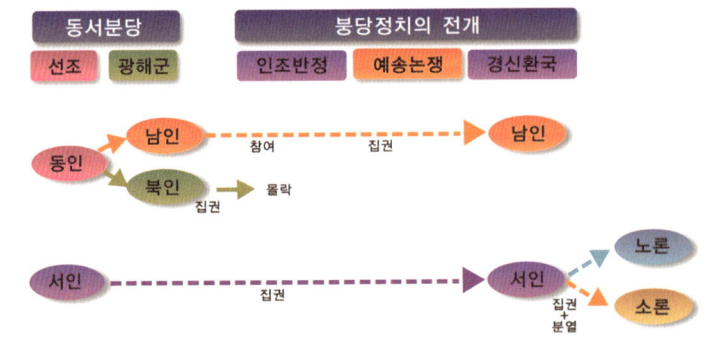

달인의 개념 쏙쏙

◎ **정여립 모반 사건**
당시 붕당 서인에 속했으나 동인으로 이탈하여 서인을 비판한 자로서, 그것을 계기로 조정 중신들에게 욕을 얻어먹고 결국 관직에서 물러났던 정여립이 대동계를 조직하여 힘을 기르고 반란을 일으켰어요.

◎ **예송 논쟁**
예송 논쟁은 '예절에 대해 다투어 논한다.' 라는 뜻이에요. 현종 때는 두 번의 예송 논쟁이 벌어졌어요. 이때 예송의 원인은 효종의 정통성 때문이었어요. 인조의 뒤를 이어 왕위에 올라야 했던 사람은 첫째 아들인 '소현세자'였던 거지요. 왕위에 올랐던 '봉림대군'은 둘째였고 게다가 형인 소현세자에게는 세 명의 아들이 있었거든요. 원칙대로 하면 봉림대군이 아닌 소현세자 아들이 왕위에 올라야 하는 것이었어요. 어쨌건 효종의 지위에 대해, 적통은 아니지만 왕위를 계승했으니 장자에 준하게 봐야 한다는 입장(남인)과 차자로서 대우를 해야 한다는 입장(서인)에서 논쟁이 발생되었던 것입니다.

◎ **탕평책**
『서경』 「홍범」에 나오는 '왕도탕탕(王道 蕩蕩) 왕도평평(王道平平)'에서 따온 말로 '어느 편에도 치우지지 않는다'는 뜻이에요.

◎ **환국(換國)**
왕이 의도적으로 집권당을 바꾸는 것이에요.

1 붕당정치의 전개

선조	• 붕당정치 시작 • 임진왜란 • 정여립 모반 사건◎을 계기로 동인이 북인과 남인으로 분열
광해군	• 북인 집권 • 후금과 명 사이에서 중립 외교 • 인조반정으로 왕위에서 쫓겨남
인조	• 서인 집권, 남인 참여 • 정묘호란과 병자호란 발생
현종	• 예송 논쟁◎ 발생

◆ 예송 논쟁

구분	내용과 결과
1차 예송(1659)	효종 사후, 자의대비의 상복 입는 기간을 두고 논쟁, 서인은 1년 · 남인은 3년 주장, → 서인의 주장(1년) 채택
2차 예송(1674)	효종의 비 사후, 자의대비의 상복 입는 기간을 두고 논쟁, 서인은 9개월 · 남인은 1년 주장, 남인의 주장(1년) 채택

2 붕당정치의 변질과 탕평책◎

숙종 때 환국◎을 거치면서 붕당 간 세력 균형 붕괴

구분	원인	결과
경신환국(1680)	남인의 역모 혐의(복선군 추대)	서인 집권(서인 → 노 · 소론 분열)
기사환국(1689)	장희빈의 아들(경종) 세자 책봉 문제	남인 집권
갑술환국(1694)	폐비 민씨(인현왕후)의 복위 문제	서인 집권

3 탕평책의 전개 과정

숙종	• 탕평론 제시 • 편당적인 인사 관리로 결국 환국의 빌미 제공 → 탕평 실패
영조	  • 이조전랑의 권한 약화 : 후임자 천거권, 삼사 선발권 박탈 • 서원 정리, 탕평파 육성 • 민생 안정책 : 균역법 시행, 가혹한 형벌 폐지, 　→ 사형수에 대한 3심제 시행, 신문고 부활 • 『속대전』 편찬
정조	  • 왕권 강화 : 규장각° 설치(신진 인사 등용), 초계문신제°(신진 관리 재교육), 장용영(친위 부대)을 설치해 군권 장악 • 화성 축조 • 서얼과 노비 차별 완화 • 통공 정책(신해통공) : 육의전°을 제외한 금난전권 폐지 • 편찬 사업 : 『대전통편』

달인의 개념 쏙쏙

세도정치기 국왕의 즉위 나이

순조	11세
헌종	8세
철종	19세

3 세도정치의 등장

1 세도정치°의 전개

탕평책으로 세력 갈등은 완화되었지만 강력한 왕권에 의존한 일시적인 현상에 불과
→ 정조 사후 정치 세력 간의 균형 붕괴 → 외척 세력이 권력 독점

왕	세도가문
순조(1801-1834)	안동 김씨
헌종(1834-1849)	풍양 조씨
철종(1849-1863)	안동 김씨

특징	• 비변사 · 5군영 장악
폐단	• 왕권 약화 • 매관매직 성행 → 삼정의 문란 • 농민 봉기 발생

○ **규장각**
규장각은 본래 역대 왕의 글과 책을 수집·보관하기 위한 왕실 도서관의 기능을 가진 기구로 설치되었어요. 그러나 정조는 여기에 비서실의 기능과 문한 기능을 통합적으로 부여하고, 과거 시험의 주관과 문신 교육까지 담당하게 하였답니다.

○ **초계문신제**
젊은 문신 관료들을 선발해 규장각에서 재교육하는 제도였어요.

○ **육의전**
조선 시대에 독점적인 상업권을 부여받고 국가 수요품을 조달한 여섯 종류의 큰 상점을 뜻해요. 육주비전(六注比廛)이라고 불리기도 하였어요.

○ **세도정치(勢道政治)**
극소수의 외척 가문이 정권을 장악하는 것을 말해요.

기출문제 확인하기

1. 다음 교서를 발표한 국왕의 정책으로 옳은 것을 〈보기〉에서 고른 것은?

성균관 앞에 세운 탕평비

붕당의 폐해가 요즈음보다 심각한 적이 없었다. 처음에는 예절 문제로 분쟁이 일어나더니, 이제는 한쪽이 다른 쪽을 역적으로 몰아붙이고 있다. ……이제 유배된 사람들의 잘잘못을 다시 살피도록 하고, 관리의 임용을 담당하는 관리는 탕평의 정신을 잘 받들어 직무를 수행하도록 하라.

〈 보 기 〉
ㄱ. 장용영 설치   ㄴ. 규장각 육성
ㄷ. 균역법 실시   ㄹ. 「속대전」 편찬

① ㄱ, ㄴ   ② ㄱ, ㄷ   ③ ㄴ, ㄷ
④ ㄴ, ㄹ   ⑤ ㄷ, ㄹ

📖 문제 파악

탕평교서를 내리고 성균관 앞에 그것을 기념하여 '탕평비'를 세운 것은 영조입니다. 지문에 '탕평비'나 '탕평채'가 나오면 영조에 대한 문제이구나! 하는 것을 알 수 있어야 해요.

📝 문제 해설

영조는 붕당의 폐해를 극복하기 위해 즉위한 후 탕평교서를 내려 노론과 소론을 번갈아 등용하고자 하였으나 실패를 해요. 그래서 탕평파를 육성하고 균역법을 제정하고 「속대전」을 편찬하였어요. 왕권을 강화하기 위해 이조전랑의 권한을 약화시키고 서원을 정리했어요. 그 외에도 신문고를 부활하고 사형수에 대해 3심제를 적용하였어요. 영조의 정책 정도는 기억하고 있으면 문제를 풀 때 쉽게 풀 수 있겠죠?

🎓 오답 확인

ㄱ. 장용영 설치 ㄴ. 규장각 육성은 정조가 실시한 정책이에요.

정답 : ⑤

사료史料 보기

탕평비

"편당을 만들지 않고 두루 화합함은 군자의 공평한 마음이고, 두루 화합하지 아니하고 편당을 만드는 것은 소인의 사사로운 마음이다(周而不比乃君子之公心 比而不周 寔小人之私意)." – 「탕평비문」

사료 해설

영조는 즉위하자마자 당쟁의 폐단을 지적하면서 탕평의 필요를 역설하는 교서를 발표하여 탕평 정치의 뜻을 밝혔습니다. 당파를 초월하여 인재를 고루 등용하려고 노력하면서 탕평파를 적극 육성하여 자신의 정책을 뒷받침하고자 했어요. 1742년에는 성균관에 탕평비를 세우고 당쟁의 해소에 심혈을 기울였답니다.

2. (가)에 들어갈 내용으로 적절한 것은?

국왕 ○○의 정책
- 서얼과 노비에 대한 차별을 완화하였다.
- 재정 수입을 늘리고 상공업을 진흥하기 위하여 통공 정책을 시행하였다.
- ____(가)____

① 중앙군을 5위에서 5군영 체제로 전환하였다.
② 명과 후금 사이에서 중립 외교를 실시하였다.
③ 전국의 서원을 47개만 남기고 대폭 정리하였다.
④ 유능한 인사를 재교육하는 초계문신 제도를 실시하였다.
⑤ 외침에 대비하여 임시 회의 기구인 비변사를 설치하였다.

📖 문제 파악
제시된 지문에서 '통공 정책'을 시행했다는 내용을 보고 정조의 정책에 대한 문제임을 쉽게 알 수 있었죠? 정조의 정책을 묻는 문제는 자주 출제되고 있으니 꼭 알아두어야 해요!

📝 문제 해설
정조는 왕권 강화를 위해 여러 가지 개혁 정책을 실시했던 왕이에요. 규장각을 설치하고 초계문신 제도를 실시하였으며, 장용영을 설치해서 군권을 장악하려고 했어요. 수원에 화성을 축조하기도 했답니다. 그리고 자유로운 상업의 발달을 위해 금난전권을 폐지하는 통공 정책을 실시하였고 문화 부흥책으로 여러 서적을 편찬하기도 하였답니다.

🎓 오답 확인
① 5군영 체제가 완성되었던 것은 숙종 때예요.
② 광해군은 명과 후금 사이에서 중립 외교를 실시하였어요.
③ 흥선 대원군 때에는 전국의 서원을 47개소만 남기고 철폐해요.
⑤ 중종 때 외침에 대비하여 비변사를 설치하였어요.

정답 : ④

더! 알아보기   초계문신제(抄啓文臣制)

정조 때 젊은 문신들을 선발하여 규장각에서 특별히 마련된 교육 및 연구 과정을 밟게 하던 제도예요. 재능 있고 젊은 인물들을 의정부에서 선발해 국왕에게 초계(抄啓, 보고)한 후 규장각에 소속시켜 학문을 연마하게 하였답니다. 37세 이하의 당하관 중에서 유능한 자를 선발하여 본래 직무를 면제하고 연구에 전념하게 하되, 1개월에 2회의 구술 고사[講]와 1회의 필답 고사[製]로 성과를 평가했어요. 정조가 친히 강론에 참여하거나 직접 시험을 보며 채점하기도 했습니다. 교육과 연구의 내용은 물론 유학을 중심으로 문장 형식이나 공론에 빠지는 것을 경계하고 경전의 참뜻을 익히도록 했으며, 40세가 되면 졸업시켜 익힌 바를 국정에 적용하게 하였어요.

01 조선의 정치 ③

달인의 개념 쏙쏙

📝 **조선의 정치 기구**

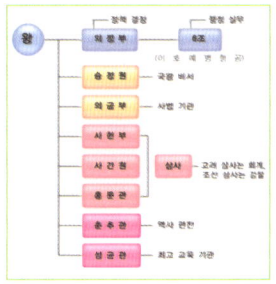

📝 **조선의 8도**

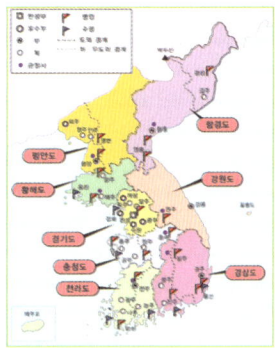

③ 조선의 통치 체제

1 조선 전기

1) 중앙 정치 체제

『경국대전』으로 법제화 : 조선왕조의 관료 체제와 사회 구조 명시

의정부	• 국정 총괄 : 영의정·좌의정·우의정으로 구성된 최고 통치 기구
6조	• 행정 분담 : 이·호·예·병·형·공조로 구성
승정원	• 왕명 출납 : 왕의 비서 기관
의금부	• 국왕 직속 사법기구 : 중죄 담당
사헌부	• 관리 감찰, 서경권
사간원	• 왕에 대한 간쟁 전담
홍문관	• 왕의 고문 역할(자문), 경연
춘추관	• 역사 편찬 및 보관
성균관	• 고등교육기관
한성부	• 서울의 행정, 치안 담당

2) 지방 행정구역 정비

조직	• 8도 → 부·목·군·현 설치 → 면·리·통 설치 • 모든 군현에 지방관 파견 : 속현 소멸, 향·소·부곡 폐지
도	• 관찰사(감사) 파견 : 도내의 수령의 지휘·감독
군·현	• 수령 파견 : 그 지방의 행정·사법·군사권 장악, 6방 설치
면·리·통	• 군현의 말단 행정 구획으로 설치
수령	• 조세·공물 징수, 지방의 행정·사법·군사권 보유 → 관찰사, 암행어사의 감찰을 받음
향리	• 6방 소속, 수령의 행정실무 보좌, 세습적인 아전으로 격하
유향소	• 향촌의 덕망 있는 인사로 구성된 수령 자문기구 → 수령 보좌 및 견제, 풍속 규찰, 향리 감시
경재소	• 유향소 통제, 중앙과 지방의 연락 업무 → 중앙 집권 강화

3) 군역 제도와 군사 조직

군역 제도	• 양인 개병제◉(16~60세) 원칙 • 현직 관료, 학생·수공업자·향리 면제 • 정군 : 서울이나 국경 지역 근무, 교대 복무 • 보인 : 정군의 재정적 지원자로 1년에 군포 2필씩 부담
군사 제도 / 중앙군	• 5위(세조 때 확립) : 궁궐 수비와 수도 방비
군사 제도 / 지방군	• 세조 이후 진관 체제◉로 개편 • 지방군의 대다수는 양인 농민
군사 제도 / 잡색군	• 일종의 예비군 : 서리, 잡학인, 신량역천인◉, 노비 등
교통·통신	• 봉수제◉, 역참제 → 국방, 중앙 집권적 행정 운영
방위 체제의 변화	• 진관 체제(15C 세조) : 군현 단위, 소규모 체제 • 제승방략 체제(16C 을묘왜변 이후) : 도 단위, 총동원 체제

◉ **양인 개병제**
양인이면 누구나 병역의 의무를 져야 한다는 원칙을 말합니다.

◉ **진관 체제**
각 도에 한두 개의 진을 두고 큰 진을 중심으로 주변의 여러 진들이 속하여 관리하는 체제를 말해요.

◉ **신량역천인**
법적으로는 양인이지만 그 역이 고되어 천시받는 사회 계층을 말합니다. 역졸이나 봉수군 등이 여기에 속해요.

4) 관리 등용 제도

과거제도	문과	• 실시 : 식년시(매 3년), 증광시 · 알성시 · 정시(부정기) • 절차 : 소과(생원시와 진사시) 합격 이후, 성균관 학생이 되거나, 하급 관리 응시 가능 • 초시(각 도 인구 비례) → 복시(33명 선발) → 전시(순위 결정) • 자격 : 탐관오리 아들, 재가녀의 자손, 서얼은 응시 제한
	무과	• 실시 : 식년시(매 3년), 별시(부정기) • 절차 : 초시 → 복시(28명 선발) → 전시
	잡과	• 기술관 선발 • 역과, 의과, 음양과, 율과 등이 있음
특별 채용		• 음서 : 2품 이상의 관리 자제 → 고려에 비해 대상자 감소, 승진에 한계가 있음 • 천거 : 고관의 추천으로 간단한 시험 통과 후 관직 등용 • 취재 : 하급직을 뽑는 특별 시험
인사 관리		• 상피제 : 지방관을 연고지로 파견하지 않음 • 서경 : 5품 이하 관리가 인사 이동 시에 심사를 받는 제도

📋 과거의 응시 자격

일반 양인들도 법적으로는 과거에 응시할 수 있었어요. 그러나 경제적인 이유로 사실상은 불가능하였답니다.

📋 조선의 과거 제도

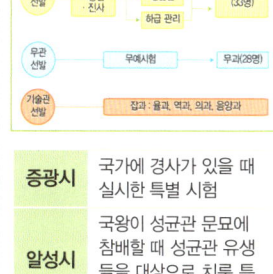

증광시	국가에 경사가 있을 때 실시한 특별 시험
알성시	국왕이 성균관 문묘에 참배할 때 성균관 유생들을 대상으로 치룬 특별 시험
정시	특정 지역의 유생, 관료를 대상으로 치룬 특별 시험

2 조선 후기 통치 체제의 변화

1) 통치 기구의 변화

비변사	• 16세기 중종 초 여진과 왜구에 대비하려 임시 기구로 설치(삼포왜란, 1510) → 명종 때 상설적인 군사 기구화(을묘왜변, 1555) → 임진왜란 이후 최고 통치기구로 변모 → 의정부와 6조의 권한 약화 • 세도정치기에는 세도가문이 비변사를 장악해 권력 기반으로 사용
삼사	• 공론을 반영하기보다 자기 세력을 유지하기 위한 도구로 변질

2) 군사 제도의 변화

중앙군	• 5군영 : 훈련도감(직업군인), 어영청, 총융청, 수어청, 금위영
지방군	• 속오군 체제 : 양반에서 천인까지 전 계층 편성, 평소에는 생업에 종사하다가 전쟁 시 동원

◆ 5군영의 완성

구분	설치 시기	특징
훈련도감	1594년 (선조 27)	• 조선 후기 군사 제도의 근간 • 수도 방어의 핵심, 직업 군인 • 삼수병으로 편성
어영청	1624년 (인조 2)	• 도성의 숙위 담당 • 효종 때 북벌 정책의 중심
총융청	1624년 (인조 2)	• 경기 일대를 방어하기 위해 북한산성에 설치
수어청	1626년 (인조 4)	• 정묘호란 이후 남한산성의 수비와 경기 남방을 방어하기 위해 설치
금위영	1682년 (숙종 8)	• 왕실 호위와 수도 방어 담당

◉ 봉수제

불과 연기로 신호하여 군사적 위급 사태를 알리는 데 사용하였고, 전국에서 올라온 모든 봉수는 남산으로 모였다고 합니다.

◉ 역참제

교통 요지에 설치된 역과 참을 중심으로 공문을 전달하고 공납물을 수송하는 역할을 담당하였어요.

◉ 제승방략 체제

유사시 각 고을의 군사들을 모아 방위 지역에 모여 있으면 중앙에서 보낸 장수가 와서 지휘하는 방식이에요.

◉ 훈련도감

임진왜란 때 조총에 대항하기 위하여 조총으로 무장한 부대를 만들었어요. 이에 훈련도감은 포수, 사수, 살수의 삼수병으로 편제되었어요.

포수	총병(조총)
살수	창검병
사수	궁병

기출문제 확인하기

1. 다음은 조선 시대 어느 관청의 가상 업무 일지이다. 이 관청에 대한 설명으로 옳은 것은?

> ○○월 ○○일 업무 일지
> 오전 10시 : 국왕에게 관리 감찰 업무 보고
> 오전 11시 : 왕명의 시행 논의, 봉박 여부 결정
> 오후 2시 : 국왕의 잘못된 언행에 대한 간쟁 내용 수합

① 서경권을 행사하였다.
② 실록 편찬을 담당하였다.
③ 화폐와 곡식의 출납을 담당하였다.
④ 국방에 관한 중요 정책을 결정하였다.
⑤ 수도 한양의 치안과 행정을 담당하였다.

📖 문제 파악

제시된 지문에서 '관리 감찰', '봉박', '간쟁' 등의 단어를 보고 조선 시대 국가의 정치 기구 중 사간원과 사헌부의 기능임을 알 수 있어야 해요. 사간원과 사헌부는 홍문관과 함께 삼사를 구성하였답니다.

📝 문제 해설

조선의 정치 기구 중 관리의 비리를 감찰하는 사헌부, 간쟁을 담당하는 사간원, 문필 활동을 하고 언론 기능을 담당하며 정책 결정을 자문하였던 홍문관을 일컬어 삼사라고 하였어요. 인사의 공정성을 확보하기 위해 5품 이하의 관리 등용은 사헌부와 사간원(양사, 대간 제도)에서 관리 임명 등의 동의를 하게 했던 서경을 거치게 하였답니다.

🎓 오답 확인

② 춘추관에서 역사서를 편찬하였어요.
③ 고려 시대의 삼사는 화폐와 곡식의 출납을 담당하였어요.
④ 국방에 관한 중요 정책을 결정하였던 것은 고려 시대의 도병마사입니다.
⑤ 수도 한양의 치안을 담당하였던 곳은 한성부예요.

정답 : ①

사료史料 보기

조선의 중앙 정치 기구

① 정치를 논평하여 바르게 이끌고, 모든 관원을 감찰하며, 풍속을 바로잡고, 원통하고 억울한 일을 밝히며, 외람된 행위와 허위의 언동을 금지하는 등의 일을 관장한다.
② 임금에게 바른 말을 하고, 정치의 잘잘못을 따져 지적하는 일을 관장한다.
③ 궐 내의 경서와 역사책을 관장하고, 문장을 다스리며, 왕의 자문에 대비한다.

– 『경국대전』

사료 해설

① : 사헌부, ② : 사간원, ③ : 홍문관
3사(사헌부, 사간원, 홍문관)는 언관으로 국왕의 독재와 고위 관료의 전횡을 막기 위한 기구였어요.

2. (가)에 들어갈 검색어에 대한 설명으로 옳은 것은?

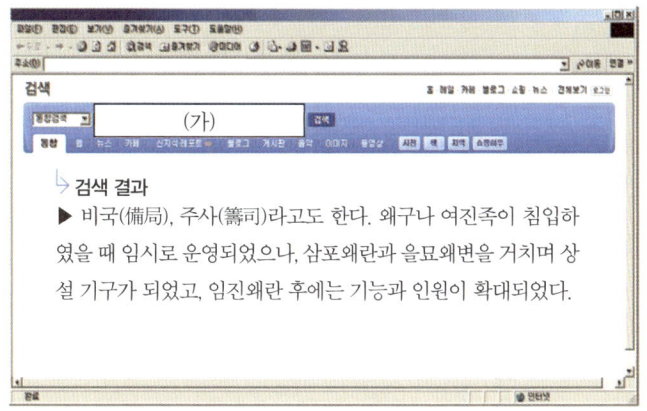

① 고종 재위기에 해체되었다.
② 조선의 최고 교육 기관이다.
③ 국왕에 직속된 사법 기구이다.
④ 좌수, 별감 등이 회의를 주도하였다.
⑤ 사간원, 사헌부와 함께 삼사에 속하였다.

문제 파악

제시된 자료에서 을묘왜변을 거치면서 '상설 기구'가 되었고 임진왜란 후 기능이 확대되었다는 내용을 통해 비변사에 대한 설명임을 파악할 수 있어야 해요.

문제 해설

비변사는 16세기 중종 초에 여진족과 왜구에 대비하기 위해 임시 회의 기구로 설치되었고 명종 때 을묘왜변을 거치면서 상설적인 군사 기구화되었어요. 임진왜란 이후 군사 문제뿐 아니라 외교, 재정, 사회, 인사 문제 등 거의 모든 정무를 총괄하게 되었답니다. 그러다가 고종의 즉위로 정치적 실권을 잡은 흥선 대원군이 왕권을 강화하기 위해 비변사를 폐지하였어요.

오답 확인

② 조선의 최고 교육 기관은 성균관이에요.
③ 국왕에 직속된 사법 기관으로 국가의 중죄를 담당했던 것은 의금부입니다.
④ 유향소는 일종의 지방 자치 기구로 좌수, 별감 등이 회의를 주도하였어요.
⑤ 홍문관은 사간원, 사헌부와 함께 삼사에 속하였으며, 삼사는 왕권을 견제하는 역할을 하였어요.

정답 : ①

 비변사의 변천

시기	배경	변화
중종	삼포왜란	임시 기구로 설치
명종	을묘왜변	상설 기구화
선조	임진왜란	기능 확대
순조	세도정치의 폐단	권력 독점
고종	흥선 대원군의 왕권 강화 → 삼군부 제도 부활	혁파(폐지)

01 조선의 정치 ④

5 대외 관계의 변화

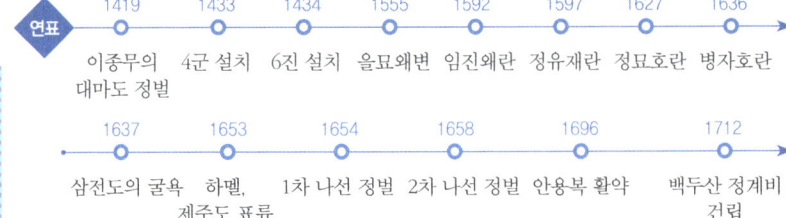

연표
- 1419 이종무의 대마도 정벌
- 1433 4군 설치
- 1434 6진 설치
- 1555 을묘왜변
- 1592 임진왜란
- 1597 정유재란
- 1627 정묘호란
- 1636 병자호란
- 1637 삼전도의 굴욕
- 1653 하멜, 제주도 표류
- 1654 1차 나선 정벌
- 1658 2차 나선 정벌
- 1696 안용복 활약
- 1712 백두산 정계비 건립

달인의 개념 쏙쏙

조선의 외교관계

○ **조공·책봉**
명나라에 조공 형식으로 토산물을 보내고, 선진 문물을 받았어요. 그리고 형식상 천자로부터 책봉을 받았는데 책봉이란 국왕이나 왕세자, 왕비 등을 임명하는 것을 말해요.

○ **계해약조**
이종무의 대마도 정벌 이후, 조선과 일본 사이에 교류가 중단되었어요. 이후 대마도주의 간청으로 계해약조를 체결하였으며, 부산포, 염포, 제포를 개항하여 무역을 허락하였어요.

1 조선 전기의 대외 관계

1) 사대교린○ : "큰 나라는 섬기고 이웃과는 사귄다."

사대	명	• 특징 : 조공·책봉○ 체제 • 태조 : 긴장 관계 → 정도전의 요동 정벌 추진 • 태종 이후 : 친명 정책
교린	여진	• 회유책 : 귀화와 조공 권유, 무역소 설치 • 강경책 : 4군 6진 설치(세종, 최윤덕·김종서) • 사민정책 : 지방민을 이주시켜 북방 개척 • 토관제도 : 정벌한 지역을 토착민이 다스리게 함
	일본	• 세종 때 쓰시마 섬 정벌(이종무) • 계해약조(1443)○ : 제한적인 교역 허용 → 3포(부산포, 제포, 염포) 개항
	동남 아시아	• 류큐(오키나와)·시암(태국)·자바(인도네시아) 등과 조공·진상 형식으로 교역

▲ 이종무의 쓰시마 섬 토벌

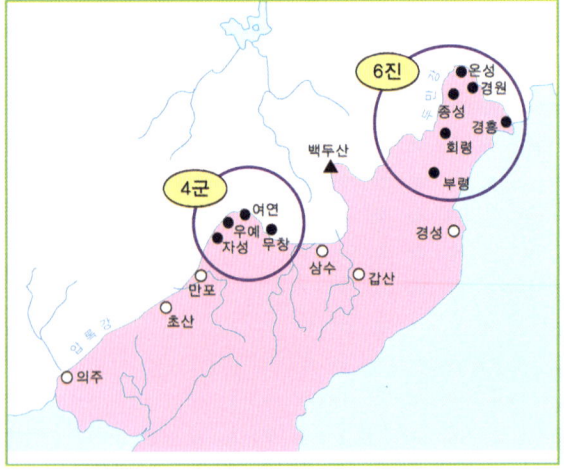

▲ 4군 6진

2) 임진왜란(1592)

배경	• 도요토미 히데요시의 전국 통일, 양반사회의 분열(붕당정치), 군역 제도의 문란
위기	• 일본은 조선에 '정명가도'◎ 요구 → 조선 거절→ 침략 → 부산진과 동래성 함락(정발, 송상현) → 충주 탄금대 패배(신립) → 선조, 의주 피란 → 명에 원군 요청 → 왜군의 한양 점령, 평양·함경도 진격
수군의 승리	• 이순신이 이끄는 수군이 옥포, 사천, 당포, 한산도 등지에서 큰 승리 → 해권 장악(곡창지대 보존, 왜군의 보급로 차단)
의병의 활약	• 곽재우 등 • 전직 관리·유학생·승려·농민의 자발적 참여, 향토 지리에 익숙하고 그에 맞는 무기와 전술 활용
조선의 반격과 정유재란	• 조명 연합군의 평양 수복 → 행주 대첩(권율), 진주성(김시민)에서 관군 승리 → 왜군의 후퇴, 휴전 회담 진행 → 휴전 회담 결렬 → 일본의 재침입(정유재란, 1597) → 이순신의 명량대첩◎, 노량해전에서의 승리 → 도요토미 히데요시의 사망으로 왜란 종결
결과	• 비변사 기능 강화 • 국가 재정의 황폐화(농촌 황폐화, 토지 대장과 호적 소실) → 공명첩 발행 → 신분제 동요 • 문화재 소실(경복궁, 불국사, 사고 등) • 활자·서적·도자기 기술 등 일본에 문화 전파 • 일본의 정권 교체 : 도요토미 히데요시 정권에서 도쿠가와 이에야스의 에도막부◎로 교체 • 중국(명의 쇠퇴와 여진족 성장)

달인의 개념 쏙쏙

◎ **정명가도**
명나라를 정벌하기 위한 길을 빌려 달라는 요구를 뜻해요.

◎ **명량대첩**
이순신이 이끈 조선 수군은 13척의 전선으로 133척의 일본군 함대를 맞아 수적으로 매우 불리한 상황이었지만 울돌목(명량해협)의 지형과 물살을 이용하여 대승을 거두었어요.

◎ **에도막부**
도요토미 히데요시가 조선 정벌에 실패하고 사망하자, 도쿠가와 이에야스는 일본의 패권을 잡고 에도(현재의 도쿄)에 무사 정권인 에도막부를 수립하였어요.

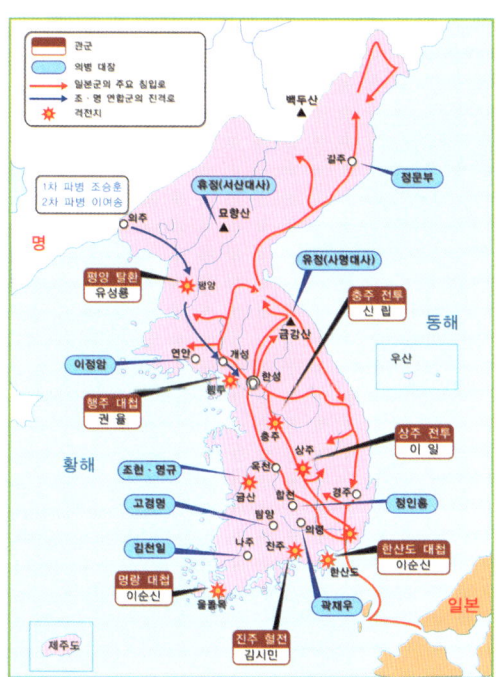

▲ 임진왜란의 전개 과정

01 조선의 정치 ⑤

▲ 삼전도 비

📝 이괄의 난

평안병사 이괄은 인조반정을 주도했으나, 반정에 대한 논공행상에서 2등 공신이 되자 그에 불만을 품고 반란을 일으켰어요. 반란은 실패를 하였고 이괄은 후금으로 피신하여 조선의 정세가 후금에 알려지게 됩니다. 이에 후금은 이괄의 난을 빌미로 광해군의 복수를 명분삼아 1627년에 정묘호란을 일으켰답니다.

◎ (광해군의) 중립외교

광해군은 강홍립을 도원수로 삼아 1만 3천 명의 군대를 이끌고 명을 지원하게 하되, 적극적으로 나서지 말고 상황에 따라 대처하도록 명령하였어요. 결국 조·명 연합군은 후금군에게 패하였고, 강홍립 등은 후금에 항복하였어요. 이후에도 명의 원군 요청은 계속되었지만, 광해군은 이를 적절히 거절하면서 후금과 친선을 꾀하는 중립적인 정책을 취했답니다.

◎ 주전론

주전론, 청과 싸워야 한다는 주장의 근거는 소중화 의식을 바탕으로 한 명분론이라고 할 수 있어요. 주전론자들은 중국에서 오랑캐라고 불리던 여진족이 청을 건국하여 한족의 명을 멸하자 이는 곧 중국에서 공맹의 도가 끝났다고 생각했어요. 그래서 공맹의 도는 조선에서만 이어진다고 보았는데 이것이 소중화 의식이에요. 이런 생각을 가진 주전론자의 입장에서는 금수와 같은 오랑캐인 청의 군신 관계 요구를 받아들일 수 없었고 화친을 주장하는 주화론을 인정할 수가 없었답니다.

2 광해군의 중립외교와 인조반정

1) 광해군의 중립외교 정책

전후 복구 노력	• 토지대장과 호적 정리, 대동법 실시, 성곽과 무기 수리, 허준 『동의보감』 편찬
중립외교 정책	• 후금의 건국(1616) → 명의 파병 요청 → 광해군 명과 후금 사이에서 중립외교◎ 추진 → 인조반정의 구실

2) 서인의 인조반정(1623)

계기	• 광해군의 중립외교 • 폐모살제 : 계모인 인목대비를 폐하고, 동생인 영창대군을 죽인 것을 의미함
결과	• 서인 주도로 광해군과 북인 정권 축출 • 인조 즉위

3 정묘호란과 병자호란

정묘호란(1627)	• 배경 : 서인 정권의 친명배금, 이괄의 난 • 경과 : 후금의 침입 • 결과 : 형제 관계로 화의 맺고 강화 체결
병자호란(1636)	• 배경 : 후금이 국호를 청으로 바꾸고 조선에 군신 관계 요구 → 주화론(최명길)과 주전론◎(김상헌)의 대립 → 주전론 우세, 조선의 거절 • 경과 : 청 침략 → 남한산성 항전 → 삼전도에서의 인조의 항복(삼전도의 굴욕) • 결과 : 군신 관계 화의 맺고 강화, 소현세자와 봉림대군이 인질로 끌려감, 청에 대한 적개심으로 북벌론 대두

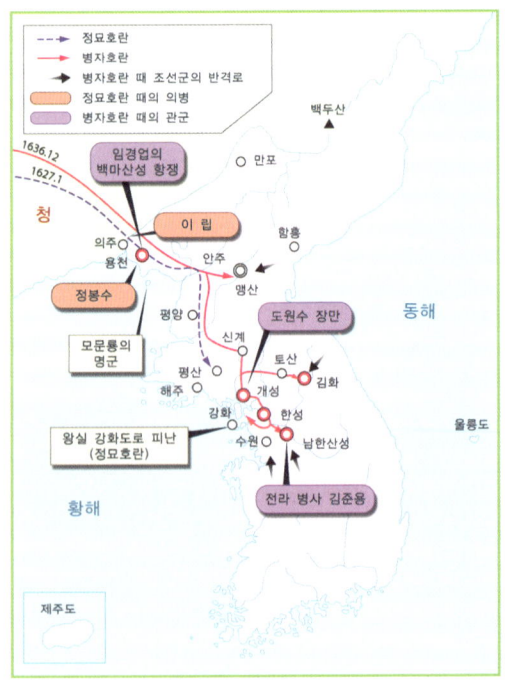

▲ 정묘호란과 병자호란

4 조선 후기 대외 관계의 변화

1) 청과의 관계

북벌 운동(효종)	• 배경 : 서인 정권의 의리 명분론 대두(송시열) • 경과 : 군비 확장을 통해 5군영 정비, 하멜을 통한 화포 개량 → 효종의 사망과 청의 군사력 강화로 좌절
나선 정벌(효종)	• 러시아와 청이 국경 분쟁으로 충돌 → 청의 원병 요청으로 두 차례에 걸쳐 조총 부대 출병 → 큰 성과를 거둠
북학 운동(18C)	• 청의 선진문물 수용 주장
청과의 국경 분쟁	• 백두산 정계비 건립(숙종) → 간도 귀속 문제(19세기 후반)

2) 일본과의 관계

기유약조 (1609)	• 배경 : 에도 막부의 간청, 조선인 포로 송환(1607) • 내용 : 통신사 파견(외교 사절), 임진왜란 후 단절됐던 국교 재개
통신사 파견	• 총 12차례 파견, 외교 사절 및 조선의 선진 문화 전파
독도문제	• 조선, 쇄환 정책 실시→ 울릉도 주변에 일본 어민들의 불법 침입 • 안용복의 활약 : 울릉도에 출몰하는 일본 어민들 축출 → 일본으로 건너가 울릉도와 독도가 우리 영토임을 확인

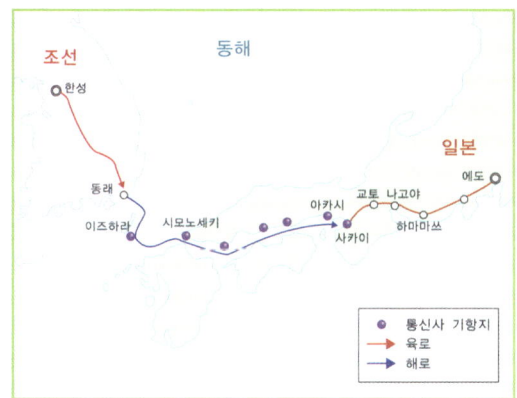

▲ 조선 통신사의 행로

▲ 통신사 행렬도

달인의 개념 쏙쏙

◎ 나선 정벌

◎ 백두산 정계비(1712)

서쪽으로는 압록강, 동쪽으로는 토문강을 경계로 한다고 표시되어 있어요.

◎ 청과의 국경 분쟁

청의 봉금(封禁) 정책 → 조선인 이주로 분쟁 → 백두산 정계비 건립 → 영유권 재분쟁(19C) : 대한제국에서 간도 관리사인 이범윤 파견, 함경도 행정 구역으로 편입(1902) → 간도 협약(1909) : 일본이 안봉선 철도 부설권 획득 대신 간도를 청의 영토로 인정하였어요.

◎ 쇄환 정책

섬에 살던 주민들을 본토로 불러들이는 정책이에요. 이것은 영토를 포기한다는 의미가 아니라 단지 섬을 방어하는 데 비용이 많이 들고 주민의 보호도 어려웠기에 시행한 정책이었지요.

기출문제 확인하기

1. 임진왜란을 주제로 한 시나리오이다. ㉠~㉤ 중 내용이 옳지 않은 것은?

\# 장면 1(길거리에서 만난 두 사람이 몹시 반가워하며)

백성 1 : 왜란 전 만난 게 마지막이었으니, 이게 얼마 만인가? 그동안 어떻게 지냈나?

백성 2 : 나는 수군으로 전쟁에 참여했네 . ㉠이순신 장군이 거북선이랑 판옥선을 앞세워 승리하는 모습을 자네도 봤어야 하는데 아쉽군. 참, 자네는?

백성 1 : ㉡권율 장군이 행주산성에서 큰 승리를 했는데, 바로 이 몸이 거기에 참여했다네. 하마터면 죽을 뻔했지.

백성 2 : 그래도 우린 운이 좋은 거야. 많은 사람들이 ㉢왜군에게 끌려가거나, 노예로 팔려기도 했다지.

백성 1 : 전쟁이 끝나 좋긴 한데 ㉣노비 문서도 불타고 불국사도 불타버리니, 나라 꼴이 영 말이 아니네.

백성 2 : 그렇지. 하지만 ㉤임금님이 남한산성에서 결사 항전을 하고, 명에서 원군도 보내줘서 이 정도로 끝난 거네. 다행이라고 생각하게.

① ㉠
② ㉡
③ ㉢
④ ㉣
⑤ ㉤

📖 문제 파악

문제에서 제시한 바와 같이 임진왜란과 관련된 문제예요. 임진왜란의 배경, 전쟁 과정, 결과를 알고 있다면 문제를 쉽게 풀 수 있겠죠?

📝 문제 해설

조선 시대에는 일본과의 큰 전쟁이 있었죠. 바로 임진왜란이에요. 왜군은 빠른 속도로 한양을 점령하고 함경도까지 침입하였어요. 그래서 조선은 명에 원군을 요청하였고 조·명 연합군은 평양성을 수복하였어요. 이순신 장군의 활약으로 수군들은 승리하였고 권율 장군은 행주산성에서 승리를 거두었답니다. 7년 동안의 전쟁은 토지대장·호적 소실, 문화재 소실, 인구 감소, 국토의 황폐화 등 많은 피해를 주었어요.

🎓 오답 확인

⑤ ㉤ 병자호란 때 인조는 남한산성에서 결사 항전을 하였지만 결국 굴복하고 말았고 그것을 삼전도의 굴욕이라고 해요.

정답 : ⑤

사료史料 보기

임진왜란의 피해

어느 명나라 병사가 마산으로 가는 길에 어린아이가 죽은 어머니에게로 기어가서 가슴을 헤치고 그 젖을 빨고 있는 것을 보고 너무 가엾어서 데려다가 길렀다. 그는 나에게 말하기를 왜적은 아직 물러가지 않고 백성들은 이처럼 처참한 형편이니 장차 어떻게 하겠습니까?' 하고, 이어 탄식하기를 "하늘도 근심하고 땅도 슬퍼할 일입니다."라고 하였다. 나는 이 말을 듣고 나도 모르는 사이에 그만 눈물이 흘러 내렸다. 솔잎으로 가루를 만들어서 솔잎가루 10에 쌀 1을 섞어 물에 타서 먹였으나 사람은 많고 곡식은 적어 생명을 건진 것이 얼마되지 못했다. 어느 날 밤에 큰 비가 내리는데 굶주린 백성이 내 주위에서 신음하는 슬픈 소리를 차마 들을 수 없더니 아침에 깨어보니 쓰러져 죽은 자가 심히 많더라. 대저 서울에서 남쪽 끝까지 왜적이 가로 꿰뚫고 있었으며 때는 4월인데 인민들은 모두 산과 골짜기에 피난하여 한 곳에도 보리를 심은 곳이 없었으니 왜적이 수개월이나 있었더라면 우리 백성은 죽었을 것이다. — 유성룡의 「징비록」

사료 해설

7년에 걸친 왜란이 가져온 피해는 엄청났어요. 전사자도 많았지만 기근이나 전염병으로 죽은 자도 속출했어요. 광해군이 허준에게 명하여 「동의보감」을 편찬하게 한 것은 이런 배경에서였어요. 전쟁 동안 백성들은 강제로 징집되고 군량과 군수 물자 운반에도 대거 동원되는 등 커다란 고통을 겪었답니다.

2. (가) 전쟁의 결과로 옳은 것은?

역사신문
제△△호 ○○○○년 ○○월 ○○일

남한산성의 역사적 발자취를 찾아서

남한산성은 북한산성과 함께 한양 도성을 지키기 위해 쌓은 산성이다. 1624년 (인조 2)부터 4개의 성문과 행궁 등 주요 시설이 만들어짐에 따라 현재의 모습을 갖추게 되었다. (가) 때 인조는 이곳으로 피난하였다가 항복한 후 삼전도에서 굴욕을 당하였다.

① 비변사가 설치되었다.
② 청과 군신 관계를 맺게 되었다.
③ 황룡사 9층 목탑이 소실되었다.
④ 수도를 강화도에서 개성으로 옮겼다.
⑤ 일본과 기유약조를 맺고 국교를 재개하였다.

📖 문제 파악

제시된 자료의 '인조', '남한산성 피난', '삼전도 굴욕'이라는 단어를 통해 병자호란에 대한 문제임을 파악할 수 있어야 해요. 임진왜란과 헷갈리지 않도록 주의할 필요가 있어요.

📝 문제 해설

후금은 세력을 더욱 키워서 국호를 청이라 고치고 군신 관계를 맺자며 다시 대군을 이끌고 침입해 왔는데, 이를 병자호란이라고 해요. 인조는 남한산성으로 피난하여 청군에 대항했으나, 결국 삼전도에서 굴복하고 말았어요. 그 결과 군신 관계라는 굴욕적인 화의를 맺게 되었어요.

🎓 오답 확인

① 중종 초 삼포왜란 때 여진과 왜구 대비를 위한 임시 기구로 비변사가 설치되었어요.
③ 고려 시기 몽골의 침입으로 황룡사 9층 목탑이 소실되었어요.
④ 고려 시기 무신 정권은 몽골이 침입하자 수도를 강화도로 옮겨 계속 저항하였지만 전쟁에서 패배합니다. 결국, 몽골과의 화의를 맺고 수도를 강화도에서 다시 개성으로 옮겼답니다.
⑤ 일본과 기유약조를 맺고 국교를 재개한 것은 1609년에 일어난 것으로 병자호란 이전이에요.

정답 : ②

사료史料 보기

삼전도비(대청황제공덕비)

…… 황제께서 동쪽으로 정벌하심에 군사는 10만이고, 은은한 수레 소리 호랑이와 표범 같다. 서쪽 변방의 황량한 벌판과 북쪽 부락 사람들까지 창을 들고 앞서 진격하니 그 위세 혁혁하다. 황제의 인자함으로 은혜의 말씀 내리시니, 10줄의 밝은 회답 엄하고도 따뜻하였다. 처음에는 미혹되어 알지 못하고 스스로 근심을 끼쳤지만, 황제의 밝은 명령이 있어 비로소 일있다. 우리 임금 이에 목송하고 함께 이끌고 귀복하니, 위세가 무서워서가 아니라 그 덕에 의지함이다. 황제께서 이를 가납하시어 은택과 예우가 넉넉하니, 얼굴빛을 고치고 웃으며 병장기를 거두셨다. 주신 것이 무엇이던가, 준마와 가벼운 갓옷, 도회의 남녀들이 노래하고 칭송한다. 우리 임금이 서울로 돌아가신 것은 황제의 선물이고, 황제께서 군대를 돌이키니 백성들이 살아났다. 유랑하고 헤어진 이들 불쌍히 여겨 농사에 힘쓰게 하시고, 금구의 제도 옛날과 같고 비취빛 제단은 더욱 새로우니 마른 뼈에 다시 살이 붙고 언 풀뿌리에 봄이 돌아온 듯하다. 커다란 강가에 솟은 비 우뚝하니, 만년토록 삼한은 황제의 덕을 이어가리라. ─『삼전도비문』

사료 해설

병자호란에서 굴욕적으로 항복한 조선은 '대청황제공덕비'(일명 삼전도비)를 지어 바칠 수밖에 없었답니다. 결국 삼전도비는 청나라에 굴복할 수밖에 없었던 조선의 처절함을 보여주는 것이지요.

TEST
단원별 핵심 기출 문제

1. 다음 논쟁이 일어난 시기를 연표에서 옳게 고른 것은?

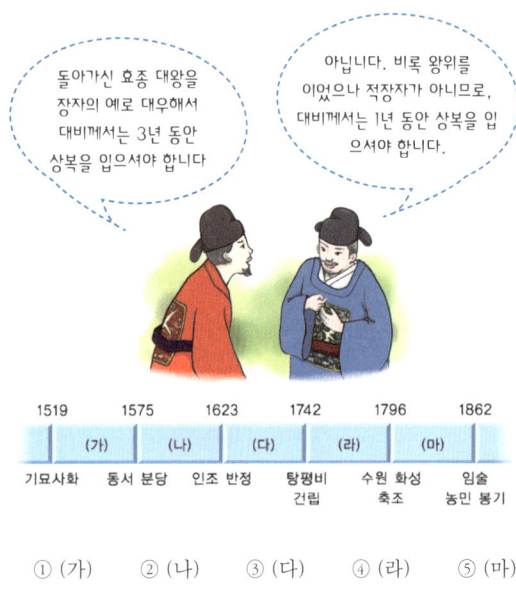

1519	1575	1623	1742	1796	1862
(가)	(나)	(다)	(라)	(마)	
기묘사화	동서 분당	인조 반정	탕평비 건립	수원 화성 축조	임술 농민 봉기

① (가) ② (나) ③ (다) ④ (라) ⑤ (마)

2. 지도의 행정 구역이 성립된 시기의 사실로 옳은 것은?

〈보기〉
ㄱ. 8도에 관찰사가 파견되었다.
ㄴ. 지방의 유력자가 사심관으로 임명되었다.
ㄷ. 수령이 지방의 행정·사법·군사권을 가지고 있었다.
ㄹ. 특별 행정 구역인 서경, 남경, 동경의 3경을 운영하였다.

① ㄱ, ㄴ ② ㄱ, ㄷ ③ ㄴ, ㄷ
④ ㄴ, ㄹ ⑤ ㄷ, ㄹ

3. 다음은 어느 왕의 연보이다. 이 왕 대의 사실로 옳은 것은?

연보
1608 즉위, 대동법 시행
1613 동의보감 간행
1618 인목대비 유폐
1623 인조반정으로 폐위

① 요동 수복 운동을 추진하였다.
② 나선 정벌에 조총 부대를 파견하였다.
③ 청을 정벌하자는 북벌 운동을 전개하였다.
④ 명과 후금 사이에서 중립외교를 추진하였다.
⑤ 백두산 정계비를 세워 청과 국경을 확정하였다.

4. 조선 시대 정치 변천 과정이다. (가)~(다)를 시기순으로 옳게 나열한 것은?

(가) 이조 전랑의 임명 문제로 사림 세력이 동인과 서인으로 나뉘어졌다.
(나) 순조 이후 안동 김씨 등 노론의 특정 가문이 권력을 독점하였다.
(다) 서인과 남인의 격렬한 대립으로 정국이 급격하게 전환하는 환국이 나타났다.

① (가)-(나)-(다) ② (가)-(다)-(나)
③ (나)-(가)-(다) ④ (나)-(다)-(가)
⑤ (다)-(나)-(가)

5. (가)에 대한 조선 정부의 정책으로 옳은 것을 〈보기〉에서 고른 것은?

이 지역은 본래 우리 땅이었는데 중간에 (가) 에게 점거되었다. 태조가 이 지역에 처음으로 부를 설치하였다. 태종 때 (가) 이/가 침입해 와서 백성들을 경성군으로 옮기고 그 땅은 비워 두었다. 세종 때 정벌하여 회복하였다.

〈보기〉
ㄱ. 통신사를 파견하여 문물을 전수하였다.
ㄴ. 강경책의 일환으로 4군 6진을 개척하였다.
ㄷ. 무역소를 설치하여 국경 무역을 허용하였다.
ㄹ. 계해약조를 맺어 제한된 범위 내에서 교역을 허락하였다.

① ㄱ, ㄴ   ② ㄱ, ㄷ   ③ ㄴ, ㄷ
④ ㄴ, ㄹ   ⑤ ㄷ, ㄹ

6. (가)에 들어갈 내용으로 적절한 것은?

역사 다큐멘터리 제작 기획안
제목 : 숙종 시대
1. 시대 배경 : 숙종의 재위 기간(1674~1720)
2. 기획 의도 : 숙종 때의 역사적 사건을 소재로 하여 당시의 정치적 상황과 주요 인물들을 입체적으로 조명한다.
3. 주요 사건 : (가)

① 초계문신제의 실시
② 국왕의 수원 화성 행차
③ 전국 각지에 척화비 건립
④ 남인들이 쫓겨난 갑술 환국
⑤ 오페르트의 남연군 묘 도굴 시도

7. (가)~(마)에 들어갈 내용으로 옳은 것은?

① (가) 조·명 연합군, 승전으로 유리한 전세 확보!
② (나) 신립 장군, 배수진 치고 왜군에 맞서!
③ (다) 김시민 장군, 왜군 물리치고 장렬히 전사!
④ (라) 이순신 장군, 뛰어난 전술로 왜군 물리쳐!
⑤ (마) 권율 장군, 왜군에 기념비적인 승리 거둬!

8. 그림을 통해 알 수 있는 시기를 연표에서 옳게 고른 것은?

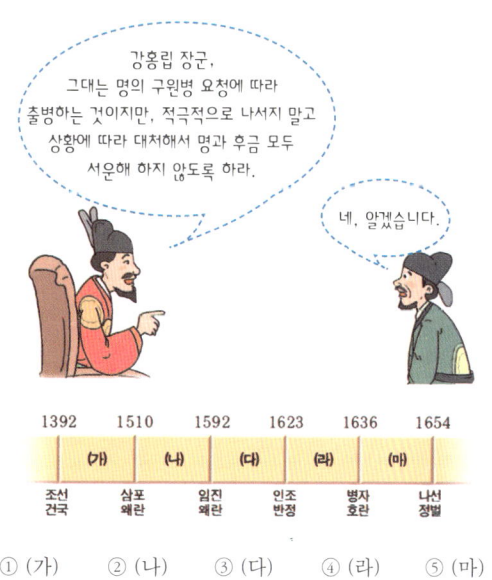

① (가)   ② (나)   ③ (다)   ④ (라)   ⑤ (마)

02 조선의 경제·사회 ①

1 조선의 경제

연표
1391 과전법 제정
1444 공법 시행 (전분 6등법, 연분 9등법)
1466 직전법 실시
1470 관수관급제 실시
1556 직전법 폐지, 녹봉만 지급
1608 경기, 대동법 실시
1635 영정법 실시
1678 상평통보 주조
1708 전국에 대동법 실시
1750 균역법 실시
1791 금난전권 폐지 (신해통공)

1 경제 정책

1) 농본주의 경제 정책
① 중농정책 : 토지 개간, 양전 사업, 새로운 농법 개발(2년 3작, 보 등 수리 시설 확충, 농사직설 보급)
② 상업정책 : 서울 – 시전◎, 지방 – 보부상 성행
③ 수공업의 발달 : 관청 수공업으로 발달

2) 토지 제도

과전법 (고려 공양왕, 1391)	• 국가의 재정 확보와 신진 사대부의 경제 기반을 마련하기 위해 시행 • 전·현직 관리에게 과전을 분배 • 받은 사람이 죽거나 반역을 하면 반환해야 했음 → 실제는 수신전◎·휼양전◎의 형태로 세습 가능
직전법 (세조, 1466)	• 토지의 부족함을 보완하고 국가 재정의 안정을 위해 현직 관리에게만 수조권 지급
관수관급제 (성종, 1470)	• 관리의 수조권을 국가가 대신 행사, 해당 관리에게 쌀·포로 지급
녹봉제 (명종, 1556)	• 관리들은 녹봉만 지급받게 됨

3) 조선 전기 수취 제도의 확립

조세	• 과전법의 경우 수확량의 1/10 부과 • 세종 때 공법 지정(전분 6등법◎, 연분 9등법◎) • 조세 운반(조운◎) : 한양으로 운송, 잉류 지역◎
공납(공물)	• 각 지역의 특산물을 거두는 것 • 호(戶) 단위로 토산물 납부 • 공납의 폐단 : 현물을 납부하는 특성상 운송·보관에 따르는 폐단이 심했음
역	• 정남(16~60세 양인 남자)에게 부과하던 노동력 • 군역 : 정군(직접 복무)과 보군(경제적 보조)로 나뉘어 운영, 점차 군포로 대납. 양반·서리·향리 면제 • 요역 : 각종 공사에 동원

달인의 개념 쏙쏙

📝 행상

▲ 행상(김홍도의 풍속화)

행상은 소금·어물·직물·종이·필묵·유기·솥 등 해산물과 농민들이 생산할 수 없는 수공업품 내지는 귀금품, 그리고 특산 농산물 등을 가지고 자급자족 경제를 영위하던 농민들을 직접 방문하거나 장시에서 사고팔고 했어요.

◎ 시전
지배층과 관청이 필요로 하는 물품 조달을 위해 시전을 설치했어요. 한 상점에는 한 가지 물품을 팔게 하고 특정 상품에 대한 독점 판매권을 부여했고 경시서라는 관리 기관을 두어 불법적인 상행위를 규제했다고 해요.

◎ 수신전
관료가 죽은 뒤, 그 부인이 재가하지 않은 경우 지급하는 토지예요.

◎ 휼양전
관료가 어린 자녀들만 남기고 사망했을 경우 지급하는 토지를 말해요.

◎ 전분 6등법
토지의 비옥도에 따라 토지를 6등급으로 나누어 수취한 제도예요.

◎ 연분 9등법
풍흉의 정도에 따라 토지를 9등급으로 나누어 수취한 제도죠.

◎ 조운
배로 세금을 운송하는 제도죠.

◎ 잉류 지역
국경에 위치한 함경도와 평안도는 세금을 서울로 운송하지 않고 국방비와 사신 접대비로 사용했어요.

4) 조선 후기 수취 제도의 확립

전세 : 영정법 (인조, 1635)	• 배경 : 양난을 겪은 뒤 농경지 황폐 • 내용 : 풍흉에 관계없이 토지 1결당 쌀 4두 부과 • 결과 : 각종 수수료나 운송비의 부담으로 결론적으로 농민 부담 증가	
공납 : 대동법 (광해군, 1608 경기만 시행 → 숙종, 1708 전국 적으로 시행)	• 배경 : 방납의 폐단◎으로 농촌 경제 파탄, 농민의 토지 이탈 • 내용 : 토지 1결당 쌀 12두 부과, 포, 동전으로도 납부 가능 • 결과 : 농민의 부담 경감, 공인 등장, 상품화폐 경제 발달	▲ 대동세의 징수와 운용
군역 : 균역법 (영조, 1751)	• 배경 : 대립제◎와 군역 기피자의 증가로 농민들의 부담 • 내용 : 군포 경감(1년 2필 → 1필) • 부족한 부분은 결작◎·선무군관◎포·어장세, 선박세 등의 징수를 통해 충당 • 결과 : 농민 부담 일시 감소, 그러나 결작의 소작농 전가, 농민 부담 가중	

달인의 개념 쏙쏙

◎ 방납의 폐단
공물 수납을 중개하는 방납인들이 농간을 부려 자기가 가진 물건으로 공물을 대납하고 농민들에게 엄청난 이익을 붙여 그 대가를 받는 방납의 폐단이 발생하여 농민의 공납 부담액이 크게 늘어났어요. 이러한 폐단을 없애기 위해 공납을 현물 대신 쌀로 징수하자는 대동법이 주장되었답니다.

◎ 대립제
쉽게 말하자면 사람을 사서 군역을 대신 시키는 것이지요.

◎ 결작
결작은 논밭에 매기는 세금에 대한 일종의 부가세를 말해요.

◎ 선무군관
1751년(영조 27) 균역법 시행에 따른 부족한 국가 재정을 보충하기 위해 당시 군역을 지지 않던 전국의 부유한 평민(土豪, 富民)들을 대상으로 조직하였어요. 선무군관이 되면 평상 시 집에 있을 때는 매년 면포 1필을 내도록 하였죠.

사료史料 보기

대동법의 실시

• 선혜청을 설치하였다. 처음에 영의정 이원익이 아뢰기를 "각 고을의 진상과 공물이 각 관청 방납인에게 막혀, 한 물건값이 서너 배나 수십 수백 배로 징수되어 그 폐해가 이미 고질이 되었는데 특히 경기도가 심합니다. 지금 별도의 담당 관청을 설치하여 매년 봄·가을에 백성들에게 쌀을 거두는데, 토지 1결마다 두 번에 걸쳐 각각 8두씩 거두어 들이게 하고 담당 관청은 수시로 물가 시세를 보아 쌀을 방납인에게 지급하여 물건을 조달하도록 해야겠습니다. 또 때를 보아 전체 16두 가운데 2두를 지방에 내려주어 수령의 공사 비용으로 쓰게 하면 될 것입니다" 하고 아뢰었다. … 왕이 이를 받아들였다. 그런데 왕의 교지 가운데 '선혜'란 말이 있어 담당 관청이 이름으로 삼았다.

• 충청도에 대동법을 실시하려는 까닭은 백성들의 부담이 고르지 못하기 때문이다. 벼슬을 살고 이로써 세력을 이룬 자는 많은 농토를 갖고 있는데도 공물을 부담하는 자가 적고, 가난하고 불쌍한 자들은 송곳 꽂을 땅도 없는데 공물을 부담하게 되어 큰 고통을 받는다. 게다가 수령들이 부정을 저질러 규정 이상으로 세금을 거두어들이니 백성들이 날로 몰락하고 있다. 이 때문에 대동법을 충청도로 확대하여 여러 고을의 어려움을 덜어주고 여유를 남겨 군량에 보태고자 한다.

– 『광해군 일기』

사료 해설
대동법은 광해군 즉위년(1608) 경기도 지방에서 처음 실시되었어요. 그 후 강원도, 충청도를 거쳐서 전라도로 확대되었고, 경상도와 황해도가 마지막으로 실시되었어요. 그리하여 평안도, 함경도를 제외한 전국에 대동법이 실시된 것은 경기도에 처음 시작된 지 꼭 100년 후인 숙종 34년(1708)이었어요. 이처럼 오랜 시간이 걸린 것은 공납의 전세화에 따라 부담이 늘어난 양반 지주들의 반대가 심했기 때문이었어요.

기출문제 확인하기

1. (가)에 들어갈 제도에 대한 설명으로 옳은 것은?

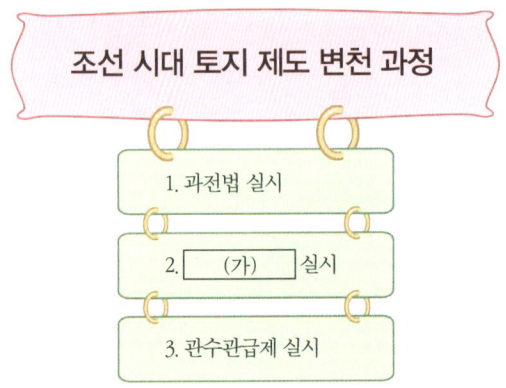

① 전지와 시지를 각각 지급하였다.
② 현직 관리에게만 과전을 지급하였다.
③ 노동력의 징발을 법적으로 보장하였다.
④ 인품과 관품에 따라 차등을 두어 지급하였다.
⑤ 관청에서 직접 세금을 거두어 관리에게 나누어 주었다.

📖 문제 파악

제시된 자료에서 조선 시대 토지 제도의 변천 과정 중에서 '과전법'과 '관수관급제' 사이에 실시되었던 토지 제도이므로 직전법에 대한 문항임을 알 수 있어야 해요.

📝 문제 해설

조선 시대의 토지 제도는 과전법 → 직전법 → 관수관급제 → 녹봉제로 변화하였습니다. 각 토지 제도의 특징을 다시 한 번 정리해보도록 할까요?

과전법	전·현직 관리에게 과전을 분배
직전법	현직 관리에게만 수조권 지급
관수관급제	관리의 수조권을 국가가 대신 행사, 해당 관리에게 쌀·포로 지급
녹봉제	관리들은 녹봉만 지급 받게 됨

🎓 오답 확인

① 전지와 시지를 각각 지급하였던 것은 고려 시대의 전시과에 대한 내용이에요.
③ 양반은 역을 면제받았어요.
④ 인품과 관품에 따라 차등을 두어 지급하였던 것은 고려 시대의 시정전시과에 대한 내용입니다.
⑤ 관수관급제를 실시하면서 기존의 수조권을 국가가 대신 행사하게 되면서 관청에서 직접 세금을 거두어 관리에게 나누어 주었습니다.

정답 : ②

 조선과 고려의 토지 제도

고려		조선	
역분전	공을 세운 관리에게 지급	과전법	전·현직 관리에게 과전 분배
시정전시과	전·현직 관리에게 인품·관직기 준으로 지급	직전법	현직 관리에게만 수조권 지급
개정전시과	전·현직 관리에게 관직 기준으로 지급	관수관급제	관리의 수조권을 국가가 대신 행사
경정전시과	현직 관리만 지급	녹봉제	수조권 없이 녹봉 지급

2. 밑줄 그은 ㉠에 해당하는 정책으로 옳은 것은?

> 양역의 절반을 감하라고 명하였다. 임금이 말하기를, "사람 수대로 거두는 것은 한 집안에서 거두는 것이니 주인과 노비의 명분이 문란해지며, 토지 결수를 기준으로 거두는 것은 이미 정해진 세율이 있으니 결코 더 부과하기가 어렵다. …… 이제는 1필을 감하는 정사로 온전히 돌아가야 할 것이니, ㉠<u>줄어든 1필을 대신할 방안</u>을 경들은 잘 강구하라."

① 토지 1결당 결작미 2두를 부과하였다.
② 원납전을 거두고 당백전을 발행하였다.
③ 조세 기준을 가호에서 토지로 바꾸었다.
④ 함경도와 황해도 등지에 방곡령을 내렸다.
⑤ 각 지방 군현의 촌락에 사창을 설치하였다.

문제 파악

제시된 자료에서 '양역의 절반을 감하라', '1필을 감하는 정사'라는 내용을 통해 이것이 조선 후기에 군역의 폐단을 없애기 위해 실시되었던 균역법에 대한 설명이라는 것을 알 수 있어야 해요.

문제 해설

군역의 부담이 과중해지자, 농민은 도망가거나 노비나 양반으로 신분을 바꾸어 군역을 피하는 경향이 더욱 심해졌어요. 이에 군역의 폐단을 시정하려는 개혁 방안이 논의되고, 마침내 1년에 군포 1필만 부담하면 되는 균역법이 시행되었어요. 균역법의 시행으로 감소된 재정은 지주에게 결작이라고 하여 토지 1결당 미곡 2두를 부담시키고, 일부 상류층에게는 선무군관이라는 칭호를 주고 군포 1필을 납부하게 하였으며, 어장세, 선박세 등 잡세 수입으로 보충하게 하였던 거죠.

오답 확인

② 흥선 대원군이 임진왜란 때 소실됐던 경복궁을 중건하는 데 드는 비용을 충당하기 위해 발행하였어요.
③ 가호마다 현물로 거두던 공납 방식을 대동법을 시행하면서 토지의 결수에 따라 쌀이나 무명, 동전 등으로 납부하는 방식으로 변경하였어요.
④ 강화도 조약 이후 일본은 갖은 방법을 동원하여 쌀 등을 매점하여 일본에 반출하였어요. 이에 함경도와 황해도 등지에 방곡령을 내렸습니다.
⑤ 흥선 대원군은 환곡의 폐단을 시정하기 위해 각 지방 군현의 촌락에 사창을 설치하는 사창제를 실시하였어요.

정답 : ①

사료 史料 보기

양역의 폐단

> 나라의 100년에 걸친 고질 병폐로 가장 심한 것은 양역이다. 호포니 구전이니 유포니 결포니 하는 주장들이 분분하게 나왔으나 적당히 따를 만한 것이 없다. 백성은 날로 곤란해지고 폐해는 갈수록 심해지니, 혹 한 집안에 부·자·조·손이 군적에 한꺼번에 기록되어 있거나 서너 명의 형제가 한꺼번에 군포를 납부해야 하며, 이웃의 이웃이 견책을 당하고 친척의 친척이 징수를 당하고 황구는 젖 밑에서 군정으로 편성되고 백골은 지하에서 징수당하며, 한 사람이 도망하면 열 집이 보존되지 못하니, 비록 좋은 재상과 현명한 수령이라도 어찌할지를 모른다. — 『영조실록』

사료 해설

위 사료는 군역의 많은 폐단들을 보여주고 있습니다. 농민의 군포 부담이 날로 커지면서 인징, 족징, 황구첨정, 백골징포 등의 폐단까지 발생하였는데, 그 폐단이 너무 심각하여 나라에서조차 마땅한 대책을 내놓기가 어려웠답니다.

02 조선의 경제 · 사회 ②

달인의 개념 쏙쏙

▲ 대장간(김홍도)

◎ **모내기법**

모내기의 보급은 농업 생산력의 증대와 광작의 유행, 부농층의 성장 등 조선 후기 농촌 사회에 일어난 변화의 출발점이었다는 점에서 그 의미가 크다고 할 수 있습니다.

◎ **타조법과 도조법**

타조법은 지주 전호제 아래에서 통용되는 지대로, 수확량을 지주와 전호가 반씩 나누는 이른바 병작반수가 일반적이었어요. 이는 지주의 수입도 결정되었기 때문에 지주가 영농 행위에 관여하는 일이 많아서 지주와 전호의 관계는 신분적, 경제적으로 얽힐 수밖에 없었어요. 반면, 도조법은 계약된 지대를 해마다 바치기만 하면 영농 과정이나 작물 선택까지도 소작인이 자유롭게 할 수 있었어요.

◎ **선대제 수공업**

상인에게 주문을 받는 데에 그치지 않고, 자금과 원료를 미리 받아 제품을 생산하는 방법을 말해요.

◎ **설점수세**

민간인에게 광산 채굴을 허용하고 세금을 받는 정책이랍니다.

◎ **잠채**

광산의 개발은 이득이 많았기 때문에 몰래 광산을 개발하는 잠채가 성행하기도 하였답니다.

2 조선 후기 경제 활동

1) 양반 지주의 생활

경제 기반	• 과전, 녹봉, 자기 소유의 토지, 노비 등
토지 경영	• 노비에게 직접 경작시킴

2) 조선 전기 농민 생활

중농정책	• 개간 장려, 각종 수리 시설 보수 확충, 『농사직설』 · 『금양잡록』 등 농서 간행
농업 형태의 변화	• 밭농사에서 2년 3작이 널리 시행 • 논농사에서 모내기 보급으로 남부 지방에서 이모작(조 · 보리 · 콩 재배) 가능 • 목화 재배의 확대로 의생활 개선
농업 생산력 발달	• 시비법(비료를 주는 방법) 발달 • 쟁기 · 낫 · 호미 등 농기구 개량
농민의 몰락	• 농업 기술의 발달에도 소작농으로 몰락하는 농민 증가

3 조선 후기 농업과 수공업의 변화

양반 지주의 경영 변화	• 양반의 토지 확대 • 양반층 분화 : 몰락 양반의 등장
농민 경제의 변화	• 농업 생산력 증대 : 농기구와 시비법 개량, 모내기법◎ 전국적 확대 • 경영 방식의 변화 → 광작 유행, 상품 작물 재배(목화, 채소, 담배 등) • 지대의 변화 : 소작 농민의 저항으로 소작 조건이 개선됨, 타조법 → 도조법◎ • 농민층의 분화 : 일부 농민의 부농화 • 몰락 농민 증가 → 임노동자로 전락
민영 수공업의 발달	• 대동법의 실시로 관수품의 수요도 많아짐 • 선대제 수공업◎ 발달
광업의 발달	• 본래 정부 독점 → 설점수세◎ 정책 실시(17세기 후반) • 청과의 무역으로 은 수요 증가로 은광 개발, 18세기 말에는 금광의 개발 활발, 잠채◎ 성행 • 광산 경영 : 덕대(경영 전문가)가 물주에게 자본을 조달 받아 채굴업자와 노동자 등을 고용하여 개발

4 상품 화폐 경제의 발달

1) 사상의 대두

배경	• 농업 생산력 증대, 수공업 생산 활발, 상품의 유통 활성화 • 상품 화폐 경제 촉진
공인과 사상의 활동	• 17세기 공인이 상업 활동 주도(대동법 실시 이후 등장) • 18세기 이후 사상이 도성 주변 과 지방 도시에서 활발히 활동, → 신해통공◎으로 상업 활성화
대표적 사상	• 송상(개성) : 주로 인삼 재배·판매, 중계무역 • 경강상인(한강 연안) : 운송업 종사, 선박의 건조 등 생산 분야까지 진출 • 만상(의주) : 청과의 무역을 통해 성장 • 내상(동래) : 왜와의 무역을 통해 성장
도고의 성장	• 공인과 사상들이 축적한 부를 통해 도고(독점적 도매 상인)로 성장

▲ 조선 후기의 상업과 무역 활동

2) 장시의 발달

발달	• 15세기 말 남부 지방에서 개설되기 시작 • 18세기 중엽 전국에 1000여 개소 개설
특징	• 지방민의 교역 장소, 보통 5일마다 개설, 일부 장시는 상설 시장이 되기도 함
주요 장시	• 광주 송파장, 은진 강경장, 덕원 원산장, 창원 마산포장 등
보부상의 활약	• 농촌의 장시를 하나의 유통망으로 연계, 생산자와 소비자를 이어주는 데 큰 역할

▲ 보부상(권용정)

3) 포구에서의 상업 활동

변화	• 포구를 거점으로 선상, 객주, 여각 등이 활발한 상행위
선상	• 선박을 이용해서 물품 구입, 포구에서 판매
객주·여각	• 상품 매매 중개, 운송, 보관, 숙박, 금융 등

4) 대외 무역의 발달

청과의 무역	• 국경 지대를 중심으로 공무역(개시)과 사무역(후시) 성행 • 비단, 약재, 문방구 등 수입 / 은, 종이, 무명, 인삼 등 수출
일본과의 무역	• 부산포에서 왜관 개시 • 은, 구리, 황, 후추 등 수입 / 인삼, 쌀, 무명 등 수출

• 사무역의 허용으로 상인이 무역 활동에 적극적으로 참여 (의주의 만상, 동래의 내상, 개성의 송상 등)

◎ 신해통공
정조 때(1791) 육의전을 제외한 금난전권을 폐지한 것을 말해요.

◎ 상평통보

인조 때 처음으로 주조했다가 중지했는데, 숙종 때 다시 주조되어 전국적으로 유통됐어요.

5) 화폐 유통 (상평통보◎)

① 상공업이 발달로 동전이 전국적으로 유통, 18세기 후반부터는 세금과 소작료도 동전으로 대납
② 전황 발생 : 화폐를 고리대나 재산 축적에 이용 → 유통 화폐 부족

기출문제 확인하기

1. 다음 질문에 대한 설명으로 옳지 <u>않은</u> 것은?

> 요즘 모내기법이 전국적으로 확산되고 있다고 들었습니다. 이전의 농법에 비해 어떤 점이 이로운지 말씀해 주시겠습니까?

① 수확량이 늘어나게 되었습니다.
② 봄 가뭄 극복에 이점이 있습니다.
③ 병충해로 인한 피해가 줄었습니다.
④ 벼와 보리의 이모작이 가능해졌습니다.
⑤ 잡초 제거에 필요한 노동력이 줄었습니다.

📖 문제 파악

제시된 지문에서도 언급하고 있듯이 '모내기법'의 이점을 선택할 수 있어야 해요. 조선 후기 농촌 경제가 발달하게 된 계기는 모내기법을 시행하게 되었다는 것이에요. 그만큼 농촌 경제의 성장에 많은 영향을 주었다고 할 수 있어요.

📝 문제 해설

본격적인 모내기법의 보급은 조선 후기에 접어들어 저수지와 보 등 수리 시설의 확충이 어느 정도 이루어졌기 때문에 가능한 것이었어요. 모내기법의 보급으로 김매는 노동력이 크게 절감되고 생산량이 늘어났으며, 벼와 보리의 이모작이 가능해져 농가 소득이 늘어났답니다.

🎓 오답 확인

② 수리 시설이 확충되지 않았을 때에 모내기법은 봄 가뭄에 따른 극심한 피해를 입게 되는 단점이 있어요.

정답 : ②

사료史料 보기

모내기법(이앙법)의 효과

- 이앙(모내기)을 하는 것은 세 가지 이유다. 김매기 노력을 더는 것이 첫째요, 두 땅의 힘으로 모 하나를 서로 기르는 것이 둘째며, 좋지 않은 것은 솎아내고 싱싱하고 튼튼한 것을 고를 수 있는 것이 셋째다. 어떤 사람은 큰 가뭄을 만나면 모든 노력이 헛되니 이를 위험하다고 하나 그렇지 않다. 벼를 심는 논은 반드시 하천이 있어야 물을 끌어들일 수 있으며, 하천이 없다면 논이 아니다. 논이 아니라도 가뭄을 우려하는데 어찌 이앙만 그렇다고 하는가. – 서유구, 「임원경제지」
- 이앙은 본래 그 금령이 매우 엄한데, 요즈음 소민들이 농사를 게을리 하고 이익을 탐하며 광작(廣作)을 하며 그 형세가 매해 늘어나 지금은 여러 도에 두루 퍼져 있으니 모두 금하기 어렵습니다. – 「비변사등록」

사료 해설

위 사료들은 모내기의 여러 가지 효과에 대해서 설명하고 있어요. 첫 번째 사료는 김매기 노동력이 절감되고 수확량이 늘어나며 수리 시설의 확충이 이루어지고 있는 사실과 관련된 내용이에요. 두 번째 사료는 정부의 금지령에도 불구하고 모내기가 널리 보급되면서 광작이 갈수록 확대되고 있음을 보여 주고 있습니다.

2. 다음 주제의 역할극 대사로 적절하지 않은 것은?

📖 **문제 파악**

제시된 지문의 주제에서 말하고 있듯이 '조선 후기 상인'에 대한 문제예요. 조선 후기는 상업이 발달하면서 다양한 모습의 상인들이 등장하는데 그들의 특징을 각각 파악하고 있어야 해요.

📝 **문제 해설**

조선 후기 상업 활동을 주도한 독점적 도매 상인인 도고는 시전상인, 공인, 사상 등의 집단에서 성장하였어요. 특히 대동법 실시에 따라 나타난 공인은 특정 물품을 대량 취급하는 까닭에 도고로 성장하였답니다. 또한, 17세기 중엽부터 공적으로 허용된 개시무역과 사적으로 형성된 후시무역은 송상·내상·만상 등 사상의 성장을 뒷받침하였어요. 청과의 무역을 주도한 의주의 만상과 일본과의 무역을 주도한 동래의 내상이 성장하였으며, 개성의 송상은 이들을 매개로 청·일본 중계무역에 종사하였답니다.

🎓 **오답 확인**

③ 떠돌아다니며 물건을 팔았던 것은 보부상이며 이들은 장시를 하나로 연결하는 유통망 역할을 하였어요. 시전상인은 왕실과 관아에 필요한 물품을 조달하고 이에 대한 반대급부로 물품의 고유 전매권을 소유하였어요.

정답 : ③

더! 알아보기 — 조선 시대 상인의 종류

관허 상인	서울	시전상인	특정 품목을 독점 판매, 대신 국역으로 국가에 납품
		공인	대동법 시행으로 등장, 국가 수요품 조달 역할
	지방	보부상	보상 + 부상, 장시를 거점으로 활동
자유 상인	서울	난전	시전 장부에 등록이 안 된 무허가 상인
		경강상인	선상, 서남부 지방 쌀, 어물 등을 배로 한양으로 수송·판매
	지방	송상	개성상인, 인삼 재배·유통, 청·일본 간 중계무역
		만상	의주상인, 대청 무역에 참여
		내상	동래상인, 대일본 무역에 참여
		객주, 여각	상품 위탁 매매하는 중간 상인, 금융, 창고, 숙박업

129

02 조선의 경제 · 사회 ③

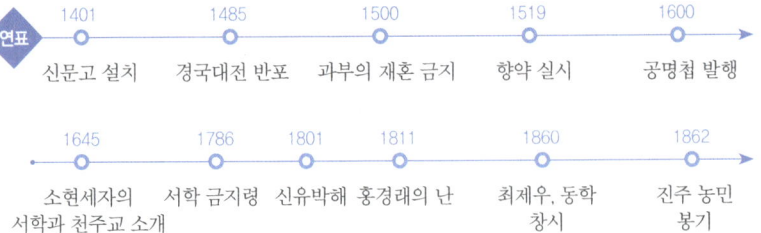

달인의 개념 쏙쏙

노비 종모법(奴婢從母法)
양인과 천인 사이의 자식일 경우 어머니의 신분을 따르는 제도를 뜻해요. 이는 조선 후기에 신분 이동이 전보다 자유로워졌음을 보여주기도 합니다.

공노비와 사노비
사노비에는 주인집에서 함께 사는 솔거 노비와 주인과 떨어져 독립된 가옥에서 사는 외거 노비가 있었어요. 외거 노비는 주인에게 노동력을 제공하는 대신에 신공을 바쳤으며, 공노비도 국가에 신공을 바치거나 관청에 노동력을 제공하였답니다.

(조선의) 의료 시설
혜민국과 동 · 서 대비원은 수도권 안에 거주하는 서민 환자의 구제와 약재 판매를 담당하였고, 제생원은 지방민의 구호 및 진료를 담당하였어요. 그리고 동 · 서 활인서는 유랑자의 수용과 구휼을 담당하였답니다.

2) 조선의 사회

1 양반 관료 중심의 사회

1) 양천제와 반상제

양천제 (법제상)	• 양인 : 과거 응시의 자유 • 천인 : 비자유민, 개인이나 국가에 소속되어 천역 담당
반상제 (실제운영)	• 양반과 상민 간의 차별을 두는 반상 제도의 일반화 • 신분제 사회였으나, 신분 이동이 가능 → 양인이면 과거에 응시하여 관직 진출 가능, 양반도 죄를 지으면 노비로 전락, 경제적으로 몰락하여 중인이나 상민이 되기도 함

2) 양반과 중인

양반	• 본래 문반과 무반을 아울러 부르는 명칭 • 지배층을 포괄하는 의미로 사용 • 각종 국역 면제, 정치 · 경제 · 사회적으로 특권 향유
중인	• 양반과 상민의 중간 신분 계층 • 서리 · 향리 · 기술관 : 직역 세습, 같은 신분 안에서 혼인 • 서얼 : 중인과 같은 신분적 처우, 문과에 응시 금지

3) 상민(평민, 양인)과 천민

상민	• 백성의 대부분을 차지하는 농민, 수공업자, 상인, 신량역천인 등이 속함 • 과거에 응시는 가능하나 경제적 · 시간적 제약으로 응시하기는 매우 어려웠음 • 대부분의 농민은 조세, 공납, 부역 등의 의무
노비	• 백정, 광대, 무당 등이 속했지만 대부분을 차지하는 것은 노비였음 • 노비 : 재산으로 취급 → 매매, 상속, 증여의 대상 • 일천즉천이 시행되다가 조선 후기에는 노비 종모법으로 변화 • 공노비와 사노비(솔거노비, 외거노비)

2 사회 정책과 사회 시설

1) 사회 정책과 사회 제도

① 농본 정책 실시(농민의 안정) : 양반 지주들의 토지 겸병 억제, 농번기 안정책 실시, 재해 시 조세 감면
② 의창 · 상평창 설치 : 농민 구제
③ 의료 시설 혜민국, 동 · 서 대비원, 제생원, 동 · 서 활인서 등

2) 법률 제도

① 경국대전과 대명률로 대표되는 법전에 의해 형법과 민사에 관한 사항을 규율

형사	• 반역죄와 강상죄를 가장 무겁게 처벌 → 연좌제 시행, 고을의 호칭이 강등되고, 수령은 파면되기도 함. • 형벌은 태, 장, 도, 유, 사가 적용
민사	• 지방관이 관습법으로 처리 • 초기에는 노비와 관련된 소송이 많았으나, 나중에는 산송◦이 주를 이룸

② 재판에 불만이 있을 때 : 소송을 제기, 신문고나 징을 쳐서 임금에게 직접 호소하는 방법도 있었으나, 일반적으로 시행되지는 않음

3 향촌 사회의 조직과 운영

1) 향촌 사회의 모습

유향소	• 향촌 자치기구 • 수령을 보좌하고 향리를 감찰하며 향촌 사회의 풍속을 바로잡기 위한 기구
경재소	• 유향소를 통제하게 하는 기구 • 중앙과 지방의 연락 업무
사족의 향촌 지배	• 사족 : 향안 작성, 향회 운영, 향규 제정 • 향안 : 향촌 사회의 지배층인 지방 사족의 명단 • 소학 보급, 사당 건립, 족보 편찬을 통해 성리학적 사회 질서 유지

▲ 예림 서원

2) 향약과 유교 윤리의 보급

향약◦	• 지방 사족이 향촌 사회를 운영하기 위해 보급
보급	• 조광조(여씨 향약)가 처음으로 시행 이후 전국으로 확산 (이황의 예안 향약, 이이의 해주 향약)
내용	• 전통적 공동 조직과 미풍양속 계승, 삼강오륜을 중심으로 한 유교 윤리 가미, 교화 및 질서 유지 목적
역할	• 풍속 교화, 향촌 사회의 질서 유지, 치안 담당 • 향촌의 자치 기능 → 지방 사림의 지위 강화
서원	• 향약과 함께 사림의 지위 강화, 유교 윤리 보급, 향촌 사림 결집 강화시키는 역할 수행

3) 촌락의 구성과 운영

면리제	• 자연촌 단위의 몇 개의 리(里)를 면으로 구성
오가작통제◦	• 주민에 대한 효율적인 통제 목적
농민 조직	• 두레(작업 공동체), 향도(농민 공동체)

◦ **산송**

남의 묘지에다 자기 조상의 묘를 쓰는 데에서 발생하는 사건들을 산송이라고 하였어요.

◦ **향약(의 4대 덕목)**

덕업상권 (德業相勸)	서로 선행을 권장하고 잘못은 고쳐 주는 것
과실상규 (過失相規)	슬프고 괴로운 일은 서로 슬퍼하고 위로해 주는 것
예속상교 (禮俗相交)	예절과 풍속으로 서로 사귀는 것
환난상휼 (患難相恤)	힘든 일은 서로 도와주고, 조그마한 것이라도 서로 나누는 것

◦ **오가작통제**

서로 이웃하고 있는 다섯 집을 하나의 통으로 묶고, 여기에 통수를 두어 통 내를 관장하게 하였어요.

02 조선의 경제·사회 ④

4 조선 후기 사회 구조의 변동

1) 신분제의 동요

양반 계층의 변화	붕당정치의 변질(일당 전제화 전개) → 다수의 양반 몰락(향반, 잔반)
사회 경제적 변화	신분 변동 활발, 양반 증가, 상민과 노비 감소
상민의 신분 상승	납속책과 공명첩◎을 발급, 군공, 족보 구입·위조

2) 중간 계층과 노비의 신분 상승 운동

서얼	• 관직 진출의 제한을 없애 줄 것을 요구하는 상소 운동 전개 • 정조 때 규장각 검서관으로 등용
기술직 중인	• 축적한 재산과 탄탄한 실무 경력을 바탕으로 신분 상승 추구
역관	• 청과의 외교 업무에 종사, 외래 문화 수용 주도(서학 등)
노비	• 군공과 납속, 도망, 노비종모법으로 신분 상승 • 공노비 해방(순조, 1801)

3) 가족 제도의 변화와 혼인
① 가족 제도의 변화 : 부계 중심의 가족 제도 강화(양자 입양 일반화, 부계 위주의 족보 적극 편찬, 동성 마을 형성)

구분	시기	기준	대상
고려~조선 전기	남자가 여자 집에서 생활	자녀 균분 상속	제사도 형제 분담
조선 후기	혼인 후 남자 집에서 생활	큰아들 우대	큰아들 전담

② 가족 제도 : 사회 질서를 유지하는 버팀목 → 효와 정절을 강조, 과부 재가 금지, 효자나 열녀를 표창
③ 혼인 : 집안의 가장이 결정, 남자 15세, 여자 14세면 혼인 가능, 일부일처 기본(첩 허용, 부인과 첩 사이에는 엄격한 구별 존재, 서얼 차별)

5 향촌 질서의 변화

양반의 향촌 지배 약화	• 발단 : 경제의 변동, 신분제의 동요, 향촌 질서 변화 → 양반의 권위 약화 • 양반의 지위 수호 노력 : 동족 마을 형성 → 문중을 중심으로 서원·사우 건립 • 부농층의 성장 : 관권(수령)과 결탁, 향안 등록, 향회 장악, 향촌 사회 내 영향력 강화 • 관권의 강화 : 수령·향리의 권한 강화

6 사회 불안의 심화와 새로운 종교의 등장

1) 사회 불안 심화

사회의 동요	• 신분제의 동요로 지배층과 농민층의 갈등 심화
민심의 동요	• 지배층의 수탈 심화, 농민 경제 파탄, 탐관오리의 횡포 • 재난과 질병, 기근, 비기·도참설 유행

▲ 자리 짜기(김홍도)

사방관을 쓰고 있는 것을 보면 양반인 남편이 자리를 짜고 그 옆의 아내는 물레를 짜고 있는 그림이에요. 이것은 몰락한 양반의 처지를 보여주는 그림이라고 할 수 있어요.

📝 조선 후기 신분별 인구 변동

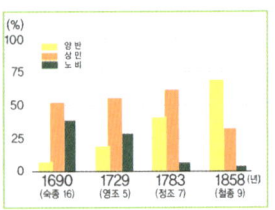

◎ 공명첩

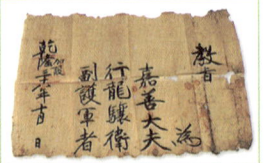

관직은 주지 않고 명목상으로만 벼슬을 준 관직 임명장이에요. 임진왜란 이후 정부는 국가 재정을 늘리기 위해 공명첩을 판매했답니다.

2) 예언 사상의 대두
발단 : 비기, 도참 등을 이용한 예언 사상이 유행, 『정감록 ◎』, 미륵신앙의 유행

3) 천주교의 전파

전파	• 17세기 사신들에 의하여 서학으로 소개 • 18세기 후반 남인 계열의 일부 실학자 사이에서 신앙화
탄압	• 유교의 제사 의식 거부, 서양 침략과 연결되었다는 인식 확산 • 신유박해(순조, 1801) → 천주교를 믿는 신자들 탄압
교세 확장	• 평민층에 전파, 서양인 신부의 포교로 교세 확장 • 세도정치로 인한 사회 불안, 평등사상, 내세 신앙에 공감

4) 동학의 발생

창도	• 경주 출신의 몰락 양반인 최제우가 창시(1860)
교리	• 유·불·선의 주요 내용과 민간신앙의 요소 결합, 사회 모순을 극복, 일본과 서양 국가의 침략을 막아내자고 주장 → 시천주(侍天主), 인내천(人乃天) 사상 강조, 보국안민, 후천개벽
내용	• 평등사상, 여성과 어린이의 인격 존중 주장
탄압	• 혹세무민의 죄로 최제우 처형
교세 확장	• 최시형의 교리 정리 : 『동경대전』과 『용담유사』, 교단 조직 정비

7 농민 의식의 성장과 농민 항쟁

사회적 배경	• 삼정의 문란, 탐관오리의 횡포, 자연재해, 농민의 사회의식 성장
농민들의 저항	• 소극적인 저항(벽서, 괘서)에서 농민 봉기로 변화
홍경래의 난 (1811)	• 원인 : 삼정의 문란, 서북 지방에 대한 차별 대우 • 내용 : 몰락 양반인 홍경래의 지휘 하에 영세 농민, 중소 상인, 광산 노동자 등이 합세하여 일으킨 봉기 • 경과 : 평안도에서 난을 일으켜 청천강 이북 지역을 거의 장악하였으나 5개월 만에 진압됨 • 영향 : 이후 각지에서 농민 봉기 발생
임술 농민 봉기 (1862)	• 원인 : 삼정의 문란, 관리들의 부정과 탐학 • 경과 : 진주를 중심으로 확산, 이를 계기로 농민 항쟁은 전국으로 확대 • 의의 : 농민들의 사회의식 성장, 양반 중심의 통치 체제 점차 붕괴
정부의 대책	• 암행어사 파견, 삼정이정청 설치 → 성과를 거두지 못함

▲ 19세기 농민 봉기

▲ 홍경래군의 이동 경로

◎ 정감록

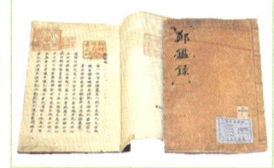

이씨 왕조가 망하고 정씨 성을 가진 사람이 나타나 새 왕조를 연다는 내용의 예언서예요.

▲ 마패

기출문제 확인하기

1. 17세기 무렵 (가)~(라) 신분에 대한 설명으로 옳지 <u>않은</u> 것은?

① (가)는 경제적으로 지주층이며 현직 또는 예비 관료로 활동하였다.
② (나)는 중간 계층으로 전문 기술이나 행정 실무를 담당하였다.
③ (다)는 인구 중 다수를 차지하였으며 생산 활동에 종사하였다.
④ (라)는 고려 시대 백정이라고 불린 신분에 해당된다.
⑤ (가)~(라)의 신분은 엄격히 구분되었으나 신분 이동이 가능하였다.

문제 파악

이 문제는 조선의 신분제에 대해 묻고 있어요. (가) '문무 고위 관직', (나) '사신 수행', '통역', (다) '조세와 공납', (라) '내 자식도 평생 신공을 바치고' 등의 키워드를 통해 순서대로 양반 – 중인 – 상민 – 노비에 대한 설명임을 파악할 수 있겠죠?

문제 해설

조선은 사회 신분을 양인과 천민으로 구분하는 양천 제도를 법제화하였어요. 양인은 과거에 응시하고 벼슬길에 오를 수 있는 자유민으로, 조세, 국역 등의 의무를 지녔고 천민은 비자유민으로, 개인이나 국가에 소속되어 천역을 담당하였어요. 관직을 가진 사람을 의미하던 양반은 세월이 흐를수록 하나의 신분으로 굳어져 갔고, 양반 관료를 보좌하던 중인도 신분층으로 정착되어 갔어요. 그리하여 반상 제도가 일반화되고 양반, 중인, 상민, 천민의 신분 제도가 점차 정착되었어요. 조선 시대는 엄격한 신분제 사회였지만 신분 이동이 가능하였어요.

오답 확인

④ 고려 시대 백정은 농민을 일컫는 말이에요.

정답 : ④

사료 史料 보기

노비의 신분 상승

공사 노비의 양인 처 소생은 한결같이 어머니의 역(役)을 따르게 법을 세우라고 명했다. 이에 앞서 판부사 송시열이 아뢰었다. "이경억이 충청 감사로 있을 때 상소하여 공사 노비가 양인 처를 맞이하여 낳은 자식은 남녀를 가리지 않고 한결같이 어미의 역을 따르도록 청했습니다. 이는 일찍이 이이가 주장한 것인데 당시 조정에서 막아 시행하지 못했습니다. 지금 양민이 날로 줄어드는 것은 이 법을 시행하지 않기 때문입니다. 속히 제도를 만들어 변통하소서." – 「**현종실록**」

왕이 윤음을 내렸다. "우리나라의 내수사와 중앙 각 관청이 노비를 소유하고 물려주는 것은 기자(箕子)에서 비롯되었다고 하나 나는 그렇게 보지 않는다. …… 임금이 백성을 볼 때는 귀천이 없고 남녀 구별 없이 하나같이 적자다. '노(奴)'다 '비(婢)'다 하여 구분하는 것은 어찌 일시 동포하는 뜻이겠는가. 내노비(왕실 노비) 36,974명과 시노비(중앙 관청 노비) 29,093명을 양민이 되도록 허락하고 승정원에 명을 내려 노비 문서를 모아 돈화문 밖에서 불태우도록 하라." – 「**순조실록**」

사료 해설

첫 번째 사료는 노비 종모법에 대한 내용으로 노비 종모법의 실시로 노비가 양인 처를 맞이할 경우 그 자식은 양인 신분을 갖게 됨으로써 노비 수가 크게 줄어들게 되었어요. 두 번째 사료는 순조 원년에 공노비 6만 6,000여 명을 해방시킨 것을 보여 주는 사료로, 노비의 신분 상승을 위하는 것보다는 도망 노비가 늘어나서 노비를 양인으로 전환하여 차라리 군역 대상자를 확보하여 군포를 징수하려는 의도를 담고 있었답니다.

2. 다음 사건들이 일어난 공통적인 원인으로 가장 적절한 것은?

- 홍경래의 지휘 하에 농민, 중소 상인, 광산 노동자 등이 합세하여 봉기하였다. 이들은 한때 청천강 이북 지역을 거의 장악하였으나, 5개월 만에 평정되었다.
- 진주에서 유계춘을 중심으로 일어난 농민 봉기는 곧 인근 지역으로 퍼져, 삼남 지방을 중심으로 북쪽의 함흥으로부터 남쪽의 제주에 이르기까지 전국적으로 확산되었다.

① 왜란으로 인해 경작지가 크게 줄어들었다.
② 삼정의 문란으로 농민들의 생활이 피폐해졌다.
③ 경복궁 중건 공사에 많은 백성들이 동원되었다.
④ 호족이 지방을 직접 다스리며 세금을 거두었다.
⑤ 무신정변 이후 백성에 대한 통제력이 약화되었다.

📖 문제 파악

제시된 지문의 '홍경래', '봉기', '진주', '농민 봉기' 등의 단어를 통해 19세기에 발생했던 '홍경래의 난'과 '임술 농민 봉기'에 대한 내용임을 파악할 수 있어야 해요. 그리고 19세기에 이런 농민 반란들이 전국적으로 발생하게 된 원인을 아는 것이 중요해요.

📝 문제 해설

19세기 농민 봉기는 세도정치와 맞물려서 발생하였어요. 세도정치로 인해 정치 기강이 무너지고 그러면서 매관매석이 행해지고 삼정이 문란해졌으며 탐관오리의 횡포는 날로 심해졌습니다. 게다가 자연재해와 전염병의 유행으로 농촌은 더욱더 황폐화되었어요. 더 이상은 견딜 수 없는 지경에 이르렀기에 홍경래의 난을 시작으로 전국 곳곳에서 난이 발생하게 되었어요.

🎓 오답 확인

① 왜란이 발생했던 것은 이것보다 훨씬 이전 시기이지요.
③ 경복궁 중건 공사는 고종 때 흥선 대원군이 실시했어요.
④ 호족이 중심 세력으로 부상한 것은 신라 말기 때예요.
⑤ 무신정변은 고려 때 일이에요.

정답 : ②

사료史料 보기

임술 농민봉기

임술년 2월 19일 진주민 수만 명이 머리에 흰 수건을 두르고 손에는 나무 몽둥이를 들고 무리를 지어 진주 읍내에 모여 서리들의 가옥 수십 호를 불사르고 부수어서 그 움직임이 결코 가볍지 않았다. 병사가 해산시키고자 장시에 나가니 흰 수건을 두른 백성들이 땅 위에서 그를 빙 둘러싸고는 백성의 재물을 횡령한 조목, 아전들이 세금을 포탈하고 강제로 징수한 일들을 면전에서 여러 번 문책하는데, 그 능멸하고 핍박함이 조금도 거리낌이 없었다. – 「임술록」

사료 해설
이것은 임술 농민 관련된 사료로 봉기의 원인에 대해 서술하고 있는데, 지방 관리와 향리가 불법적으로 백성의 재물을 수탈하고 재산을 축적한 것에 대한 반발로 인한 것임을 알 수 있어요.

TEST
단원별 핵심 기출 문제

1. 밑줄 그은 내용과 관련된 사실로 옳은 것은?

   ○○ 박물관에는 삼국 시대부터 현재까지 각 시대의 세금관련 자료들이 전시되어 있다. 통일신라 시대 코너에는 국가가 세무 행정을 위해 촌락의 경제 상황을 어떻게 파악했는지 볼 수 있는 민정문서가 전시되어 있고, 조선 시대 코너에는 <u>전세(田稅) 징수를 위해 조선 정부가 실시한 제도와 관련한 자료</u>들이 전시되어 있다.

   ① 체계적인 조세 운영을 위해 연분 9등법이 시행되었다.
   ② 식읍을 받은 사람이 그 지역의 조세, 역 등을 징발하였다.
   ③ 촌주위답, 내시령답 등 토지의 종류와 면적을 기록하였다.
   ④ 3년마다 토지 크기, 인구 수 등을 파악하여 문서로 작성하였다.
   ⑤ 토지 조사 사업을 통해 지목, 지가, 지형, 등급 등을 조사하였다.

2. 밑줄 그은 '이 제도'에 대한 설명으로 옳은 것은?

   <u>이 제도</u>의 시행으로 줄어든 것을 계산하니 총 50만여 필인데, 돈으로 환산하면 100만여 냥이다. 각 아문과 군대의 비용을 줄인 것이 50만여 냥이었다. 부족한 부분은 어세·염전세·선박세와 선무군관에게 받는 것, 은·여결에서 거두는 것으로 충당하게 하였는데, 이를 모두 합하면 10만여 냥이었다. 평안·함경도를 제외한 6도의 토지에서 1결마다 쌀 2두 또는 돈 5전을 거두면 대략 30만 냥이 되는데, 이렇게 하면 부족한 액수와 비슷하였다.

   ① 농민의 군역 부담을 경감시키고자 실시하였다.
   ② 양반도 상민들과 똑같이 군포를 부담하게 하였다.
   ③ 특산물 대신 쌀이나 동전 등으로 납부하게 하였다.
   ④ 토지가 전혀 없는 소작농을 수취 부담에서 제외시켰다.
   ⑤ 공인의 활동으로 상품 화폐 경제의 발달을 촉진하였다.

3. 밑줄 그은 ㉠에 해당하는 것으로 옳은 것을 〈보기〉에서 고른 것은?

   역사 신문
   제△△호   ○○○○년 ○○월 ○○일

   대동법, 마침내 시행되다

   그동안 호별로 일률적으로 부과되어 농민의 부담이 컸던 공납은 방납의 폐단으로 더욱 부담이 가중되었다. 이에 이이와 유성룡 등이 공납을 쌀로 거두자는 수미법을 주장하였다. 임진왜란을 겪은 후 1608년에 선혜청을 두어 대동법을 실시하게 되었다. 대동법의 시행은 조선 경제에 ㉠<u>여러 가지 변화를 가져왔다.</u>

   〈보기〉
   ㄱ. 백골징포, 황구첨정 등의 폐단이 사라졌다.
   ㄴ. 관청에 물품을 조달하는 공인이 등장하였다.
   ㄷ. 공납의 부과 기준이 가호에서 토지로 바뀌었다.
   ㄹ. 풍흉과 토지 비옥도에 따라 전세를 차등 부과하였다.

   ① ㄱ, ㄴ   ② ㄱ, ㄷ   ③ ㄴ, ㄷ
   ④ ㄴ, ㄹ   ⑤ ㄷ, ㄹ

4. 다음 자료의 (가)에서 주로 하는 활동으로 가장 적절한 것은?

   거상 **김만덕**

   김만덕은 어려서 부모를 잃고 나이든 기녀의 집에 의탁하였다. …… 이후 만덕은 (가) 을(를) 차려 선상이 물화를 싣고 포구에 들어오면 제주 특산물인 귤·미역·말총을 육지의 옷감·장신구·화장품과 교환하여 판매하기도 하고, 매매를 중개하여 많은 돈을 벌었다.

   ① 개시 무역과 후시 무역에 종사하였다.
   ② 철점, 사기점 등의 작업장을 운영하였다.
   ③ 상품의 보관, 숙박, 금융 등의 영업을 하였다.
   ④ 주점, 다점 등 관영 상점을 운영하기도 하였다.
   ⑤ 관청에서 공가를 미리 받아 필요한 물품을 납부하였다.

5. (가) 신분에 해당하는 사람으로 옳은 것은?

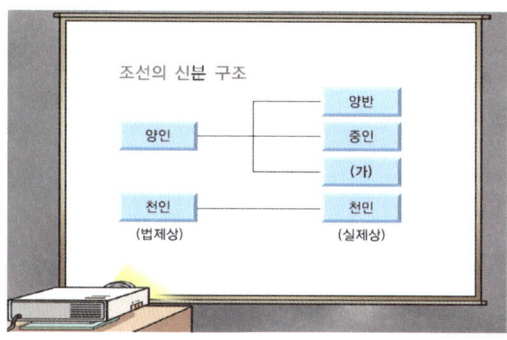

① 시전에서 비단을 파는 상인
② 혜민서에서 질병을 치료하는 의관
③ 과거 공부를 하는 호조 판서의 아들
④ 중국 사신을 맞이하는 조선의 통역관
⑤ 마당을 쓸다가 주인에게 불려가는 노비

6. 다음과 관련된 조선 시대 향촌 조직에 대한 설명으로 옳은 것은?

초상이 나면 동네 사람들 각자가 쌀 1되씩 낸다. 혹시 빈궁하여 이를 내지 못하면 노동으로 대신한다. 장례 때에는 집집마다 장정 1명씩 내어 일을 돕고, 양반 사족으로서 장정을 보내지 않는 사람은 쌀 1되씩을 낸다. 가난하여 혼기를 놓친 처녀가 있으면 관청에 보고하여 지원을 받도록 주선하는 한편, 향약민 중에서도 형편에 알맞게 부조를 한다. 병환으로 농사를 폐기한 사람이 있으면 마을에서 각각 지원하여 경작을 도와준다.

① 지방민의 진료 및 약재를 담당하였다.
② 선현에 대한 제사와 후진 교육을 담당하였다.
③ 공동 노동을 위한 농민들의 작업 공동체 역할을 하였다.
④ 서로 이웃하고 있는 다섯 집을 하나의 통으로 묶고 관리하였다.
⑤ 전통적인 공동 조직에 유교 윤리를 결합시켜 향촌 사회의 질서를 유지하였다.

7. 그림과 같은 상황이 보편화된 시기의 사회 모습으로 가장 적절한 것은?

① 부계 중심의 족보가 널리 편찬되었다.
② 사위가 처가에서 생활하는 경우가 많았다.
③ 여성의 이혼과 재가가 비교적 자유로웠다.
④ 자녀는 태어난 순서대로 호적에 기재하였다.
⑤ 음서의 혜택이 사위와 외손자에게도 주어졌다.

8. 대화에 나타난 종교에 대한 설명으로 옳지 않은 것은?

① 서양과 서학에 반대하였다.
② 조상에 대한 제사를 거부하였다.
③ 몰락 양반인 최제우가 창시하였다.
④ 교세가 확산되자 정부의 탄압을 받았다.
⑤ 유·불·선과 민간 신앙의 요소가 포함되어 있다.

03 조선의 문화 ①

달인의 개념 쏙쏙

▲ 훈민정음 언해본

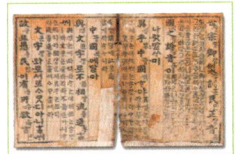

▲ 삼강행실도

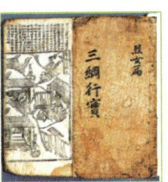

▲ 경국대전

1 근세의 문화 개괄

조선 전기 문화의 특징 : 민족 문화의 발달	조선 후기 문화의 특징 : 서민 문화의 발달
• 민족적, 실용적 학문의 발달 • 부국강병, 민생 안정을 위한 과학기술 중시	• 조선 후기 상품 화폐 경제의 발달과 서당 교육의 보급으로 서민의 경제적 지위 향상 • 사회의 부정과 비리를 풍자, 고발

2 조선 전기 민족 문화의 발달

한글 창제	• 피지배층의 교화를 통해 양반 중심의 질서를 유지하기 위한 목적으로 창제 • 유교주의 교육과 지식 보급에 기여, 민족 문화의 기반 확립

교육기관 설립	• 관립 교육기관 : 성균관, 4학, 향교
	  – 성균관 : 중앙의 최고교육기관, 원칙적으로 생원·진사가 입학
	  – 향교 : 지방의 중등교육기관, 성현에 대한 제사와 유생 교육
	  – 4학 : 서울에 중학·동학·남학·서학
	• 사립 교육기관 : 서당, 서원
	  – 서당 : 초등교육기관
	  – 서원 : 백운동 서원이 시초, 선현 제사와 교육 담당, 향촌사회의 교화에 공헌

윤리, 의례서 편찬	• 윤리서 : 삼강행실도(충신, 효자, 효녀의 기록) • 의례서 : 국조오례의(국가의 행사에 필요한 의례 기록), 동몽수지(어린이가 지켜야 할 예절)
법전 편찬	• 유교적 통치 규범을 만들기 위해 편찬 • 경국대전(성종) • 6전(이전·호전·예전·병전·형전·공전)으로 구성

3 성리학의 발달

1 조선 중기의 성리학

1) 관학파와 사림파

관학파(훈구파)	• 혁명파 사대부, 성리학 이외의 사상에 관대, 부국강병 중시
사림파	• 온건파 사대부, 성리학 이외 사상 배척, 왕도정치 추구

2) 성리학의 융성

이기론	우주 만물의 이치를 이(理)와 기(氣)로 설명하려 함, 왕도적 정치 철학 확립에 기여
이황	주리론, 보편적 원리 중시(근본적, 이상적), 일본 성리학에 영향, 『주자서절요』와 『성학십도』 등 저술
이이	주기론, 경험적 현실세계 중시(현실적, 개혁적), 수취 제도 개혁 등 다양한 개혁 방안 제시, 『동호문답』『성학집요』 등 저술

2) 학파의 형성과 예학

학파와 정파의 분열	• 동인(영남학파) : 서경덕, 이황, 조식 학파 → '정여립 모반 사건'을 계기로 남인 (이황 계승), 북인(조식과 서경덕 계승)으로 분화 • 서인(기호학파) : 이이, 성혼 학파 → 인조반정 이후 정국 주도 → 경신환국(숙종)을 계기로 노론(이이 계승, 송시열)과 소론(성혼 계승, 윤증)으로 분화
예학의 발달	• 17세기 이후 양난으로 흐트러진 유교 질서 회복을 위해 중시됨 • 상장제례 의식 바로 세움, 유교주의적 가족 제도 확립, 예치 강조 • 한계와 폐단 : 예송 논쟁 등 사림 간의 정쟁의 구실로 이용됨

2 조선 후기 성리학의 변화

1) 성리학의 교조화

배경	• 인조반정 이후 서인의 집권 → 의리·명분론 강화, 성리학 절대화
서인의 분화	• 노론 : 이이 사상 계승, 주자학 중심으로 성리학 절대화(송시열) • 소론 : 성혼의 사상 계승, 양명학을 수용하는 등 성리학의 이해에 탄력적인 자세를 취함
호락 논쟁	• 인간과 사물의 본성이 같은가 아닌가에 대한 노론 내부의 논쟁 • 호론 : 인간과 사물의 본성은 다르다(인물성이론, 충청지방 노론) • 낙론 : 인간과 사물의 본성은 같다(인물성동론, 경기지방 노론)

2) 양명학의 수용

전래	• 17세기부터 소론 학자들이 수용하여 연구
내용	• 지행합일, 치양지의 실천 강조 → 성리학의 교조화 비판
발전	• 정제두의 연구 → 강화학파 형성, 소론계열 학자 중심으로 계승

4 조선 후기 실학의 발달

실학의 등장	• 조선 후기 사회 모순을 해결하기 위한 새로운 학문과 사상의 필요성 대두 • 고증학과 서학의 영향을 받아 실사구시의 학풍이 생겨남 • 중농학파인 경세치용학파, 중상학파인 이용후생학파로 분화
중농학파	• 경세치용학파 : 농민 생활의 안정을 위한 토지 개혁 주장 유형원(『반계수록』, 균전론◎), 이익(『성호사설』, 한전론◎), 정약용(『목민심서』, 여전론◎)
중상학파	• 이용후생학파 : 청나라의 문물을 수용하고, 상공업 발전 주장 유수원 : 『우서』, 상공업 진흥과 기술 혁신 강조 홍대용 : 『담헌서』, 신분제 철폐, 성리학 극복, 기술혁신 주장 박제가 : 『북학의』, 상공업 발달, 소비 권장, 청과 통상 강화 주장 박지원 : 『열하일기』, 화폐 유통의 필요성 주장, 양반 문벌 제도의 비생산성 비판, 수레와 선박 이용

5 조선의 불교와 민간 신앙

불교의 정비	• 억불책 : 유교 질서의 확립과 재정 확보를 위해 불교를 억압 → 도첩제◎ 실시(태조) • 교세 유지 : 간경도감◎ 설치(세조) • 사림의 정계 진출과 경제적 기반 축소로 17세기 이후 급격히 위축
도교	• 도교 : 도교의 제천행사가 국가의 권위를 높이는 기능이 있었음이 인정됨, 소격서◎ 설치 → 16세기 이후 사림의 정계 진출로 점차 위축

◎ 균전론
조선 후기 실학자들의 토지 개혁론으로 유형원의 균전론이 대표적이에요. 신분에 따라 토지를 균등하게 나누어 주자는 주장이에요.

◎ 한전론
성호 이익이 주장한 토지 개혁론으로, 일정 기준의 영업전을 두고, 영업전을 제외한 토지에 대해서는 자유 매매를 허락하되 영업전으로 제한된 토지는 매매할 수 없게 해야 한다는 내용이 중심이에요.

◎ 여전론
정약용이 주장한 토지 개혁론으로, 여(閭)라는 단위를 만들어 여 내에 자치적인 공동 농장을 만들어 공동 경작한 후 개개인의 노동량을 기록했다가 노동량에 비례하여 국가에 바치는 세를 제외한 생산물을 여민에게 분배한다는 내용을 담고 있어요.

◎ 도첩제
승려가 출가를 할 때 국가가 그 신분을 공인해 주던 제도로, 승려가 되길 원하는 이는 양반의 자제일 경우 포(布) 100필, 서인은 150필, 천인을 200필을 바쳐야 했어요. 이 제도는 군역 면제 대상이었던 승려의 수를 억제해서 군사력을 강화하고, 불교의 인적 기반을 제약해서 불교를 억압하는 데 목적이 있었어요.

◎ 간경도감
세조 때 만들어진 기관으로 불경을 번역하고 간행하던 기관을 말해요.

◎ 소격서
도교의 제사인 초제를 관장하는 기관이에요.

기출문제 확인하기

1. 밑줄 그은 '이 법전'으로 옳은 것은?

세조대왕께서 자손만대로 변하지 않을 법을 만들 목적으로 이 법전을 편찬하기 시작하셨소. 이에 여러 차례 보완을 거쳐 완성하고 반포하니, 모든 관리들은 법이 올바로 집행될 수 있도록 만전을 기하여 주기 바라오.

성종

①
속대전

②
경국대전

③
대전통편

④
대전회통

⑤
육전조례

📖 문제 파악
말하고 있는 임금이 성종이라는 부분과 말풍선 안에 세조 때부터 편찬되기 시작한 '법전'이라는 두 가지 키워드를 통해 문제에서 의도하고 있는 것이 조선의 법전인 『경국대전』이라는 것을 알 수 있어요.

📝 문제 해설
조선의 성종이 완성한 법전은 두 말 할 것 없이 『경국대전』이지요.

🏆 오답 확인
① 속대전은 영조 때 법전으로, 경국대전 시행 이후 공포된 법령 중에서 시행할 법령만을 뽑아 편찬한 법전이에요.
③ 대전통편은 정조 때 법전으로 경국대전과 속대전, 그리고 그 이후의 법령을 모두 통합해 편찬한 법전이에요.
④ 대전회통은 흥선 대원군 때 법전으로 조선 시대 마지막 법전이에요.
⑤ 육전조례는 흥선 대원군 때 6조의 시행 규칙을 수록한 책이에요.

정답 : ②

 조선의 법 제도

고려까지만 해도 법 제도는 당률(唐律)을 부분적으로 수용하여 필요할 때마다 현실에 적용하거나, 송이나 원의 법률을 섞어 사용하는 등 통일된 법전이 편찬되지는 않았죠. 이렇게 일정한 법 제도가 마련되지 않았기 때문에 권문세가와 관료들의 부정부패가 끊이지 않고, 백성들의 재산이나 생명을 보호하지 못했다고 생각했던 조선 건국의 주축이 되었던 신흥사대부들은 국가의 기강과 사회질서를 유지하기 위해서 법의 정비가 시급하다고 생각했어요.

그리하여 조선의 건국 이후 태조 이성계는 법제는 고려의 것을 준수하고, 법전에 따른 법치(法治)를 할 것을 표방했어요. 그리하여 태조와 함께 조선을 건국한 정도전은 1394년(태조3년)에 원나라의 『경세대전』과 명나라의 대명률을 참고하여 법전의 편찬과 통치 방침을 다룬 『조선경국전(朝鮮經國典)』을 저술했어요. 이후 1397년(태조6년)에는 고려의 우왕 때부터 당시까지 발표된 조례를 정리한 『경제육전(經濟六典)』이 반포되었고, 세조 때는 『호전』, 『형전』이 완성되었어요. 이후 예종을 거쳐 1458년(성종16년)에는 6전으로 구성된 『경국대전(經國大典)』이 집대성되어 이를 시행했어요.

140

2. 다음은 조선 시대 어느 유학자에 관한 마인드 맵이다. (가) 인물에 대한 설명으로 옳은 것은?

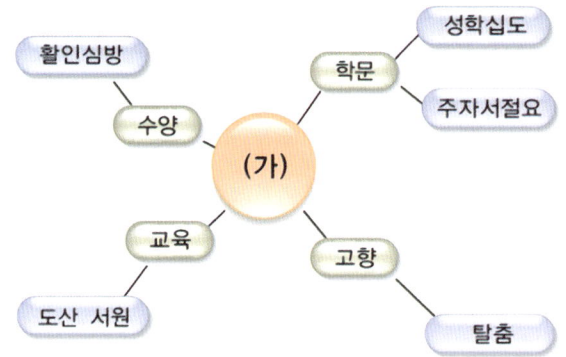

① 일본의 성리학 발전에 영향을 끼쳤다.
② 통치 체제 정비와 수취 제도의 개혁을 주장하였다.
③ 기의 역할을 강조하고 그 문인들이 서인을 형성하였다.
④ 노장사상에 대해 포용적이고 학문의 실천성을 강조하였다.
⑤ 고증학의 영향을 받아 실생활에 유용한 학문을 연구하였다.

문제 파악

성학십도, 주자서절요, 도산 서원 등의 키워드를 통해 (가)의 인물이 퇴계 이황이라는 점을 알 수 있어요. 이황의 성리학과 관련된 대표 저서가 『성학십도』와 『주자서절요』이죠. 도산 서원은 이황이 세상을 떠난 뒤 그의 제자들이 건립한 서원을 말합니다. 탈춤으로 유명한 안동이 고향이지요. 때문에 (가) 인물은 이황입니다.

문제 해설

이황의 성리학은 주리론이 중심이었고, 훗날 그의 학맥을 이어받아 남인이 형성되지요. 이황은 도덕적인 수행을 중요하게 생각했고, 특히 일본 성리학에 영향을 주었습니다.

오답 확인

②, ③은 율곡 이이에 대한 설명이에요.
④ 서인 중에서 소론에 관한 설명이에요.
⑤ 실학자들에 대한 설명이에요.

정답 : ①

 이황의 성리학과 이이의 성리학

이황은 선배 학자인 이언적의 주리론을 발전시켜 주리철학을 집대성한 인물이고, 이이는 조광조의 문하에 있던 성수침의 가르침을 받아 주기철학을 연구한 대표적인 인물이지요. 이황은 우주만물의 보편적 원리가 형이상(形而上)인 이(理)이며, 모든 사물의 현상인 형이하(形而下)를 기(氣)라고 보았는데, 이때 기는 이를 떠나서는 아무것도 아니라고 주장했어요. 이때 이는 완전히 선한 것이기 때문에 인간은 도덕적 수양을 통해서 이로 돌아가야 한다고 생각했지요.

반면 이이는 이황에 비해 기의 역할을 상대적으로 중시했어요. 그래서 이이는 근원적이고 보편적인 이와 능동적이고 자율적인 기의 조화를 강조했어요. 또 이는 기의 움직임에 따라 달라질 수 있기 때문에 가시적인 현상이나 경험적 현실세계, 즉 형이하의 세계를 개혁해야만 형이상의 세계인 이가 바로 설 수 있다고 생각했어요. 그래서 이런 논리는 이이는 현실 개혁 정책을 중요시 여기게 되는 이론적 바탕이 됩니다.

03 조선의 문화 ②

6 과학기술의 발달

구분	조선 전기	조선 후기
천문학과 역법	• 천문학 : 천상열차분야지도 → 고구려의 천문도를 바탕으로 함 • 역법 : 칠정산	• 천문학 : 홍대용(지전설◎) → 중국 중심적 세계관을 비판 • 역법 : 김육(시헌력 도입)
인쇄와 제지술	• 주자소◎ 설치(태종) → 계미자(태종), 갑인자(세종) 등 금속 활자 주조, 조립 방식으로 능률을 높임	
무기와 기계	• 국방력 강화 목적 • 무기 제조 : 거북선, 화포, 화차 등 무기 제조	• 기계 : 정약용의 거중기(화성 축조) • 배다리 : 정조의 화성 행차 시 이용 • 서양 문물의 수용 : 천리경·자명종 등
농업	• 시간 측정 기구 : 자격루·앙부일구 • 강우량 측정 : 측우기 • 토지 측량 기구 : 인지의·규형 • 농서 : 『농사직설』(우리 실정에 맞는 독자적 농법 정리)	• 농서 : 신속 『농가집성』 • 농업 기술 : 이앙법◎의 전국 보급, 시비법 발달
의학	• 『향약집성방』: 우리 풍토와 맞는 약재와 치료 방법을 개발·정리 • 『의방유취』: 의학백과사전	• 허준 : 『동의보감』 • 허임 : 『침구경험방』 • 정약용 : 『마과회통』 • 이제마 : 『동의수세보원』 사상의학

7 국학 연구

구분	조선 전기	조선 후기
역사서 편찬	① 건국 초기 : 조선왕조의 정통성과 명분을 밝히기 위함 ② 15세기 중엽 • 『고려사』, 기전체 • 『고려사절요』, 편년체 • 『동국통감』, 편년체 ③ 16세기 • 기자 조선에 대한 연구 심화 ④ 조선왕조실록 편찬 : 춘추관에서 실록 편찬 담당	① 실사구시 학풍의 영향으로 민족의 전통과 현실에 대한 관심이 고조되어 국학이 발달 ② 역사 연구 • 안정복 『동사강목』 • 이긍익 『연려실기술』 • 한치윤 『해동역사』 • 유득공 『발해고』 ③ 금석문 • 김정희 『금석과안록』(북한산비가 진흥왕 순수비임을 밝혀냄)
지도 지리서 편찬	• 국방력 강화와 중앙 집권화를 위해 편찬 • 지도 : 혼일강리역대국도지도(태종, 동양 최고(最古)의 지도) • 지리서 : 『동국여지승람』	• 지리서 : 이중환 『택리지』 • 지도 : 곤여만국전도(세계지도) → 세계관 확대에 기여 정상기(동국지도, 최초로 축척 사용), 김정호(대동여지도)◎ • 백과사전 : 이수광 『지봉유설』

달인의 개념 쏙쏙

▲ 천상열차분야지도

▲ 칠정산

▲ 신기전

▲ 배다리   ▲ 거중기

▲ 측우기   ▲ 앙부일구

◎ **지전설**
지구가 하루에 한 번씩 자전해서 낮과 밤이 된다는 설을 의미해요.

◎ **주자소**
조선 시대에 활자를 만들던 관청을 말해요.

◎ **이앙법**
벼농사를 지을 때 어느 정도 키운 벼의 묘종을 옮겨 심고 재배하는 논농사 방법으로, 모내기법이라고 말하기도 해요.

⑧ 건축과 예술

구분	조선 전기	조선 후기
건축	① 도성과 궁궐 • 숭례문 : 조선 초기 건축을 대표 • 개성의 남대문 · 평양 보통문 ② 사찰 및 탑 • 무위사 극락전 • 원각사지 10층 석탑 ③ 서원 • 경주 옥산서원 • 안동 도산서원 • 파주 자운서원	① 17세기 • 금산사 미륵전 • 화엄사 각황전 • 법주사 팔상전 → 불교의 사회적 지위 향상과 양반 지주층의 경제 지원으로 큰 규모의 다층 사찰 건축 ② 19세기 • 흥선 대원군 : 경복궁, 경회루 ③ 수원 화성(정조) • 공격과 방어를 겸한 성곽 시설, 현재 세계 문화유산으로 지정
도자와 공예	• 15세기 : 분청사기(고려 말에 등장) • 16세기 : 백자(순백의 고상함)	• 청화백자(양반 계층) • 옹기(서민 계층)
그림과 글씨	① 15세기 • 몽유도원도(안견) • 고사관수도(강희안) ② 16세기 • 사군자, 산수화, • 송하보월도(이상좌) • 수박도 · 초충도(신사임당) ③ 서예 • 송설체(안평대군) • 왕희지체(양사언) • 석봉체(한호)	① 진경산수화 • 인왕제색도, 금강전도(정선) ② 풍속화 • 김홍도 → 서민의 생활상을 익살스럽게 표현 • 신윤복 → 양반과 부녀자들의 생활, 남녀 사이의 애정을 해학적으로 그려냄 ③ 강세황 : 서양화 기법 소개 ④ 민화 : 서민들의 소원 기원 ⑤ 서예 : 추사체(김정희)
문학	① 15세기 문학 • 한문학 : 동문선(서거정) • 금오신화 : 최초의 한문 소설 • 용비어천가, 월인천강지곡 → 조선 왕조의 업적 찬양 ② 16세기의 문학 • 관동별곡 · 사미인곡 · 속미인곡 • 여류 문인 : 신사임당(시 · 글씨), 허난설헌(한시), 황진이 (시조)	• 한글 소설 : 홍길동전, 춘향전 • 사설 시조 : 격식에 구애받지 않음, 서민들의 감정이 솔직하게 표현 • 한문학 : 박지원(양반전 · 허생전 · 호질) → 양반들의 위선 풍자
음악과 무용	• 15세기 음악 : 악학궤범(성종) • 16세기 음악 : 속악으로 발달 • 무용 : 나례춤 · 처용무(궁중)	• 서민 문화의 발달 판소리(춘향가, 심청가, 흥보가 등) • 탈춤 : 사회적 모순을 해학적으로 풍자

달인의 개념 쏙쏙

▲ 법주사 팔상전 ▲ 화엄사 각황전

▲ 경복궁 근정전 ▲ 수원 화성

▲ 분청사기 ▲ 백자

▲ 혼일강리역대국지도

◎ **진경산수화**
우리나라의 경치를 사실적으로 묘사한 그림이에요.

◎ **대동여지도**
이 지도는 전부 22첩으로 구성되어 있고, 10리마다 점을 찍어 거리를 표시했어요. 또 산맥과 하천, 도로망을 표시해서 여행 시 걷기와 배 타기를 고려하여 계획을 짤 수 있게 했지요. 또 옛 지명들을 표시해서 역사 지리적인 정보도 함께 제공하고 있답니다.

기출문제 확인하기

1. 다음 기구들이 처음 제작된 시기에 있었던 사실로 옳은 것은?

① 상감기법의 청자가 유행하였다.
② 월정사 8각 9층 석탑이 세워졌다.
③ 칠정산이라는 역법서가 편찬되었다.
④ 토지 제도 개혁을 담은 반계수록이 저술되었다.
⑤ 홍역에 대한 의학 서적인 마과회통이 간행되었다.

📖 문제 파악
제시된 자료는 앙부일구와 측우기로 조선 전기에 만들어진 농사 기구죠. 이 기구들이 처음 제작된 시기에 있었던 사실로 옳은 것을 고르는 문제이니, 조선 전기에 있었던 사실을 고르면 돼요.

📝 문제 해설
칠정산은 조선의 한양을 기준으로 원나라의 수시력과 아라비아의 회회력을 참고하여 만든 것으로 1년을 365.2425일로 계산하는 등 조선 전기의 천문학 수준을 보여주는 역법에 관한 책이었죠.

🎓 오답 확인
① 상감기법의 청자가 유행한 것은 고려 시대이죠.
② 월정사 8각 9층 석탑은 고려 전기예요.
④ 유형원의 「반계수록」은 조선 후기에 지어진 책이죠.
⑤ 정약용의 「마과회통」은 조선 후기에 지어졌어요.

정답 : ③

더! 알아보기 — 조선 전기 과학기술의 발전

▲ 자격루

세종 때 만들어진 앙부일구는 해시계로, 모양이 오목한 반구형, 가마솥을 닮았다 해서 앙부일구라는 이름이 붙여졌어요. 이 앙부일구는 종묘와 혜정교에 설치되어 백성들이 이를 보고 시간을 알 수 있었다고 합니다. 앙부일구는 동지에서 하지에 이르는 24계절을 13개의 선으로 나타내고 여기에 수직으로 시각선을 그었습니다. 이 앙부일구는 일본으로 전해지기도 했으며, 조선 후기에도 계속 사용되었어요.

측우기는 강우량을 측정하기 위해 만들어진 기구로 역시 세종 때 발명되었으며, 서울과 각 도의 군현에 설치되었어요. 이때 측우기는 세계 최초의 기상 관측 장비였어요. 이탈리아의 가스텔리가 1638년에 처음으로 측우기로 강우량을 관측했다고 하는데, 조선에서는 이미 1442년 5월부터 강우량을 측정했거든요. 이외에도 조선에서는 바람의 세기와 방향을 측정하기 위해 풍기대가 만들어지기도 했고, 자격루나 옥루 같은 물시계가 만들어지기도 했습니다.

2. (가)~(라)에 대한 설명으로 옳지 <u>않은</u> 것은?

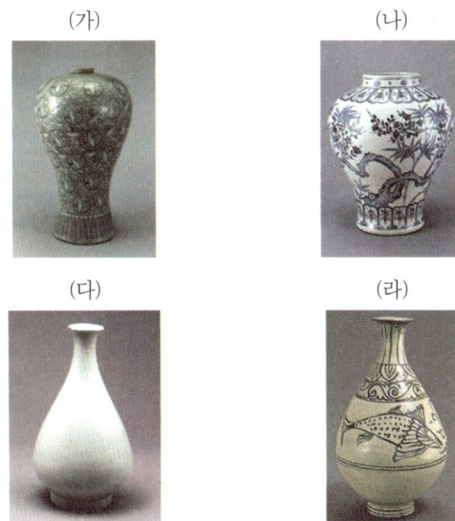

① (가) 전라도 강진과 부안이 대표적인 생산지였다.
② (나) 수공업 생산을 담당한 소(所)에서 생산되었다.
③ (다) 16세기 이후에 유행하였다.
④ (라) 청자에 백토의 분을 칠하여 만들었다.
⑤ (가) - (라) - (다) - (나)의 순서로 유행하였다.

문제 파악

제시된 그림은 (가)~(라) 순서로, 고려의 상감청자, 조선의 청화백자, 백자, 분청사기입니다. 이러한 문제는 각각의 도자기들이 가진 특징과 나타난 시기, 그 시기의 배경을 잘 정리해 두어야 해요.

문제 해설

수공업을 담당하던 촌락이었던 소(所)는 조선 초기 군현제가 정비되면서 소멸되었죠. 청화백자는 15세기 중후반부터 만들어지기 시작해서 18세기 무렵에 상당수가 제작되고 있었으니, 시기상 소에서 만들어질 수가 없지요.

정답 : ②

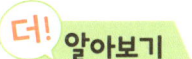 **조선의 도자기**

분청사기는 청자에 백토의 분을 칠하고 유약을 씌우고 무늬를 새겨 넣은 도자기를 말합니다. 이 분청사기는 조선 전기인 15~16세기, 약 150년간 만들어졌고, 생동감과 자유분방한 특징이 있어요. 그렇지만, 임진왜란과 정유재란으로 도자기 산업이 크게 위축되고, 15세기 후반부터 제도의 변화 등으로 인해 백자의 제작 기술이 더욱 일반화되면서 사라지게 됩니다. 조선의 백자는 고려에서 만들어진 백자를 계승했고, 명나라의 영향을 받아 더욱 발전하게 됩니다. 조선 초부터 국가 차원에서 백자의 생산과 관리에 힘을 기울였고, 특히 경기도 광주에는 중앙 관청을 설치하여 조선 백자를 관영으로 관리하기도 했습니다. 백자는 종묘사직과 기타 제례에 사용되기도 했고, 연적이나 필통 같은 문방구를 만드는 데도 사용되었습니다. 깨끗하고 담백하며 순백의 고상함을 상징했기 때문에 선비들에게 널리 이용되었죠. 조선 후기에는 도자기 공업의 민영화가 확산되어 민간에까지 널리 사용되어 조선을 대표하는 도자기로 자리잡게 됩니다. 이 백자에 청색의 코발트 안료로 무늬를 그리고 그 위에 투명한 유약을 입혀 구워낸 도자기가 바로 청화백자입니다. 우리나라에는 14세기 말에 전래되어 15세기 중엽부터 제작되기 시작하여 18세기 전반기부터 본격적으로 제작되었던 것으로 보입니다. 청화백자의 문양은 시기별로 달라지는데, 전기의 청화백자는 도화원 화원의 그림들이 문양으로 등장하는 한편, 후기로 갈수록 대중화되어 민화풍의 문양이 나타나기도 합니다. 물론 조선 후기의 서민들은 안료가 비싼 청화백자보다도 옹기를 많이 사용했지요.

TEST
단원별 핵심 기출 문제

1. 다음과 관련된 것으로 옳지 않은 것은?

❖ ○○시 도로명 짓기 공모전 ❖

위대한 발명가 장영실 선생을 기리기 위해 도로명 짓기 공모전을 개최합니다. 시민 여러분의 많은 참여 바랍니다.
○ 제안 요건 : 장영실이 직접 제작하였거나 제작에 참여한 과학 기기의 명칭을 활용
○ 기간 : 2017년 ○○월 ○○일~ ○○일
○ 대상 : 관심 있는 시민 누구나 참여 가능

○○시장

① 간의로 ② 혼천의로 ③ 자격루로
④ 거중기로 ⑤ 앙부일구로

2. (가)에 들어갈 자료로 옳은 것을 〈보기〉에서 고른 것은?

▶ 이달의 역사 인물 ◀
○○○, 실학을 집대성하다

1. 인물 소개 : 경기도 남양주 출생, 조선 후기의 학자이자 정치가
2. 주요 저서 : 목민심서, 경세유표, 흠흠신서, 마과회통 등
3. 업적 : _____(가)_____

① ㄱ, ㄴ ② ㄱ, ㄷ ③ ㄴ, ㄷ
④ ㄴ, ㄹ ⑤ ㄷ, ㄹ

3. 밑줄 그은 '왕'의 업적으로 옳은 것을 〈보기〉에서 고른 것은?

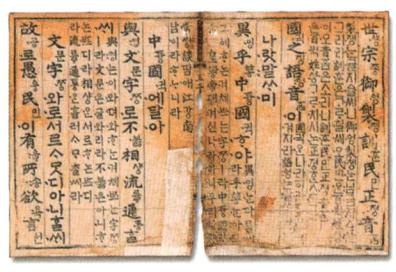

훈민정음 언해본

「훈민정음」에서 왕이 쓴 서문과 예의(例義) 부분만을 한글로 풀이하여 간행한 것이다.

〈보기〉
ㄱ. 금속 활자인 갑인자를 주조하였다.
ㄴ. 혼일강리역대국도지도를 만들었다.
ㄷ. 강우량 측정을 위해 측우기를 제작하였다.
ㄹ. 「경국대전」의 편찬을 마무리하여 반포하였다.

① ㄱ, ㄴ ② ㄱ, ㄷ ③ ㄴ, ㄷ
④ ㄴ, ㄹ ⑤ ㄷ, ㄹ

4. 다음 문화유산에 대한 설명으로 옳지 않은 것은?

조선왕조실록

① 편년체로 기록되었다.
② 승정원에서 편찬되었다.
③ 각지의 사고에 보관되었다.
④ 임금이라도 원칙적으로 볼 수 없었다.
⑤ 유네스코 세계기록유산으로 등재되었다.

5. 다음 지도에 대한 설명으로 옳은 것을 〈보기〉에서 고른 것은?

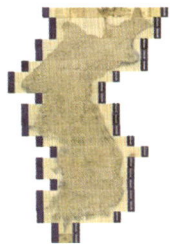

〈보기〉

ㄱ. 전체 22첩의 목판본으로 되어 있다.
ㄴ. 최초로 100리 척을 사용하여 제작되었다.
ㄷ. 산맥, 하천, 도로망 등이 정밀하게 표시되어 있다.
ㄹ. 각 지방의 산천, 인물, 풍속 등이 자세히 나타나 있다.

① ㄱ, ㄴ   ② ㄱ, ㄷ   ③ ㄴ, ㄷ
④ ㄴ, ㄹ   ⑤ ㄷ, ㄹ

6. (가)~(라)에 대한 설명으로 옳은 것을 〈보기〉에서 고른 것은?

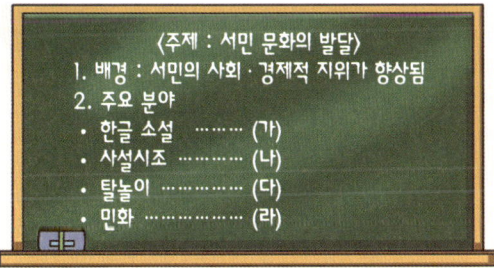

〈보기〉

ㄱ. (가) 양반전, 허생전 등이 대표작임
ㄴ. (나) 구체적인 이야기를 창과 사설로 엮음
ㄷ. (다) 양반의 위선과 사회 부조리를 풍자함
ㄹ. (라) 민중의 소망과 기원을 반영함

① ㄱ, ㄴ   ② ㄱ, ㄷ   ③ ㄴ, ㄷ
④ ㄴ, ㄹ   ⑤ ㄷ, ㄹ

7. 다음과 같은 시기에 그려진 그림으로 옳은 것은?

옷차림은 신분의 귀천을 나타내는 것이다. 그런데 어찌된 까닭인지 근래 이것이 문란해져 상민과 천민이 갓을 쓰고 도포를 입는 것이 마치 조정의 관리나 선비같이 한다. 진실로 한심스럽기 짝이 없다. - 「일성록」

8. (가)~(라)에 대한 설명으로 옳은 것을 〈보기〉에서 고른 것은?

(가) 수월관음도   (나) 몽유도원도
(다) 고사관수도   (라) 인왕제색도

〈보기〉

ㄱ. (가) 담징이 호류사에 그린 벽화라고 전해진다.
ㄴ. (나) 안견이 현실 세계와 이상 세계를 표현한 작품이다.
ㄷ. (다) 신윤복이 양반의 풍류를 묘사한 풍속화이다.
ㄹ. (라) 정선이 우리의 고유한 자연을 그린 진경산수화이다.

① ㄱ, ㄴ   ② ㄱ, ㄷ   ③ ㄴ, ㄷ
④ ㄴ, ㄹ   ⑤ ㄷ, ㄹ

9. 다음 책을 저술한 사람들의 공통된 주장으로 옳은 것은?

① 신분 제도 폐지 ② 토지 제도 개혁
④ 수레와 선박 이용 ③ 화폐 유통 장려
⑤ 청의 선진 문물 수용

10. (가), (나) 그림과 관련된 설명으로 옳은 것을 〈보기〉에서 고른 것은?

(가) 고사관수도   (나) 인왕제색도

〈보기〉

ㄱ. (가)는 (나)보다 후대에 그려졌다.
ㄴ. (가)가 그려진 시기에는 풍속화가 함께 유행하였다.
ㄷ. (나)는 우리 자연을 사실적으로 그렸다.
ㄹ. (나)와 같은 화풍은 정선에 의해 개척되었다.

① ㄱ, ㄴ ② ㄱ, ㄷ ③ ㄴ, ㄷ
④ ㄴ, ㄹ ⑤ ㄷ, ㄹ

11. 다음에서 설명하고 있는 유네스코 인류 무형 문화유산으로 옳은 것은?

한 사람의 타령으로 긴 서사적인 이야기를 고수의 북장단에 맞추어 노래와 말로 엮고 몸짓을 곁들여 부른다. 지금은 '춘향가', '심청가', '흥부가', '적벽가', '수궁가' 등이 전해진다.

①
사물 놀이

②
종묘 제례악

③
판소리

④
봉산 탈춤

⑤
처용무

12. 다음 문화유산에 대한 설명으로 옳지 않은 것은?

제○○회 다산제

• 일시 : 2017년 ○○월 ○○일~○○월 ○○일
• 장소 : 강진군 도암면 정다산 유적지

민족의 대학자이자 큰 스승이신 다산 선생의 깊고 숭고한 다산 사상을 기리는 제○○회 다산제에 여러분을 초대합니다.

①
거중기

②
「경세유표」

③
수원 화성

④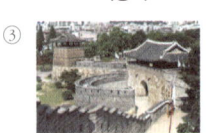
혼천의

⑤
한강 배다리

V

근대사

01 개화 정책의 추진과 반발
02 동학 농민 운동의 전개와 갑오개혁
03 근대 국가 수립을 위한 노력
04 국권 침탈과 국권 회복 운동
05 근대 문물의 수용과 발전

 달인의 공부비법 핵심

🔍 이 단원은 8~9문제가 출제되고 있으며 근대사를 공부할 때는 각 시기에 일어난 사건의 순서를 꼭 파악해야 합니다. 대부분의 수험생들이 가장 어려워하는 단원이에요. 하지만 각 사건의 인과 관계를 통해서 학습한다면 충분히 정답을 찾아낼 수 있으리라 확신합니다.

🔍 흥선 대원군의 개혁 정치는 매회 한 문제씩 꾸준히 출제되는 양상을 보입니다. 삼정의 문란을 시정하기 위한 개혁과 경복궁 중건을 위해 시행한 정책과 결과를 꼭 기억하세요.

🔍 개항 이후의 위정 척사 사상과 개화 사상을 구분하시고, 동학 농민 운동의 전개 과정, 결과, 의의를 살펴보세요.

🔍 근대 국가 수립을 위해 어떠한 노력을 했는가와 일제의 국권 침탈 과정과 이를 극복하기 위해 일어난 의병 활동과 애국계몽 운동의 내용을 학습하세요.

01 개화 정책의 추진과 반발 ①

연표	1866.5	1866.7	1866.10	1868.5	1871.6
	병인박해	제너럴 셔먼호 사건	병인양요	오페르트 도굴 사건	신미양요

흥선 대원군 시대(1863~1873)

1 전개

내정 (왕권 강화· 민생 안정 표방)		• 능력에 따른 인재 등용 • 비변사 폐지 → 의정부(정치), 삼군부(군사) 부활 • 『대전회통』, 『육전조례』 간행 • 서원 정리(47개소만 남김) • 호포법(양반에게도 군포 징수)과 사창제(환곡 개혁) 실시 • 경복궁 중건 → 당백전 발행, 원납전 징수
외정 (통상 수교 거부 정책)	병인양요 (1866)	• 병인박해 → 프랑스 군의 강화도 침입 → 한성근(문수산성)과 양헌수(정족산성)가 격퇴 • 외규장각 도서(왕실의궤) 약탈
	신미양요 (1871)	• 제너럴 셔먼호 사건(1866, 평양) : 미국 상선 제너럴 셔먼호가 대동강에서 교역 요구 → 평양 감사 박규 수를 비롯하여 군민들의 공격으로 침몰 • 미군의 강화도 공격 → 어재연이 격퇴
	오페르트 도굴 사건 (1868)	• 독일 상인 오페르트가 흥선 대원군의 아버지인 남 연군 묘(덕산) 도굴 시도
	척화비 건립 (1871)	

▲ 병인양요와 신미양요 때 격전지

2 결과

1) 전통적 통치 체제의 확립, 삼정의 문란 시정
2) 그러나 백성의 고통 가중(경복궁 중건), 양반들의 반발(호포제·서원 철폐), 민씨 세력의 성장 등으로 실각

달인의 개념 쏙쏙

◎ 흥선 대원군(1820~1898)

고종의 아버지로 본명은 이하응입니다. 1863년 고종이 12세의 어린 나이로 즉위하게 되자 10년간 섭정을 하게 되지요.

📝 흥선 대원군 삼정의 문란 개혁

삼정의 문란	개혁 내용
전정	양전 사업 실시
군정	호포법 실시 : 국가 재정 확충 목적
환곡	사창제 실시 : 빈민 구휼 제도를 향촌에 서 자치적으로 운영

📝 당백전, 원납전

임진왜란 때 소실되었던 경복궁 중건에 필요한 경비를 마련하기 위해 당백전이라는 고액의 화폐를 발행하였는데요. 이 당백전의 사용으로 물가가 급등하여 백성들의 삶은 더욱 힘들어졌어요. 또한 원납전을 징수했는데, 원납전을 글자 그대로 스스로 '원'하여 '납'부하는 '전'(돈)이라고 할 수 있겠죠. 즉, 기부금이라는 명목으로 강제로 돈을 내게 한 거예요.

◎ 외규장각 도서(왕실의궤) 약탈

프랑스가 약탈해간 지 145년 만인 2011년, 외규장각 도서는 우리나라로 반환되었답니다. 다만 반환은 대여 형식으로 이루어졌어요. 즉, 원칙적으로는 프랑스 소유지만 대여 기간을 갱신하게 되는 거죠.

2 개항과 수교

1 강화도 조약

1) 강화도 조약(1876)

배경	통상 개화론 대두, 운요호 사건(1875)으로 성립
내용	• 조선을 자주국으로 규정 → 청의 간섭 배제 • 부산, 원산, 인천 등 개항 → 정치, 군사적 발판 마련 • 해안 측량의 자유, 치외법권 인정 → 불평등 조약
성격	• 최초의 근대적 조약이면서 불평등 조약임

2) 일본의 경제 침투

통상장정 (1876.6)	• 양곡의 무제한 유출 허용 • 일본 수출입 상품에 대한 무관세
수호조규 부록 (1876.8)	• 조선 국내에서의 일본 외교관의 여행의 자유 허용 • 개항장에서의 일본인 거주지(조계) 설정 • 개항장에서의 일본 화폐의 유통

2 서양과의 수교

1) 조·미 수호 통상 조약(1882)
① 배경 : 『조선책략』(황준헌)의 유포 → '친중(親中)·결일(結日)·연미(聯美)' 청의 알선
② 내용 : 최혜국 대우, 조선의 관세 인정, 거중 조정, 치외법권 등
③ 성격 : 서양과 맺은 최초의 근대적 조약

2) 기타
① 청의 중재로 영국·독일과 수교(1883)
② 러시아와는 직접 수교(1884, 베베르)
③ 프랑스와의 수교(1886) : 천주교 포교 인정

달인의 개념 쏙쏙

◎ 강화도 조약
조·일 수호 조규라고 부르기도 해요.

◎ 운요호 사건

일본 군함 운요호가 강화도에 불법 침입해 조선 수군을 공격하여 양국이 충돌한 사건이에요.

◎ 최혜국 대우
통상·항해조약 등에서 한 나라가 어떤 외국에 부여하고 있는 최고의 대우를 상대국에도 부여하는 일을 말합니다. 불평등한 조약 방식의 하나라고 할 수 있지요.

◎ 거중 조정
제3조의 내용으로 제3국이 한쪽 정부에 부당하게 또는 억압적으로 행동할 때에 다른 한쪽 정부는 원만한 타결을 위해 주선을 해주는 것을 말해요.

사료史料 보기

강화도 조약의 주요 내용

【제1조】 조선국은 자주의 나라이며, 일본국과 평등한 권리를 가진다.
【제4조】 조선국은 부산 외에 두 곳을 개항하고, 일본인이 왕래 통상함을 허가하며, 이곳에 대지를 임차하고 가옥을 지을 수 있다.
【제7조】 조선국은 일본국의 항해자가 자유로이 해안을 측량하도록 허가한다.
【제10조】 일본국 인민이 조선국 지정의 각 항구에 머무르는 동안에 죄를 범한 것이, 조선국 인민에게 관계되는 사건일 때는 모두 일본 관원이 심판한다.

『조선책략』의 주요 내용

"… 오늘날 조선이 세워야 할 책략으로 러시아를 막는 것보다 더 급한 일이 없다. 러시아를 막는 책략은 무엇인가? 중국과 친교하고, 일본과 결속하고, 미국과 연대함으로써 자강을 도모할 따름이다.…"

기출문제 확인하기

1. (가)에 들어갈 내용으로 가장 적절한 것은?

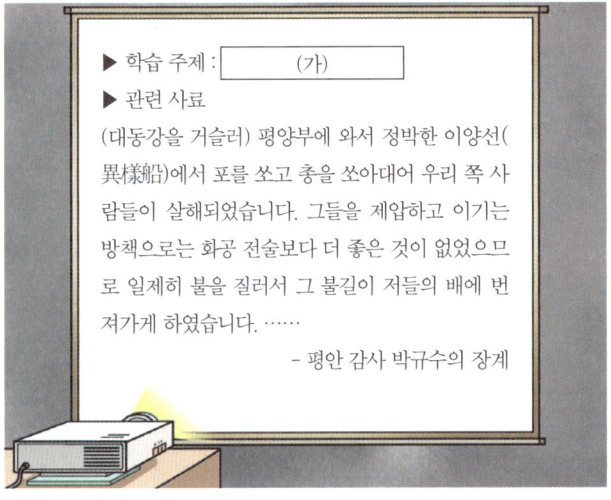

▶ 학습 주제 : (가)
▶ 관련 사료
(대동강을 거슬러) 평양부에 와서 정박한 이양선(異樣船)에서 포를 쏘고 총을 쏘아대어 우리 쪽 사람들이 살해되었습니다. 그들을 제압하고 이기는 방책으로는 화공 전술보다 더 좋은 것이 없었으므로 일제히 불을 질러서 그 불길이 저들의 배에 번져가게 하였습니다. ……
— 평안 감사 박규수의 장계

① 신미양요의 원인
② 운요호 사건의 배경
③ 외규장각의 약탈 과정
④ 조사 시찰단의 파견 목적
⑤ 오페르트 도굴 사건의 영향

문제 파악
제시된 자료에서 '대동강을 거슬러 평양부에 와서 정박한 이양선', '박규수의 장계'라는 내용을 통해 유추해 볼 때 제너럴 셔먼호 사건임을 알 수 있어요. 참고로 장계란 조선 시대 관찰사·병사·수사 등 왕명을 받고 외방에 나가 있는 신하가 자기 관하의 중요한 일을 왕에게 보고하거나 청하는 문서를 말합니다. 병인박해부터 척화비 건립까지 자주 출제되므로 연도 및 사건 순서를 정확하게 숙지하고 있어야 해요.

문제 해설
미국은 1866년에 발생했던 제너럴 셔먼호 사건을 구실로 4년이나 지난 후인 1871년 강화도의 초지진과 광성보를 공격하는 신미양요를 일으켰어요.

오답 확인
② 운요호 사건(1875)은 일본 군함 운요호와 조선 수군이 강화도 앞바다에서 충돌한 사건이에요.
③ 외규장각은 병인양요(1866) 때 프랑스가 약탈해 갔지요.
④ 조사 시찰단(1881)은 일본의 문물을 시찰하기 위해 파견된 시찰단입니다.
⑤ 오페르트 도굴 사건(1868)은 독일 상인 오페르트가 흥선 대원군의 아버지인 남연군의 묘를 도굴하려고 시도한 사건이에요.

정답 : ①

 **알아보기**   '145년 만의 귀환, 외규장각 도서'

2011년은 병인양요 때 약탈되었던 외규장각 도서 297권이 프랑스로부터 돌아오게 되는 역사적인 해였어요. 당시 조현종 국립 중앙 박물관 학예연구실장은 "외규장각 도서의 귀환, 그것은 단순히 옛 전적들이 돌아오는 것에 그치는 것이 아니라, 그간 잃어버리고 지워졌던 우리 문화와 역사의 일부를 되찾게 됐다는 점에서 진정한 의미가 있다."고 말하기도 했습니다. 지금은 고인이 되신 박병선 박사는 1975년 외규장각 도서를 프랑스 국립도서관에서 찾아낸 후, 10여 년간 개인 자격으로 도서관을 드나들며 외규장각 도서의 내용을 정리하여 반환의 기틀을 마련하였지요. 그리고 마침내 오랜 반환 운동 끝에 2011년 대여 형태로 돌려받게 되었습니다.

2. 다음 조약의 체결 배경으로 가장 적절한 것은?

> 제5조 무역을 목적으로 조선국에 오는 미국 상인 및 상선은 모든 수출입 상품에 대하여 관세를 지불해야 한다.
>
> 제14조 본 조약에 의하여 부여되지 않은 어떤 권리나 특혜를 다른 나라에 허가할 경우 이와 같은 권리나 특혜는 미국 관민과 상민에게도 무조건 균점된다.

① 병인박해와 병인양요 발생
② 조선책략 유포와 청의 알선
③ 아관파천과 열강의 이권 침탈
④ 러시아의 남하 정책과 삼국 간섭
⑤ 정한론 대두와 운요호 사건 발생

📖 문제 파악

제시된 자료에서 '조선국에 오는 미국 상인 및 상선', '이와 같은 권리나 특혜는 미국 관민과 상민에게도 무조건 균점된다'라는 내용을 통해 조·미 수호 통상 조약(1882)임을 유추해 볼 수 있어요. 강화도 조약부터 시작된 외국과 체결된 근대적 조약의 내용들을 잘 알고 있어야 해요. 특히 강화도 조약과 조·미 수호 통상 조약의 각 조의 내용들은 꼼꼼히 파악해 두세요.

📝 문제 해설

제5조는 협정 관세, 제14조는 최혜국 대우의 내용입니다. 그 밖에도 거중 조정, 치외법권 등의 내용이 포함되어 있지요. 황준헌의 『조선책략』의 유포와 함께 러시아와 일본을 견제하고 조선에 대한 종주권을 확인하고자 했던 청나라가 직접 알선하여 체결된 조약임을 꼭 기억해 두도록 해요.

🎓 오답 확인

① 병인박해와 병인양요(1866)는 프랑스와 관련된 사건이었죠?
③ 아관파천은 1896년에 일어난 사건이기 때문에 조·미 수호 통상 조약의 배경이 될 수 없어요.
④ 삼국 간섭 역시 1895년에 일어난 일이므로 당연히 배경이 될 수 없겠지요.
⑤ 강화도 조약의 배경이죠.

정답 : ②

 '정한론'이란 무엇일까요?

정한론을 글자 그대로 풀이해 본다면 일본의 '한'국(조선)에 대한 '정'벌론이라고 할 수 있겠죠. 당시의 조선 정부는 흥선 대원군의 집권으로 통상 수교 거부 정책을 펼치고 있었으므로 일본의 통상 수교 요구를 단호하게 거절하였습니다. 이에 따라 일본 정계에서는 정한론이 강력하게 주장되었고 이 문제를 둘러싸고 찬반 의견이 갈려 정치적 싸움으로 번지게 되었어요. 정한론이 대두된 배경은 당시 메이지유신으로 큰 변화를 겪고 있던 일본 국내의 문제를 외부로 돌려 해결하고자 한 것이에요. 정한론을 주장한 주창파와 그에 대립한 반대파 사이의 싸움은 격화되어 마침내 일본 내에서 서남 전쟁이라는 반란으로 이어지게 되죠. 정리해 보자면, 1870년대 일본 내에서 정한론이 대두되는 상황 속에서 운요호 사건이 직접적인 계기가 되어 1876년 강화도 조약 체결로 이어지게 된 거예요.

01 개화 정책의 추진과 반발 ②

달인의 개념 쏙쏙

◎ **수신사**

수신사 일행으로 일본에 갔다 온 젊은 관료층들은 사상적으로 박규수, 오경석, 유홍기 등의 영향을 받은 사람들이에요.

◎ **별기군**

◎ **당오전**

③ 개화 정책과 반발

1 개화 정책

수신사	• 1차(1876) 김기수, 2차(1880) 김홍집, 3차(1882) 박영효
조사 시찰단 (신사유람단, 1881)	• 박정양, 어윤중, 홍영식, 유길준, 김옥균 등이 일본 문물 시찰
영선사(1881)	• 청에 파견 → 근대 무기 제조 공장인 기기창 설치(1883)
보빙사(1883)	• 최초의 미국 사절단(민영익, 홍영식, 유길준)
제도 개혁	• 통리기무아문과 12사 설치 • 5군영을 2영(무위영, 장어영)으로 개편 • 신식 군대인 별기군 창설
근대 시설	• 박문국(1883) : 한성순보 발간 • 전환국(1883) : 화폐(당오전) 주조 • 우정국(1884) : 우편 사무 담당

인물 탐구		내용
김홍집		(1842~1896) • 1880년 2차 수신사로 일본 다녀옴, 『조선책략』 들여옴 • 1894년 갑오·을미개혁 주도 • 1896년 친러 내각 수립 → '일본 대신'으로 지목, 군중에 의해 타살됨
박영효		(1861~1939) • 1882년 3차 수신사로 일본 다녀옴, 박문국 설치 • 1884년 갑신정변 주도 → 실패 후 일본 망명 • 1894년 귀국, 갑오개혁에서 제2차 김홍집·박영효 연립정부 수립 • 1918년 조선 식산 은행 이사 취임 • 1920년 동아일보 초대사장 취임 • 1939년 중추원 부의장에 있을 때 사망
홍영식		(1855~1884) • 1881년 조사 시찰단으로 일본 시찰 • 1884년 갑신정변 주도 → 실패 후 대역죄로 처형
유길준		(1856~1914) • 1881년 조사시찰단으로 일본 시찰 후 유학 • 1882년 주미 전권 대사 민영익의 수행원으로 발탁, 잔류하여 유학 • 1885년 유럽 각국 순방 후 귀국 → 조선중립화론 주장 • 1894년 갑오·을미개혁 주도 • 1896년 아관파천 후 일본 망명 • 『서유견문』 저술

2 위정 척사 운동

1860년대	이항로, 기정진	• 통상 반대 운동(척화 주전론)
1870년대	최익현◎	• 개항 반대 운동(왜양일체론, 5불가소)
1880년대	이만손, 홍재학	• 개화 반대 운동(이만손 – 영남 만인소)
1890년대	유인석	• 을미의병

3 임오군란(1882)

배경	• 정부의 개화 정책과 일본 세력 침투에 대한 불만 고조 • 구식 군인에 대한 차별 대우가 직접적 원인이 되어 발생
전개	• 구식 군인에게 밀린 급료 지급 중 선혜청 관리들의 비리 → 구식 군대의 일본공사관 습격 → 선혜청 습격, 민씨 정권, 청에 원군 요청, 민비는 장호원으로 피신 → 대원군의 재집권(5군영 부활, 통리기무아문 폐지) → 청군 출병하여 군란 진압, 대원군 압송
결과	① 청의 내정 간섭 시작 • 외교 고문 설치(마젠창·묄렌도르프) • 조·청 상민 수륙무역장정 체결 : 청의 종주권 인정, 청나라 상인의 내지 통상권 ② 개화파의 분열 ③ 제물포 조약 • 일본 공사관 경비병 주둔 인정 • 배상금 지불

급진 개화파	온건 개화파
김옥균, 박영효	김홍집, 김윤식
기존 체제 비판 (민씨 정권과 대립, 자주 외교)	기존 체제 유지 (민씨 정권과 타협, 사대 외교)
일본의 메이지 유신이 모델	청의 양무 운동이 모델 → 동도 서기론
갑신정변에 영향	갑오개혁에 영향

◎ 최익현

일본과 강화도 조약을 체결하자 최익현은 개항에 반대하는 상소문(五不可疏)을 올렸어요. 후에 그는 을사조약에 반대하여 의병 투쟁을 주도하다가, 전라도 순창에서 일본군에게 체포되어 대마도(쓰시마섬)에 유배되었는데요. 유배지에서 지급되는 음식물을 적이 주는 것이라 하여 거절하고 단식을 계속하다가 얼마 지나지 않아 병으로 세상을 떠났지요.

사료史料 보기

5불가소

- 이 강화는 일본의 강요에 의한 것이므로 저들의 탐욕을 당해낼 수 없다.
- 강화 후 저들의 수공업품과 우리의 농산품을 교역하면 나라가 황폐해진다.
- 일본은 사실 양적이므로 강화 후에 사교의 서적들이 퍼지고 인륜이 쇠퇴하게 된다.(ㄴ, '왜양일체론')
- 일본인이 재산을 탈취하고 부녀자를 능욕하여 인간의 도리가 땅에 떨어진다.
- 왜적은 물욕만 아는 금수이므로 인류가 금수와 더불어 살 수 없다.

영남 만인소

"미국은 우리가 본래 모르던 나라입니다. 끌어들였다가 우리의 허점을 엿보고 어려운 요구를 하면 어떻게 대응하시겠습니까? …러시아 일본 미국은 같은 오랑캐입니다. 그들 사이에 누구에게 후하게 대하고 누구에게 박하게 대하기는 어려운 일입니다.…"

01 개화 정책의 추진과 반발 ③

달인의 개념 쏙쏙

◎ 우정총국

▲ 우체통

4 갑신정변(1884)

배경	• 급진 개화파 vs. 온건 개화파의 정치적 갈등 • 청 · 프 전쟁으로 인한 청군의 일부 철수
전개	• 급진 개화파는 우정총국◎ 개국 축하연을 계기로 정변을 일으켜 권력 장악 → 14개조 정강 발표 → 청군 개입, 김옥균 · 박영효의 망명으로 실패('3일 천하')
결과	• 한성 조약 : 일본에 대한 배상금 지불 • 톈진 조약 : 청 · 일군의 공동 철수, 공동 출병
의의	• 입헌 군주제 추구 • 봉건적 신분 제도 타파 추구 → 근대 국가 건설을 목표로 한 최초의 정치 개혁 운동
한계	• 외세 의존적(일본과 연결) • 위로부터의 개혁(토지 제도의 개혁이 없음), 민중의 지지를 얻지 못함

5 1880년대 중반의 정세

1 국내외 정세

1) 영국의 거문도 불법 점령(1885)

   러시아 남하 저지 목적

2) 조선 중립화론 제기

   ① 독일 부영사 부들러 : 조선 중립화론 주장
   ② 유길준 : 조선 중립화론 주장

인물 탐구	내용
김옥균	(1851~1894) • 1881년 조사시찰단으로 일본 시찰 • 1884년 갑신정변 주도 → 실패 후 일본 망명 • 1894년 상하이에서 자객에게 살해됨

2 일본의 경제 침투

개항 초기	• 외국 상인들의 활동 범위 제한한 거류지 무역 형태 • 미면(米綿) 교환 체제 : 조선에서 쌀 대량으로 수입, 영국산 면제품 수출 → 조선의 곡물 가격 폭등, 면직물 수공업자 몰락
임오군란 이후	• 청국 상인의 침투로 일본 상인과 경쟁이 치열했음
1880년대	• 조·일 통상 장정◦(1883) 등으로 내륙 교역 확대 → 조선의 농민 경제 파탄
청·일 전쟁 이후	• 일본 상인이 조선 시장을 독점적으로 지배

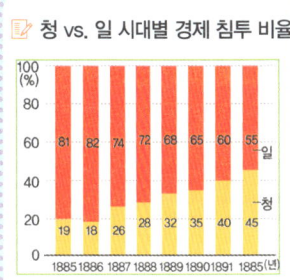

◎ **조·일 통상 장정(1883)**
이 장정에서 주목할 부분은 천재지변·변란 등에 의한 식량 부족의 우려가 있을 때 방곡령을 선포하는 조항과 조선 화폐에 의한 관세 및 벌금 납입을 규정한 조항이에요. 특히 방곡령은 뒤에 배울 경제적 구국 운동과 관련이 있으니 눈여겨 두세요.

◎ **혜상공국**
1883년 보부상이 중심이 되어 조직된 상인 조합이에요.

사료史料 보기

14개조 정강의 주요 내용

【1조】청에 잡혀간 흥선 대원군을 곧 돌아오도록 하게하며 종래 청에 대하여 행하던 조공 허례를 폐지한다.
【2조】문벌을 폐지하여 인민 평등의 권리를 세워 능력에 따라 관리를 임명한다.
【3조】지조법을 개혁하여 관리의 부정을 막고 백성을 보호하며 국가 재정을 넉넉하게 한다.
【4조】혜상공국◦을 혁파한다.
【5조】모든 재정은 호조에서 관할한다.
【6조】대신과 참찬은 의정부에 모여 정령을 의결하고 반포한다.

유길준의 중립화론 주요 내용

"대저 우리나라가 아시아의 중립국이 된다면 러시아를 방어하는 큰 기틀이 될 것이고, 또한 여러 대국들이 서로 보전하는 전략도 될 것이다. …… 중국이 맹주가 되어 영국, 프랑스, 일본, 러시아 같은 아시아에 관계 있는 여러 나라들과 회합하고, 우리나라도 참석하여 함께 중립 조약을 체결토록 해야 할 것이다."

기출문제 확인하기

1. 밑줄 그은 '그'에 대한 설명으로 옳은 것은?

> 그의 생각은 무엇보다도 청의 세력을 꺾고, 청을 추종하는 귀족 세력을 없앤 후 우리나라의 자주 독립을 수립하려는 것이었다. 더욱이 청의 대원군 납치를 참을 수 없는 수치로 여겨 분개하며 떨쳐나서려 하였다.
> — 「서재필 박사 자서전」

① 독사신론을 지었다.
② 영남 만인소를 주도하였다.
③ 헌정 연구회를 조직하였다.
④ 황준헌이 쓴 조선책략을 가져왔다.
⑤ 일본을 모델로 급진적인 개혁을 추진하였다.

📖 **문제 파악**

제시된 자료에서 '청의 세력을 꺾고', '청의 대원군 납치를 참을 수 없는 수치로 여겨'라는 설명을 통해 갑신정변을 일으켰던 급진 개화파의 김옥균이라는 것을 알 수 있어요. 사진도 김옥균의 사진이네요. 특히 '청의 대원군 납치'라는 부분을 읽고 1882년 임오군란 이후의 일인 것을 단번에 파악할 수 있다면 문제는 쉽게 풀리겠죠?

📝 **문제 해설**

김옥균은 일본의 메이지 유신을 모델로 조선을 근대화시키고자 갑신정변을 일으켰지만, 청군의 개입으로 개혁은 실패하고 일본으로 망명하였지요.

🎓 **오답 확인**

① 신채호 ② 이만손 ③ 이준 ④ 김홍집

정답 : ⑤

사료 보기

윤선학의 상소

"군신, 부자, 부부, 장유, 붕유의 윤리는 하늘로부터 얻어서 본성에 부여된 것인데 천지에 통하고 만물에 뻗치도록 변하지 않는 이치로 道가 되었습니다. 수레, 배, 군사, 농업, 기계는 백성에게 편하고 나라에 이로운 것으로 밖에 드러나 器가 되니 제가 바꾸고자 하는 것은 기이지 도가 아닙니다.

> **사료 해설**
> 위의 윤선학의 상소는 대표적인 '동도서기론'의 내용으로 이는 동양의 전통 사상을 근본으로 하되 서양의 기술 문명을 받아들여야 한다는 주장으로 개항 이후 정부의 공식적인 정책이었지요.

2. (가), (나)를 주장한 세력에 대한 설명으로 옳은 것을 〈보기〉에서 고른 것은?

(가) 조선책략을 읽어 보니 러시아의 남하를 막기 위해서는 미국과 수교해야 할 것 같습니다.

(나) 모르던 나라를 타인의 권유로 끌어들여서는 안 됩니다. 미국도 같은 오랑캐일 뿐입니다.

〈보기〉

ㄱ. (가) 이만손, 홍재학이 대표적이다.
ㄴ. (가) 통상개화론의 영향을 받았다.
ㄷ. (나) 정부의 개화 정책을 주도하였다.
ㄹ. (나) 성리학적 전통 체제를 지키려 하였다.

① ㄱ, ㄴ   ② ㄱ, ㄷ   ③ ㄴ, ㄷ
④ ㄴ, ㄹ   ⑤ ㄷ, ㄹ

문제 파악

제시된 자료의 (가)는 '조선책략', '미국과 수호해야'라는 내용을 통해 개화파 관료들의 주장임을 유추할 수 있고, (나)에서는 '미국도 같은 오랑캐일 뿐'이라는 내용을 통해 위정척사론자들의 주장임을 알 수 있어요.

문제 해설

ㄴ. 개화파 관료들은 박규수, 오경석, 유홍기 등의 통상 개화론자들의 영향을 받아 개항 초기의 정부 개화 정책을 주도하였지요.
ㄹ. 위정척사론자들은 기존의 전통적인 성리학 체계를 신봉하며 개화 정책에 비판적이었어요.

오답 확인

ㄱ. 이만손, 홍재학은 1880년대 개화 반대 운동을 주도했던 대표적인 위정척사론자들이에요. 반드시 암기해 두세요.

정답 : ④

사료 史料 보기

홍재학의 상소문

"대개 서양의 학문은 천리(天理)를 어지럽히고 기강을 소멸시킴이 심함은 다시 말할 필요도 없습니다. 서양의 물건은 태반이 음탕하고 욕심을 유도하며, 윤리와 감상을 깨뜨리고 사람의 정신을 어지럽히며, 천지에 거역하는 것들입니다. 서양의 학문과 물건은 귀로 들으면 창자가 뒤틀리고 …… 또한 십자가의 상을 받지 않는다 해도 예수교의 책을 읽게 되면 성인에게 죄를 얻는 시작입니다." — 「신증동국여지승람」

TEST
단원별 핵심 기출 문제

1. (가)에 들어갈 보고서의 제목으로 가장 적절한 것은?

○ 모둠 조사 보고서

제목 : (가)

1. 시대 상황 : 이양선의 출몰과 통상 요구
2. 관련 사건 : 병인양요, 신미양요
3. 배경 사상 : 위정척사론
4. 관련 문화유산 : 척화비

척화비

① 조선과 청의 국경 분쟁
② 강화도 조약의 불평등성
③ 항일 의병 운동의 전개 과정
④ 임진왜란 이후 국제 정세의 변화
⑤ 흥선 대원군의 통상 수교 거부 정책

2. 다음 조항들의 공통점으로 옳은 것은?

제10조 일본국 인민이 조선국에서 지정한 각 항구에 머무는 동안에 죄를 범한 것이 조선국 인민과 관계되더라도 모두 일본국 관원이 심의하여 처리한다.   - 조·일 수호 조규
제4조 미국 인민이 상선이나 해안에서 조선 인민의 생명과 재산에 손해를 주는 등의 일이 있을 때에는, 미국 영사관 혹은 미국에서 파견한 관원에게 넘겨 미국 법률에 따라 조사하고 체포하여 처벌한다.   - 조·미 수호 통상 조약

① 치외법권을 규정하였다.
② 최혜국 대우를 인정하였다.
③ 수출입 절차를 규정하였다.
④ 내지 통상권을 허용하였다.
⑤ 관세 부과 원칙을 규정하였다.

3. (가) 사건을 주도한 세력의 당시 주장으로 옳은 것은?

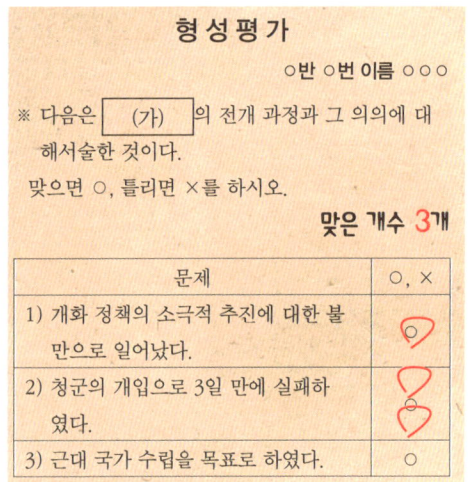

① 집강소를 운영하자.
② 통신사를 파견하자.
③ 토지 제도를 개혁하자.
④ 국왕의 전제권을 강화하자.
⑤ 청과의 사대 관계를 청산하자.

4. 다음 인물들이 함께 주도한 사건에 대한 설명으로 옳지 <u>않은</u> 것은?

김옥균

박영효

홍영식

① 일본군이 서울에 주둔하는 계기가 되었다.
② 우정총국 개국 축하연을 이용하여 일어났다.
③ 청의 내정 간섭이 심해지는 결과를 초래하였다.
④ 메이지 유신을 모델로 한 급진적인 개혁 운동이었다.
⑤ 중국에 대한 전통적 사대 관계를 청산하고자 하였다.

5. (가)에 들어갈 내용으로 적절한 것은?

〈서술형 평가 문항〉
※ 다음에 해당되는 인물의 활동에 대해 서술하시오.
◆ 주요 행적
• 1881년 조사 시찰단의 일원으로 일본 시찰 후 유학
• 1883년 보빙사의 일원으로 미국 시찰 후 유학
• 1885년 유럽 각국 순방 후 귀국
◆ 주장
우리나라가 아시아의 중립국이 되는 것은 러시아를 막는 중요한 계기가 될 것이며, 또한 아시아의 여러 대국들이 서로 균형을 이루는 정략도 될 것이다. …… 오직 중립 한 가지만이 진실로 우리나라를 지키는 방책이다.

[답란] : (가)

① 서구 기행문인 서유견문을 저술하였다.
② 갑신정변의 실패로 일본에 망명하였다.
③ 미국에서 귀국하여 독립협회를 창립하였다.
④ 초대 주미 공사로 임명되어 미국에 파견되었다.
⑤ 학생과 기술자를 이끌고 영선사로 청에 다녀왔다.

6. (가)~(마)에 대한 설명으로 옳지 않은 것은?

① (가) 서양식 무기를 제조한 기관이다.
② (나) 최초의 근대식 병원이다.
③ (다) 최초로 설립된 민간 은행이다.
④ (라) 한성순보를 발행한 기관이다.
⑤ (마) 화폐를 주조하던 기관이다.

7. 다음은 어느 인물의 연보이다. 이 인물의 활동으로 옳은 것은?

• 1861년 경기도 수원 출생
• 1872년 철종의 부마(사위)가 됨
• 1882년 일본에 수신사로 가면서 태극기 제작
• 1884년 갑신정변 실패 후 일본으로 망명
• 1894년 귀국 후 내부대신 취임

• 1939년 사망

① 광혜원을 설립하였다.
② 서유견문을 저술하였다.
③ 독립신문을 발간하였다.
④ 박문국 설립을 주도하였다.
⑤ 한반도 중립화론을 주장하였다.

8. 다음 조항이 포함된 조약에 대한 설명으로 옳지 않은 것은?

제1관 조선국은 자주국이며, 일본국과 평등한 권리를 가진다.
제4관 조선국은 부산 이외 두 곳의 항구를 개항하고 일본인이 왕래 통상함을 허가한다.
제10관 일본국 인민이 조선국이 지정한 각 항구에서 죄를 범할 경우 일본국 관원이 재판한다.

① 일본에게 최혜국 대우를 인정하였다.
② 외국과 맺은 최초의 근대적 조약이다.
③ 원산과 인천을 개항하는 계기가 되었다.
④ 치외 법권을 인정한 불평등한 조약이다.
⑤ 청의 종주권을 부인하기 위한 의도를 담고 있다.

02 | 동학 농민 운동의 전개와 갑오개혁 ①

연표
- 1894 동학 농민 운동, 1차 갑오개혁, 청일 전쟁
- 1895 2차 갑오개혁, 삼국 간섭
- 을미개혁
- 1896 아관파천, 독립협회
- 1897 대한제국

달인의 개념 쏙쏙

◎ **포접제**
이 시기 동학 내에서는 순수 종교 운동을 추구하는 북접(최시형)과 현실 문제를 개혁하려는 남접(전봉준)으로 나뉘어져 있었어요.

◎ **보국안민(輔國安民)**
나라를 바로잡고 백성을 편안하게 한다는 뜻이에요.

◎ **제폭구민(除暴救民)**
폭도를 제거하고 백성을 구한다는 뜻이에요.

◎ **척왜양창의(斥倭洋倡義)**
의를 들어 일본과 서양 세력을 물리친다는 뜻이에요.

◎ **조병갑의 횡포**
만석보를 수축하는데 농민을 강제로 동원시키고, 고액의 수세를 징수하여 백성들의 고통이 컸어요.

📝 체포되는 전봉준의 모습

1) 동학 농민 운동(1894)

1 배경

1) 농민층의 동요
① 지배층의 수탈 심화(탐관오리)
② 일본의 경제적 침투 : 임오군란 이후 청일 양국의 경제적 침탈이 심화되었는데 전라도 지역에서는 특히 일본의 침탈이 극심하여 반일 감정이 고조

2) 동학의 교세 확장
최제우 창시(1860) → 2대 교주 최시형의 노력으로 교세 확장, 교리(동경대전, 용담유사)와 조직(포접제◎) 정비

3) 교조 신원 운동
① 삼례 집회(1892)
② 보은 집회(1893) : 교조 신원뿐만 아니라 '보국안민◎', '제폭구민◎', '척왜양창의◎'의 기치를 내걸고 일본의 축출과 탐관오리의 숙청 등을 요구

2 전개

3 의의 및 영향

1) 전근대적인 사회 체제에 대한 밑으로부터의 혁명 운동(반봉건적)
 → 갑오개혁에 영향

2) 외세의 침략에 대항하는 민족주의적 성격(반외세적) → 의병 운동에 영향

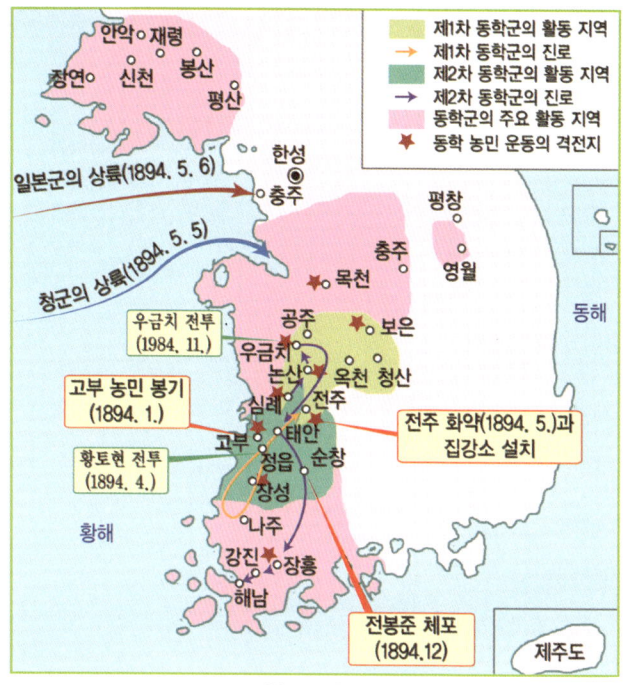
▲ 동학 농민 운동의 전개

사발통문

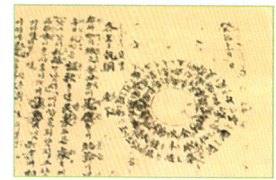

우선 '통문'이란 여럿이 모여 어떤 일을 도모할 때 사람들을 모으기 위해서 돌리는 문서를 말하는데요. 따라서 '사발통문'은 모의를 꾸민 사람의 이름을 사기 밥그릇을 엎어 놓은 것처럼 둥글게 적어 놓은 통문을 말합니다. 그렇다면 왜 이렇게 보기 힘들게 둥글게 적어 놓았을까요? 그 이유는 주모자가 한눈에 드러나지 않게 하기 위해서입니다. 또한 참여자 모두가 공동으로 책임을 지기 위해서이기도 하죠.

사료史料 보기

폐정개혁 12조의 주요 내용

【1조】 동학도는 정부와의 원한을 씻고 서정에 협력한다. 【5조】 노비문서를 소각한다.
【7조】 청상과부의 재가를 허용한다. 【8조】 무명의 잡세는 일체 폐시한다.
【9조】 관리채용에는 지벌(地閥)을 타파하고 인재를 등용한다. 【10조】 왜와 통하는 자는 엄징한다.
【12조】 토지는 평균하여 분작(分作)한다.

전봉준 심문 재판 기록 中

문 : 직업은 무엇인가?
답 : 士를 업으로 삼고 있다.
문 : 그대도 동학을 몹시 좋아하는가?
답 : 동학은 수심경천하는 도인 고로 몹시 좋아한다.
문 : 일대의 일민이 탈취의 해를 입었는데 너는 홀로 피해가 없음은 무슨 까닭인가?
답 : 학구를 업으로 삼고 있었던 것이므로 전답이라 하는 것이 3두락밖에 없는 까닭이다.
문 : 고부에서 기포할 때 동학이 많았느냐, 원민이 많았느냐?
답 : 동학은 적고 원민은 많았다.
문 : 전주에 들어갈 때 모집한 군사는 전라일도 인민만이 모인 것이냐?
답 : 각 도 인민이 상당히 많았다.

02. 동학 농민 운동의 전개와 갑오개혁 ②

달인의 개념 쏙쏙

◎ **교정청과 군국기무처**
조선 정부는 동학 농민의 요구를 수용하고 일본의 내정간섭 요구에 대항하기 위해 교정청을 설치하였어요. 그러나 경복궁을 점령한 일본은 이를 해산시키고 군국기무처를 설치하여 갑오개혁을 추진하게 합니다.

◎ **삼국 간섭**
청일 전쟁에서 승리한 일본은 강화 조약인 시모노세키 조약(1895)을 통해 청의 랴오둥 반도 등을 할양받았는데요. 부동항(不凍港)을 찾아 만주로의 진출을 꾀하고 있던 러시아는 이것에 위협을 느껴, 독일·프랑스와 함께 일본에게 랴오둥 반도를 돌려줄 것을 요구했습니다. 삼국의 간섭에 일본은 굴복하여 랴오둥 반도를 반환했고, 이후 조선에서는 러시아의 세력이 확대되었지요.

② 갑오·을미개혁(1894~95)

1 상황

조선 정부의 교정청◎ 설치(1894. 6.11) → 일본의 경복궁 점령(1894. 6.21) → 군국기무처◎ 설치(1894. 6.25)

2 전개

1) 1차 개혁(갑오개혁)

추진 세력	• 제1차 김홍집 내각(1894.7) • 군국기무처 중심
정치	• 청과의 종속 관계 청산, 개국 연호 사용 • 궁내부(왕실사무)와 의정부(정부사무) 분리 • 6조 → 80아문으로 개편 • 과거제 폐지
경제	• 재정 일원화(탁지아문에서 관장) • 은본위제, 조세의 금납화 • 도량형 통일
사회	• 신분제 폐지 • 조혼 금지, 과부 재가 허용 • 연좌제 폐지

2) 2차 개혁

추진 세력	• 제2차 김홍집 내각(1894.12~1895.7) : 김홍집·박영효 연립 내각, 홍범 14조 • 제3차 김홍집 내각(1895.7~1895.10) : 삼국 간섭◎ 후 친러 내각 성립
정치	• 중앙 : 내각제 시행(의정부 → 내각), 80아문 → 7부로 개편 • 지방 : 8도→23부로 개편,
사회	• 재판소 설치(사법권과 행정권 분리)
군사	• 훈련대, 시위대 각각 2개 대만 설치
교육	• 교육입국조서 반포 • 한성사범 학교·소학교 설치, 외국어 학교 관제 공포

3) 3차 개혁(을미개혁)

추진 세력	• 제4차 김홍집 내각(1895.10~1896.2) : 을미사변 이후 친일 내각 성립
정치	• 연호 사용(건양)
사회	• 태양력 사용 • 종두법 시행 • 우체사 설치 • 단발령 공포
군사	• 친위대, 진위대 설치

3 의의 및 한계

1) 의의
봉건적 전통 질서를 타파한 근대적 개혁

2) 한계
일본의 강요에 의한 개혁, 위로부터의 개혁(토지 제도의 개혁이 없음)

사료史料 보기

홍범 14조의 주요 내용

【1조】 청에 의존하는 생각을 버리고 자주 독립의 기초를 세운다.
【3조】 임금은 각 대신과 의논하여 정사를 행하고, 종실·외척의 내정간섭을 용납하지 않는다.
【4조】 왕실사무와 국정사무를 나누어 서로 혼동하지 않는다.
【6조】 납세는 법으로 정하고 함부로 세금을 징수하지 않는다.
【7조】 조세의 징수와 경비 지출은 모두 탁지아문의 관할에 속한다.
【13조】 민법, 형법을 제정하여 인민의 생명과 재산을 보전한다.
【14조】 문벌을 가리지 않고 인재 등용의 길을 넓힌다.

기출문제 확인하기

1. (가) 인물의 주장으로 옳은 것은?

황토현에 부치는 노래

누구보다도 자기 시대를
가장 격정적으로 노래하고 싸우고
……
우리는 그의 이름을
키가 작다 해서
녹두꽃이라 부르기도 하고
농민의 아버지라 부르기도 하고
동학혁명의 수령이라 해서
동도대장 녹두장군
(가) (이)라 부르기도 하니
……

① 보국안민을 위해 죽기를 각오하고 싸우자!

② 국내 재정을 모두 호조에서 관할하게 하라!

③ 관민이 함께 협력하여 전제 황권을 견고하게 하자!

④ 평안도 사람에 대한 차별을 철폐하라!

⑤ 대한제국 2천만 동포여, 마음과 힘을 합하여 자유 독립을 찾자!

문제 파악

제시된 자료에서 '황토현', '동학 혁명', '녹두장군', '전봉준 사진' 등을 통해 동학 농민 운동이라는 것을 파악할 수 있습니다. 설령 사진이 전봉준임을 몰랐다고 하더라도 제시된 글에 단서가 3개나 있으니 충분히 동학 농민 운동임을 알 수 있겠죠? 동학 농민 운동은 자주 출제되는 파트이므로 동학의 창시부터 농민 운동의 순서와 내용까지 꼼꼼히 파악해 두어야 해요.

문제 해설

① 동학 농민 운동은 보국안민, 제폭구민 등의 구호를 내세웠어요.

오답 확인

② 갑신정변 ③ 만민 공동회 ④ 홍경래의 난 ⑤ 민영환

정답 : ①

사료史料 보기

백산 봉기 격문

우리가 의를 들어 이에 이름은 본의가 다른데 있지 않고 창생을 도탄에서 건지고 국가를 반석 위에 두고자 함이다. 안으로는 탐학한 관리의 머리를 베고 밖으로는 횡포한 강적의 무리를 구축하고자 함이다. 양반과 호강의 앞에서 고통받는 민중들과 방백과 수령의 밑에서 굴욕을 받는 소리들은 우리와 같이 원한이 깊은 이다. 조금도 주저치 말고 이 시각으로 일어서라. 만일 기회를 잃으면 후회해도 미치지 못하리라.

사료 해설

1차 봉기 때 전봉준 등은 백산에 집결하여 위의 격문을 발표하여 굳은 결의를 다진 후, 황토현 전투 등에서 승리하고 전주성을 점령하였지요.

2. 선생님의 질문에 대한 답변으로 옳은 것은?

• 추진 배경
 - 갑신정변과 동학 농민 운동의 개혁 요구 반영
 - 정부의 개혁 필요성 대두
• 추진 기구 : 군국기무처

이 개혁의 내용으로는 어떤 것이 있나요?

① 지계를 발급하였어요.
② 원수부를 설치하였어요.
③ 신분제를 철폐하였어요.
④ 태양력을 사용하였어요.
⑤ 우정국을 설치하였어요.

📖 문제 파악
제시된 자료에서 '갑신정변(1884)과 동학 농민 운동(1894)의 개혁 요구 반영'과 함께 결정적으로 '군국기무처'에서 추진했다고 하였으므로 1차 갑오개혁임을 파악할 수 있습니다.

📝 문제 해설
경복궁을 점령한 일본군은 조선 정부가 설치한 교정청을 폐지하고 초정부적 기구인 군국기무처를 설치하여 1차 갑오개혁을 추진하게 했는데요, 신분제 및 과거제를 폐지하고 조혼, 연좌제를 금지시켰지요.

👨‍🎓 오답 확인
①② 대한제국의 광무 개혁 내용이에요.
④ 3차 개혁인 을미개혁을 통해 실시되었지요. 1차~3차 내용을 구분하여 파악하고 있지 않으면 정답으로 착각할 수 있는 매력적인 오답이 되겠죠?
⑤ 초기 급진 개화파에 의해 설치되었고, 갑신정변으로 인해 폐지되었어요. 그 후 을미개혁 때 우체사를 설치하여 우편 업무가 다시 재개되었지요.

정답 : ③

사료 史料 보기

군국기무처 관제

"군국기무처는 국내의 크고 작은 일을 선적으로 의논한다. 총재 1인은 총리대신이 겸임하고, 부총재 1인은 의원 중에서 품계가 높은 사람이 겸임한다."

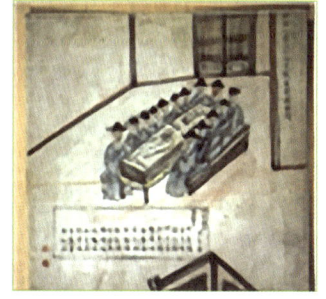

사료 해설
위의 그림은 조선 후기 화가 조석진이 그린 군국기무처의 회의 장면입니다. 군국기무처는 7월 27일~12월 17일까지 존속하여 이 기간 중에 40회의 회의를 거쳐 189개의 개혁 안건을 포함한 도합 약 210건의 의안을 심의·통과시키는 등 초정부적 기구의 역할을 하였어요.

03 근대 국가 수립을 위한 노력

달인의 개념 쏙쏙

○ **아관파천**
1896년 일본이 명성황후를 시해하고 친일내각이 성립되자, 이에 신변의 위협을 느낀 고종이 1896년 왕궁을 떠나 약 1년간 러시아 공사관에 머물렀던 사건을 말합니다. 당시 러시아를 아라사라고 불렀기 때문에 러시아 공사관을 아관이라고 불렀어요.

○ **만민 공동회와 관민 공동회**
만민 공동회는 최초의 근대적 민중 대회로서 독립협회는 이 만민 공동회를 통하여 정부에 압력을 가해 개혁을 추진하게 했는데요. 이후의 고위 관리들이 만민 공동회에 참가하게 되면서 이를 관민 공동회라고 합니다.

1) 독립협회(1896~1898)

1 창립 배경
고종의 아관파천○, 열강의 이권 침탈 심화

2 구성원
서재필, 이상재, 윤치호 등 진보적 지식인 주도

3 활동

자주 국권 운동	• 독립문·독립관 건립, 독립신문 발행 • 강연회와 토론회 개최 → 만민 공동회○ 개최(1898) • 고종의 환궁 요구 • 열강의 내정 간섭 및 이권 침탈 요구 대항
자강 개혁 운동	• 입헌 군주제로의 개혁 • 교육 제도 정비
자유 민권 운동	• 국민 참정권 표방 : 의회 설립 운동 추진 → 중추원 관제 • 관민 공동회○ 개최(1898. 11) : 헌의 6조 채택

4 결과
보수파의 모함 → 정부는 보부상 단체인 황국협회를 통해 만민 공동회 탄압 강제 해산(1898.12)

5 의의
광범한 사회 계층 참여 속에 근대적이고 자주적인 국민의식 형성에 기여

사료史料 보기

중추원 신관제
【3조】 의장은 대황폐하께서 성각으로 착수하시고, 부의장은 중추원 공천에 의하여 착수하시고, 의관 반수는 정부에서 국가에 노고가 있는 자로 회의 추천하고, 반수는 인민협회에서 27세 이상이 정치·법률 학식에 통달한 자로 투표 선거할 것.

헌의 6조의 내용
【1조】 외국인에게 의지하지 말고 전제황권을 견고히 할 것
【2조】 외국과의 이권에 관한 계약과 조약은 각 대신과 중추원 의장이 합동 날인하여 시행할 것
【3조】 국가 재정은 탁지부에서 전관하고, 예산과 결산을 국민에게 공포할 것
【4조】 중대 범죄를 공판하되, 피고의 인권을 존중할 것
【5조】 칙임관을 임명할 때에는 정부에 그 뜻을 물어서 중의에 따를 것
【6조】 정해진 규정을 실천할 것

② 대한제국(1897~1910)

1 성립

1) 배경
독립협회와 여론의 환궁 요구, 러·일 간의 세력 균형 → 경운궁(덕수궁) 환궁

2) 전개
① 환구단 건립(1897) : 황제 즉위식 거행
  황궁우 건립(1899) : 역대 국왕의 위패를 모심
② 칭제 건원 : 황제, 광무(연호), 대한제국(국호)
③ 대한국 국제 반포(1899)
④ 광무 개혁 실시 : 구본신참 표방

2 광무 개혁

전제 황권 강화	• 황제가 입법권, 행정권, 사법권 등 보유
군제 개편	• 시위대 설치, 진위대 강화 • 원수부 설치
자주 외교	• 간도, 연해주 관리 / 독도 관할
경제 진흥	• 양전 사업과 지계 발급(근대적 토지 소유권 제도) • 상공업 진흥(식산흥업정책) : 근대적 공장과 회사 설립
교육 진흥	• 각종 실업 학교 설립, 유학생 파견

3 의의 및 한계

1) 의의
19C 말 제국주의 열강 침투 속에서 자주 독립의 방책을 찾으며 근대화와 국력 증강을 위한 노력

2) 한계
집권 세력의 보수성과 자주성의 한계(친러 세력)로 큰 성과 거두지 못함

인물 탐구	내용
서재필	(1864~1951) • 1884년 갑신정변 가담→실패 후 일본 망명 • 1885년 박영효, 서광범과 함께 미국 망명, 유학 • 1895년 귀국 • 1896년 중추원 고문에 임명, 독립협회 결성 • 1898년 친러파 세력에 의해 재차 미국 추방 • 1947년 귀국, 대통령 추대 연명 받았으나 혼란한 시국의 상황을 개탄하며 미국으로 돌아가 여생 마침

달인의 개념 쏙쏙

○ **환구단**

▲ 환구단과 황궁우

○ **구본신참(舊本新參)**
옛 것을 바탕으로 새로운 제도를 참작하는 것을 말합니다. 점진적인 개혁을 추구하려는 고종의 생각을 엿볼 수 있지요.

○ **양전 사업과 지계 발급**
대한제국에서는 토지 제도의 근대적 개혁을 위해 토지 조사 사업을 주관하는 관청으로 양지아문을 두었어요.(1898) 그 후 조사된 토지의 소유권을 인정하는 문서 즉, 지계의 발행이 필요하게 되어 지계아문으로 변경하였고, 그곳에서 지계를 발행하였지요.

▲ 지계

▲ 독립문

기출문제 확인하기

1. 다음은 어떤 단체가 개최한 토론회 주제이다. 이 단체의 활동으로 옳은 것은?

1897. 8.	조선의 급선무는 인민의 교육에 있다.
1897. 12.	인민의 견문을 넓히려면 신문을 발간하는 일이 제일 중요하다.
1898. 4.	중추원을 개편하는 것이 정치상 제일 긴요하다.
1898. 5.	백성의 권리가 높아질수록 임금의 지위가 높아지고, 나라의 힘을 떨칠 수 있다.

① 정부에 헌의 6조를 건의하였다.
② 국외 독립운동 기지를 건설하였다.
③ 고종 퇴위 반대 운동을 전개하였다.
④ 일제의 황무지 개간권 요구를 저지하였다.
⑤ 을사 5적을 규탄하고 친일파를 처단하려 하였다.

📖 문제 파악
제시된 자료에서 '중추원을 개편' 등의 내용을 통해 독립협회가 개최한 토론회임을 알 수 있습니다.

📝 문제 해설
독립협회는 독립신문을 발간하였고, 강연회와 토론회를 개최하여 인민의 견문을 넓히기 위해 노력하였어요. 또한 중추원 관제를 반포하고 1898년에는 관민 공동회를 개최하여 헌의 6조를 채택하기도 하였지요.

🎓 오답 확인
② 신민회에서 추진한 내용이에요.
③ 대한 자강회에 대한 내용이에요.
④ 보안회는 1904년 일제의 황무지 개간권 요구를 저지하는 데 성공하였지요.
⑤ 을사조약이 1905년 체결된 후 나철·오기호 등은 5적 암살단을 조직하여 친일파 처단에 노력하였어요.

정답 : ①

사료 史料 보기

대한국 국제 주요 내용

【제1조】 대한국은 세계 만국이 공인한 자주 독립 제국이다.
【제2조】 대한국의 정치는 만세 불변의 전제 정치이다.
【제3조】 대한국 대황제는 무한한 군권을 누린다.
【제5조】 대한국 대황제는 육·해군을 통솔한다.
【제6조】 대한국 대황제는 법률을 제정하여 그 반포와 집행을 명하고 대사, 특사, 감형, 복권 등을 명한다.
【제7조】 대한국 대황제는 행정 각부의 관제를 정하고, 행정상 필요한 칙령을 발한다.
【제9조】 대한국 대황제는 각 조약 체결 국가에 사신을 파견하고 선전, 강화 및 제반 조약을 체결한다.

사료 해설
1899년 고종은 황권의 전제화를 꾀하기 위한 목적으로 대한국 국제를 공포했어요. 이에 따르면 대한국 대황제는 무한 불가침의 군권을 가지고 입법·사법·행정 등에 관한 권한을 가지는 것으로 규정하고 있습니다. 또한 대한국 국제의 공포는 당시 조선에 지대한 영향을 끼치고 있던 일본, 러시아 등의 외세의 영향력을 배제하고 자주적인 국가 권력을 행사하려고 한 고종의 생각을 엿볼 수 있지요.

2. 다음 건물이 완성된 이후의 사실로 옳은 것은?

환구단과 황궁우

① 지계를 발급하였다.
② 아관파천이 일어났다.
③ 홍범 14조를 반포하였다.
④ 통리기무아문을 설치하였다.
⑤ 교육입국조서를 발표하였다.

문제 파악

제시된 사진의 오른쪽에 있는 건물은 고종이 황제 즉위식을 거행한 원구단(환구단)이고, 왼쪽에 있는 건물은 역대 국왕의 위패를 모신 놓은 황궁우입니다. 특히 위의 사진 자체가 자주 출제되는 자료이므로 꼭 눈여겨 봐두세요.

문제 해설

환구단과 황궁우는 각각 1897년, 1899년 완공되었고, 지계 발급 사업은 1899년~1903년에 이루어졌으므로 건물이 완성된 이후의 사실로 옳은 것은 ①번이 되겠네요.

오답 확인

② 아관파천은 1896년에 일어난 사실입니다. 고종은 경운궁(덕수궁)으로 환궁한 후에 대한제국을 선포하고 광무 개혁을 실시하였으므로 전후 관계가 맞지 않아요.
③⑤ 홍범 14조 반포와 교육입국조서 발표는 모두 1895년 2차 갑오개혁 때 일이에요.
④ 통리기무아문은 1880년에 설치되었습니다.

정답 : ①

더! 알아보기 — 간도 & 독도

간도는 19C 후반부터 많은 조선인들이 이주하여 한인촌이 형성되었는데요, 1883년에는 백두산 정계비의 '토문강' 해석을 둘러싸고 청나라는 두만강으로 해석하는 반면, 조선은 송화강의 지류인 토문강으로 해석하여 귀속 문제가 발생하기도 했습니다. 대한제국에서는 간도를 함경도의 행정구역에 포함시키고 간도 관리사로 이범윤을 파견하여 교민을 보호하려고 노력하였지요. 그러나 1909년 일제가 남만주 철도 부설권을 획득하는 대가로 간도 지역을 청의 영토로 인정(간도협약)하였어요.

독도는 조선 숙종 때 안용복이 에도 막부로부터 조선 영토임을 확인하였고, 1900년 대한제국 칙령 41호에 의해 독도를 울릉도에 편입시켰습니다. 그러나 일제는 러·일 전쟁 중 독도를 일본 영토로 강제 편입시켰고(1905년 시마네현 고시), 현재까지 자국의 영토로 주장하고 있는 상황이죠. 우리나라는 2011년 6월부터 독도에 '독도이사부길', '독도안용복길'이라는 새로운 도로 명칭을 부여하였는데요, 이 명칭은 독도와 관련된 인물인 이사부, 안용복의 이름을 따서 만든 것입니다.

TEST

단원별 핵심 기출 문제

1. 다음 자료에 대한 탐구 활동으로 가장 적절한 것은?

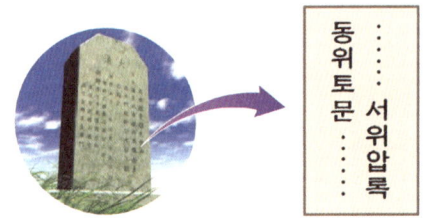

① 청과의 국경 분쟁 내용을 조사한다.
② 거문도 사건의 전개 과정을 파악한다.
③ 청·일 전쟁이 일어난 배경을 알아본다.
④ 일본에 수신사를 파견한 목적을 살펴본다.
⑤ 미국과의 통상 조약 체결 배경을 찾아본다.

3. 다음 퀴즈에 대한 답으로 옳은 것은?

조선 정부가 개항 이후 개화 정책을 추진하기 위하여 1881년에 설치한 기구입니다. 이 기구 아래에는 12사를 두어 외교, 군사, 산업, 통상 등의 업무를 각각 담당하게 하였습니다. 이 기구는 무엇일까요?

① 교정청   ② 집강소

③ 중추원   ④ 삼정이정청

⑤ 통리기무아문

2. (가)에 들어갈 역사적 사실로 옳지 않은 것은?

백산 봉기 → (가) → 우금치 전투

① 집강소 설치
② 황토현 전투
③ 전주화약 체결
④ 일본군의 경복궁 점령
⑤ 청의 흥선 대원군 납치

4. (가)에 들어갈 역사적 사실로 옳은 것은?

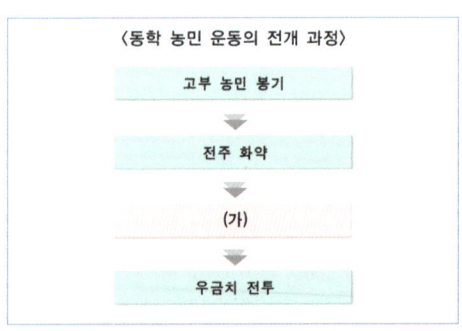

〈동학 농민 운동의 전개 과정〉
고부 농민 봉기 → 전주 화약 → (가) → 우금치 전투

① 백산에서 4대 강령이 발표되었다.
② 전라도 일대에 집강소가 설치되었다.
③ 황토현 전투에서 농민군이 승리하였다.
④ 지도자인 전봉준이 체포되어 처형당하였다.
⑤ 보은 집회에서 '척왜양창의'가 제기되었다.

5. 밑줄 그은 '두 섬'에 대한 탐구 활동으로 적절하지 않은 것은?

> 우산(于山)과 무릉(武陵) 두 섬이 현의 정동(正東) 바다 가운데에 있다. 두 섬이 서로 거리가 멀지 아니하여, 날씨가 맑으면 가히 바라볼 수 있다. -「세종실록지리지」

① 이사부의 정벌 기사를 찾아본다.
② 안용복의 활동 내용을 알아본다.
③ 독도 의용 수비대의 활동 내용을 파악한다.
④ 일본의 남만주 철도 부설권 획득 과정을 알아본다.
⑤ 러·일 전쟁 중 일본의 영토 침탈 내용을 조사한다.

6. 그림의 남학생 주장을 뒷받침할 수 있는 근거로 적절한 것을 〈보기〉에서 고른 것은?

〈보기〉
ㄱ. 원수부를 설치하고 황제 호위 군대를 증강하였다.
ㄴ. 연좌제와 고문 등의 봉건적인 악습을 폐지하였다.
ㄷ. 과거제를 폐지하고 새로운 관리 임용 제도를 마련하였다.
ㄹ. 근대적 토지 소유권을 마련하기 위하여 지계를 발급하였다.

① ㄱ, ㄴ　② ㄱ, ㄷ　③ ㄴ, ㄷ
④ ㄴ, ㄹ　⑤ ㄷ, ㄹ

7. 다음은 동학 농민 운동의 한 장면이다. (가)~(마) 중에서 이 장면이 들어갈 위치로 적절한 것은?

집강소에서 재판하는 장면

① (가)　② (나)　③ (다)　④ (라)　⑤ (마)

8. 다음 자료의 밑줄 그은 '정부'가 실시한 정책으로 옳은 것은?

역사 신문
○○○○년

정부, 새로운 토지 소유 증명서 발급

정부는 서양식 측량 방식을 도입하여 한성부와 충청도 아산군에서 양전을 먼저 실시하고 실시 지역을 점차 확대해 나가고 있다. 또한 소유권 관련 분쟁을 조정하고, 조세 수입원을 정확히 파악하기 위해 토지 소유 증명서인 지계(地契)를 발급하기 시작하였다.

① 8도를 23부로 개편하였다.
② 은본위제 화폐 제도를 채택하였다.
③ 교육입국조서를 반포하고 소학교를 세웠다.
④ 친위대와 진위대를 설치하여 군사력을 강화하였다.
⑤ 군주권의 무한함을 밝힌 대한국 국제를 제정하였다.

04 국권 침탈과 국권 회복 운동

1 국권 침탈

연표

1902 제1차 영일동맹 → 1904.2.8 러일 전쟁 발발 → 1904.2.23 한일 의정서 → 1904.5 대한시설강령 → 1904.8 제1차 한일 협약 → 1905.7 가쓰라·태프트 협약 → 1905.8 제2차 영일 동맹 → 1905.9 포츠머스 강화조약(러일 전쟁 종결) → 1905.11 제2차 한일 협약(을사조약) → 1907.7 한일신협약(정미7조약) → 1909.7 기유각서 → 1910.8 일제 강점기

📌 가쓰라·태프트 밀약
일본은 미국의 필리핀 지배를 확인해 주고, 미국은 한국을 일본이 지배할 것을 승인한다는 내용이에요.

📌 제2차 영일 동맹
영국은 일본의 조선에 대한 지도 감독과 통제 및 보호권을 인정하였지요. 한국에 있어서 일본의 정치·군사·경제상의 특권을 러시아로부터 인정받는 것과 더불어 여순·대련에서 러시아가 가지고 있던 요동반도의 조차권을 일본에 할양할 것을 규정하고 있어요.

◎ (을사) 5적
을사조약을 체결할 당시 이에 찬성 또는 묵인한 5명의 매국노를 말하는데요, 이완용을 비롯하여 이지용, 이근택, 이하영, 권중현, [박제순]을 가리킵니다.

◎ 을미사변과 단발령
러·프·독의 삼국 간섭으로 조선의 정치적 주도권은 일본에서 러시아로 넘어 갔는데요, 1895년 일본은 친일 세력을 형성하기 위해 친러 세력이었던 명성황후를 시해하게 됩니다. 바로 이 사건을 을미사변이라고 합니다. 을미사변 후 정치적 주도권을 장악하게 된 일본은 을미개혁을 실시하게 되는데 이때 단발령을 실시하게 되죠. 조선에서는 신체발부(身體髮膚)는 부모에게서 받은 것이니 감히 훼손하지 않는 것이 효도의 시작이라고 여겼기에 많은 유생들의 반발을 사게 됩니다.

📌 주요 의병장과 의병 지역

1 정치적 침탈

한일 의정서	• 군사적 요지 점령
제1차 한일협약	• 고문정치(재정 : 메가타, 외교 : 스티븐스)
제2차 한일협약 (을사조약)	• 내용 : 외교권 박탈, 통감부 설치 • 저항 ① 언론 : 장지연 '시일야방성대곡(是日也放聲大哭)' ② 민영환의 자결, 5적 암살단(나철, 오기호) 등 ③ 고종의 헤이그 특사파견 : 1907년 네덜란드 헤이그에서 만국 평화 회의 개최 → 고종은 이준, 이위종, 이상설 등을 파견하여 을사조약의 부당함 알리려고 함 → 일본과 동맹국인 영국의 방해로 회의에 참가 못함 → 일본은 헤이그 특사 사건의 책임을 고종에게 지워 고종을 퇴위, 군대를 해산시킴 ▲ 헤이그 특사
한일신협약 (정미7조약)	• 차관 정치 • 군대 해산
기유각서	• 사법권 박탈
한일 병합 조약	• 주권 박탈 • 일제 강점기 시작

2 경제적 침탈(대한시설강령)

1) 화폐 정리 사업 실시(1905~1909)
① 재정고문 메가타 주도
② 조선 화폐(백동화)를 정리하여 모두 없애고 일본 화폐만 쓰도록 함
③ 대한제국의 재정과 유통 체계 장악 시도 → 한국 상공업자의 몰락

2 항일 의병 운동

을미의병(1895)	• 원인 : 을미사변과 단발령 • 위정 척사 사상을 지닌 보수적 양반 유생층 반발(유인석, 이소응) → 아관파천 후 단발령 철회, 고종의 해산 권고 조칙으로 해산
을사의병(1905)	• 원인 : 을사조약 • 유생 의병장(최익현)과 평민 의병장(신돌석)의 활약
정미의병(1907)	• 원인 : 고종의 강제 퇴위와 군대 해산 • 해산된 군인의 합류로 무장조직 강화 • 13도 창의군의 서울 진공 작전(이인영) → 일제의 남한 대토벌 작전 (1909) → 만주와 연해주로 이동
항일의거	• 국내 : 이재명(이완용 살해 시도) • 국외 : 안중근(이토 히로부미 사살), 전명운·장인환(스티븐스 사살)

3 애국계몽 운동

1 개념
(1) 개화 자강파 중심의 진보적 지식인이 주도
(2) 성격 : 교육 운동, 경제 운동 등의 국민 계몽을 통해 실력을 양성하여 국권 회복을 추구
(3) 약육강식, 적자생존의 사회 진화론에 기반

2 애국계몽 단체

보안회(1904)	• 황무지 개간권 반대 운동 → 성공
헌정연구회 (1905)	• 입헌 의회 제도 실시 요구 • 일진회 규탄 → 강제 해산
대한 자강회 (1906)	• 월보 간행 • 고종 퇴위 반대 운동 → 강제 해산
신민회(1907)	• 안창호, 양기탁 등이 주도한 비밀결사 단체 • 국권 회복, 민주 공화정의 근대 국민 국가 수립 목표 • 대성 학교(평양) · 오산 학교(정주) 설립 • 자기 회사 설립(평양), 태극 서관 운영(대구) • 대한매일신보와 연계 • 국외에 독립운동 기지 건설 : 남만주 삼원보 → 신흥 무관 학교 설립 • 해체(1911) : 안명근의 데라우치 총독 암살 미수 사건을 날조하여 간부 105명 구속(105인 사건)

3 그 밖의 활동
(1) 학회 : 서우학회(박은식), 호남학회, 기호흥학회 등
(2) 언론 운동 : 황성신문, 제국신문, 대한매일신보 등
(3) 교육 운동 : 보성 · 휘문 · 진명 · 숙명 학교, 서전서숙 등
(4) 종교 운동 : 유교구신론, 불교유신론 등
(5) 국학 운동 : 국문연구소 설립

▲ 안중근 의사

달인의 개념 쏙쏙

○ **일진회**
대한제국 말에 일본의 정책에 호응했던 친일 단체를 말하는데요. 을사조약 체결 10여 일 전에는 '한국의 외교권을 일본에 넘겨주어야 복을 누릴 수 있다'라는 말도 안 되는 주장을 하기도 했어요.

○ **(대한 자강회) 월보**

○ **대성 학교**

사료 보기

유인석 창의문의 주요 내용
"원통함을 어찌하리. 국모의 원수를 생각하며 이를 갈았는데, 참혹함이 더욱 심해져 임금께서 또 머리를 깎으시는 지경에 이르렀다. … 우리 부모에게 받은 몸을 금수로 만드니 무슨 일이며, 우리 부모에게 받은 머리카락을 풀 베듯이 베어버리니 이 무슨 변고란 말인가. …… 환난을 회피하기란 죽음보다 더 괴로우며 멸망을 앉아서 기다리기보다는 차라리 싸우는 편이 훨씬 낫다."

최익현 『면암집』의 주요 내용
"아, 지난 10월의 소행은 실로 만고에 없었던 일이다. 하룻밤 사이에 종이 조각에 강제로 도장을 찍게 하여, 오백 년 종묘사직이 마침내 망하고 말았으니, 이 때문에 천지의 신명도 놀랐을 것이고 조종의 신령도 통곡하였을 것이다. 우리나라를 통째로 원수에게 준 역적 이지용은 실로 우리나라 만대의 원수요, 제 임금을 죽이고 남의 임금을 범한 이토 히로부미는 마땅히 천하 열국이 함께 토벌해야 한다."

05 근대 문물의 수용과 발전

1 사회경제사와 문화사의 전개

1 사회 경제사

1) 경제적 구국 운동

방곡령	• 일본 상인의 곡물 반출, 흉년 등으로 물가 폭등 • 함경도와 황해도에서 방곡령 선포 → 일본의 철회 요청 (1개월 전 문서 통보 규칙 위반 주장) → 방곡령 철회, 배상금 지불
상권 수호 운동	• 외국 상인의 내륙 진출, 상권 침탈로 국내 상인 몰락 • 시전 상인 중심으로 철시(撤市), 황국중앙총상회 결성(1898)
이권 수호 운동	• 아관파천 이후 열강의 이권 침탈 심화 • 독립협회는 만민 공동회 개최 ⇒ 러시아의 절영도 조차 요구 저지
황무지 개간권 반대 운동	• 러일 전쟁 발발 후 일본의 황무지 개간권 요구 → 보안회(1904) 활동 등으로 성공
국채보상 운동	• 대구에서 서상돈을 중심으로 국채보상 운동 시작 • 국채보상위원회 조직 • 언론기관의 호응(대한매일신보) → 금연 운동, 모금 운동 전개, 금 모으기 운동 등 • 일제의 탄압으로 실패
민족자본의 형성	• 상회사 설립(1880년대) : 대동상회(평양) • 조선은행 설립(1896, 최초의 민간 은행)

2) 사회상의 변동

- 1801 공노비 해방
- 1882 서얼, 중인 비롯한 모든 계층의 관직 진출 허용
- 1884 갑신정변 때 문벌 폐지, 인민 평등권 표방
- 1886 노비 세습제 철폐
- 1894 갑오개혁으로 신분제 철폐
- 1896 호적제 개편 (신분 대신 직업 기재)

2 문화사

1) 근대 문물의 수용

1884	• 우정총국 설치(갑신정변으로 폐지)
1885	• 광혜원(최초의 근대식 병원, 알렌) → 제중원으로 명칭 변경
1887	• 전등
1896	• 전화(최초는 서울~인천) → 경운궁에 부설(1898)
	• 독립문
1898	• 한성 전기회사(콜브란+황실 합작)
	• 전차(서대문~청량리)
	• 명동 성당(고딕 양식)
1899	• 경인선
1990	• 광제원(지석영의 종두법)
1904	• 세브란스 병원
1905	• 경부선
1906	• 경의선
1910	• 덕수궁 석조전(1900 착공~1910 완공, 르네상스 양식)

○ 열강의 이권 침탈

▲ 러시아 공사관
(1890년 완공)

▲ 명동성당
(1898년 완공)

▲ 덕수궁 석조전
(1910년 완공)

▲ 배재학당
(1916년 완공)

2) 언론 분야

한성순보(1883)	• 박문국 발행, 순한문 → 갑신정변으로 폐간 → 1886년 한성주보로 복간(국한문 혼용)
독립신문(1896)	• 국문과 영문판 발행
황성신문(1898)	• 국한문 혼용 → 장지연의 '시일야방성대곡' 게재
제국신문(1898)	• 부녀자층 대상, 순한글
대한매일신보 (1904)	• 베델 · 양기탁 공동 발행, 국한문과 영문 겸용(1905년부터 영문판 간행) • 국채 보상 운동 주도
만세보(1906)	• 국한문, 천도교 기관지
경향신문(1906)	• 카톨릭 교회 발행, 순한글, 주간지

▲ 독립신문   ▲ 황성신문

3) 교육 분야

개화기
- 원산학사(1883) : 최초의 근대식 사립 학교
- 동문학(1883) : 통역관 양성 목적(영어 강습)
- 육영공원(1886) : 최초의 관립 학교(상류층 자제 교육)

갑오개혁기
- 교육입국조서 반포(1895), 소학교령과 한성 사범 학교 규칙 제정
- 각종 관립 학교 설립(소학교, 한성 사범 학교, 외국어 학교 등)

계몽 운동기
- 사립 학교 건립 활성화(보성 학교, 양정 학교, 서전서숙 등)
- 여성 교육 구현

▲ 제국신문   ▲ 대한매일신보

▲ 경향신문

4) 국학 연구

역사	• 신채호 『독사신론』(1908) : 민족주의 사학의 연구 방향 제시 • 조선광문회(1910, 최남선 · 박은식) : 민족고전 정리
국어	• 국문연구소 설립(1907, 주시경 · 지석영)

5) 종교 운동

① 유교구신론 : 박은식
② 불교유신론 : 한용운
③ 천도교 : 동학의 제3대 교주 손병희가 창설(1905) → 만세보 간행, 제2의 3 · 1 운동 계획
④ 대종교 : 나철이 단군신앙 기반으로 창설(1909) → 일제 시대 중광단, 북로군정서군과 연관

인물 탐구	내용
한용운	(1879~1944) • 승려, 독립운동가 • 1909년 3 · 1 운동 당시 민족 대표 33인 중 1인, 기미독립선언서의 공약 3장 기초 • 1913년 『조선불교유신론』 발표 • 1926년 『님의 침묵』을 발표하여 저항문학에 앞장섬

기출문제 확인하기

1. (가)에 들어갈 기사의 소제목으로 적절하지 <u>않은</u> 것은?

> **역사 신문**
> 제△△호　　　　　　　　　○○○○년 ○○월 ○○일
>
> ## 을사늑약에 맞선 우리 민족의 대응
>
> 1905년 일제는 고종 황제와 대신들을 위협하여 대한 제국의 외교권을 빼앗는 조약을 일방적으로 강요하고 고종의 승인 없이 공포하였다. 을사늑약 이후 전개되었던 우리 민족의 대응을 취재하였다.
>
> (가)

① 최제우, 동학을 창시하다
② 민영환, 죽음으로 항거하다
③ 신돌석, 의병장으로 활약하다
④ 나철, 오적 암살단을 조직하다
⑤ 고종, 헤이그에 특사를 파견하다

📖 문제 파악
제시된 자료의 헤드라인을 보면 '을사조약의 체결과 그에 맞선 우리 민족의 저항'의 내용임을 바로 알 수가 있죠. 을사조약은 조약 체결 과정에 있어서의 강압성을 비판하는 뜻에서 을사늑약이라 부르기도 해요.

📝 문제 해설
을사조약이 체결되자 민영환과 조병세 등은 자결하여 항거하였고, 유생 의병장 최익현과 평민 의병장 신돌석은 의병 운동을 일으켰어요. 또한 나철·오기호 등은 이완용과 같은 친일 인사를 처단하기 위해 5적 암살단을 조직하였지요. 고종은 네덜란드 헤이그에서 만국 평화회의가 열린다는 소식을 듣고 이상설·이위종·이준을 특사로 파견하기도 하였답니다.

🎓 오답 확인
① 최제우가 동학을 창시한 건 조선 후기죠.

정답 : ①

더! 알아보기　덕수궁

▲ 덕수궁

덕수궁의 원래 이름은 경운궁이에요. 덕수궁이라는 이름을 쓰는 것은 1907년 고종이 순종에게 양위한 이후 살았던 궁이기 때문에 붙여진 이름이에요. 말하자면 덕수궁은 궁궐 이름이라기보다는 상왕에게 붙여진 궁호인 셈이지요. 1910년 우리나라 최초의 서양식 건물인 석조전, 정관헌이 덕수궁 안에 건립되었고, 특히 정관헌의 경우 고종이 커피를 즐겨 드시던 장소이기도 합니다. 몇 년 전 유명 예능 프로그램에서 궁궐 특집으로 덕수궁의 정관헌이 퀴즈 문제로 출제되었던 것이 기억이 나네요.^^

고종은 아관파천 이후 경복궁이나 창덕궁이 아닌 바로 이곳 덕수궁으로 환궁했는데요. 그 이유는 여러 가지가 있겠지만 무엇보다도 당시 이곳 주변에는 서구 열강들의 공사관이 위치해 있었기 때문에, 을미사변 때처럼 또다시 신변의 위협이 느껴지는 상황이 올 경우 안전하게 피신하기 쉬웠기 때문이었죠.

2. (가) 단체의 활동으로 옳은 것을 〈보기〉에서 고른 것은?

(가)
- 특징 : 비밀 결사
- 중심 인물 : 안창호, 양기탁, 이동휘 등
- 활동 목표 : 국권 회복과 공화 정체의 근대 국민 국가 건설
- 해체 계기 : 안악 사건, 105인 사건

〈 보 기 〉
ㄱ. 물산 장려 운동을 주도하였다.
ㄴ. 광주 학생 항일 운동을 후원하였다.
ㄷ. 삼원보에 독립운동 기지 건설을 추진하였다.
ㄹ. 대성 학교와 오산 학교를 세워 민족 교육에 힘썼다.

① ㄱ, ㄴ ② ㄱ, ㄷ ③ ㄴ, ㄷ
④ ㄴ, ㄹ ⑤ ㄷ, ㄹ

📖 문제 파악
제시된 자료의 단체는 신민회인데요. 신민회는 성립부터 해체까지 모든 내용이 다 중요합니다. 물론 시험에 자주 출제되지요. 그렇기 때문에 반드시 짚고 넘어가야 할 부분이에요.

📝 문제 해설
ㄷ. 남만주 삼원보, 밀산부 한흥동 등의 국외에 독립운동 기지 건설을 건설하였지요.
ㄹ. 평양에 대성 학교, 정주에 오산 학교를 설립하는 등 교육 활동에 힘썼어요.

🎓 오답 확인
ㄱ. 물산 장려 운동은 1920년대 실력 양성 운동의 일환으로 조만식 등의 조선 물산 장려회가 주도했어요.
ㄴ. 광주 학생 항일 운동을 후원한 단체는 신간회입니다.

정답 : ⑤

더! 알아보기 — 신민회의 해체

▲ 105인 사건으로 끌려가는 민족 지도자들의 모습

일제는 1911년 1월 안악군을 중심으로 하여 황해도 일대의 애국적 지도자 160여 명을 검거하였어요. 이와 동시에 양기탁·이동휘·이승훈 등 17명도 함께 검거되었지요. 또한 1911년 9월에는 소위 '데라우치 총독 암살 음모 사건'을 날조하여 신민회 평안남북도 지회 회원을 비롯해 전국의 지도적 애국계몽 운동가 700여 명을 검거해 온갖 고문을 가하고 그중 105명에게는 실형을 선고하였어요. 이와 같은 안악 사건과 105인 사건으로 신민회는 해체되었으며 국내의 독립운동 세력은 크게 약화되었어요. 특히 신민회의 회장이었던 윤치호 등은 일본의 조선 통치 지배를 인정하는 친일적인 경향으로 돌아서기도 하였지요. 이후 많은 독립운동가들은 해외로 망명하여 항일 운동을 펼쳤어요.

TEST
단원별 핵심 기출 문제

1. 다음 자료에 나타난 사건으로 일어난 의병에 대한 설명으로 옳은 것은?

> 국모의 원수를 생각하며 이를 갈았는데, 참혹함이 더욱 심해져 임금께서 머리를 깎으시는 지경에 이르렀다. …… 우리 부모에게 받은 머리카락을 풀 베듯이 베어 버리니 이 무슨 변고란 말인가?

① 13도 연합 부대를 결성하였다.
② 일본의 외교권 강탈에 반발하였다.
③ 고종의 권고로 대부분 해산되었다.
④ 해산 군인의 합류로 전투력이 향상되었다.
⑤ 국제법상 교전 단체로 인정할 것을 요청하였다.

2. 다음 퀴즈에 대한 답으로 옳은 것은?

> 이 종교의 중심 인물로는 나철과 오기호 등이 있습니다. 국권 침탈 이후 민족교육을 실시하고, 중광단 등의 항일 무장 단체를 결성한 이 종교는 무엇일까요?

①  대종교
②  개신교
③  원불교
④  천도교
⑤  천주교

3. 다음 그림과 관련된 사건의 영향으로 옳은 것은?

> 짐은 이상설, 이준, 이위종을 네덜란드 헤이그에서 개최되는 평화 회담에 파견하노라.

① 통감부가 설치되었다.
② 명성황후가 시해되었다.
③ 고종이 강제로 퇴위당하였다.
④ 한반도 중립화론이 제기되었다.
⑤ 조·미 수호 통상 조약이 체결되었다.

4. 밑줄 그은 '이 운동'에 해당하는 활동으로 옳은 것을 〈보기〉에서 고른 것은?

> 1905년을 전후하여 국권이 위태로운 상황 속에서 일어난 <u>이 운동</u>은 주로 지식인과 관료층을 중심으로 전개되었다. <u>이 운동</u>을 주도한 인물들은 사회 진화론의 영향을 받아 우리나라를 둘러싼 국제 관계를 약육강식과 적자생존의 원리가 지배하는 힘의 각축장으로 인식하였다.

〈보기〉
ㄱ. 오산 학교 설립
ㄴ. 헌정 연구회 결성
ㄷ. 서울 진공 작전 전개
ㄹ. 조선 농민 총동맹 결성

① ㄱ, ㄴ
② ㄱ, ㄷ
③ ㄴ, ㄷ
④ ㄴ, ㄹ
⑤ ㄷ, ㄹ

5. 지도에 표시된 교통 시설에 대한 설명으로 옳은 것을 〈보기〉에서 고른 것은?

〈보기〉

ㄱ. 경부선이 가장 먼저 개통되었다.
ㄴ. 일제 강점기에 처음 부설되었다.
ㄷ. 일제의 만주 침략에도 이용되었다.
ㄹ. 부설 과정에서 많은 토지가 약탈당했다.

① ㄱ, ㄴ ② ㄱ, ㄷ ③ ㄴ, ㄷ
④ ㄴ, ㄹ ⑤ ㄷ, ㄹ

6. 다음 뉴스의 (가)에 들어갈 내용으로 옳은 것은?

"일본에 항거하며 대한민국 독립을 위해 헌신했던 미국인 헐버트, 그가 세상을 떠난 지 올해로 62주기가 됐는데요. 오늘 그를 기리는 추모식이 열렸습니다. 1886년, 23살의 헐버트는 근대 학교인 육영공원의 교사로 한국에 첫발을 내디뎠습니다. 그 뒤 그는 (가) "

① 배재학당을 설립하여 근대 교육을 실시하였습니다.
② 언론사를 운영하며 항일 운동 기사를 많이 작성하였습니다.
③ 최초의 근대식 병원인 광혜원을 세워 서양 의술을 보급하였습니다.
④ 당시 사회 상황을 담은 「한국과 그 이웃 나라들」을 저술하였습니다.
⑤ 고종의 특사로 을사조약의 부당함을 알리기 위해 미국에 파견되었습니다.

7. (가)에 들어갈 내용으로 옳지 않은 것은?

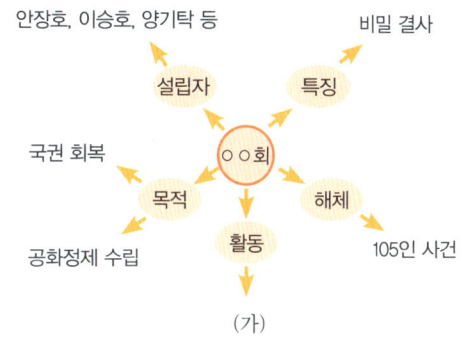

① 일제의 황무지 개간권 요구를 저지하였다.
② 만주 지역에 독립운동 기지를 건설하였다.
③ 대한매일신보를 통해 언론 활동을 전개하였다.
④ 자기 회사를 설립하여 민족 운동 자금을 마련하였다.
⑤ 대성 학교와 오산 학교를 세워 민족 교육을 실시하였다.

8. 신분 사회의 해체 과정을 시기순으로 나열한 것은?

(가) 공노비 해방
(나) 노비 세습제 철폐
(다) 호적에 신분 대신 직업 기재
(라) 문벌 폐지와 인민 평등권 선언

① (가) - (나) - (다) - (라)
② (가) - (라) - (나) - (다)
③ (나) - (가) - (라) - (다)
④ (다) - (나) - (가) - (라)
⑤ (라) - (가) - (다) - (나)

9. 선생님의 질문에 대한 학생의 답변으로 옳은 것을 〈보기〉에서 고른 것은?

〈보기〉
ㄱ. 평양에 근대 학교인 대성 학교를 설립하였습니다.
ㄴ. 초등교과서인 『국민소학독본』을 제작하여 보급하였습니다.
ㄷ. 교사를 양성하기 위해 한성 사범 학교를 설립하였습니다.
ㄹ. 육영공원을 설립하여 외국어 및 근대 학문을 교육하였습니다.

① ㄱ, ㄴ   ② ㄱ, ㄷ   ③ ㄴ, ㄷ
④ ㄴ, ㄹ   ⑤ ㄷ, ㄹ

10. 밑줄 그은 (가), (나)와 관련된 탐구 활동으로 적절한 것을 〈보기〉에서 고른 것은?

제1조 대한 정부는 대일본 정부가 추천한 일본인 1명을 (가)재정고문으로 하여 대한 정부에 용빙하고, 재무에 관한 사항은 일체 그 의견을 물어 시행할 것
제2조 대한 정부는 대일본 정부가 추천한 외국인 1명을 (나)외무고문으로 하여 외부에 용빙하고, 외교에 관한 중요한 업무는 일체 그 의견을 물어 시행할 것

〈보기〉
ㄱ. (가) - 화폐 정리 사업에 대해 조사한다.
ㄴ. (가) - 황성신문의 운영에 대해 파악한다.
ㄷ. (나) - 묄렌도르프의 활동을 알아본다.
ㄹ. (나) - 장인환, 전명운 의사의 활동을 알아본다.

① ㄱ, ㄴ   ② ㄱ, ㄹ   ③ ㄴ, ㄷ
④ ㄴ, ㄹ   ⑤ ㄷ, ㄹ

11. 다음 자료와 공통적으로 관련된 단체에 대한 설명으로 옳은 것은?

① 의회 설립 운동을 전개하였다.
② 고종 퇴위 반대 운동을 전개하였다.
③ 광주 학생 항일 운동의 진상을 조사하였다.
④ 공화 정체의 근대 국민 국가 수립을 지향하였다.
⑤ 일제의 황무지 개간권 요구 반대 운동을 전개하였다.

12. 다음 자료와 관련된 종교 단체에 대한 설명으로 옳은 것은?

왼쪽부터 서일, 나철, 김교헌의 무덤

• 나철이 창시하여 한 말에 주권 수호 운동을 전개하였다.
• 간도 지방에서 중광단, 북로군정서 등을 조직하여 항일 독립운동에 공헌하였다.

① 제2의 3·1 운동을 계획하였다.
② 실천적 유교 정신을 강조하였다.
③ 항일 운동 단체인 의민단을 조직하였다.
④ 단군 숭배 사상을 통해 민족 의식을 높였다.
⑤ 허례 폐지, 미신 타파 등 새생활 운동을 전개하였다.

VI

일제 강점기

01 일제의 식민통치 정책과 3·1운동

02 민족 해방 운동과 민족 문화 수호 운동

- 1910~1945년간의 일제 강점기의 역사는 매회 6~7문제가 출제되고 있습니다. 일제는 각 시기에 따라 통치 방식을 바꾸게 됩니다. 1910년대, 1920년대, 1930년대 이후의 통치 방식과 경제 정책을 비교해서 공부하세요.

- 3·1운동의 영향과 대한민국 임시정부의 활동과 변천을 확인하고, 시기별 독립을 위한 단체들의 특징을 파악하세요.

- 민족 운동의 방법론 즉 무장 투쟁과 실력 양성 운동의 내용을 지도와 사료를 확인하며 숙지하세요.

- 신간회의 행동 강령과 활동을 확인하고 국학 운동을 주의 깊게 살펴보세요.

01 일제의 식민통치 정책과 3·1 운동 ①

1 일제의 식민통치 정책

연표: 1910년대 무단통치 → 1920년대 문화통치 → 1930년대 민족말살통치

▲ 토지 조사 사업 이후 농민 변화

달인의 개념 쏙쏙

◎ **즉결 처분권**
정식의 법 절차 없이 바로 체포, 구금, 태형 등을 실시할 수 있는 권한이에요.

◎ **미신고 토지**
조선의 농민들은 토지에 대한 법적 개념이 명확하지 않았고, 문중의 토지가 많았기 때문에 개인의 소유로 신고하기에는 적당하지 않아 미신고 토지가 많았어요. 또한 짧은 신고 기간과 복잡한 절차, 반일 감정 등으로 신고가 제대로 이루어지지 못했지요.

◎ **경작권**
경작권은 지주가 소작인을 함부로 바꾸는 것을 막아주는 농민의 권리였어요.

1 1910년대(헌병경찰통치, 무단통치)

통치 정책	• 조선 총독부 설치 : 총독은 현역 군인출신에서 임명됨 • 헌병경찰제 : 즉결 처분권◎, 태형 처벌 등의 권한 있음 • 언론·출판·집회·결사의 자유 박탈 • 일반 관리와 교원들도 제복 및 칼 착용	
경제 수탈	① 토지 조사 사업(1912~1918)	
	배경	• 근대적 토지 소유 제도를 확립한다는 명분
	내용	• 기한부 신고제
	결과	• 토지 약탈 : 미신고 토지◎를 조선 총독부에 편입한 후 동양 척식 주식 회사 등에게 불하 → 일본인 소유의 토지 증가 • 지주제 강화 및 농민 몰락 : 경작권◎·개간권 등을 부정 → 토지 이탈민 증가(만주와 연해주 등지로 이주)
	② 회사령(1910) • 기업 설립을 총독의 허가제로 규정 → 조선인의 기업 활동의 억압, 민족산업의 성장 억제 목적 ③ 기타 자원의 약탈 • 삼림령(1911), 임야 조사령(1918) • 어업령(1911) • 광업령(1915)	
식민지 교육	• 제1차 조선 교육령(1911) 공포 • 식민지 차별 교육 : 보통교육 수업 연한 단축(4년) • 실업 교육·전문 교육 위주 → 중등교육 기회 제한, 대학교육 불허 • 일본어와 일본사 수업 강화 ↔ 한국어와 한국사 수업 축소	

사료史料 보기

태형령의 내용

• 3월 이하의 징역 또는 구류에 처할 자는 그 정상에 의하여 태형에 처할 수 있다.
• 태 30대 이하이면 이를 1회에 집행하고, 매 30대를 초과할 때마다 1회씩 가한다. 태형의 집행은 1일에 1회를 초과할 수 없다.
• 본령은 조선인에 한하여 이를 적용한다.

2 1920년대(민족분열통치, 문화통치)

- 배경 : 3·1 운동 등의 저항, 국제 여론의 악화

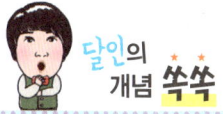

	표면적	실상
통치 정책	• 문관 총독 임명 표방	• 실제로 임명된 적이 없음
	• 보통경찰제 실시	• 경찰의 조직과 인원 대폭 증가, 고등경찰제 실시 및 치안 유지법◎ 적용
	• 지방 제도 개정	• 부·면·도 협의회 설치 → 협의회의 의결권 없음
	• 교육 기회 확대	• 초등, 실업 교육에 치중
	• 언론·출판 허용	• 조선일보, 동아일보 창간 → 검열, 정간, 폐간 등의 언론 통제 심화
	→ 친일파 양성을 통한 기만적인 민족 분열 정책	
경제 수탈	① 산미 증식 계획(1920~1934)	
	배경	• 일본의 공업화 정책으로 인한 식량난 문제
	내용	• 토지 개량(토지 개간, 수리 시설 확충), 농법 개량 등으로 추진
	결과	• 증산량보다 수탈량이 많았음 • 일본의 곡물 유출로 조선에서 식량 부족 발생 → 만주의 잡곡 수입으로 충당 • 수리 조합비, 품종 개량비 등 증산 비용을 농민에게 전가 → 농민 몰락 심화 → 토지 이탈민 증가
	② 회사령 폐지(1920) : 신고제 → 일본 기업의 한국 진출을 용이하게 하기 위해 회사령 폐지 ③ 관세 철폐(1923)	
식민지 교육	• 제2차 조선교육령 공포(1922) • 보통교육 수업 연한 연장(4년 → 6년) • 학교수 증대, 대학 설립 표방 • 한국어 필수, 한국사 교육(그러나 일본사 내용에 포함)	

◎ **치안 유지법(1925)**

사회주의 사상을 탄압하기 위해 제정되었으며 일본 국내뿐만 아니라 조선에도 적용하였고, 해외의 독립운동에까지 적용하여 많은 사람들이 탄압받았던 법이에요.

▲ 산미 증식 계획과 농민 경제

01 일제의 식민통치 정책과 3·1 운동 ②

3 1930년대 이후(민족말살통치)

- 배경 : 세계 경제 공황(1929)으로 일본 타격, 대륙 침략 본격화(만주사변(1931), 중·일 전쟁(1937), 태평양 전쟁(1941)

통치 정책	• 황국신민화 정책 • 내선 일체, 일선 동조론 강조 • 황국신민서사 암송 강요, 궁성 요배, 신사 참배, 창씨 개명 강요(1939) • 한국어 사용·한국사 교육 금지 • 조선일보 폐간(1940)
경제 수탈	• 남면 북양 정책 • 병참기지화 정책 및 전시 총동원 체제 • 국가 총동원령(1938) : 공출 제도, 전쟁 물자 수탈(놋그릇 등) • 학도 지원병·징병제 실시 • 여성 정신대 근로령 : 군대의 위안부나 군수 공장에 동원
식민지 교육	• 제3차 조선 교육령 공표(1938) • 황국신민서사 강요 • 한국어·한국사 교육 약화 및 배제(조선어 선택 과목으로 규정) • 제4차 조선 교육령 공표(1943) • 학교 교육을 전시 체제로 개편, 군사훈련 실시 • 한국어·한국사 교육 폐지 ※ 명칭 변화 : 보통학교 → 심상소학교(1938) → 국민학교(1941)

◎ 내선 일체와 일선 동조론
내선 일체는 일본과 조선이 한 몸이라는 뜻이고, 일선 동조론은 일본과 조선의 조상이 같다는 뜻이에요.

◎ 남면 북양 정책
일제는 한반도를 공업 원료를 공급하는 곳으로 만들기 위해 남쪽에서는 면화를 재배하고, 북쪽에서는 면양을 사육하는 정책을 실시하였어요.

▲ 황국신민서사 암송

▲ 신사 참배

▲ 강제 징병

▲ 강제 공출

▲ 군대 위안부

2 1910년대 저항 운동

1 국내의 민족 운동 : 비밀 결사 형태

대한독립의군부(1912)	• 고종의 밀명으로 임병찬이 조직 • 복벽주의(왕정 부활)
대한광복회(1915)	• 경북지역(대구)에서 박상진 등이 조직 • 공화주의 표방 • 군자금 모집, 무관 학교 설립, 독립군 양성
기타	• 송죽회(평양 숭의 여학교 교사와 학생들이 중심으로 결성) 등

2 국외의 민족 운동

간도	서간도	• 경학사(1911) : 삼원보에 설치, 이회영 · 이동영 • 신흥 강습소 · 신흥 무관 학교 성립(1919)
	북간도	• 중광단 : 북로 군정서로 개편 • 서전서숙(이상설), 명동 학교 설립
연해주		• 권업회 : 이상설 · 이범윤 • 대한 광복군 정부 수립(1914) : 이상설 · 이동휘, 임시정부의 기초(공화주의) • 대한국민의회
중국		• 동제사 • 신한청년당(1919) : 김구 · 여운형, 파리 강화 회의에 김규식 파견
미국		• 대한인국민회 : 이승만 · 안창호, 미주 지역 한인 단체 • 흥사단 : 안창호 • 조선국민군단 : 박용만, 항일 군사 조직

▲ 국외의 주요 민족 운동 지역

기출문제 확인하기

1. 다음 자료에 나타난 정책이 실시된 시기를 연표에서 옳게 고른 것은?

> …… 어린 김군은 새 이름을 알아보기 위해 집으로 달려갔다. 집으로 가는 길에 줄곧 '나의 이름을 잃게 되는구나. 우리들 모두 이름을 잃게 되는구나.'라는 생각에 사로잡혀 있었다. 김군과 그의 아버지는 경찰서로 가서 새로운 이름을 등록해야 했다. 새 이름은 귀에 설게 들렸다.
>
> '이와모토' 새 이름을 입에 담아 보았다. 우리의 새 이름, 나의 새 이름, '이와'-암석(岩), '모토'-토대(本), '이와모토-岩本'. "그래, 이게 우리의 다른 이름, 일본식 이름이야." ……
>
> — 재미 동포 리처드 김의 자전적 소설

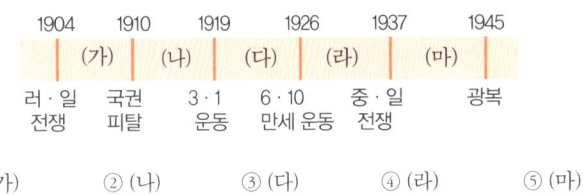

① (가) ② (나) ③ (다) ④ (라) ⑤ (마)

문제 파악
제시된 자료에서 '나의 이름을 잃게 되는구나', '이와모토', '일본식 이름' 등을 통해 1930년대 일제가 실시한 민족 말살 정책의 일환인 창씨 개명의 내용임을 파악할 수 있는데요. 국권 침탈 이후 일제가 실시한 식민지 정책을 반드시 시대별로 구분하여 숙지해 두어야 해요.

문제 해설
창씨 개명은 1939년 이후 강요했어요. 따라서 정답은 1937년 중·일 전쟁 이후인 (마)가 되겠네요.

오답 확인
창씨 개명 강요의 정확한 연도를 모르고 1930년대에 일어난 일이라고만 대충 알고 있다면 (라)와 (마)가 상당히 헷갈릴 수 있어요. 따라서 연도까지 정확히 알고 있어야겠죠.

정답 : ⑤

사료史料 보기

대한제국의 중추원 관제 개편
의회의 의장은 황제가 임명하고 부의장은 선거에 의하여 선출한다. 의원은 50명으로 하되 정부에서 추천하는 관선 의관 25명과 당분간 독립협회가 추천하는 민선의관 25명으로 구성한다.

조선총독부 하의 중추원
직원은 의장·부의장 각 1인, 고문 15인, 찬의 20인, 부찬의 35인 등을 둔다. 의장은 조선 총독부 정무총감으로 보한다. 의장은 업무를 총괄하고, 발의하는 일체의 공문에 서명한다.

사료 해설
첫 번째 사료는 관민공동회의 건의로 개편된 중추원 관제의 내용입니다. 그러나 이는 보수파의 모함으로 실시되지 못하였어요. 두 번째 사료는 1910년 조선 총독부가 설치되면서 함께 설치되었던 중추원인데요. 이 중추원은 자문 기관으로 입법권이 없었기 때문에 실질적인 힘이 없었고, 주로 친일파 인사들만 임명되었지요.

2. 다음 가상 대화가 이루어진 시기의 사실로 옳은 것은?

① 경성제국대학이 설립되었다.
② 제1차 조선 교육령이 공포되었다.
③ 배재학당과 이화학당이 설립되었다.
④ 근대 교육 기관인 원산학사가 설립되었다.
⑤ 내선 일체를 강조하고 조선어 사용을 금지하였다.

문제 파악

제시된 자료에서 '헌병 경찰', '태형', '선생님까지 제복을 입고 칼을 찬 모습'이라는 대화를 통해 1910년대 헌병경찰통치기라는 것은 파악할 수 있어요. 앞서 1번에서 얘기했듯이 각 시대별로 일제가 어떠한 정책을 펼쳤는지 구분해서 알고 있어야 합니다.

문제 해설

1차 조선 교육령은 1911년 공포되었지요.

오답 확인

① 경성제국대학은 1920년대 실력 양성 운동의 일환으로 전개된 민립 대학 설립 운동을 방해하고 친일 세력을 양성할 목적으로 일제가 설립하였어요.
③ 배재학당은 1885년 선교사 아펜젤러가 설립하였고, 이화학당은 1886년 선교사 스크랜턴이 설립하였어요.
④ 원산학사는 1883에 설립되었어요.
⑤ 1930년대 후반 일제의 대륙 침략이 본격화되면서 일어난 일입니다.

정답 : ②

더! 알아보기 — 1910년대의 사회 모습

▲ 1910년대 학교 모습

왼쪽의 사진을 보면 1910년대 헌병 경찰 시기의 학교 모습을 잘 알 수 있겠죠? 교사들이 제복을 입고 칼을 찬 모습을 통해서 말이죠. 지금과는 사뭇 다른 모습이네요. 일제는 일반 관리는 물론 교사들에게도 칼을 차게 하여 한국인을 위협하였어요.

▲ 토지 조사 사업

왼쪽 사진은 역시 1910년대 실시했던 경제 수탈 정책의 일환이었던 토지 조사 사업의 모습입니다. 미신고 토지가 많았다고 설명했던 거 기억하시죠? 이로 인해 전 국토의 40%나 되는 토지를 일본이 차지하게 되었어요. 일제는 동양 주식 척사 회사를 설립해 전국의 토지를 일본인과 친일 세력에게 싼 값에 넘겨주었지요.

01 일제의 식민통치 정책과 3·1 운동 ③

1 3·1 운동과 대한민국 임시정부

1 3·1 운동

배경	• 1910년대 일제의 무단통치로 민족의식 고양 • 윌슨의 민족 자결주의(1918) • 2·8 독립선언(도쿄의 재일 유학생)
전개	태화관에서 독립 선언서 낭독(민족 대표 33인 중심) 비폭력·무저항 표방, 평화적인 시위 전개 지방 도시로의 확산 학생·상인·노동자층 참여 농촌으로의 확산 농민 중심, 일제의 무자비한 탄압에 맞서 폭력 투쟁으로 변화 • 해외(간도, 연해주, 중국, 미주 등)에서도 만세 운동이 일어남
의의	• 전 민족적인 항일 독립운동 • 일제의 통치 방식의 변화 : 헌병경찰통치 → 문화통치 • 대한민국 임시정부 수립에 영향(민주 공화제) • 독립운동의 활성화 계기 • 해외 각국의 민족 해방 운동에 영향 : 5·4 운동, 인도의 민족운동 등

2 대한민국 임시정부

1) 성립

대한국민의회(연해주) + 한성정부(국내) + 대한민국 임시정부(상하이) = 대한민국 임시정부(상하이)

2) 초기 활동

체제	• 대통령 중심제와 내각 책임제 절충 • 3권 분립의 원칙 : 국무원(행정), 임시 의정원(입법), 법원(사법)
연락	• 연통제(비밀 연락망)·교통국
문화	• 독립신문(기관지) 발행, 임시 사료 편찬회 설치
외교	• 파리 강화 회의에 김규식 파견, 구미위원부 설치(이승만)
군사	• 광복군사령부 결성
자금	• 군자금 모금(애국공채 발행, 의연금) → 백산상회, 이륭양행에서 전달 받음

달인의 개념 쏙쏙

◎ 윌슨의 민족 자결주의
파리 강화회의에서 미국 대통령 윌슨이 제창한 것으로, 한 민족이 그들 국가의 독립 문제를 스스로 결정짓게 하자는 원칙입니다. 그러나 이 원칙은 승전국의 식민지에는 적용되지 않았고, 패전국이나 러시아의 지배 하에 있었던 일부 약소민족에게만 적용되었는데요. 1차 대전 당시 일본은 승전국이었기에 우리나라에는 적용되지 않는 원칙이었지요.

◎ 민족 대표 33인
천도교 측 손병희 등, 그리스도교 측 이승훈 등, 불교 측 한용운 등이 포함되어 있습니다.

◎ 내각 책임제

1차 개헌(1919)	대통령제
2차 개헌(1925)	내각 책임 지도 체제 (국무령, 김구)
3차 개헌(1927)	집단 지도 체제 (국무위원)
4차 개헌(1940)	주석제(김구)
5차 개헌(1944)	주석·부주석제

📝 화성 제암리 학살 사건
1919년 4월 15일 일본군이 경기도 수원 화성 제암리에서 주민들을 집단적으로 학살한 사건을 말하지요. 주민들을 제암리교회에 모이게 하여 무차별적으로 살해했어요.

사료 보기

임시정부 통합 원칙

• 상하이와 연해주 정부를 모두 해소하고 한성정부를 계승할 것
• 상하이 정부가 실시한 행정은 유효한 것으로 인정할 것
• 현임 정부의 각료는 모두 퇴직하고 한성 정부의 각료들이 정부를 인계할 것
• 정부의 명칭은 대한민국 임시정부로 할 것
• 정부의 위치는 상하이에 둘 것

3) 변천
① 외교 독립 노선의 좌초, 국내로부터의 지원 감소로 인한 자금난 등으로 독립운동 방향을 둘러싼 대립↑ : 외교 독립론, 무장 투쟁론, 실력 양성론
② 국민대표회의 개최(1923)
- 이승만이 위임 통치 청원서를 제출 → 신채호, 박은식 등의 강한 반발로 소집
- ┌창조파(신채호) : 임시정부 해체, 새로운 통합 단체 수립 지향 → 연해주로 이동
  └개조파(안창호) : 임시정부 존속, 조직 개편 표방
③ 이후 이승만 탄핵(1925), 다수의 독립운동가들이 탈퇴하여 임정 침체기, 김구는 재정비를 위해 한인 애국단을 조직

4) 충칭 시대
① 주석 중심의 단일 지도 체제(1940)
② 한국 광복군 창설(1940, 지청천)
③ 조소앙의 삼균주의를 기본으로 하는 건국 강령 제시(1941)
　└┌인균(人均) : 정치, 경제, 교육의 균등으로 실현
　　├족균(族均) : 소수민족, 약소민족의 독립을 통해 실현(민족자결)
　　└국균(國均) : 식민 정책과 제국주의 부정, 국가 간의 상호 침략 배제를 통해 실현
④ 태평양 전쟁 발발(1941) 후 일본에 선전 포고

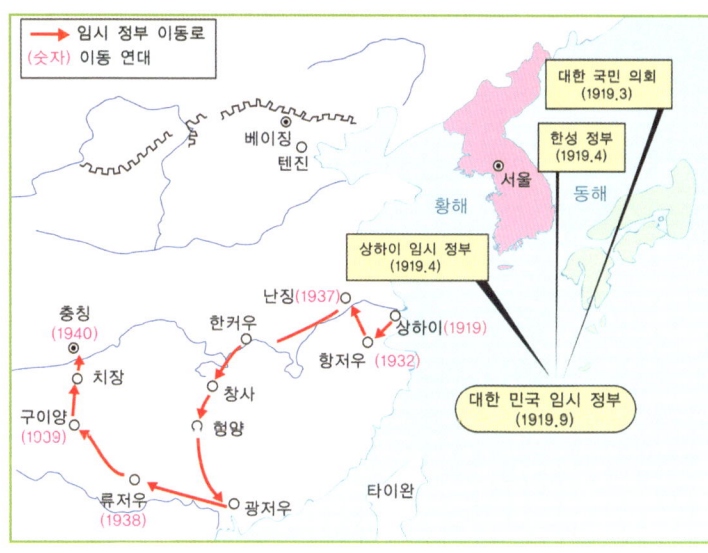

▲ 대한민국 임시정부 수립과 이동 경로

사료史料 보기

임시정부의 건국 강령

삼균주의(三均主義)를 골자로 한 헌법을 시행하여 정치, 경제, 교육의 민주적 시설로 실제상 균형을 도모하여 전국의 토지와 대생산기관의 국유화가 완성되고 전국 학령아동 전수의 고등교육의 면비수학(免費修學)이 완성되고 보통선거 제도가 구속 없이 완전히 실시되어 전국 각 동·리·촌과 면 읍과 도·군·부와 도의 자치 조직과 행정 조직과 민중 단체와 조직이 완비되어 삼균제가 배합 실시되고 경향 각층의 극빈 계급에 물질과 정신상 생활 정도와 문화 수준을 높이어 보장되는 과정을 건국의 제2기라 한다.

기출문제 확인하기

1. 밑줄 그은 '이 운동'에 대한 설명으로 옳지 <u>않은</u> 것은?

> 조선 민족은 독립을 위한 항쟁을 줄기차게 전개하였다. 그중에서도 중요한 것은 1919년의 독립 만세 운동이었다. <u>이 운동</u>은 조선 민족이 단결하여 자유와 독립을 찾으려고 수없이 죽어가고, 일본 경찰에 잡혀 가서 모진 고문을 당하면서도 굴하지 않았던 숭고한 독립 정신을 보여 주었다. …… 조선에서 여학생들이 투쟁에 중요한 역할을 했다는 것을 안다면 너도 틀림없이 깊은 감동을 받을 것이다.
>
> - 네루,「딸에게 보내는 편지」

① 중국의 5·4 운동에 영향을 주었다.
② 해외에서도 만세 시위가 전개되었다.
③ 순종의 장례일을 기회로 삼아 계획되었다.
④ 대한민국 임시정부 수립의 계기가 되었다.
⑤ 일제는 제암리 학살 등을 저지르며 가혹하게 탄압하였다.

📖 문제 파악

제시된 자료는 인도의 정치가이자 민족 운동 지도자인 네루가 옥중에서 딸 인디라 간디에게 쓴 편지입니다. '1919년의 독립 만세 운동'이라는 대목에서 3·1 운동임을 바로 파악할 수 있을 거예요. 3·1 운동은 배경, 전개, 의의 모두 중요하므로 잘 숙지해 두어야 해요.

📝 문제 해설

3·1 운동은 순종의 장례일이 아니라 고종의 장례일을 기해 전국의 각지에서 일어났어요. 국내의 운동 소식을 들은 만주, 연해주, 일본 등지 동포들 역시 만세 운동을 전개하였지요. 그러나 일제는 화성 제암리 학살 사건 등 무자비한 탄압을 가했습니다. 그러나 3·1 운동으로 인해 일제는 헌병경찰통치에서 문화통치로의 통치 정책의 변화를 꾀할 수밖에 없었지요. 또한 이는 중국, 인도 등 아시아의 민족 운동에 큰 영향을 끼치기도 했어요.

🎓 오답 확인

③ 6·10 만세 운동에 관련된 설명입니다.

정답 : ③

사료 史料 보기

기미 독립 선언서

"우리는 이에 우리 조선이 독립한 나라임과 조선 사람이 자주적인 민족임을 선언한다. 이로써 세계 만국에 알리어 인류 평등의 큰 도의를 분명히 하는 바이며, 이로써 자손 만대에 깨우쳐 일러 민족의 독자적 생존의 정당한 권리를 영원히 누려 가지게 하는 바이다 …… "

사료 해설

기미 독립 선언서는 1919년 3월 1일 3·1 운동을 기하여 민족 대표 33인이 한국의 독립을 내외에 선언한 글이랍니다. 민족 대표들은 3월 1일 아침 인사동의 태화관에 모여 독립 선언서를 낭독한 다음 일동이 대한 독립 만세를 삼창하고 축배를 들었어요. 같은 시각 탑골(파고다) 공원에서는 각급 학교 학생·시민 약 5,000명이 모여 이 선언서를 낭독하였지요.

2. 다음과 같이 정치 체제가 변화된 정부의 활동으로 옳지 <u>않은</u> 것은?

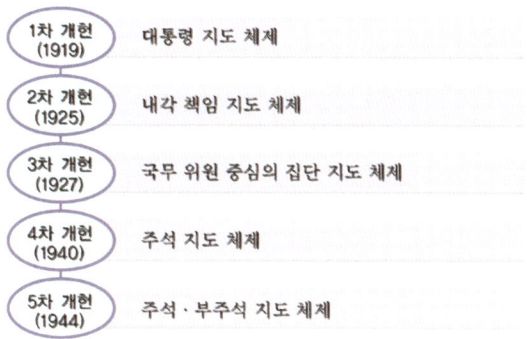

① 애국공채를 발행하였다.
② 대한매일신보를 간행하였다.
③ 한·일 관계 사료집을 편찬하였다.
④ 미국에 구미 위원부를 설치하였다.
⑤ 비밀 행정 조직으로 연통제를 두었다.

📖 문제 파악

제시된 자료는 대한민국 임시정부의 5차례의 개헌을 통한 체제 변화를 보여주는 자료입니다. 임시정부의 성립, 초기 활동, 시련과 변천 등의 내용을 잘 파악하고 있어야 해요. 특히 김구, 이승만, 김규식 등의 주요 인사들과 관련된 사실들도 숙지해 두어야 합니다.

📝 문제 해설

①③④⑤번 모두 임시정부 초기의 활동들인데요. 애국 공채를 발행하여 군자금 확보에 주력하였고, 임시 사료 편찬회를 설립하여 한·일 관계 사료집을 펴냈습니다. 또한 국내와의 연락망으로 연통제와 교통국을 두기도 하는 등 활발한 활동을 했어요. 하지만 독립운동의 노선 갈등 등 여러 가지 어려움을 겪었고 이를 극복하기 위해 2차 개헌을 한 이래, 5차 개헌까지 하였습니다.

🎓 오답 확인

② 대한매일신보는 1904년 간행되어 1910년 폐간되었습니다. 임시정부는 정부 기관지인 '독립신문'을 발행하였어요.

정답 : ②

사료史料 보기

대한민국 원년 독립 공채 발행 조례

【제1조】 기재 성액은 4천만 원으로 하며, 대한민국 원년 독립 공채로 함
【제4조】 상환 기관은 대한민국이 완전히 독립한 후 만 5개년부터 30개년 이내에 수시로 상환하는 것으로 하며, 그 방법은 재무 총장이 이를 정함
【제7조】 공채의 응모 청약 기한은 대한민국 원년 8월 1일부터 동 11월 말일까지로 함
【제17조】 본 공채는 외국인도 응모할 수 있는 것으로 함

사료 해설

임시정부의 활동에서 가장 시급했던 문제는 군자금을 마련하는 것이었어요. 이에 임시정부는 애국공채를 발행하거나 국민 의연금을 발행하여 군자금을 충당하였지요. 국내외에서 모금된 군자금은 임시정부와 연결된 회사인 만주의 이륭양행이나 부산의 백산상회를 거쳐 연통제나 교통국의 조직망에 의해 임시정부에 전달되었어요.

TEST
단원별 핵심 기출 문제

1. 다음 자료와 같은 모습을 볼 수 있었던 시기의 사실로 옳은 것은?

조선어 과목 폐지 기사

황국 신민 서사 암송

① 회사령이 공포되었다.
② 신사 참배가 강요되었다.
③ 치안 유지법이 제정되었다.
④ 헌병경찰 제도가 시행되었다.
⑤ 토지 조사 사업이 실시되었다.

3. 다음 상황이 나타난 시기에 있었던 일제의 식민 정책으로 옳은 것은?

일본인 감독이 어느 마을을 지정하여 몇 월 며칠까지 신작로를 닦으라고 명령하면 반드시 기일 안에 닦아야 했다. 만일 그렇지 못하거나 작업에 늦게 나오면 태형령에 의한 처벌을 면치 못하였다. 매는 80대가 보통이었는데, 도중에 기절하면 회생시켰다가 3일 후에 다시 불러내서 때렸다.
- 문정창, 「군국일본조선강점36년사」

① 치안 유지법을 제정하였다.
② 남면북양정책을 추진하였다.
③ 헌병경찰 제도를 실시하였다.
④ 조선일보, 동아일보를 폐간하였다.
⑤ 미곡을 공출하고 식량을 배급하였다.

2. (가), (나) 법령에 대한 설명을 옳지 않은 것은?

(가) 토지 소유자는 조선 총독이 정하는 기간 내에 주소, 씨명, 명칭 및 소유지의 소재, 지목, 자번호, 사표, 등급, 지적, 결수를 임시 토지 조사 국장에게 신고해야 한다.
(나) 회사가 본령 또는 본령에 근거하여 발표된 명령, 허가의 조건에 위반하거나 또는 공공 질서와 선량한 풍속에 위반하는 행위를 했을 때는 조선 총독이 사업의 정지, 금지, 지점의 폐쇄 또는 회사의 해산을 명할 수 있다.

① (가) 소작농의 경작권을 인정하지 않았다.
② (가) 미신고 토지는 조선 총독부의 소유가 되었다.
③ (나) 동양 척식 주식 회사가 추진하였다.
④ (나) 민족 자본의 성장을 억제하고자 하였다.
⑤ (가), (나) 1910년대에 실시된 경제 수탈 정책이다.

4. 다음 자료를 통해 알 수 있는 민족 운동에 대한 설명으로 옳은 것은?

이화학당 동기인 관순이와 나는 종로와 장충단, 남산, 남대문을 돌아다니며 '대한 독립 만세'를 불렀어. 그리고 관순이는 고향 병천으로, 나는 그 옆 동네인 목천으로 가서 만세 운동을 했지. …… 고문이 어찌나 심한지 허리가 부러지고 무릎이 부서졌는데 내 목숨은 어찌나 질기던지. 관순이는 1년 반 만에 숨졌는데 …… - 남동순의 증언

① 성진회, 독서회 등의 단체가 주도하였다.
② 순종의 장례일에 학생들의 주도로 일어났다.
③ 민족 유일당 운동을 추진하는 배경이 되었다.
④ 대한민국 임시정부가 수립되는 계기가 되었다.
⑤ 한국인 학생과 일본인 학생 간의 충돌에서 비롯되었다.

5. (가)에 들어갈 내용으로 가장 적절한 것은?

〈일제 강점 말기 의복의 변화〉
• 의복명 : 몸뻬
• 확산 배경 : (가)

① 개량 한복의 등장
② 서양 복식의 유행
③ 여성의 노동력 동원 필요
④ 일본산 면제품 판매 급증
⑤ 조선인에 대한 차별 확대

6. 독립운동과 관련된 전시관 안내이다. 제4관에 전시될 수 있는 사진으로 적절하지 않은 것은?

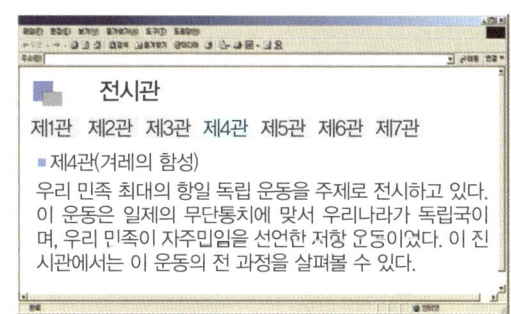

①  2·8 독립 선언서
②  고종 장례 행렬
③ 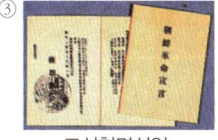 조선혁명선언
④  유관순 수형 기록표
⑤  3·1 독립 선언서

7. 다음 기사의 인물이 선수로 활동하던 시기의 상황으로 옳지 않은 것은?

〈기획 특집〉 **엄복동, 자전거 경기서 매번 일본 꺾어**

1923년 우승 기념

일제 강점기 조선인의 울분을 달래주던 스포츠 스타는 손기정 외에도 여럿 있었다. 대표적인 선수가 자전거 경기의 엄복동이었다. 엄복동은 자전거 판매상으로 일하다가 1913년 '전조선 자전차 경기대회'에 처음 참가해 일본 선수들을 제치고 우승하였다. 1920년대 승승장구하며 "떴다! 보아라! 안창남(한국 최초의 비행사), 내려다 보니 엄복동"이란 노래 가사에 등장하였다. 그 후 1930년대 초 은퇴하였다.
- ○○일보 -

① 쌀과 보리에 대한 공출 제도가 시행되었다.
② 회사 설립이 허가제에서 신고제로 변경되었다.
③ 산미 증식 계획으로 조선의 식량 사정이 악화되었다.
④ 토산품 애용을 강조하는 물산 장려 운동이 전개되었다.
⑤ 토지 조사 사업이 추진되어 일본인 지주들이 늘어났다.

8. 다음 자료와 관련된 민족 운동에 대한 설명으로 옳은 것은?

• 오등(吾等)은 자(茲)에 아(我) 조선의 독립국임과 조선인의 자주민임을 선언하노라. 차(此)로써 세계 만방에 고하야 인류 평등의 대의를 극명하며 차로써 자손 만대에 고하야 민족 자존의 정권을 영유케 하노라.

• 우리 동포 형제는 이 기회를 놓치지 말고 삼천리 강토를 탈환하라! 죽음은 한 번뿐이고 두 번도 아니다. 우리 동포 형제는 어째서 이다지 잠잠한가. 동포여 이때가 어느 때냐. 한번 분발하라. 기회는 오지 않는다. 대한독립 만세!

① 순종의 인산일을 기해 일어났다.
② 민족 유일당 운동을 촉발하는 계기가 되었다.
③ 학생과 사회주의자들이 적극적으로 참여하였다.
④ 아시아의 반제국주의 민족 운동에 영향을 주었다.
⑤ 언론 기관의 적극적인 참여로 전국적으로 확대되었다.

02 민족 해방 운동과 민족 문화 수호 운동 ①

1 의열 투쟁과 학생 운동

1 의열 투쟁

1) 의열단(1919)

성립	• 김원봉 등이 만주 길림성에서 조직
활동 지침	• 조선혁명선언(1923, 신채호) 채택
활동 내역	• 김익상 : 조선 총독부 폭탄 투척(1921) • 김상옥 : 종로 경찰서 폭탄 투척(1923) • 나석주 : 동양 척식 주식 회사에 폭탄 투척(1926)

2) 한인 애국단(1931)

성립	• 김구가 중국에서 조직
활동 내역	• 이봉창 : 일본 국왕 폭살 기도(1932) → 일제가 상하이 사변을 일으키는 계기 • 윤봉길 : 상하이 홍커우 공원 투척, 일본 수뇌부 사살 → 중국 국민당 장제스가 임시정부를 지원하는 계기

2 학생 운동

1) 6·10 만세 운동(1926)

배경	• 식민지 교육 정책에 대한 반발 • 사회주의 사상 보급으로 사회주의 계열의 운동 활성화 시작
전개	• 민족주의 계열(천도교 등)과 사회주의 계열이 순종의 인산일을 기해 만세 운동 준비 → 사전에 발각됨 • 학생들이 서울에서 만세 운동 전개 → 전국적으로 확산, 동맹 휴학 등의 저항 운동
의의	• 학생 운동 세력이 항일 민족 운동의 주체 세력으로 성장 • 좌우 합작의 계기 : 민족주의 계열과 사회주의 계열의 대립을 극복하는 계기 → 신간회 창립으로 연결(1927)

2) 광주 학생 항일 운동(1929)

배경	• 일제의 민족 차별과 식민지 교육에 대한 반발
전개	• 일본 남학생이 조선 여학생 희롱 → 양국 학생의 충돌 → 일본 경찰이 일본 학생의 편을 들자, 조선 학생들이 동맹 휴학으로 저항 → 신간회가 진상 조사를 위해 개입 → 전국적인 학생 운동으로 확산, 만주·일본 등의 학생들도 궐기
의의	• 학생과 시민들이 합세한 3·1 운동 이후 최대의 항일 민족 운동

▲ 이봉창

▲ 윤봉길

만보산 사건(1931.7)

1931년 7월 2일 중국 지린성 만보산 지역에서 일제의 술책으로 조선인 농민과 중국인 농민이 벌인 유혈 사태를 말합니다. 이 사건은 만주에 세력을 형성한 중국 민족 운동 세력과 조선인 민족 운동 세력의 반일 공동 전선 투쟁에 대해 이를 분열시키려는 일제의 치밀한 음모였으며, 이를 만주 침략과 대륙 침탈의 발판으로 삼으려는 일제의 교묘한 술책이었지요.

사료 史料 보기

조선혁명선언 내용

이상에 이유에 의하여 우리는 '외교', '준비' 등의 미몽을 버리고 민중 직접 혁명의 수단을 취함을 선언하노라. 조선 민족의 생존을 유지하자면 강도 일본을 구출할지며, 강도 일본을 구축하자면 오직 폭력으로써 할 뿐이니 혁명이 아니고는 강도 일본을 구축할 방법이 없는 바이다. 그러나 우리가 혁명에 종사하려면 어느 방면부터 착수하겠느뇨? …금일 혁명으로 말하면 민중이 곧 민중 자기를 위하여 하는 혁명인 고로 '민중 혁명'이라. '직접 혁명'이라 칭함이며, 민중 직접의 혁명인 고로 우리 혁명의 제1조는 민중 각오의 요구니라.…

2 무장 투쟁

1 1920년대

연표: 1920.6 봉오동 전투 — 1920.10 청산리 대첩 — 1920.10 간도 참변 — 1921.6 자유시 참변 — 1924 참의부·정의부, 신민부(1925) — 1925 미쓰야 협정 — 1928 혁신의회, 국민부(1929)

▲ 1920년대 무장 투쟁

1) 독립군의 활약과 시련

봉오동 전투	• 대한독립군(홍범도)이 국내로 잠입하여 일본군 공격 → 일본은 보복하려다가 오히려 대한독립군 등에게 격퇴당함
청산리 대첩	• 일본의 훈춘 사건 조작 → 북로군정서(김좌진)과 독립군 연합 부대가 일본군 공격하여 승리
간도 참변 (경신 참변)	• 일본군이 독립군에 반격을 가하면서 독립군을 후원하던 간도 지역의 한인 동포들을 무차별 학살
대한독립 군단 조직	• 일본의 반격을 피해 밀산부로 이동 → 독립군 연합 부대인 대한독립군단 조직
자유시 참변	• 소련이 지원을 약속 → 연해주의 자유시로 이동 → 독립군을 이용하려는 소련의 지시를 거부하여 오히려 소련군으로부터 공격받음

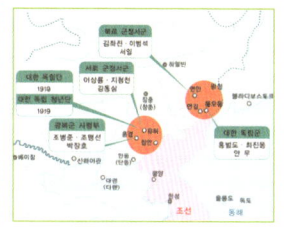
▲ 청산리 전투

2) 독립군의 재정비

3부의 성립	• 행정·군사 기관을 갖춘 자치 정부 ┌참의부(1924) : 압록강 유역에 위치, 대한민국 임시정부 직할대 조직 ├정의부(1924) : 남만주 일대(길림, 봉천) └신민부(1925) : 북만주 일대, 김좌진 중심으로 한 대종교 계열
미쓰야 협정	• 조선 총독부 경무 국장 미쓰야와 만주 군벌이 독립군 탄압을 위해 체결
3부 통합 운동	┌남만주 지역 : 국민부 결성(1929) → 조선 혁명당·조선 혁명군 결성 └북만주 지역 : 혁신의회 결성(1928) → 한국 독립당·한국 독립군 결성

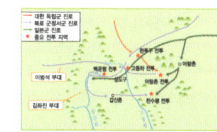
▲ 3부 통합

2 1930년대 이후(중국군과 연합)

한국 독립군	• 북만주 시역에서 지청천이 결성(1930) • 1935년 민족혁명당에 합류
조선 혁명군	• 중국 의용군과 연합 작전 : 영릉가·흥경성 전투
조선 의용대	• 중국에서 김원봉이 결성(1938) • 중일 전쟁에 참가 • 1942년 한국광복군에 편입 or 조선독립동맹 결성
한국 광복군	• 중국 충칭에서 김구, 지청천 등이 결성(1940) : 총사령관 지청천 • 태평양 전쟁 발발하자 대일 선전 포고(1941) • 김원봉의 조선 의용대 일부를 편입(1942) • 인도, 미얀마 등에서 영국군과 연합 작전 • 국내 진공 작전 계획 → 일본의 항복으로 무산
조선 의용군	• 중국 화북지역에서 김두봉, 김무정 등이 결성(1942) • 조선독립동맹(화북조선동맹) 산하의 군대 • 중국 공산당의 팔로군과 연합 작전 → 해방 후 북한 인민군으로 편입

▲ 1930년대 무장 투쟁

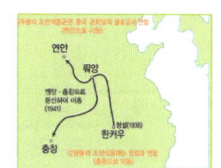
▲ 조선 의용대의 분화와 이동 경로

○ **훈춘 사건(1920)**
일제가 중국 마적(馬賊)과 짜고 일본 공사관을 습격하게 했어요.

기출문제 확인하기

1. 밑줄 그은 '이 의거'로 옳은 것은?

○ 이 의거는 독립운동에 새로운 활력을 불어넣어 국내외 동포사회가 대한민국 임시정부에 다시 관심을 갖게 되었다.
○ 중국의 장제스는 "중국의 100만 대군도 해내지 못한 일을 한국 용사가 단행하였다."라고 높이 평가하였다. 그 후 중국 국민당 정부와 중국인들도 임시정부의 독립운동을 적극 지원하게 되었다.

① 안중근이 이토 히로부미를 사살하였다.
② 김상옥이 종로 경찰서에 폭탄을 던졌다.
③ 장인환이 친일 미국인 스티븐스를 사살하였다.
④ 나석주가 동양 척식 주식 회사에 폭탄을 던졌다.
⑤ 윤봉길이 상하이 훙커우 공원에서 폭탄을 던졌다.

 문제 파악

제시된 자료는 윤봉길 의거를 말합니다. 의열 투쟁으로서 의열단과 한인 애국단의 활동들을 '누가' '언제' '어디서' '무엇을' 했는지 꼼꼼히 따져가며 파악해 두어야 합니다.

문제 해설

윤봉길 의사는 일본이 상하이 사변(1932)의 승전을 축하하는 행사장에 폭탄을 던져 일본 수뇌부들을 사살했습니다. 이를 계기로 중국의 장제스는 격찬하며 임시정부의 활동을 적극적으로 지원하게 됐지요.

 오답 확인

① 안중근은 1909년 하얼빈 역에서 이토우 히로부미를 사살했어요.
② 김상옥은 의열단 단원으로 1923년 종로 경찰서에 폭탄을 던졌지요.
③ 전명운, 장인환은 1908년 샌프란시스코에서 친일파 미국인 스티븐스를 사살했어요.
④ 나석주도 의열단 단원으로 1926년 동양 주식 회사에 폭탄을 던졌어요.

정답 : ⑤

 알아보기 역사가 담긴 건물

▲ 서대문 형무소

서대문 형무소 : 서대문 형무소는 을사조약 이후 국권 침탈을 시작하면서 일제가 만든 시설로, 독립을 위해 법을 어기며 저항했던 사람들을 수용했던 곳입니다. 이곳에는 3·1 운동 때 유관순 열사가 갇혔던 지하 여자 감옥, 윤봉길 의사가 복역 중 만들었다는 붉은 벽돌, 강우규 의사가 처형당한 사형장, 여러 독립 투사들이 투옥되었던 1평 남짓한 좁은 감옥들이 남아 있습니다.

▲ 조선 총독부

조선 총독부 : 1910년 국권 침탈로부터 1945년 8·15 광복까지 35년간 한반도에 대한 식민통치 및 수탈기관으로 초대 총독에는 육군 대장 데라우치가 취임하였는데 천황 직속에 배정되어 그 권력이 막강했었지요.

▲ 동양 척식 주식 회사

동양 척식 주식 회사 : 1908년 일본이 조선의 토지를 차지할 목적으로 설치한 회사로, 영국이 인도에 설치한 동인도 회사와 성격이 같아요. 1926년 나석주가 동양 척식 주식 회사에 폭탄을 투척한 사실도 꼭 기억하세요.

2. 다음 질문에 옳게 답변한 사람을 고른 것은?

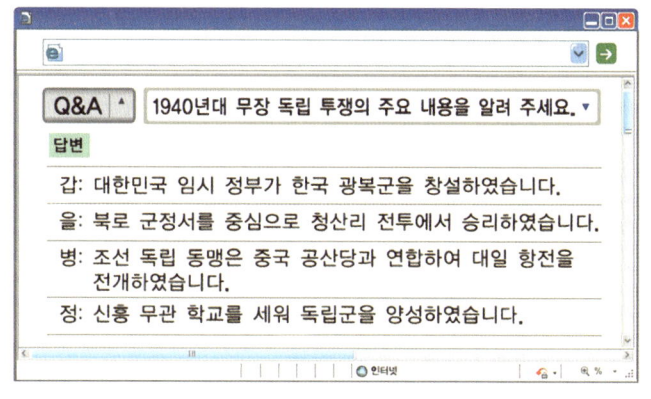

① 갑, 을　　　② 갑, 병　　　③ 을, 병
④ 을, 정　　　⑤ 병, 정

문제 파악

무장 독립 투쟁은 시기별·지역별로 구분해서 정리해 두어야 하는 출제 빈도가 높은 중요 파트입니다. 1940년대 무장 독립 투쟁의 경우 임시정부 산하의 한국광복군을 비롯하여 조선의용대 및 조선의용군의 활약에 주목하여 정리해두면 좋겠죠?

문제 해설

한국광복군은 충칭에서 김구, 지청천이 1940년에 창설하였어요. 1942년에는 김원봉의 조선 의용대 일부를 편입하여 군사력을 보강하였지요. 그렇다면 조선의용대의 나머지 일부는 어디로 갔을까요? 김두봉을 주축으로 하여 화북의 옌안으로 이동한 후, 조선독립동맹의 산하 군대로 활동하게 되지요. 그들이 중국 공산당 팔로군과 연합하여 일본에 저항한 것이에요.

오답 확인

을 : 청산리 전투는 1920년에 일어났어요.
정 : 신흥 무관 학교는 1919년 서간도 지역에 설립되었어요

정답 : ②

사료 보기

6·10 만세 운동의 격분

조선 민중아!
우리의 철천지 원수는 자본·제국주의의 일본이다!
이천만 동포야! 죽음을 각오하고 싸우자!
만세 만세 조선 독립 만세

광주 학생 항일 운동의 격문

1. 검거자를 즉시 우리 손으로 탈환하자.
2. 식민지적 노예 교육 제도를 철폐하라.
3. 조선인 본위의 교육 제도를 확립하라.
4. 언론·결사·집회·출판의 자유를 획득하라.
5. 교내에 경찰의 침입을 절대 반대한다.
6. 사회과학 연구의 자유를 획득하라.
7. 교우회 자치권을 획득하자.
8. 전국 학생 대표자 회의를 개최하라.

02 민족 해방 운동과 민족 문화 수호 운동 ②

3 사회적 민족 운동

1 사회 운동

사회주의 사상	• 1918년 공산당 한인지부, 한인 사회당 결성 • 농민·노동 운동 적극적으로 지원 • 일제는 치안 유지법(1925) 등으로 사회주의 확산 탄압
청년 운동	• 민중계몽 : 강연회, 토론회, 야학 • 조선청년총동맹(1924)
소년 운동	• 방정환◎ 중심 • 천도교 소년회 설립 : 어린이날 제정, 잡지 '어린이' 발간(1923)
여성 운동	• 여성 계몽, 문맹 퇴치, 봉건적 구습 타파 • 근우회(1927) : 여성계 민족 협동 전선 조직, 신간회의 자매 단체 → 신간회 해소 시 함께 해소
형평 운동	• 1894년 갑오개혁으로 신분제 철폐 → 그러나 백정에 대한 사회적 차별은 여전(호적 등재, 학교 입학 등에 차별) • 조선 형평사 조직(1923, 진주) : 백정의 신분 해방 및 민족 해방 운동으로 발전

2 신간회 (민족 유일당 운동)

배경	• 민족주의 계열의 분열(타협적 민족주의 vs. 비타협적 민족주의) → 자치 운동론◎의 대두 • 치안 유지법 등으로 사회주의 계열의 위축, 코민테른의 노선 수용
활동내역	① 6·10 만세 운동 → 조선 민흥회 → 정우회 선언◎(1926.1) ② 신간회

	배경	• 민족주의 + 사회주의 + 종교계 등 민족 운동의 거의 모든 계열이 참여 (회장 : 이상재), 타협적 민족주의(자치 운동론) 배제
	강령	• ┌우리는 정치적·경제적 각성을 촉진한다. ├우리는 단결을 공고히 한다. └우리는 기회주의를 일체 부인한다.
	결과	• 자치 운동 규탄, 치안 유지법 폐지 주장 • 강연회, 야학 등의 민중 계몽 운동 • 교육 차별 금지, 한국어 교육 실시 • 노동자, 농민 운동 지원 • 대중 운동 지도 : 광주 학생 항일 운동 • 근우회 결성

해소	• 일제의 탄압 • 민족주의 계열 vs. 사회주의 계열의 대립 • 사회주의 계열의 이탈 : 코민테른의 노선 변화 (통일전선 강화 → 계급 투쟁 강화)

달인의 개념 쏙쏙

▲ 방정환   ▲ 잡지 '어린이'

▲ 어린이날 제정   ▲ 여성 운동

▲ 형평 운동

◎ **방정환**
그는 천도교 3대 교주 손병희의 사위이기도 합니다.

📝 **자치 운동론**
일제가 1920년대에 민족 운동 세력을 분열시키기 위해 적극적으로 장려한 것으로, 독립보다는 조선인이 정치에 참여할 수 있는 자치권을 얻자는 운동이었어요. 이광수와 최린, 김성수, 송진우 등과 같은 타협적인 민족주의자들이 이에 동조하였지요.

사료史料 보기

근우회의 행동 강령

1. 여성에 대한 사회적·법률적 일체 차별 철폐
2. 일체 봉건적 인습과 미신 타파
3. 조혼 폐지 및 결혼의 자유
4. 인신 매매 및 공창 폐지
5. 농민 부인의 경제적 이익 옹호
6. 부인 노동의 임금 차별 철폐 및 산전 산후 임금 지불
7. 부인 및 소년공의 위험 노동 및 야업 폐지

4 농민·노동 운동과 실력 양성 운동

1 농민 운동

배경	• 1910년대 토지 조사 사업, 1920년대 산미 증식 계획 등으로 농민의 고통 가중 • 식민지적 지주제 강화 • 사회주의 사상 보급으로 농민들의 의식 향상
1920년대	• 생존권 투쟁의 단계 : 소작료 인하, 소작권 이동 반대 주장 • 소작인 조합 중심(소작 쟁의), 암태도 소작 쟁의(1924) • 조선노농총동맹 결성(1924), 조선농민총동맹 결성(1927)
1930년대	• 항일 민족 운동의 단계로 발전

2 노동 운동

배경	• 일제의 식민지 공업화 정책, 회사령 철폐 등으로 일본인 기업 증가 → 열악한 근로 조건 (저임금, 장시간 노동 등)으로 노동자 계급의 고통 가중 • 사회주의 사상 보급
1920년대	• 생존권 투쟁의 단계 : 임금 투쟁, 노동 조건 개선 주장 • 조선 노동 총동맹 결성(1927) • 원산 노동자 총파업(1929)
1930년대	• 항일 민족 운동 단계로 발전

3 실력 양성 운동

물산 장려 운동	• 배경 : 회사령 철폐 이후 일부 민족 기업의 성장, 관세 철폐로 일본 상품 유입되자 민족 기업 보호 육성 시도 • 전개 : 1920년 평양에서 조만식 등이 조선물산장려회 조직, 자작회, 토산 애용 부인회 → 국산품 장려, 소비 절약, 금연, 금주 운동 전개 → 전국적으로 확산 → 일본의 탄압 • 한계 : 생산력 미흡으로 상품 가격 상승, 사회주의 세력의 비판
민립 대학 설립 운동	• 1920년 이상재 등 중심으로 전개 → 조선 민립 대학 기성회 → 일본의 방해와 경성제국대학 설립 발표로 실패
문맹 퇴치 운동	• ┌ 문자 보급 운동(1929~1934) : 조선일보 주도 　└ 브나로드 운동(1931~1934) : 동아일보 주도

달인의 개념 쏙쏙

◎ **정우회 선언**

사상단체의 통일, 실제 투쟁을 통한 대중화, 경제투쟁에서 정치투쟁으로 전환, 비타협적 민족주의 세력과 제휴 등을 표방했어요.

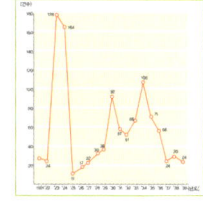
▲ 소작 쟁의 발생 건수

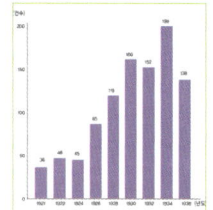
▲ 노동 쟁의 발생 건수

▲ 암태도 소작인회　▲ 원산 노동자 파업

◎ **경성제국대학**

1924년 일제는 식민 지배를 위한 친일 관리를 양성하려는 목적으로 경성제국대학을 설립했어요.

사료 史料 보기

물산 장려 운동

우리가 우리 손에 산업의 권리 생활의 제일 조건을 장악하지 아니하면 우리는 도저히 우리의 생명·인격·사회의 발전을 기대하지 못할 것이다. …… 조선 사람은 조선 사람이 지은 것을 사서 쓰고, 조선 사람은 그 쓰는 물건을 스스로 제작하여 공급하기를 목적하노라.

기출문제 확인하기

1. (가) 시기에 노동 쟁의 발생 건수가 급증한 배경으로 가장 적절한 것은?

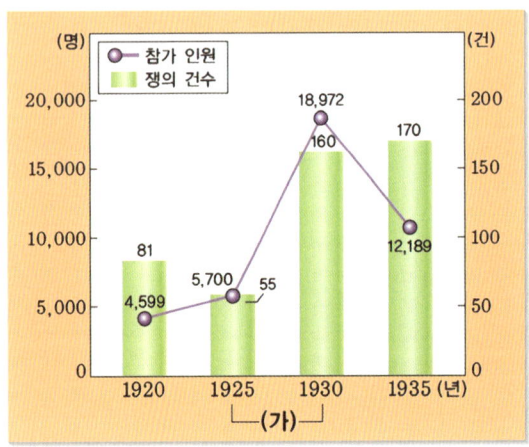

노동 쟁의 발생 건수와 참가 인원

① 민족개조론의 등장
② 사회진화론의 보급
③ 무장투쟁론의 대두
④ 사회주의사상의 확산
⑤ 애국계몽 운동의 전개

📖 문제 파악
노동 운동은 시기별로 1920년대와 1930년대를 비교해서 알아두어야 해요. 또한 그 시기 농민 운동은 어떻게 진행되었는지도 같이 숙지하고 있어야 합니다.

📝 문제 해설
1920년대는 일제의 식민지 공업화 정책과 회사령 철폐로 일본인 기업의 수가 늘어나 조선의 근로 환경이 열악해지고 있었습니다. 이와 더불어 사회주의 사상의 확산되어 노동자들의 의식이 향상되었는데요. 이러한 배경으로 1920년대는 원산 노동자 총파업 등 노동 쟁의가 급증했지요.

🎓 오답 확인
① 민족개조론은 이광수와 같은 타협적 민족주의자들이 주장한 것이므로 노동 쟁의와는 관련이 없습니다.
② 사회진화론은 다윈이 주장한 생물학적 진화론을 인간 사회에 적용한 이론으로써 국권 침탈기의 애국계몽 운동과 일제 강점기의 실력 양성 운동에 영향을 미쳤어요.
③ 무장투쟁론은 간도 지역을 중심으로 전개된 무장 독립운동의 이론적 기반이라고 할 수 있어요.
⑤ 애국계몽 운동은 국권 침탈기에 전개된 운동이에요.

정답 : ④

사료史料 보기

국채 보상 운동
지금 우리의 국채가 1300만 원이 있으니, 이것은 우리나라가 존재하고 망하는 것에 관계되는 일입니다.…… 2천만 인민들이 3개월 동안 흡연을 금하고, 그 대금으로 한 사람이 매달 20전씩 거둔다면 1300만 원을 모을 수 있을 것이며…

물산 장려 운동
우리가 우리 손에 산업의 권리 생활의 제일 조건을 장악하지 아니하면 우리는 도저히 우리의 생명·인격·사회의 발전을 기대하지 못할 것이다. …… 조선 사람은 조선 사람이 지은 것을 사 쓰고, 조선 사람은 단결하여 그 쓰는 물건을 스스로 제작하여 공급하기를 목적하노라.

사료 해설
첫 번째 사료는 1907년에 일어났던 국채 보상 운동 관련 내용이에요. 일본은 한국에 대해 적극적으로 차관 공여를 하여 한국 정부와 민간의 경제적 독립을 근본적으로 위협하였는데요. 이에 서상돈 등이 대구에서 국채 보상 운동을 시작하여 범국민적 운동으로 전개되었지요. 두 번째 사료는 1920년대에 일어났던 물산 장려 운동이에요. 평양에서 조만식 등이 전개한 물산 장려 운동 역시 전국적으로 확산되어 전개되었습니다. 그러나 이 두 운동은 모두 일제의 탄압으로 실패하였어요.

2. . 다음 강령을 내건 단체와 관련된 사건으로 옳은 것은?

강령
- 우리는 정치적·경제적 각성을 촉진한다.
- 우리는 단결을 공고히 한다.
- 우리는 기회주의를 일체 부인한다.

①
광주 학생 항일 운동

②
청산리 전투

③
화성 제암리 학살 사건

④
민립 대학 설립 운동

⑤
하와이 노동 이민

문제 파악
제시된 자료는 신간회가 내세웠던 강령이에요. 신간회의 성립 배경, 활동 내역, 해소까지 알아두어야 합니다.

문제 해설
신간회는 1927년 타협적 민족주의자를 제외한 비타협적 민족주의자와 사회주의자들이 합작하여 결성한 단체입니다. 노동 운동과 농민 운동을 지원했고, 광주 학생 항일 운동을 후원했어요.

오답 확인
② 청산리 전투는 1920년 만주에서 김좌진 등의 북로군정서군이 일본군과 싸워 승리한 전투에요.
③ 화성 제암리 사건은 3·1 운동을 탄압하기 위해 무차별적으로 탄압한 사건이에요.
④ 민립 대학 설립 운동은 1920년대 이상재 등이 조직한 조선 교육회를 중심으로 일어난 실력 양성 운동의 일환이지요.
⑤ 주한 미군 공사 알렌의 알선으로 1902년부터 하와이로 많은 수의 한국인들이 이민을 가기 시작했어요.

정답 : ①

사료史料 보기

민립 대학 설립 운동

한민족 1천만 한 사람이 1원씩!
우리들의 운명을 어떻게 개척할 것인가? 정치냐, 외교냐, 실업이냐? 물론 이러한 사람들이 모두 다 필요하도다. 그러나 그 기초가 되고 요건이 되며 가장 급무가 되고, 가장 선결의 필요가 있으며 가장 힘 있고 가장 필요한 수단은 교육이 아니며 불가능하도다. 민중의 보편적 지식은 보통 교육으로도 가능하지만 심오한 지식과 학문은 고등 교육이 아니면 불가하며……

02 민족 해방 운동과 민족 문화 수호 운동 ③

5 식민사관과 국학 운동

1 식민사관

전개		• 1920년대 이후 체계적·집단적으로 연구 • 조선사 편수회(1925), 청구학회(1930) 등을 조직하여 역사 왜곡
내용	일선동조론	일본민족과 한국(조선) 민족이 하나의 조상이라는 주장
	임나일본부설	일본의 야마토 정권(4C 후반) 때, 한반도 남부 지역에 진출하여 가야에 일본부라는 기관을 두어 6C 중엽까지 직접 지배했다는 주장
	정체성론	사회 경제적 변화는 정체되었다는 주장
	타율성론	반도라는 지리적 여건으로 인해 대륙의 영향과 간섭을 계속 받는다는 주장
	당파성론	조선은 당쟁의 역사가 보여주듯이 단결을 하지 못하는 민족이라는 주장

2 국학 운동

1) 국어 연구

국문연구소	1907	• 주시경, 지석영 등
조선어 연구회	1921	• 장지연, 최현배, 이윤재 등 • 한글날인 '가갸날' 제정(1926), 잡지 '한글' 창간(1927)
조선어학회	1931	• 한글 맞춤 법통일과 표준어 제정(1933) • '우리말 큰 사전' 편찬 작업 도중 조선어학회 사건○(1942)으로 강제 해산당함
한글학회	1949	• '큰사전' 완간

2) 국사 연구

민족주의 사학		• 특징 – 신채호의 『독사신론』(1908)에서 발원 – 민족의식을 고취하여 민족의 해방과 독립을 위한 사상적 기반 마련
	박은식	① 『한국 통사』(1915) • 역사를 '국혼'을 드러내는 수단으로 파악 • 근대 이후의 일본의 침략 과정을 서술 ② 『한국독립운동지혈사』
	신채호	① 『조선사연구초』(1925) • 묘청의 서경 천도 운동을 극찬 • 민족 고유의 사상으로 '낭가사상' 강조 ② 『조선상고사』(1931) • '역사는 아(我)와 비아(非我)의 투쟁이다' → 독립은 주어지는 것이 아닌 쟁취하는 것이라고 강조
	문일평	• '조선심' 강조
	정인보	• '얼' 강조
사회 경제 사학		• 특징 – 역사 발전을 유물사관에 입각하여 연구 – 한국사를 세계사적 보편성 위에 체계화 – 식민사학의 정체성론 비판
	백남운	• 『조선사회경제사』 • 『조선봉건사회경제사』

📝 **조선학 운동**

1930년대 중반 문일평, 정인보, 안재홍 등이 식민사학과 계급사관에 대응하여 실학을 집중적으로 연구하였는데요, 이들은 1934년 『여유당전서』를 발간하여 조선 후기 실학 사상을 재평가했습니다.

○ **조선어학회 사건**

민족말살 정책에 따라 한글 연구를 한 학자들을 민족 의식을 고양시켰다는 죄목으로 탄압·투옥한 사건을 말하지요.

실증주의 사학	• 이병도, 손진태 등이 진단학회 결성(1934) • 실증 그 자체를 중시

신민족주의 사학	• 특징
	  – 일제 말 민족 말살 정책 심화 등의 상황에서 40년대 초 대두
	  – 문헌 고증학 + 민족주의 사학 + 사회주의 사학의 장점 수용

◎ **아리랑**

일제 강점기 나라 잃은 슬픔을 항일 정신으로 집약해 반영한 흑백 무성 영화로 서울 종로에 있는 단성사에서 상영하였지요.

6 문학과 예술 활동

1 문학 활동

1910년대	• 계몽주의적 성향 • 최남선 : '해에게서 소년에게'(최초의 신체시) • 이광수 : 『무정』(최초의 근대 소설)
1920년대	• 낭만파 등 순수예술 : 낭만주의적 경향, 현실 도피 • 저항적 작품 : 김소월('진달래꽃'), 한용운('님의 침묵'), 이상화('빼앗긴 들에도 봄은 오는가') 등 • 사회주의 영향 → 신경향파(KAPF) 문학

1930년대 이후	• 일제의 문학 활동 탄압 → 친일 문학, 순수 문학이 주류
	  ┌ 순수 문학 : 『문장』(1939)
	  └ 친일 문학 : 이광수, 최남선, 서정주 등
	• 저항 문학 : 윤동주, 이육사 등
	• 사회문제, 농촌문제 소재로 한 문학 : 심훈 『상록수』(1935)

2 예술 활동

음악	홍난파 '봉선화' · 현제명 '고향 생각'(1920년대), 안익태 '코리아 환상곡'(1936)
미술	이중섭 '소'
연극	신파극 · 신극(1910년대), 토월회(1922)
영화	나운규의 아리랑◎(1926)

3 1940년대 일제는 모든 문학 · 예술 활동을 통제 → 친일적 예술 활동만 가능

사료史料 보기

박은식의 『한국통사』 中

옛 사람이 이르기를 나라는 없어질 수 있으나 역사는 없어질 수 없다고 하였으니 그것은 나라는 형체[形]이고 역사는 정신(神)이기 때문이다. 이제 한국 의 형체는 허물어졌으나, 정신만이라도 오로지 남아 있을 수 없는 것인가. 이것이 통사를 저술하는 까닭이다.

기출문제 확인하기

1. 다음 영화가 개봉된 시기의 문화계 동향으로 가장 적절한 것은?

① 신체시 '해에게서 소년에게'가 발표되었다.
② 영국인 베델이 대한매일신보를 창간하였다.
③ 최초의 신극 공연장인 원각사가 개관되었다.
④ 경부철도가와 같은 계몽적 성격의 창가가 등장하였다.
⑤ 사회주의 영향을 받은 신경향파 작가들이 활동하였다.

문제 파악

문학과 예술 활동의 분야는 연도를 잘 기억해 두세요. 특히 문학 활동의 경우 시기별로 분류해서 파악해 두어야 해요. 우선 1920년대는 사회주의의 영향을 받아 신경향파 문학이, 1930년대 이후부터는 일제의 탄압으로 저항 문학과 친일 문학이 나타났음을 먼저 숙지한 후, 여기에 다른 내용들을 더 첨가해서 알아두세요.

문제 해설

나운규 감독의 아리랑은 1926년 개봉되었습니다. 1920년대 사회주의가 보급되면서 KAPF와 같은 단체가 조직되는 등 사회주의의 영향을 받은 신경향파 작가들이 활동하였습니다.

오답 확인

① 최남선의 '해에게서 소년에게'가 발표된 것은 1908년입니다.
② 대한매일신보가 창간된 것은 1904년이에요.
③ 원각사가 개관된 것은 1908년이에요.
④ 경부철도가는 1908년에 등장하였어요.

정답 : ⑤

 영화 '아리랑'의 내용

▲ 아리랑 포스터

3·1 운동 실패의 충격으로 미친 주인공 영진은 광인 특유의 사랑으로 여동생 영희를 아끼는데, 영진을 찾아온 영진의 친구 현구는 영희와 애틋한 사랑에 빠지게 됩니다. 악덕지주의 머슴이자 친일파인 기호는 농악제가 벌어지던 날 영희를 겁탈하려 하는데 이를 본 현구는 영희를 구하기 위해 기호와 난투극을 벌이게 되죠. 그런데 실성한 영진은 오히려 이 모습을 재미있게 생각합니다. 이때 갑자기 환상에 빠져든 영진은 반사적으로 낫을 휘둘러 기호가 그 낫에 찔려 죽고 그 충격으로 영진은 맑은 정신으로 돌아오게 되는 극적인 반전이 있지요. 마지막 장면에서는 포승에 묶인 채 순사 손에 끌려 아리랑 고개를 넘어가는 영진의 모습과 함께 아리랑이 울려퍼지며 영화는 끝이 나지요.

2. 다음 자료에서 설명하는 인물로 옳은 것은?

이 달의 현충 시설, ○○○ 선생 생가

나라 사랑 교육의 장으로 활용하기 위한 이달의 현충 시설로 ○○○선생 생가가 선정되었다. 선생은 언론인으로 '황성신문'과 '대한매일신보' 논설 기자로 활동하였으며, 애국계몽 운동에 앞장섰다. 또한 사학자로 '조선상고사'와 '조선사연구초'를 집필하였으며, 독립 운동에 헌신하다가 1936년 뤼순 감옥에서 순국하였다.

- ○○신문 -

① 박은식
② 백남운
③ 신채호
④ 이승훈
⑤ 정인보

📖 문제 파악

제시된 자료는 신채호에 관련된 내용인데요. 신채호를 비롯하여 보기에 나온 인물들은 자주 출제되기 때문에 각각 저서들과 강조한 내용들을 숙지해 두세요.

📝 문제 해설

을사조약이 체결되자 신채호는 황성신문에 논설을 쓰기 시작했고, 이듬해 대한매일신보의 주필로 활약했습니다. 1925년에는 『조선사연구초』, 1931년에는 『조선상고사』를 집필하였어요.

🎓 오답 확인

④ 이승훈은 신민회에 참여하였고, 오산 학교를 세운 인물이에요.

정답 : ③

 종교 운동

개신교	• 의료, 교육 활동 등에 주력 → 사립 학교 설립 • 일제 시대 때 신사 참배를 거부하여 탄압받음
천주교	• 1919년 만주에서 설립된 무장 독립 단체인 의민단은 청산리 전투에 참여하기도 함
천도교	• 손병희가 창시한 종교 • 제2의 3·1 운동 계획 • 방정환 등이 소년 운동 등을 전개함 • 개벽, 신여성 등의 잡지를 발간
대종교	• 나철이 창시한 종교 • 만주에서 중광단, 북로군정서군 등과 연관됨 • 국내에서도 친일파 처단에 앞장섬
불교	• 한용운(불교유신론)
원불교	• 박중빈 창시, 남녀평등 의식 고취, 허례허식 폐지, 절약 등 주장

TEST

단원별 핵심 기출 문제

1. 다음 자료와 같은 활동이 전개되었던 시기의 상황으로 옳은 것은?

   최용신은 1931년 YWCA 파견 교사로 경기도 화성군 반월면 샘골에 파견되었다. 그는 예배당을 빌려 한글·산술·재봉·수예·가사·노래·성경 등을 가르쳤다. 1934년부터 학원의 운영이 어려워지자 다방면으로 노력하다가, 이듬해 1월 26세의 나이에 과로로 사망하였다. 농촌을 살리기 위한 눈물겨운 그의 행적은 1935년에 「상록수」로 소설화되었다.

   ① 브나로드 운동이 전개되었다.
   ② 토지 조사 사업이 실시되었다.
   ③ 산미 증식 계획이 시작되었다.
   ④ 암태도 소작 쟁의가 발생하였다.
   ⑤ 일본식 성명의 사용을 강요받았다.

2. 다음 자료에 해당하는 민족 운동에 대한 설명으로 옳은 것은?

   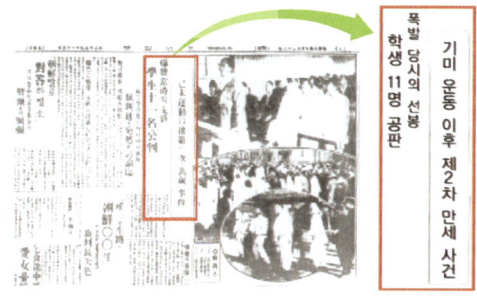

   ① 신민회의 지원을 받았다.
   ② 민립 대학 설립을 추진하였다.
   ③ 대구에서 시작되어 전국으로 확산되었다.
   ④ 일제의 헌병경찰통치에 반발하여 일어났다.
   ⑤ 민족주의 계열과 사회주의 계열이 함께 추진하였다.

3. 지도와 같이 독립군이 이동한 배경으로 옳은 것은?

   ① 참의부 설립
   ② 간도 참변 발생
   ③ 조선의용군 조직
   ④ 미쓰야 협정 체결
   ⑤ 한·중 연합 작전 전개

4. 다음 자료에 해당하는 독립군 부대의 활동으로 옳은 것을 〈보기〉에서 고른 것은?

   • 1940년 중국 충칭에서 창설되어 총사령에 지청천, 참모장에 이범석이 취임하였다.
   • 1942년 조선의용대 일부가 편입되어 군사력이 강화되었다.
   • 미국전략정보국(OSS)과 합동 작전을 전개하였다.

   〈보기〉

   ㄱ. 국내 진공 작전을 계획하였다.
   ㄴ. 신흥 무관 학교를 설립하였다.
   ㄷ. 인도·미얀마 전선에 참전하였다.
   ㄹ. 홍경성, 영릉가 전투에서 승리하였다.

   ① ㄱ, ㄴ   ② ㄱ, ㄷ   ③ ㄴ, ㄷ
   ④ ㄴ, ㄹ   ⑤ ㄷ, ㄹ

5. 다음 자료에 해당하는 민족 운동에 대한 설명으로 옳은 것은?

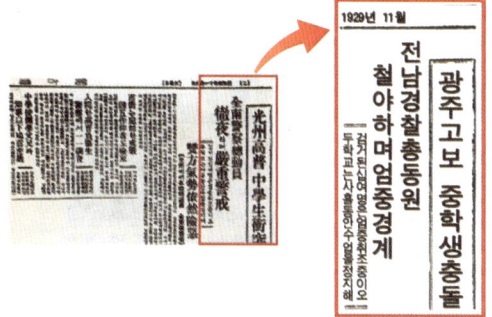

① 순종의 인산일에 일어났다.
② 탑골 공원에서 시작되었다.
③ 단발령에 대한 반발로 일어났다.
④ 2·8 독립 선언의 도화선이 되었다.
⑤ 식민지 교육 제도의 철폐를 요구하였다.

6. (가)에 대한 설명으로 옳은 것을 〈보기〉에서 고른 것은?

(가) 일지	
전투 일자	전투 지역
1920년 10월 21일	백운평, 완루구
10월 22일	천수평, 어랑촌
10월 23일	맹개골, 만기구
10월 24~25일	천보산
10월 25~26일	고동하

〈보기〉
ㄱ. 대한국민의회가 주도하였다.
ㄴ. 다수의 대종교도들이 참여하였다.
ㄷ. 한·중 연합작전으로 전개되었다.
ㄹ. 김좌진, 홍범도 등이 부대를 지휘하였다.

① ㄱ, ㄴ   ② ㄱ, ㄷ   ③ ㄴ, ㄷ
④ ㄴ, ㄹ   ⑤ ㄷ, ㄹ

7. 다음 설명에 해당하는 인물로 옳은 것은?

• 일제의 역사 왜곡에 맞서 민족주의 사학을 발전시켰다.
• 민족 정신을 '혼'으로 파악하여 '혼'이 담겨 있는 역사의 중요성을 강조하였다.
• 저서로는 「한국통사(韓國痛史)」, 「한국독립운동지혈사(韓國獨立運動之血史)」 등이 있다.

①  문일평
②  박은식
③  백남운
④  신채호
⑤  정인보

8. 다음은 어느 운동과 관련된 가상의 안내장이다. 이 운동에 대한 설명으로 옳은 것은?

제1회 어린이날 기념식

어른들의 생활이 비참하면 할수록 복된 내일을 맞이하기 위해서는 무엇보다도 우리 어린이들 양성에 앞장서야 합니다.

행사 개요
• 일시 : 1923. 5. 1. 오후 3시
• 장소 : 종로 수운회관
• 식순
- 기념 축하 연설
- 어린이날 선언문 낭독

① 송죽회의 후원을 받았다.
② 방정환, 조철호 등이 주도하였다.
③ 우리말 큰사전 편찬 사업을 추진하였다.
④ '내 살림 내 것으로'라는 구호를 내세웠다.
⑤ 근우를 발행하여 여성의 권익을 옹호하였다.

9. (가)에 들어갈 사진으로 가장 적절한 것은?

국외 독립운동의 발자취를 찾아서

(가) 1920년 10월, 북로군정서군, 대한독립군 등 독립군 연합부대는 천수평, 어랑촌 등지에서 일본군과 여러 차례 전투를 벌였다. 독립군 연합 부대는 이 전투에서 일본군 1,200여 명을 사살하는 큰 성과를 거두었다.

①
신한촌 기념비

②
단지동맹비

③
양세봉 흉상

④
청산리 대첩 기념비

⑤
봉오동 전투 현장

10. 다음 사건과 관련된 단체로 옳은 것은?

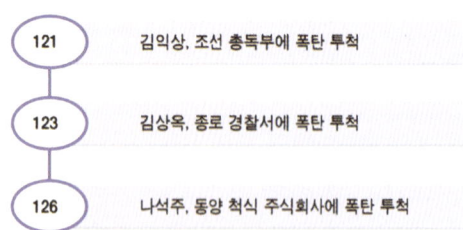

① 의열단
② 구월산대
③ 대한광복회
④ 독립의군부
⑤ 한인애국단

11. 다음 자료를 통해 알 수 있는 단체에 대한 설명으로 옳은 것은?

⟨행동 강령⟩
• 여성에 대한 사회적·법률적 일체 차별 철폐
• 일체 봉건적인 인습과 미신 타파
• 조혼 방지 및 결혼의 자유……
• 부인 및 소년공의 위험 노동 및 야업 폐지

① 비밀 결사로 활동하였다.
② 신간회와 연계하여 활동하였다.
③ 천도교의 산하 단체로 출발하였다.
④ 민립 대학 설립 운동을 전개하였다.
⑤ 6·10 만세 운동을 적극 지원하였다.

12. (가) 단체를 결성한 계층에 대한 설명으로 옳지 않은 것은?

하늘에서 내린 인류의 권리는 모두 똑같은데, 가축 고기를 먹는 사람들은 존귀한 대우를 받으면서, 가축을 잡아 고기로 제공해 주는 사람들은 비천한 대우를 받으니 얼마나 잘못된 일인가. 이를 알리기 위해 _____(가)_____ 의 취지가 성공해야 할 것이다.
- ○○일보, 1923년 5월 3일자 사설

① 고려 시대에 화척이라 불리었다.
② 조선 시대에 신량역천이라 하여 차별받았다.
③ 갑오개혁 때 법적으로 신분이 해방되었다.
④ 만민 공동회에서 관민의 단결을 호소하는 연설을 하였다.
⑤ 일제 강점기에 호적의 직업란에 붉은 점을 찍어 차별하였다.

VII

현대사

01 대한민국 정부의 수립과 분단
02 민주주의의 시련과 발전
03 경제 성장과 사회·문화의 변화

- 지금 우리가 살고 있는 현재와 가장 가까운 역사죠. 이 단원은 매회 3~5문제가 출제됩니다.

- 해방 이후부터 분단까지의 상황과 전개 과정을 숙지해야 합니다. 특히 남북 협상, 단독 정부 수립 과정을 주의 깊게 살펴보세요.

- 각 정부의 특징과 주요 사건, 정책을 확인하시고 민주주의를 이루기 위한 항쟁들의 원인과 결과를 꼭 확인하세요.

- 경제 발전 단계를 정부별, 시기별로 살펴보고 특징을 파악하세요.

- 통일을 이루기 위한 노력들이 어떠한 것들이 있었는지 시기별로 구분하세요.

01 대한민국 정부의 수립과 분단 ①

연표

1945.8.15	1946.6.	1946.7.	1948.4.27
한국 독립	정읍 발언	좌우합작 운동	남북 협상

1948.5.10	1948.8.15	1950.6.25
남한 총선거	대한민국 정부 수립	6·25 전쟁

달인의 개념 쏙쏙

◎ **조선건국동맹**
1944년 8월에 국내에서 조직된 비밀 결사 조직으로, 몽양 여운형을 중심으로 조선의 독립과 민주주의 국가 건설을 목표로 한 건국 운동 조직이에요. 일제가 항복을 선언한 1945년 8월 15일 이후부터는 조선 건국 준비 위원회로 이름을 바꾸고 독립된 국가를 세우기 위한 활동을 전개했어요.

▲ 몽양 여운형

1 광복 전후 국내의 정세

1 국외의 한국 독립 논의

명칭	일시	장소	내용
카이로 회담	1943년 11월	이집트 카이로	• 미국(루스벨트), 영국(처칠), 중국(장제스)이 한국 독립을 약속
얄타 회담	1945년 2월	소련 얄타	• 미국과 소련이 각각 남북에 진주하여 군정을 할 것을 합의
포츠담 선언	1945년 7월	독일 포츠담	• 카이로 회담 내용의 재확인
모스크바 3국 외상회의	1945년 12월	소련 모스크바	• 미·소 공동 위원회 설치 확정 • 최고 5년 동안 한국을 미·영·중·소가 신탁통치할 것을 결의

2 38도선 합의와 국토의 분단

일본의 패망	38도선의 설정	결과
• 원폭 투하 (1945.8.6/8.9.) • 소련군 참전 (1945.8.9.) • 무조건 항복 선언(1945.8.15.)	• 일본군의 무장 해제와 소련의 단독 점령을 막기 위해 미국이 제의 (1945.9.8.)	• 민족 분열과 국토 분단 • 38도선 이남 : 미군정 직접 통치 • 38도선 이북 : 소련군 간접 통치

3 건국준비위원회(약칭 건준)의 성립

- 조선건국동맹을 바탕으로 조직(1945.8.15)
- 여운형(중도좌파 계열)과 안재홍(중도우파 계열) 중심의 좌·우익 연합 조직
- 치안대 유지 및 건준 지부 설치
- 미군정 이전에 실질 행정 담당

4 남한의 정세

조선인민공화국(약칭 인공) 선포 (1945.9.6.)	① 주석 이승만, 부주석 여운형 ② 건준지부를 인민위원회로 개편
미군정 실시	① 미군정청 설치(1945.9.9.) ② 총독부 체제를 유지, 친일 관리와 경찰 고용

❷ 신탁통치 문제와 좌·우익 갈등

1 신탁통치 문제의 발발

1) 모스크바 3국 외상회의(1945.12.16~12.25.)
- 미국(루스벨트), 영국(처칠), 소련(스탈린)이 참석하여 한반도 처리 문제(신탁통치안)를 논함

2) 좌·우익 대립 심화
- 전국적인 반탁 운동의 전개 : 우익 세력
- 반탁 선언 → '3상회의 결정안의 총체적 지지' 선언 : 좌익 세력

3) 미·소 공동 위원회의 개최와 결렬

구분	제1차 미·소 공동 위원회 (1946.3.)	제2차 미·소 공동 위원회
미국의 입장	"반탁 운동을 전개하는 우익계열도 협의 대상에 포함시켜야 한다"	1차 미소 공위와 동일
소련의 입장	"신탁통치에 반대하는 정당·사회 단체와는 협의할 수 없다"	1차 미소 공위와 동일
결과	• 임시정부 참가 단체를 두고 대립하여 휴회 • 이승만의 정읍 발언(1946.6.3.) : 남한만의 단독 정부 수립 주장	1차 미·소공동 위원회와 같은 문제로 대립하며 사실상 결렬

2 좌우합작 운동과 남조선 과도 입법 의원

1) 좌우합작 운동의 전개

배경	• 제1차 미·소 공동 위원회의 결렬과 이승만의 정읍 발언 • 여운형과 김규식을 중심으로 좌·우익을 아우른 통일정부 수립을 목표로 함
결성	• 중도우파 계열과 중도좌파 계열 중심 • 미군정의 지원 : 좌우합작 7원칙 지지 성명 발표 • 좌우합작 7원칙 제정(1946.10.)
실패	• 한국민주당과 조선공산당의 반대(좌·우익의 대립) • 미군정의 지원 철회(1947.3.) • 여운형 암살(1947.8.)

2) 남조선 과도 입법 의원 구성
- 미군정이 정권 이양을 위해 설립하였던 과도기적 입법 기관
- 통일 임시정부 수립 전까지 정치·경제·사회 개혁의 기초가 될 법령 초안 작성
- 남조선 과도 정부 발족(1946.12.), 의장 김규식
- 정부 수립 준비 단계로서 입법의 기반을 다짐

▲ 신탁통치 반대 시위

▲ 미·소 공동 위원회

사료 보기

한국 문제에 관한 4개항의 결의서(모스크바 3상회의 결정문 요약)

① 민주주의 원칙 위에서 조선을 독립시키고 민주주의 임시정부를 수립한다.
② 미국과 소련은 미·소 공동 위원회를 설치한다.
③ 미·영·중·소 정부의 심의를 받아 최고 5년 기한으로 한반도의 신탁통치를 제안한다.
④ 미·소 양국 사령부는 2주일 이내에 회의를 소집한다.

01 대한민국 정부의 수립과 분단 ②

3 대한민국 정부의 수립

1 한반도문제의 UN 총회 상정

배경	제2차 미·소 공동 위원회의 사실상 결렬로 3국 외상회의 결정 사항의 실행 불가
결과	미국 주도로 한반도문제를 UN에 이관

2 UN 한국임시위원단 구성(1947)

UN 총회 한국 문제 결의안(1947.11.)	· 남북한 총선거를 통한 통일정부 수립 결정
UN 소총회의 결의 (1948.2.)	· 소련의 임시 위원단 입북(入北) 거부 · 임시 위원단이 접근 가능한 남한 지역에서의 단독 총선거 실시 결정

3 단독 정부 수립 반대 활동

1) 남북 협상 (1948.4.27.~4.30.)
- 남한만의 단독 선거를 반대하며 김구·김규식 등이 남북 정치 지도자 간의 협상을 제안
- 남측의 김구·김규식, 북측의 김일성·김두봉 참석 → 공동 성명 발표
- 미·소 간 냉전 체제 구도 하에서 실현 불가

2) 제주 4·3 사건

배경	· 1948년 4월 3일 남한 단독 선거에 반대하는 좌익을 중심으로 도민들의 봉기 → 단독 선거 반대, 미군 철수, 좌파에 대한 폭력적 탄압 중지 선언
결과	· 미군정의 진압 → 진압 과정에서 전체 제주도민의 약 10% 희생, 일부 지역 5·10 총선거 미실시

3) 여수·순천 10·19 사건(1948.10.19.)

배경	· 여수에 주둔하던 국군 제14연대의 4·3사태 진압 명령 거부 → "동족을 학살할 수 없다", 친일파 처단, 통일정부 수립 요구
결과	· 이승만 정부의 신속한 진압과 군대 내 좌익 세력 숙청 단행 → 반공 정책 강화의 계기

4 대한민국 정부 수립

5·10 총선거 실시 (1948.5.10.)	· 임기 2년의 제헌 국회의원◎ 선출 · 김구의 한국 독립당, 김규식 등의 중도파, 좌익계열 불참
제헌 국회 설립	· 초대 헌법 제정, 대통령 중심제, 단원제 국회, 대통령 간선제 · 임시정부의 법통을 계승한 민주공화국 체제의 헌법
정부 수립 (1948.8.15.)	· 대통령 이승만, 부통령 이시영 · UN 총회에서 한반도 내 유일한 합법 정부로 승인

달인의 개념 쏙쏙

📝 남북 협상을 위해 38도 선을 넘는 김구

◎ 제헌 국회의원
5·10 총선거에 의해 구성된 대한민국 최초의 국회로 헌법을 제정했다고 해서 '제헌 국회'라고 해요.

◎ 국회 프락치 사건
1949년 당시 제헌 국회의 진보 정치인들은 남북 통일 협상안, 외국 군대 철수안 등 당시 공산당과 맥을 같이하는 주장을 했었습니다. 북진 통일을 강조하던 이승만 대통령은 당연히 이를 억압하려고 했죠. 그래서 당시 국회 부의장 김약수 등 진보 정치인 13명을 검거했는데, 이를 국회 프락치 사건이라고 합니다. 그런데, 이들 중 상당수가 반민 특위 활동에 앞장선 국회의원들이었고, 이를 빌미로 1949년 6월에 무장 경찰을 보내 반민 특위를 습격해서 반민 특위 활동을 봉쇄하게 돼요. 결국 이 사건으로 반민 특위는 와해되고 맙니다.

5 반민족행위 특별조사위원회의 활동과 좌절

반민족행위 처벌법의 제정(1948.9.22.)	• 대한민국 정부 수립 이후 친일파 청산에 대한 요구 증대 • 제헌 국회에서 제정
반민족행위 특별조사위원회 (약칭 반민특위, 1948.10.)	• 박흥식, 노덕술, 이광수, 최남선 등 → 민족 반역 행위자의 조사와 구속
한계와 좌절	• 이승만 정권의 소극적 태도와 친일파의 방해 • 국회 프락치 사건과 반민 특위 습격 사건 등 일련의 사건으로 반민특위가 공산당과 내통하였다는 구실로 해산 (1949.8.31)

4 한국 전쟁(6·25)

배경	• 북한의 군사력 강화 : 인민군 창설, 소련의 지원 • 중국의 공산화 • 미군 철수와 미국의 극동 방위선에서 한반도 제외 : 애치슨 선언
경과	• 1기 : 북한 남침(1950.6.25.) → 서울 함락(6.27.) → UN군 참전(7월 초), 낙동강 전선 교착 • 2기 : 인천 상륙 작전(1950.9.15.) → 서울 탈환(9.28.) → 압록강 진격(10.16.) • 3기 : 중공군 개입(10.26.) → 서울 함락(1951.1.4.) → 서울 재탈환 (3.14.), 38도선 일대 교착
휴전 회담 (1951.6.23.)	• 소련의 제의로 UN군·북한군·중국군 사이에서 휴전 회담 시작 • 휴전 반대 : 이승만 정부의 극단적인 휴전 반대 운동 전개 → 거제도 수용소의 반공 포로 석방(1953.6.) • 휴전 협정 체결(1953.7.27.)
결과 및 영향	① 분단의 고착화 → 남·북 독재정권 유지에 이용 ② 한·미 상호 방위 조약 체결(1953.10.) : 미군의 한국 주둔 보장 ③ 수백만 명의 사상자와 전쟁고아, 이산가족 양산 ④ 생산 시설 파괴

달인의 개념 쏙쏙

◎ 애치슨 선언

미국 국방장관인 애치슨이 주장한 것으로 태평양의 미국 극동 방위선에서 한반도를 제외시켜야 한다는 선언입니다. 이 선언으로 한반도에서 미군이 철수하게 되었고, 이 틈을 이용해 북한이 한국 전쟁을 일으켰어요. 결국 이 선언은 미국 공화당의 비난을 받고 폐지되었습니다.

▲ 반민족행위 특별조사위원회

▲ 한강 철교 폭파

사료史料 보기

6·25 전쟁을 배경으로 한 가요

굳세어라 금순아	단장의 미아리 고개
눈보라가 휘날리는 바람 찬 흥남 부두에 목을 놓아 불러봤다 / 찾아를 봤다. 금순아 어디로 가고 / 길을 잃고 헤매였더냐. 피눈물을 흘리면서 일사 이후 나 홀로 왔다.	미아리 눈물 고개 님이 떠난 이별 고개 화약 연기 앞을 가려 눈 못 뜨고 헤매일 때 당신은 철사줄로 두 손 꼭꼭 묶인 채로 뒤돌아보고 또 돌아보고 맨발로 절며 절며 끌려가신 이 고개여 한 많은 미아리 고개

기출문제 확인하기

1. 다음 선거 직후의 상황으로 옳은 것은?

- 우리나라 역사상 최초로 실시된 보통선거
- 21세 이상 모든 국민에게 투표권 부여
- 평등, 직접, 비밀, 자유의 원칙에 따른 민주주의 선거
- 임기 2년의 제헌의원 선출

① 대한민국 정부가 수립되었다.
② 좌우 합작 7원칙이 발표되었다.
③ 미·소 공동 위원회가 개최되었다.
④ 조선 건국 준비 위원회가 결성되었다.
⑤ 모스크바 3국 외상회의가 개최되었다.

📖 문제 파악

'우리나라 역사상 최초로 실시된 보통선거', '제헌의원 선출', 포스터에 '총선거로 독립문은 열린다', '중앙정부 수립'이라는 키워드를 통해 이 선거가 1948년 5월 10일에 이루어진 5·10 총선거라는 것을 파악할 수 있습니다.

📝 문제 해설

대한민국 정부의 수립 과정을 흐름으로 숙지하고 있으면 크게 어렵지 않은 문제입니다. 총선거를 통해 제헌 국회의 의원들을 선출하고, 이어서 국호를 대한민국으로 하는 민주주의 공화국 정부가 들어서게 되었죠.

🎓 오답 확인

② 좌우합작 7원칙은 1946년 10월에 발표되었죠.
③ 미·소 공동 위원회는 1946년 3월과 1947년 5월에 각각 개최되었죠.
④ 조선 건국 준비 위원회는 해방 직후인 1945년 8월에 여운형을 중심으로 구성되었습니다.
⑤ 모스크바 3국 외상 회의는 1945년 12월에 개최되었고, 여기에서 미·소 공동 위원회를 설치할 것을 확정했지요.

정답 : ①

사료史料 보기

김구 「삼천만 동포에게 읍고함」(1948.2.10.)

"삼천만 자매형제여!
한국이 있어야 한국 사람이 있고 한국 사람이 있고야 민주주의도 공산주의도 또 무슨 단체도 있을 수 있는 것이다. 그러면 우리의 자주 독립적 통일정부를 수립하려 하는 이때에 있어서 어찌 개인이나 자기 집단의 사리사욕에 탐하여 국가 민족의 백년대계(百年大計)를 그르칠 자가 있으랴? …(중략)… 암살과 파괴와 파공은 外軍의 철퇴를 지연시키며 조국의 독립을 방해하는 결과를 조출할 것뿐이다. 계속한 투쟁을 중지하고 관대한 온정으로 임해 보자! 마음속의 38선이 무너지고야 땅위의 38선도 철폐될 수 있다. …(중략)… 내가 국가 민족의 이익을 위하여는 일신이나 일당의 이익에 구애되지 아니할 것이오, 오직 전 민족의 단결을 위하여서는 삼천만 동포와 공동 분투할 것이다. 이것을 위하여는 누가 나를 모욕하였다 하여 염두에 두지 아니할 것이다. …(중략)… 현시에 있어서 나의 단일한 염원은 삼천만 동포와 손을 잡고 통일된 조국 독립의 달성을 위하여 공동 분투하는 것뿐이다. 이 육신을 조국이 수요한다면 당장에라도 제단에 바치겠다. 나는 통일된 조국을 건설하려다가 38선을 베고 쓰러질지언정 일신에 구차한 安逸을 취하여 단독정부를 세우는 데는 협력하지 아니하겠다.…(중략)… 바라건대 나의 애달픈 고충을 명찰하고 명일의 건전한 조국을 위하여 한 번 더 심사(深思)하라." 「서울신문」1948.2.13.

사료 해설

1948년 5·10 총선거가 결정된 이후, 김구는 통일정부론을 내세우며 『삼천만 동포에게 읍고함』이라는 글을 발표하여 남한 단독 정부 수립에 반대하고 통일정부 수립 운동을 끝까지 전개할 것이라고 결의를 다졌어요. 하지만, 미국 정부와 이승만은 김구의 남북 협상을 반대하고 나섰지요. 결국 김구와 김규식 등 통일정부 수립론자들과, 공산주의자들이 불참한 가운데 남한의 단독 선거는 예정대로 실시되었고, 총 198명 중 한국 민주당 계열 인사 29명, 이승만의 독립 촉성 중앙협의회 계열 인사 55명, 무소속 인사 85명이 의석을 차지하여 제헌 국회를 결성하게 됩니다.

2. (가) 사건이 전개되던 시기에 있었던 사실로 옳지 <u>않은</u> 것은?

잊힌 세월, 잃어버린 시간을 찾는다

발굴 유물

(가) 발발 50주년 기념 사업의 일환으로 유해 발굴 사업이 2000년에 시작되었다. 이 활동은 북한의 남침으로 시작된 (가) 기간 동안 나라를 위해 목숨을 바친 전사자들의 유해를 찾아 그들의 넋을 위로하고 유가족의 한을 해소하기 위한 것이다. 낙동강 유역의 다부동(경북 칠곡) 지역 발굴을 시작으로 2011년까지 6천여 구의 유해를 수습하였다.

① 이승만 정부는 반공 포로를 석방하였다.
② 나이 어린 학도병들이 국군과 함께 싸웠다.
③ 국군과 유엔군은 인천 상륙 작전에 성공하였다.
④ 중국군의 참전으로 서울을 다시 빼앗기게 되었다.
⑤ 김구, 김규식 등은 북한에 남북 협상을 제의하였다.

📖 문제 파악

전사자들의 유해를 찾아 넋을 위로하기 위해 시작된 기념 사업인데, 이 사건이 '북한의 남침으로 시작되었다'는 설명에서 6·25 전쟁이라는 것을 바로 알아차릴 수 있겠죠?

📝 문제 해설

김구, 김규식 등이 북한에 남북 협상을 제의했던 것은 대한민국 정부가 수립되기 전에, 남북한의 통일국가를 수립하기 위해 했던 활동이죠.

🎓 오답 확인

① 휴전 협정 체결 전에 이승만은 거제도 수용소의 반공 포로를 석방했지요.
② 6·25 전쟁 당시 많은 학생들이 참여하여 국군과 함께 북한군과 전투를 벌였습니다.
③ 전선이 남쪽으로 낙동강까지 밀리게 되자, UN군과 미군이 인천에 상륙하여 서울을 탈환했지요.
④ 이 사건을 1·4 후퇴라고 하지요.

정답 : ⑤

 **6·25 전쟁 당시 국군과 미군의 양민 학살 사건**

- **국민보도연맹 사건** : 국민보도연맹은 좌익 전향자를 계몽하고 지도하기 위해 조직된 관변 단체입니다. 대한민국 정부 수립 이후 정부는 좌익사상 전향자를 대한민국 국민으로 받아들이기 위해 이들을 관리하는 중앙 단체로 국민보도연맹을 만들었는데, 6·25 전쟁 당시 이들이 위험 인물이 될 것을 염려하였지요. 그래서 이승만 정부를 비롯, 군인과 경찰, 우익 청년 단원에 의해 국민보도연맹원들이 법적 절차 없이 즉결 처형당하는 정치적 집단 학살이 이루어졌습니다. 이 사건은 6·25 전쟁 당시 최초로 이루어진 민간 학살이었어요.

- **노근리 양민 학살 사건** : 한국 전쟁 초기인 1950년 7월에 미군이 노근리 경부선 철로 위에 주민 500여 명을 '피난시켜주겠다'며 소집한 후 전투기로 학살한 사건입니다. 이때 미군은 폭격을 피해 철교에서 뛰어내려 굴다리 속에 피신해 있던 피난민들에게도 무차별 사격을 가했죠.

- **거창 양민 학살 사건** : 공비 소탕 작전을 위해 거창군 신원면에 파견된 국군이 이 지역의 노약자, 어린아이, 부녀자 등 6백여 명을 기관총으로 집단 학살하고 시체를 불태운 뒤 공비 187명을 처형했다는 허위 보고를 올렸지요. 이중에는 어린아이들이 절반 이상 섞여 있었는데, 이후 이 가운데 살아 남은 한 여성의 증언과 거창 출신 국회의원 신중목 씨의 입을 통해 세간에 밝혀지게 되었습니다.

02 민주주의의 시련과 발전 ①

연표
- 1960.4.19 4·19 혁명
- 1964.6.3 6·3 항쟁
- 1969 3선 개헌 반대 투쟁
- 1972.10~ 유신 반대 투쟁
- 1980.5.18 광주 민주화 운동
- 1980.6.10 6월 민주 항쟁

달인의 개념 쏙쏙

◎ 부산 정치 파동

1950년 5월에 실시된 제2대 국회의원 총선거 결과로 무소속 의원이 국회의 60%를 차지하게 되고, 이승만 정부와 대립 구도를 형성하게 됩니다. 그런데 1952년 5월 25일 이승만 대통령은 비상계엄을 선포하고, 국회로 출근하던 국회의원 40여 명이 탄 통근버스를 크레인으로 끌어 헌병대로 연행하는 등 국회를 탄압합니다. 심지어는 국회 해산을 협박 수단으로 사용하면서 발췌 개헌을 추진하게 하지요. 하지만 발췌 개헌을 통과시키기 위한 의원 정족수가 부족하게 되자 구속 중이던 의원 10명을 석방하여 경찰과 군의 포위 속에, 기립 표결로 발췌 개헌안을 통과시키게 됩니다. 이렇게 임시 수도였던 부산에서 일어났던 일련의 사태를 부산 정치 파동이라고 합니다. 이 부산 정치 파동으로 이승만 정부의 장기 집권 기반 확립과 독재가 이루어지게 되었죠.

▲ 대학 교수들의 시위

1 이승만 정부와 4·19 혁명(제1공화국, 1948-1960)

반공 위주의 정책	• 반공을 위시로 국민의 자유와 정치 활동에 제약
장기 집권으로의 길	① 발췌 개헌(1952, 제1차 개헌) • 대통령 직선제 개헌안 • 과정 : 자유당 창당 → 계엄령 선언 → 야당의원 50명 연행 → 개헌안 기립 투표 • 이승만의 재선을 가능하게 한 법적 기반 마련(1952.8.) • 부산 정치 파동◎ ② 사사오입 개헌(1954, 제2차 개헌) • 초대 대통령의 연임 제한 규정 철폐 • 과정 : 개헌안 제출 → 1표 부족으로 부결 → 사사오입의 논리로 개헌안 불법 통과 • 이승만 대통령 당선(1956년, 대통령 이승만, 부통령 장면)
독재 권력의 강화	① 진보당 사건(1958) : 조봉암을 간첩죄 명목으로 처형 ② 경향신문 폐간(1959)
4·19 혁명의 발발	① 배경 : 3·15 부정선거(1960.3.15.) ② 경과 : 마산의거(1960.3.15.) → 김주열 군 시신 발견(4.11.) → 부정선거 규탄 시위 확산 → 고대생 시위(4.18.) → 학생·시민 중심의 시위 확산, 대규모 유혈 사태 발생(4.19.) → 교수단 시위, 시국선언(4.25.) → 이승만 대통령 하야 성명 발표(4.26.) ③ 의의 • 학생과 시민의 힘으로 독재 정권을 타도한 최초의 민주주의 혁명 → 민주주의 발전의 중요한 계기

2 장면 내각의 성립(제2공화국, 1960.8-1961.5)

허정 과도정부	• 제3차 개헌 실시(1960.6.) : 의원내각제(내각 책임제), 양원제 의회
장면 내각의 성립	• 7·29 총선에서 민주당 압승 : 대통령 윤보선, 총리 장면 선출 • 각계각층의 민주화 요구 : 학원 민주화 운동, 언론 활성화, 노동조합 운동, 청년 운동 • 경제 건설의 노력 : 경제개발계획 마련
장면 내각의 한계	• 민주당 신파와 구파 간의 내부 갈등 심화

3 5·16 군사정변과 제3공화국

1 5·16 군사정변과 군정 실시

5·16 군사정변 발발 (1961.5.16.)	① 배경 • 4·19 혁명 이후 사회 혼란 • 6·25 이후 군부 세력 성장 ② 경과 • 군사혁명위원회 설치, 비상 계엄령 선포 • 혁명 공약 발표 ③ 결과 • 장면 내각 붕괴 → 군정 실시
군정의 실시 (1961.5~1962.12.)	① 주요 기구 • 국가재건최고회의 : 군사혁명위원회를 전신으로 하는 초헌법적 최고기구 • 중앙정보부 : 국가재건최고회의에 직속된 핵심 권력 기구 ② 주요 정책 • 경제 개혁 : 농어촌 고리채 정리, 화폐 개혁, 경제 개발 5개년 계획(1962) • 제5차 개헌(1962.12.) : 대통령 중심제, 단원제 국회 ③ 민주 공화당 창당 → 제5대 대통령 선거에서 박정희 대통령 당선

▲ 5·16 군사정변

2 박정희 정부의 성립(제3공화국, 1963~1972)

경제 성장 우선 정책	• 선(先) 성장, 후(後) 분배
한·일 국교 정상화 (1965)	• 경제 개발 계획 추진에 필요한 자금 확보를 위해 굴욕적인 한·일 회담 추진 • 6·3 시위(1964) : 굴욕적인 한·일 회담 반대 투쟁 • 한·일 협정(1965) : 식민 지배 보상이 아닌 '독립 축하금' 형식
베트남 파병(1965)	• 미국의 파병 요청 • 브라운 각서(1966) : 한국 군 전력 증강, 신규 차관 지원 등 경제적 지원 약속
3선 개헌 (제6차 개헌, 1969)	• 재선 성공(1967) → 대통령의 3선 연임을 허용하는 개헌안 제출 • 3선 개헌 반대 투쟁 • 3선 개헌 강행

3 유신체제의 성립(제4공화국, 1972~1979)

10월 유신 선포	① 배경 • 대내적 : 독재로 인한 국민들의 불만 고조, 석유 파동으로 인한 경제 불황 • 대외적 : 닉슨 독트린○ ② 명분 : 국가 안보의 강화, 정치 안정 ③ 성립 • 전국에 비상계엄령 선포, 국회 해산, 정치 활동 금지 • 언론·출판·방송 사전 검열, 대학 휴교령
유신 헌법 제정 (제7차 개헌, 1972.11)	• 대통령의 권한 극대화(긴급조치권○, 국회해산권, 국회의원 1/3임명권) • 통일주체국민회의에서 간접 선거로 대통령 선출(임기 6년, 중임 제한 철폐)
유신체제에 대한 저항	• 반독재 시위 운동 : 대학생, 재야 인사, 언론인을 중심으로 유신체제 철폐 요구 • 유신정권의 탄압 : 긴급조치 발동
유신체제의 붕괴	• 부마 항쟁(1979) : 부산과 마산에서 일어난 대규모 반정부 시위 • 10·26 사태 : 박정희 피살로 유신체제 종말

달인의 개념 쏙쏙

📝 김종필·오히라 회담
1962년 11월 김종필 중앙정보부장이 일본 외상 오히라 마사요시와 만나 청구권 자금을 무상 3억 달러, 유상 차관 2억 달러로 합의하고 빠른 시일 내에 한일 협정을 마무리지을 것을 밀실에서 합의했던 회담이에요. 이 회담으로 개인에 대한 피해 보상과 독도 문제 등의 문제는 해결되지 못했고, 당시 11개 대학 학생 대표들에게 일부 내용을 공개했지만, 의혹만 가중되어 결국 6·3 시위가 일어나게 되지요.

○ 닉슨 독트린
당시 미국 대통령 닉슨이 밝힌 아시아에 대한 외교 정책으로 이 선언은 미국과 소련을 중심으로 한 동서 냉전 체제가 점차 평화 공존 체제의 분위기로 바뀌게 된 것을 보여줍니다. 여기에서 미국은 가능한 한 국제적 분쟁에 개입하지 않고, 아시아의 방위 책임은 아시아 국가들 자체가 지게 할 것이라고 밝혀, 한국에서 미군 철수와 감축을 단행하게 됩니다.

○ 긴급조치권
국가의 안전보장 혹은 공공의 안녕질서가 위협을 받거나 받을 우려가 있어 신속한 조치가 필요하다고 판단될 경우, 대통령이 국정 전반에 걸쳐서 내리는 특별한 조치를 말해요. 유신 헌법 제53조에 규정된 대통령 긴급조치권은 국민의 자유와 권리에 대해 무제한 제약을 가할 수 있었고, 이 때문에 유신체제에 반대하는 세력을 탄압하는 도구가 되었어요.

02 민주주의의 시련과 발전 ②

4 전두환 정부의 성립 (제5공화국, 1981.3–1988.2)

1 신군부의 등장과 5·18 민주화 운동

12·12 사태와 '서울의 봄'	· 10·26 사태 이후 전두환·노태우 등 신군부의 12·12 쿠데타 · 서울의 봄(1980.5.) : 유신 잔당 타도, 비상계엄 폐지, 언론 자유 보장을 요구하는 대규모 시위 전개
5·18 광주 민주화 운동 (1980.5.18.)	· 신군부의 정권 장악과 비상계엄을 반대하는 광주지역의 학생, 시민들의 민주화 요구 시위 · 계엄군의 광주 봉쇄, 과잉 진압 → 수많은 사상자 발생, 신군부의 도덕성 상실 · 계엄군 vs. 시민군

2 전두환 정부의 성립(제5공화국)

국가보위 비상대책위원회 조직	· 사실상의 군정 실시 · 정치인의 활동 규제, 언론 통폐합, 삼청교육대 설치
제5공화국의 출범	· 통일주체 국민회의에서 전두환을 대통령으로 선출(1980.9.) · 제8차 개헌(1980.10.) : 대통령 7년 단임제, 선거인단 간접 선거 · 강압정책 : 민주화 운동 탄압, 인권 유린, 언론 통제 · 유화정책 : 민주화 인사 복권, 중·고등 학교 교복·두발 자율화, 야간 통행 금지 해제 등

3 6월 민주 항쟁(1987.6.)

배경	· 4.13 호헌 조치 · 박종철 고문 치사 사건(1987.1.) "탁 치니 억 하고 죽었다"
경과	· "4·13 호헌 조치 철폐, 독재 타도, 민주헌법 쟁취"
결과	· 6·29 선언 : 대통령 직선제 개헌 약속 → 제9차 개헌(1987.10.)

5 민주주의 발전

노태우 정부 (제6공화국) 1988–1993	· 1988년 총선에서 여소야대 국회 → 3당 합당(1990)으로 민주자유당(약칭 민자당) 창당 · 남북한 UN 동시 가입 · 북방정책 추진 : 소련(1990)·중국(1992)과 수교 · 서울 올림픽 개최(1988)
김영삼 정부 (문민정부) 1994–1997	· 개혁 정책 : 금융 실명제(1993), 지방 자치제 전면 실시(1995) · 역사 바로 세우기 작업 : 12·12사태와 5·18민주화 운동 진상 조사 · 외환위기 발생(1997) : 국제통화기금(IMF)에 구제 금융 지원 요청
김대중 정부 (국민의 정부) 1998–2002	· 외환 위기 극복 노력 · 최초 여야 정권 교체 · 햇볕정책 : 대북 화해 협력 정책 → 남북 정상 회담, 6·15 공동 선언

달인의 개념 쏙쏙

📝 부산 미문화원 방화 사건
1982년 3월 18일 부산 고신대 학생들이 광주민주화 운동 유혈 진압과 독재정권을 비호하는 부분에 미국의 책임을 물어 부산 미문화원을 방화한 사건이에요.

▲ 6월 민주 항쟁

◦ 북방정책
다른 말로는 북방 외교라고도 하는 이 정책은 1988년부터 노태우 정부가 추진해 온 공산주의 국가에 대한 외교 정책을 말합니다. 중국과 소련과의 관계를 개선하여 한반도의 평화와 안정을 유지, 사회주의 국가와 경제 협력을 하여 경제 이익 증진 도모, 사회주의 국가와의 외교 정상화 등을 내용으로 하고 있습니다.

6 통일을 위한 노력

1 남·북한의 대립과 긴장 고착화

이승만 정부	• 분단의 고착화와 6·25 전쟁 • 북진 통일론 주장
장면 내각	• 4·19 혁명 이후 민간에서는 중립화 통일론 확산 • 북한에 소극적 태도, '선(先)경제, 후(後)통일'론 강조
박정희 정부	• 장면 내각의 '선경제, 후통일'론 계승 • 반공 태세의 강화, 민간의 통일 운동 탄압

2 통일 정책의 전개

박정희 정부

주요 정책	내용
남북 적십자 회담(1971)	• 최초의 남북 협상
7·4 남북 공동 성명 (1972)	• 자주·평화·민족대단결(3대 통일원칙) • 남북조절위원회 구성

전두환 정부

주요 정책	내용
이산가족 상봉	• 이산가족 최초 상봉

노태우 정부

주요 정책	내용
남북 기본 합의서(1991)	• 남북한 UN 동시 가입(1991) • 한반도 비핵화 공동 선언(1992) • 상호 화해와 불가침 선언

김영삼 정부

주요 정책	내용
3단계 통일 방안 발표 (1994)	• 3원칙 : 자주·평화·민주 • 3단계 : 화해와 협력 → 남북 연합 → 통일국가

김대중 정부

주요 정책	내용
금강산 관광 사업(1998)	금강산 관광 사업 시작
남북 정상 회담(2000)	6·15 남북 공동 선언 발표

노무현 정부

주요 정책	내용
제2차 남북 정상 회담	'종전 선언'에 대한 합의 도출

달인의 개념 쏙쏙

▲ 남북 이산가족 고향 방문

▲ 남북한 UN 동시 가입

◎ 남북조절위원회
7·4 남북공동성명 이후 남한과 북한 사이의 정치적 협의 기구로서, 성명의 합의사항들을 추진하고, 남북 관계를 개선·발전시키며, 통일 문제를 해결할 목적으로 설립되었어요.

◎ 한반도 비핵화 공동 선언
1991년 12월 31일에 남한과 북한이 한반도를 비핵화함으로써 핵 전쟁의 위험을 제거하고, 평화 통일에 유리한 조건과 환경을 조성한다는 목적으로 공동 채택한 선언이에요.

◎ 6·15 남북 공동 선언
분단 55년 만에 처음으로 남한의 김대중 대통령과 북한의 김정일 국방위원장, 이렇게 두 정상이 모여 정상 회담을 한 끝에 합의한 5개의 내용을 담고 있어요.

기출문제 확인하기

1. (가)~(라)에 대한 설명으로 옳지 않은 것은?

(가)

6·3 시위

(나)

4·19 혁명

(다)

5·18 민주화 운동

(라)

6월 민주 항쟁

① (가)는 굴욕적인 한·일 회담을 반대하였다.
② (나)는 3·15 부정선거가 발단이 되었다.
③ (다)는 신군부에 저항하여 광주에서 일어났다.
④ (라)는 대통령 중임 제한 철폐를 반대하였다.
⑤ (나) - (가) - (다) - (라)의 순서로 일어났다.

📖 문제 파악

대한민국의 민주화 운동의 과정과 그 흐름을 잘 숙지하고 있어야 풀 수 있는 문제예요. 가장 대표적인 큰 사건들을 중심으로 해서 사건의 발생 배경, 경과, 결과, 의의 순서로 잘 정리해 두는 것이 중요해요.

📝 문제 해설

대통령 중임 제한 철폐에 대한 반대 투쟁은 박정희 정부의 유신체제 하에서 이루어진 것이었죠. 한편, 6월 민주 항쟁은 5·18 광주 민주화 운동의 진상 규명과 "호헌 철폐, 독재 타도"를 외치며, 대통령 직선제 개헌 요구와 민주화를 요구하고자 일어났던 항쟁이었지요. 때문에 6월 민주 항쟁이 대통령 중임 제한 철폐를 반대하며 일어난 항쟁이라는 설명은 옳지 않죠.

🔍 오답 확인

⑤ (나) : 1960년 4월 19일(이승만 정부)
(가) : 1964년 6월 3일(박정희 정부)
(다) : 1980년 5월 18일(신군부)
(라) : 1987년 6월(전두환 정부)

정답 : ④

사료史料 보기

6·10 국민대회 선언문(일부)

오늘 우리는 전 세계 이목이 주시하는 가운데 40년 독재정치를 청산하고 희망찬 민주국가를 건설하기 위한 거보를 전 국민과 함께 내디딘다. 국가의 미래요 소망인 꽃다운 젊은이를 야만적인 고문으로 죽여놓고, 그것도 모자라 뻔뻔스럽게 국민을 속이려 했던 현 정권에 국민의 분노가 무엇인지를 분명히 보여주고, 국민적 여망인 개헌을 일방적으로 파기한 4·13 호헌 조치를 철회시키려는 민주 장정을 시작한다.

사료 해설

1987년 4월 13일 전두환은 대통령 직선제를 요구하는 국민의 목소리를 무시하고 개헌 논의를 중지하고 제5공화국 헌법에 의한 정부 이양을 하겠다는 내용의 「4·13 호헌 조치」를 발표합니다. 각계 인사들은 이에 비난 성명을 내고, 1987년 5월 27일 민주 헌법 쟁취 국민 운동 본부가 발족됩니다. 이 본부는 6·10 국민대회의 구심체 역할을 담당했지요. 이들은 6월 10일 '박종철 군 고문 살인 조작 은폐 규탄 및 호헌 철폐 국민대회'를 개최하게 됩니다. 이 선언문은 당시에 발표된 내용으로 6월 민주 항쟁의 발생 원인을 보여주고 있지요.

2. (가)에 들어갈 내용으로 옳은 것은?

역사 신문

평화 통일에 한 걸음 다가간 남북한

남북한 당국자는 서울과 평양에서 [(가)]을(를) 발표하였다. 남북한은 다음과 같은 통일의 원칙들에 합의를 보았다. 첫째, 통일은 외세에 의존하거나 외세에 간섭을 받음이 없이 자주적으로 해결하여야 한다. 둘째, 통일은 서로 상대방을 반대하는 무력 행사에 의거하지 않고 평화적 방법으로 실현하여야 한다. 셋째, 사상과 이념, 제도의 차이를 초월하여 우선 하나의 민족으로서 민족 대단결을 도모하여야 한다.

① 남북 기본 합의서
② 한반도 비핵화 선언
③ 7·4 남북 공동 성명
④ 6·23 평화 통일 선언
⑤ 6·15 남북 공동 선언

📖 문제 파악

제시된 지문에서 첫째, 둘째, 셋째의 내용을 통해 남북한 당국자들이 합의한 통일 원칙이 무엇인지 키워드를 찾아내셔야 풀 수 있는 문제예요.

📝 문제 해설

첫째 문장에서 가장 중요한 것은 '자주적', 둘째 문장에서는 '평화적', 셋째 문장에서는 '민족 대단결' 이 세 키워드는 1972년 7·4 남북 공동 성명에서 제시한 평화 통일 3대 원칙이죠. 때문에 정답은 7·4 남북 공동 성명이죠.

🎓 오답 확인

① 상호 화해와 불가침을 담고 있는 합의서죠.
② 남북 기본 합의서 이후 1992년에 남북이 공동으로 선언했죠.
④ 박정희 정부 때 선언이에요.
⑤ 김대중 정부 때 남북 정상 회담을 통해 발표한 선언이죠.

정답 : ③

사료史料 보기

6·15 남북 공동 선언

1. 남과 북은 나라의 통일 문제를 그 주인인 우리 민족끼리 서로 힘을 합쳐 자주적으로 해결해 나가기로 하였다.
2. 남과 북은 나라의 통일을 위한 남측의 연합제 안과 북측의 낮은 단계의 연방제 안이 서로 공통성이 있다고 인정하고 앞으로 이 방향에서 통일을 지향시켜 나가기로 하였다.
3. 남과 북은 올해 8·15에 즈음하여 흩어진 가족, 친척 방문단을 교환하며, 비전향 장기수 문제를 해결하는 등 인도적 문제를 조속히 풀어 나가기로 하였다.
4. 남과 북은 경제 협력을 통하여 민족 경제를 균형적으로 발전시키고, 사회, 문화, 체육, 보건, 환경 등 제반 분야의 협력과 교류를 활성화하여 서로의 신뢰를 다져 나가기로 하였다.
5. 남과 북은 이상과 같은 합의 사항을 조속히 실천에 옮기기 위하여 빠른 시일 안에 당국 사이의 대화를 개최하기로 하였다.

김대중 대통령은 김정일 국방위원장이 서울을 방문하도록 정중히 초청하였으며, 김정일 국방위원장은 앞으로 적절한 시기에 서울을 방문하기로 하였다.

2000년 6월 15일
대한민국 대통령 김대중
조선민주주의인민공화국 국방위원장 김정일

사료 해설

2000년 6월 13일부터 15일까지 대통령 김대중과 북한 국방위원장 김정일이 남북 관계의 개선과 평화 통일을 위한 노력을 논의한 후 공동 합의한 선언문이에요. 2000년에 이루어진 남북 정상 회담은 분단 55년 만에 처음으로 개최된 최고위급 회담이었어요. 이 6·15 공동 선언 이후 이산가족 방문단이 교환되었고, 남북 장관급 회담, 경의선과 동해선 복원 공사가 착수되었죠.

03 경제 성장과 사회·문화의 변화 ①

연표: 1949.6 농지 개혁 | 1962~1979 경제개발계획 | 1986~88 3저 호황 | 1988 서울 올림픽 | 1997.11. 외환위기 | 2002.5. 한일 월드컵

◎ 삼백산업
중공업이나 첨단산업이 발달하기 어려웠던 1950년대에 미국의 원조를 받아 세 가지 흰색 제품(밀가루, 설탕, 면직물)을 생산하는 산업을 말합니다.

1 광복 이후 경제 상황과 전후 복구

1 광복 직후 남한의 경제 혼란

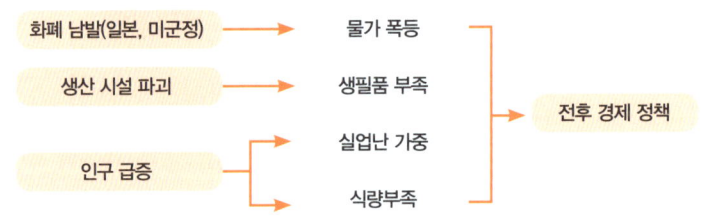

2 이승만 정부의 경제 정책

농지 개혁 (1949.6~1957)	• 원칙 : 지주의 토지를 유상 매입, 농민에게 유상 분배 • 결과 : 농민들의 토지 소유 실현
귀속 재산 처리 (1949.12.)	• 일제로부터 몰수한 재산을 민간에 불하
6·25 전쟁과 전후 복구	• 전쟁의 피해 : 국토 황폐화, 생산 시설의 파괴, 인플레이션 • 미국의 원조 경제 : 삼백산업◎ 발달(제분·제당·섬유)

◆ 남·북한의 토지 개혁법 비교

구분	남한	북한
개혁안	농지 개혁법(산림, 임야 제외)	토지 개혁법(모든 토지)
원칙	유상 매입, 유상 분배	무상 몰수, 무상 분배
방법	5년간 토지 평년 수확량의 30%씩 총 150%를 국가에 상환 시 토지 소유권 인정	노동력의 차이에 따라 무전 농민에게 무상으로 분배
토지 상한선	3정보	5정보
결과	소작농의 감소, 자영농의 증가(경자 유전의 원칙)	지주 타격

2 경제개발 계획의 추진

1 1960년대~1970년대 경제개발 계획

1) 장면 내각의 경제 정책
경제개발 5개년 계획 수립 → 5·16 군사정변으로 중단

2) 박정희 정부의 경제 정책
장면 정부의 경제개발 5개년 계획을 바탕으로 수정하여 실시

- 특징 : 정부 주도, 외자 도입, 수출 위주의 성장 중심 정책

제1차(1962-1966)	수출 산업 육성, 사회 간접 자본 확충
제2차(1967-1971)	경공업 중심의 수출 주도형 공업화, 베트남 특수
제3차(1972-1976)	수출 주도형 중화학 공업화
제4차(1977-1981)	3차 계획의 연장선

- 성과 : '한강의 기적', 고도 경제 성장 이룩
- 문제점과 한계 : 빈부 격차, 해외 의존 심화, 재벌 중심 경제 구조, 산업 불균형

2 1980년대 이후의 경제 정책

경제 위기의 발생	제2차 석유 파동(1978~1980), 중화학 공업 과잉 투자, 정치 불안정
전두환 정부의 경제 정책	경제 안정화 정책, 3저 호황(저유가, 저달러, 저금리) → 물가 안정, 무역 수지 흑자 → 중산층과 근로자들의 민주화 요구 고조 → 노동 운동 활성화

3 외환위기의 발생과 오늘날 한국 경제

1) 외환위기의 발생(1997)

원인	성장 중심 개발의 한계, 외국 자본의 대규모 이동, 금융권 부실, 성급한 개방화 정책 등 외환 부족 사태 발생 → 국제통화기금(IMF)에 금융 지원 요청
김대중 정부의 경제 정책	금 모으기 운동, 노사정 위원회 출범, 신자유주의 경제 정책을 바탕으로 한 구조 조정, 대외 개방 정책 등으로 외환위기 극복

2) 한국 경제의 과제

외국의 시장 개방 압력 극복, 공업과 농업·계층 간 불균형 해소, 재벌 중심의 경제 구조 개혁, 노동자 권익 보호

원인	성장 중심 개발의 한계, 외국 자본의 대규모 이동, 금융권 부실, 성급한 개방화 정책 등 외환 부족 사태 발생 → 국제통화기금(IMF)에 금융지원 요청
김대중 정부의 경제 정책	금 모으기 운동, 노사정 위원회 출범, 신자유주의 경제 정책을 바탕으로 한 구조조정, 대외 개방정책 등으로 외환위기 극복

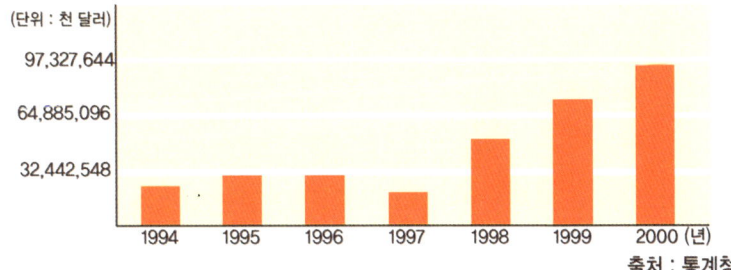

연도별 외환 보유액 현황
(단위 : 천 달러)
출처 : 통계청

달인의 개념 쏙쏙

◎ 제2차 석유 파동
1973-4년에 아랍과 이스라엘 사이에 분쟁이 일어나 아랍 산유국들이 석유 무기화 정책을 펼치고, 1978년에는 이란에서 혁명이 일어나 석유 생산이 대폭 감축되어 석유 공급이 부족해지게 됩니다. 때문에 국제 석유 가격이 상승하게 되어 전 세계가 경제적 위기와 혼란을 겪게 되는 사건이 발생하게 되죠. 이것을 오일 쇼크, 석유 파동이라고 합니다.

◎ 노사정 위원회
1997년 말 경제 위기를 극복하기 위해서 김대중 정부는 1998년 1월 노동자·사용자·정부가 노동 정책과 이와 관련된 사항을 협의할 수 있는 기구로 노사정 위원회를 만듭니다. 이 기구는 대통령 자문 기구였고, 노동자의 고용 안정, 근로 조건 등의 제도 개선에 대해 협의하고 있습니다. 지금은 경제 사회 발전 노사정 위원회로 명칭을 바꾸었어요.

기출문제 확인하기

1. 다음 법률에 의해 추진된 정책에 대한 설명으로 옳은 것을 〈보기〉에서 고른 것은?

1949년 6월 21일에 공포된 이 법률은 농지를 농민에게 적절히 분배함으로써, 농민 생활을 향상시키고 국민 경제를 발전시키는 것을 목적으로 제정되었다.

〈 보 기 〉

ㄱ. 소작 쟁의가 증가하게 되었다.
ㄴ. 자작농이 늘어나는 계기가 되었다.
ㄷ. 유상 매입, 유상 분배가 원칙이었다.
ㄹ. 친일파, 일본인의 토지가 몰수되었다.

① ㄱ, ㄴ   ② ㄱ, ㄷ   ③ ㄴ, ㄷ
④ ㄴ, ㄹ   ⑤ ㄷ, ㄹ

문제 파악
너무나 친절하게도 농지 개혁법이라는 표지를 제시해 주었네요. 더불어 농지를 농민에게 적절히 분배한다는 문장을 통해서도 이 문제는 농지 개혁법에 관련된 문제라는 걸 알 수 있지요.

문제 해설
농지 개혁의 원칙은 유상 매입, 유상 분배, 경자 유전(농사를 짓는 자가 밭을 갖는다)이죠. 농지 개혁의 결과로, 농민들이 자기 밭을 갖게 되니, 소작농이 감소하고, 자영농이 증가했으며, 지주 계급이 없어졌다는 점도 같이 본다면 정답은 ㄴ과 ㄷ이 됩니다.

오답 확인
ㄱ. 소작농이 감소하고 자작농이 늘어나게 되는데, 소작 쟁의가 증가할 리 없겠지요.
ㄹ. 일본인 토지의 소유는 미군정 소유로 귀속되어서 신한공사에서 농민들에게 매각하였죠.

정답 : ③

사료 史料 보기

농지 개혁 법안

제1조 본 법은 헌법에 의거하여 농지를 농민에게 적절히 분배함으로써 농가 경제의 자립과 농업 생산력의 증진으로 인한 농민 생활의 향상 내지 국민경제의 균형과 발전을 기함을 목적으로 한다.
제2조 본 법에서 농지는 전, 답, 과수원, 잡종지 기타 법적 지목 여하에 불구하고 실제 경작에 사용하는 토지 현상에 의한다. 농지 경영에 직접 필요한 지소, 농도, 수로 등은 당해 농지에 부속한다.
제3조 본 법에 있어 농가라 함은 가주 또는 동거 가족이 농경을 주업으로 하여 독립 생계를 영위하는 합법적 사회 단위를 칭한다.
제4조 본 법 실시에 관한 사무는 농림부장관이 이를 관장한다. 본 법의 원활한 운영을 원조하기 위하여 중앙, 시, 도, 부, 군, 읍, 면, 동, 리 농지위원회를 설치한다.
제5조 정부는 다음에 의하여 농지를 취득한다.

사료 해설
이 자료는 1949년 6월 21일에 제정, 공포된 〈농지 개혁법〉으로 전문 6장 29조로 되어 있습니다. 이 법안의 실시를 통해 농촌 사회 내 소작을 둘러싼 지주와 소작농의 마찰을 해소할 수 있었고, 지주 계급이 사라지게 되었고 남한의 공산화를 막았지요. 하지만 개혁을 추진하는 과정에서 6·25 전쟁이 발발하여 시간이 지체되면서, 지주들이 가지고 있던 땅을 미리 처분하는 등 많은 토지들이 농지 개혁의 대상의 테두리에서 벗어났기 때문에 처음 목표했던 성과는 올리지 못했습니다.

2. (가)~(라)에 들어갈 내용으로 옳은 것은?

(가)	(나)	(다)	(라)
박정희 정부	전두환 정부	김영삼 정부	김대중 정부
제1차~제4차 경제개발 5개년 계획 추진	3저 호황으로 무역 흑자 기록	경제협력개발 기구(OECD) 가입	기업·금융·공공·노동의 4대 부문 개혁 추진

〈 보기 〉
ㄱ. (가) 농지 개혁을 처음 실시하였다.
ㄴ. (나) 베트남 파병으로 경기가 활성화 되었다.
ㄷ. (다) 금융 실명제를 실시하였다.
ㄹ. (라) 국제통화기금(IMF) 관리 체제를 극복하였다.

① ㄱ, ㄴ　　② ㄱ, ㄷ　　③ ㄴ, ㄷ
④ ㄴ, ㄹ　　⑤ ㄷ, ㄹ

문제 파악
전체적으로 현대사회의 경제 발전 흐름을 파악하고 있어야 풀 수 있는 문제입니다. 각 시대별로 경제 발전의 키워드를 정리해두는 것이 필요해요.

문제 해설
ㄱ. 농지 개혁을 처음 실시한 것은 이승만 정부 때죠.
ㄴ. 베트남 파병을 통해 얻은 특수로 경기 활성화가 되었던 때는 박정희 정부입니다.

오답 확인
(나) : 1960년 4월 19일(이승만 정부)
(가) : 1964년 6월 3일(박정희 정부)
(다) : 1980년 5월 18일(신군부)
(라) : 1987년 6월(전두환 정부)

정답 : ⑤

베트남 전쟁과 국군 파병(1964-1973)

우리나라가 처음으로 국군을 해외로 파병한 최초의 전쟁이 바로 베트남 전쟁입니다. 베트남은 당시 북베트남과 남베트남으로 분단되어 있었는데, 북베트남은 제네바 협정에 따라 보통선거를 통해 단일 정부 구성을 주장했고, 남베트남은 베트남 공화국을 세워 독자적인 반공 정부를 세우고자 했습니다. 결국 이에 반대하며 북베트남이 남베트남을 공격하면서 베트남 전쟁이 시작되었는데, 여기에 미국을 비롯한 여러 국가들이 개입하면서 이 전쟁은 자유주의 진영과 공산주의 진영의 대립 양상을 보여주는 한 예가 되는 전쟁이기도 합니다.

이때 미국은 우리나라를 비롯한 여러 우방국에 월남전 지원을 요청했고, 한국 정부는 이에 응하여 1964년부터 국군을 파병하기 시작했죠. 사실상 처음으로 해외에 군대를 내보낸 것이었죠. 이때 한국은 미국과 베트남 전쟁의 파병에 대한 보상 조치로 '브라운 각서'를 맺게 되는데, 이 브라운 각서는 한국의 베트남 특수를 인정하고, 군 물자와 군사 원조, 추가로 신규 차관 제공 등을 약속한 것이었습니다.

베트남 전쟁에 참전함으로써 국가의 경제적 이익은 있었지만, 전사 5000여 명, 부상 1만 5000여 명의 큰 희생을 치렀고, 한국군의 베트남 민간인 학살 등은 국제 사회의 비난을 받았지요. 특히 베트남전에 참전한 장병들과 근로자들이 남기고 온 현지인 2세(라이따이한) 문제나 고엽제 피해 등의 후유증은 오늘날까지도 문제가 되고 있습니다.

03 경제 성장과 사회·문화의 변화 ②

3 사회의 변화와 문화의 동향

1 사회의 변화와 사회 문제

노동 운동	• 경제성장을 위한 저임금 정책, 열악한 노동 환경, 노동 3권의 제약 • 1970년대 : 전태일 분신 사건(1970), YH무역 사건(1979) • 1980년대 : 6월 민주 항쟁 이후 노동 조합 결성 • 1990년대 : 노사정 위원회 구성(1998)
농민 운동	• 1950~60년대 : 저곡가·공업화 정책 • 1970년대 : 새마을 운동의 추진 • 1980년대 : 농축산물 시장 개방 반대 운동 • 1990년대 : 쌀 시장 개방(1993) → 전국적인 농민 조직 결성
여성 운동	• 여성의 사회 진출 증대와 여성의 지위 향상
시민 운동	• 6월 민주항쟁 이후 사회 민주화 진전 • 사회개혁, 복지, 여성, 환경 등 다양한 분야의 사회문제 제기
사회 보장 운동	• 산업화와 도시화 과정에서 소외계층 발생 • 고용보험 제도(1995), 국민 기초생활 보장법(1999), 전국민 의료보험, 국민연금제 실시 등
환경 운동	• 산업화에 따른 환경 문제의 발생 • 환경 관련법 제정, 환경부 설치

2 문화의 변화와 동향

1) 교육 정책의 변화

미 군정기	6-3-3학제 도입, 남녀 공학제 도입
이승만 정부	국민 학교 의무 교육 실시, 학도 호국단의 설치, 교육 자치제 시작
장면 정부	학원 정상화, 교원노조 운동 전개, 학도 호국단 폐지
박정희 정부 (제3공화국)	국민교육헌장 선포, 군사교육 실시, 교원 노조 불법화
박정희 정부 (제4공화국)	국사 교육 강조, 학도 호국단 부활, 고교 평준화 실시, 한국 교육 개발원 설립, 한국정신문화원 발족
전두환 정부	국민 윤리 교육 강조, 과외 전면 금지
김영삼 정부	대학수학능력시험 제도 도입, 국민학교 → 초등학교로 개칭
김대중 정부	중학교 의무교육 실시(2002)

2) 학술 연구 활동

• 한국학 : 일제에 의해 왜곡된 한국학의 전통 기반을 다시 세우고자 하는 노력이 이어짐 → 우리말 큰사전 완간(1957, 한글학회), 한국민족문화대백과사전 출간(한국학중앙연구원)

▲ 전태일 분신 자살

▲ YH무역 사건

▲ 통일벼 개발·보급

전태일 분신 사건
1970년 11월 13일 서울의 평화시장 피복공장의 노동자였던 전태일이 열악한 노동 조건 개선과 근로 기준법 준수를 요구하며 분신 자살한 사건을 말해요.

YH무역 사건
1979년 8월 9일 YH무역 여성 노동자 170여 명이 회사 운영 정상화와 근로자의 생존권 보장을 요구하면서 농성을 벌였던 사건이에요. 전태일 분신 자살 사건과 함께 박정희 정부의 선(先) 성장, 후 분배 정책의 그늘을 보여주는 대표적인 사건입니다.

새마을 운동
근면·자조·협동 의 기치 아래 낙후된 농촌을 근대화시킨다는 취지로 1971년부터 정부 주도로 시작된 지역 사회 개발 운동이에요.

3) 언론 활동

미 군정기	언론의 자유 허용, 좌익신문 통제
이승만 정부	국가보안법 개정안, 경향신문 폐간(1959)
장면 정부	경향신문 복간
박정희 정부	전국 텔레비전 방송의 시작(1960년대) 언론 탄압 강행, 프레스 카드제 실시(1972) ↔ 언론 자유 수호 운동(1974), 동아일보 백지 광고 사태◎(1974)
전두환 정부	언론 통폐합, 보도지침 컬러 텔레비전 방송 시작
6월 민주 항쟁 이후	프레스 카드제 폐지, 언론의 자유 확대

4) 기타

- 문학 활동 : 1960년대 이후 참여문학론 · 민족문학론 대두, 1980년대 이후 대중문화의 발달
- 과학기술의 발전 : KISAT 창설(1980년대), 인공위성 발사(아리랑 1호, 1999)
- 체육의 진흥 : 프로야구, 프로축구, 민속씨름 경기의 활성화(1980년대), 아시안게임(1986), 서울 올림픽(1988), 한 · 일 월드컵 개최(2002)

▲ 동아일보 백지 광고 사태

▲ 88 서울 올림픽

▲ 한 · 일 월드컵

◎ **동아일보 백지 광고 사태**

1974년 12월 박정희 정권에서는 동아일보의 자유 언론 운동을 탄압하기 위해 동아일보에 광고를 내기로 했었던 회사들을 압박하여 광고를 해약하도록 했습니다. 이 때문에 동아일보는 광고를 채우지 못한 부분을 백지로 내보내거나, 모든 지면을 기사로 채워버렸지요. 이 사태는 무려 7개월 동안 이어져서 동아일보는 경영난에 시달리게 되었습니다. 이때 박정희 정부의 언론 탄압에 같은 문제의식을 가지고 있던 많은 시민들이 동아일보에 격려 광고를 보내기도 했어요.

기출문제 확인하기

1. 다음 교육 시책이 실시된 시기의 정치 상황으로 옳은 것은?

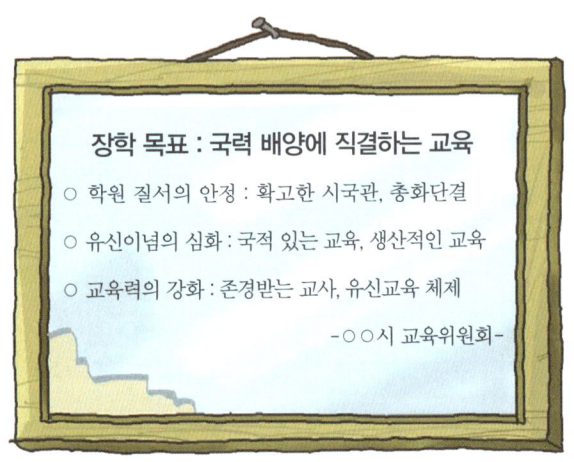

① 진보당이 해체되었다.
② 소련·중국과 수교가 이루어졌다.
③ 대통령이 국회의원의 3분의 1을 추천하였다.
④ 공직자 재산 등록, 지방 자치제 등이 시행되었다.
⑤ 총선 결과 야당이 절반 이상의 의석을 차지하였다.

📖 문제 파악
제시된 지문 안에 '유신 이념'의 강화라는 단어를 통해 이 시기가 박정희 정부의 제4공화국이라는 것을 파악해야 해요.

📝 문제 해설
10월 유신을 통해 박정희 정부는 전국에 비상 계엄령을 선포하고 국회를 해산했으며, 대통령의 권한을 극대화했지요. 이를 위해 박정희 정부는 유신 헌법을 제정하여, 긴급조치권을 발동하고 국회의원의 1/3을 대통령이 임명하는 등 반민주주의적인 모습을 보여주게 됩니다.

🎓 오답 확인
① 진보당 해체는 이승만 정부 때죠.
② 소련·중국 수교는 노태우 정부 때 이루어졌죠.
④ 공직자 재산 등록, 지방 자치제는 김영삼 정부의 치적이죠.
⑤ 1956년 선거 결과를 말하는 것이죠.

정답 : ③

사료 史料 보기

국민교육헌장과 유신 교육

우리는 민족 중흥의 역사적 사명을 띠고 이 땅에 태어났다. 조상의 빛난 얼을 오늘에 되살려, 안으로 자주 독립의 자세를 확립하고, 밖으로 인류 공영에 이바지할 때다. 이에 우리의 나아갈 바를 밝혀 교육의 지표로 삼는다. …(중략)… 우리의 창의와 협력을 바탕으로 나라가 발전하며, 나라의 융성이 나의 발전의 근본임을 깨달아, 자유와 권리에 따르는 책임과 의무를 다하며, 스스로 국가 건설에 참여하고 봉사하는 국민정신을 드높인다. 반공 민주 정신에 투철한 애국 애족이 우리의 삶의 길이며, 자유세계의 이상을 실현하는 기반이다…(후략)…

사료 해설
이 내용은 1968년 12월 제3공화국 시기에 반포된 「국민교육헌장」이에요. 당시의 중고등학생들은 이 내용을 전부 외우고 있어야 했고, 시험 문제에도 단골 기출로 등장했다고 하지요. 이 국민교육헌장의 이념을 계승하고 국가의 체제 안정을 명목으로 박정희 유신정부는 유신교육을 정착시키고자 했어요.

2. 다음은 노동 운동과 관련된 사진들이다. 전개된 순서대로 옳게 나열한 것은?

(가)
노사정 위원회 발족

(나)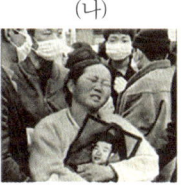
전태일 분신 자살

(다)
YH무역 사건

① (가) - (나) - (다)
② (나) - (가) - (다)
③ (나) - (다) - (가)
④ (다) - (가) - (나)
⑤ (다) - (나) - (가)

문제 파악
각 사건이 어느 시기에 일어났는지 잘 정리해 둔다면 크게 어렵지 않은 문제입니다.

문제 해설
전태일 분신 자살 사건은 1970년 11월 13일, 서울 평화시장의 노동자 전태일이 근로 기준법 준수를 요구하며 분신 자살한 사건을 말하는 것이죠. YH무역 사건은 1979년 8월 신민당 당사 앞에서 YH무역 노동자 200여 명이 회사의 부당한 폐업 공고에 반대하면서 노동자들의 생존권 요구를 주장하며 농성을 벌였던 사건이고요. 노사정 위원회는 외환위기를 해결하기 위해 근로자와 사용자 및 정부가 노동 정책과 이와 관련된 사항을 협의하고, 대통령의 자문에 응하게 하기 위한 기구로, 1998년에 출범했습니다. 이렇게 순서로 보자면 (나)-(다)-(가)가 되겠죠.

정답 : ③

더! 알아보기 — 한국 경제 활동에 관한 주요 사건

연도	내용
1950년	농지 개혁 실시
1953년	1차 화폐 개혁
1962년	2차 화폐 개혁, 경제개발 5개년 계획 실시
1965년	한·일 협정 조인
1970년	새마을 운동 시작, 경부고속국도 개통, 전태일 분신 자살 사건
1973년	1차 석유 파동
1977년	수출 100억 달러 달성
1979년	2차 석유 파동, YH무역 사건
1993년	쌀 시장 개방, 금융 실명제 실시
1995년	세계무역기구(WTO) 체제 출범, 수출 1,000억 달러 달성
1996년	경제협력개발기구(OECD) 가입
1997년	국제통화기금(IMF)에 구제 금융 신청
2001년	외환위기 극복
2004년	고속철도 개통, 한·칠레 FTA 발효
2012년	한·미 FTA 타결

TEST 단원별 핵심 기출 문제

1. 다음 법률에 의해 설치된 기구에 대한 설명으로 옳은 것은?

> 제1조 일본정부와 통모하여 한일 합병에 적극 협력한 자, 한국의 주권을 침해하는 조약 또는 문서에 조인한 자와 모의한 자는 사형 또는 무기 징역에 처하고, 그 재산과 유산의 전부 혹은 2분지 1 이상을 몰수한다.
> ……
> 제3조 일본 치하 독립 운동자나 그 가족을 악의로 살상·박해한 자 또는 이를 지휘한 자는 사형·무기 또는 5년 이상의 징역에 처하고 그 재산의 전부 혹은 일부를 몰수한다.

① 남북 협상을 제안하였다.
② 좌·우 합작 운동을 전개하였다.
③ 반민족 행위자의 처벌을 목표로 하였다.
④ 여운형, 안재홍 등의 주도로 운영되었다.
⑤ 모스크바 3국 외상 회의의 결과 조직되었다.

2. 다음 장면이 들어갈 시기를 연표에서 옳게 고른 것은?

> 나는 통일된 조국을 건설하려나 38도선을 베고 쓰러질지언정, 내 한 몸의 구차한 편안함을 위하여 단독 정부를 세우는 데는 협력하지 않겠습니다.

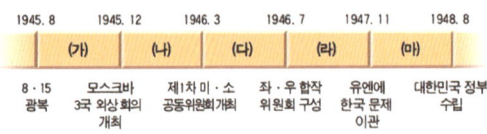

1945. 8	1945. 12	1946. 3	1946. 7	1947. 11	1948. 8
(가)	(나)	(다)	(라)	(마)	
8·15 광복	모스크바 3국 외상 회의 개최	제1차 미·소 공동위원회 개최	좌·우 합작 위원회 구성	유엔에 한국 문제 이관	대한민국 정부 수립

① (가) ② (나) ③ (다) ④ (라) ⑤ (마)

3. 다음 신문 기사를 통해 알 수 있는 시기의 모습으로 가장 적절한 것은?

> **태극기를 앞세우고 첫 참가,**
> **한국 선수 활약 기대**
>
> 미 군정청은 66명의 한국 선수가 올림픽 경기 대회에 참가하게 됨을 지지하는 성명서를 7월 25일 발표하였다.
> "처음으로 한국은 자신의 국기 아래에서 올림픽에 참가하는 것이다. 미 주둔군 사령관 하지 중장과 군정 장관 딘 소장을 포함한 미 군정청은 한국의 런던 올림픽 참가를 굳게 지지하고 있으며 이에 깊은 관심을 보이고 있다."고 하였다.
>
> -○○일보-

① 베트남으로 파병되는 국군
② 정부 수립을 준비하는 제헌 국회의원
③ 경부고속도 개통식을 취재하는 기자
④ 100억 불 수출 기념식에 참가하는 기업가
⑤ 경제개발 5개년 계획을 세우는 장면 내각

4. 6·25 전쟁의 진행 과정이다. (가)에 들어갈 내용으로 옳은 것은?

> 북한군의 남침(1950. 6. 25.)
> ▼
> 낙동강 전선까지 후퇴
> ▼
> 인천 상륙 작전
> ▼
> (가)
> ▼
> 중국군 참전
> ▼
> 38선 일대에서 전선 교착
> ▼
> 휴전 성립(1953. 7. 27.)

① 1·4 후퇴
② 유엔군 참전
③ 반공포로 석방
④ 국군의 서울 탈환
⑤ 북한군의 서울 점령

5. 다음 자료와 관련된 민주화 운동으로 옳은 것은?

〈특별 사진전〉

3·15 부정 선거

학생 시위

대학 교수 시위

이승만 대통령 망명

① 부마 항쟁
② 6·3 항쟁
③ 4·19 혁명
④ 6월 민주 항쟁
⑤ 5·18 민주화 운동

7. 다음 선언이 발표된 배경이 되는 사건으로 옳은 것을 〈보기〉에서 고른 것은?

여야 합의 하에 조속히 대통령 직선제 개헌을 하고, 새 헌법에 의한 대통령 선거를 통해 88년 2월 평화적 정부 이양을 실현토록 해야 하겠습니다. …… 오늘의 이 시점에서 저는 사회적 혼란을 극복하고, 국민적 화해를 이룩하기 위하여는 대통령 직선제를 택하지 않을 수 없다는 결론에 이르게 되었습니다.

〈보기〉
ㄱ. 부·마 항쟁
ㄴ. 4·13 호헌 조치
ㄷ. 5·16 군사정변
ㄹ. 6월 민주 항쟁

① ㄱ, ㄴ
② ㄱ, ㄷ
③ ㄴ, ㄷ
④ ㄴ, ㄹ
⑤ ㄷ, ㄹ

6. 밑줄 그은 '이 운동'에 대한 설명으로 옳은 것은?

2011년 유네스코는 이 운동이 대한민국의 민주화는 물론 필리핀, 타이, 베트남 등 아시아 여러 나라의 민주화 운동에 큰 영향을 주었다고 평가하였다. 그래서 이 운동과 관련된 정부 기록 문서, 시민군의 성명서, 시민들의 5월 일기, 피해자들의 병원 치료 기록 등 총 4,200여 권, 필름 2,000여 점, 사진 1,700여 점 등을 세계기록유산에 등재하였다.

① 한·일 국교 정상화에 반대하였다.
② 3·15 부정 선거가 직접적인 원인이었다.
③ 유신 철폐를 요구하며 부산과 마산에서 일어났다.
④ 신군부의 계엄령 확대에 반발하여 광주에서 시작되었다.
⑤ 대통령 직선제 개헌을 담은 6·29 민주화 선언을 이끌어냈다.

8. 다음 대화의 주제로 가장 적절한 것은?

① 남북 기본 합의서
② 7·4 남북 공동 성명
③ 6·15 남북 공동 선언
④ 6·23 평화 통일 선언
⑤ 한반도 비핵화 공동 선언

9. (가)에 들어갈 내용으로 옳은 것은?

○○○ 정부 시기 남북 관계
- 금강산 해로 관광 사업 허가
-    (가)
- 경의선 복구 사업 실시
- 개성공단 건설 사업 추진

① 남북한 동시 유엔 가입
② 7·4 남북 공동 성명 발표
③ 6·15 남북 공동 선언 발표
④ 최초로 이산가족 고향 방문단의 상봉
⑤ 한반도에너지개발기구(KEDO) 구성

10. 밑줄 그은 '이 운동'과 관련된 설명으로 옳은 것은?

농촌 문제가 확산되자 정부는 농촌을 도시와 함께 균형 있게 발전시키겠다는 것을 강조하였다. 4H 운동이나 이 운동도 그 일환이었다. 1970년 초에 시작된 이 운동은 농촌의 소득 증대 사업으로 전개되어 점차 도시로 확대되었으며, 전국적인 의식 개혁 운동으로 이어지게 되었다.

① 10·26 사태로 중단되었다.
② 농민의 이농을 막는 데 기여하였다.
③ 근면, 자조, 협동을 지표로 삼았다.
④ 농지 개혁법에 의거하여 실시하였다.
⑤ 제1차 석유 파동을 계기로 시작되었다.

11. (가), (나) 기사와 관련된 각 정부의 정책으로 옳은 것은?

(가) 　(나)

① (가) 개성 공업 단지를 조성하였다.
② (가) 끊어진 경의선과 동해선의 연결을 추진하였다.
③ (나) 금융, 재벌, 공공, 노동 부분에 대한 구조 조정을 단행하였다.
④ (나) 경제협력개발기구(OECD)에 가입하는 등 시장 개방 정책을 실시하였다.
⑤ (가), (나) 남북 간의 긴장 완화를 위해 이산가족 상봉을 실현하였다.

12. (가)~(마) 시기에 해당하는 사진으로 옳지 않은 것은?

(가) 1960년대  전국 텔레비전 방송 시작

(나) 1970년대  장발 단속

(다) 1980년대  고속 철도 개통

(라) 1990년대  금 모으기 운동

(마) 2000년대  한·일 월드컵 축구 대회 응원

① (가)　② (나)　③ (다)　④ (라)　⑤ (마)

마무리 점검

01 만점 대비 기출문제 통합 모의고사

02 정답 및 해설

달인의 공부비법 핵심

- 열심히 공부했나요? 이제 드디어 마지막 단계입니다.

- 시험에 자주 출제되는 주제들로 선별한 기출문제를 통해 자신의 실력을 최종적으로 점검해 보세요.

- 시험 시간은 80분입니다. 2분 안에 각 문제를 풀어야 합니다. 헷갈리는 문제는 넘어가고, 자신 있는 문제부터 차분하게 풀어 보세요.

- 해설을 꼼꼼히 확인해서 실제 시험장에서 같은 주제를 실수하지 않도록 하세요.

- 여러분들의 합격의 영광을 기원합니다.

만점 대비 기출문제 통합 모의고사

국사편찬위원회 성명 수험번호

1. 다음 유물이 제작된 시기의 사회 모습으로 옳은 것을 〈보기〉에서 고른 것은? [1점]

 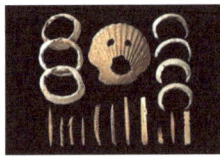

〈보기〉
ㄱ. 주로 해안이나 강가에서 움집을 짓고 살았다.
ㄴ. 무리를 이루어 큰 사냥감을 찾아 이동 생활을 하였다.
ㄷ. 옷이나 그물 제작과 같은 원시적인 수공업 생산이 이루어졌다.
ㄹ. 전문 장인이 출현하였으며 사유 재산과 계급이 나타나게 되었다.

① ㄱ, ㄴ ② ㄱ, ㄷ ③ ㄴ, ㄷ
④ ㄴ, ㄹ ⑤ ㄷ, ㄹ

2. 다음 건국 이야기를 읽고 학생이 추론한 것으로 적절하지 <u>않은</u> 것은? [2점]

> 옛날 하늘 나라에 환인이 있었다. 환인의 아들 환웅이 풍백, 우사, 운사를 거느리고 인간 세계에 내려와 곡식, 수명, 질병, 형벌, 선악 등 인간의 360여 가지의 일을 주관하며 다스렸다. 이때 곰과 호랑이가 항상 사람 되기를 기원하였다. 곰이 잘 견뎌 여자의 몸이 되어, 환웅과 혼인하여 아이를 낳으니 그 이름을 단군왕검이라 하였다. 그는 평양성에 도읍을 정하고 조선이라 불렀다.

① 갑 : 토테미즘이 있었어요.
② 을 : 농경 생활을 하였어요.
③ 병 : 제정 일치 사회였어요.
④ 정 : 모든 사람이 평등했어요.
⑤ 무 : 부족 간의 연합이 이루어졌어요.

3. 다음 가상 뉴스의 행사가 실시된 나라를 지도에서 옳게 찾은 것은? [1점]

"오늘은 하늘에 제사 지내는 행사인 무천이 열리는 날입니다. 많은 사람들이 추수를 감사드리고 내년 농사의 풍요를 기원하는 마음으로 함께 모여서, 노래를 부르고 춤을 추며 즐길 것으로 예상됩니다."

① (가) ② (나) ③ (다) ④ (라) ⑤ (마)

4. 다음 내용을 뒷받침할 근거로 옳은 것을 〈보기〉에서 고른 것은? [3점]

> 삼국 시대에 성립된 고대 국가는 안으로 왕권의 강화 및 국가 조직의 정비, 밖으로 정복 활동에 따른 영토의 확장을 그 특징으로 한다.

〈보기〉
ㄱ. 율령 반포 ㄴ. 관등제 정비
ㄷ. 사출도 운영 ㄹ. 3성 6부제 도입

① ㄱ, ㄴ ② ㄱ, ㄷ ③ ㄴ, ㄷ
④ ㄴ, ㄹ ⑤ ㄷ, ㄹ

5. (가), (나) 지역과 관련된 설명으로 옳은 것을 〈보기〉에서 고른 것은? [3점]

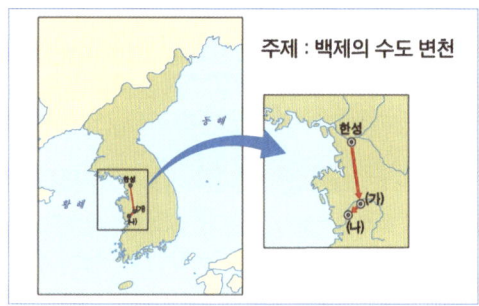

〈보기〉
ㄱ. (가) 목탑의 형태를 지닌 미륵사지 석탑이 있다.
ㄴ. (가) 고구려 장수왕의 공격을 받아 천도한 곳이다.
ㄷ. (나) 성왕이 천도하고 국호를 남부여로 고친 곳이다.
ㄹ. (나) 중국 남조의 영향을 받아 만든 무령왕릉이 있다.

① ㄱ, ㄴ ② ㄱ, ㄷ ③ ㄴ, ㄷ
④ ㄴ, ㄹ ⑤ ㄷ, ㄹ

6. (가)에 들어갈 설명으로 옳은 것은? [2점]

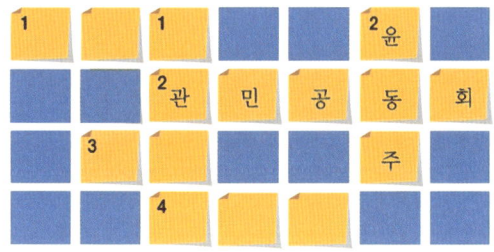

〈가로〉
1. 신라 왕호의 변천. 거서간 → 차차웅 → ○○○ → 마립간 → 왕
2. 독립협회가 정부 관료들과 민중을 모아 개최한 집회
3. 고구려 귀족 회의 명칭. ○○ 회의
4. 최우가 야간에 도둑을 단속하기 위해 설치한 군대
〈세로〉
1. (가)
2. 일제 강점기에 '서시', '별 헤는 밤' 등을 지은 시인

① 전기 가야연맹을 주도한 나라
② 4세기 백제의 전성기를 이룬 왕
③ 고종이 러시아 공사관으로 처소를 옮긴 사건
④ 김부식 등이 인종의 명을 받아 편찬한 역사책
⑤ 정변을 일으켜 보장왕을 세운 뒤 권력을 장악한 인물

7. (가) 시기에 해당하는 역사적 사실로 옳지 않은 것은? [2점]

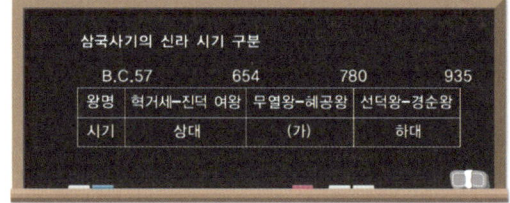

① 김흠돌이 반란을 일으켰다.
② 장보고가 청해진을 설치하였다.
③ 교육 기관으로 국학이 설립되었다.
④ 집사부 시중의 권한이 강화되었다.
⑤ 지방 행정 구역으로 9주 5소경을 두었다.

8. 다음 문서를 작성한 목적으로 적절한 것은? [1점]

본 고을 사해점촌은 둘레가 5,725보이다. 호수는 모두 11호이다. 사람 수는 모두 147명이다. …… 지난 3년 사이에 다른 마을에서 이사 온 사람은 모두 2명인데, …… 말은 모두 25마리이다. …… 논은 모두 102결이다. …… 뽕나무는 모두 1,004그루이다.

① 유학 교육 진흥
② 화백 회의 기능 축소
③ 능력에 따른 관리 선발
④ 조세 징수와 노동력 동원
⑤ 당과의 활발한 문물 교류

9. 밑줄 그은 '이것'에 해당하는 문화유산으로 옳은 것은? [2점]

'참선과 실천 수행을 통해 깨달음을 얻으면 누구나 부처가 될 수 있다'는 선종 사상이 신라 말에 널리 퍼지면서 승려의 사리를 봉안하는 이것과 승려의 일대기를 기록한 탑비가 유행하였다.

①
화엄사 각황전 앞 석등

②
분황사 석탑

③
쌍봉사 철감선사 승탑

④
법주사 팔상전

⑤
천마총

10. 고려 전기의 가상 편지글이다. ㉠~㉣ 중 당시 사회 모습으로 적절한 것을 고른 것은? [2점]

큰아들에게
이번 외할아버지 장례를 치르는 데 고생이 많았구나. 돌이켜보면 네 외할아버지는 모든 사람에게 존경받는 분이셨지. ㉠ 벼슬은 문하시중에 이르렀고 공음전도 받았지. 비록 이번에 돌아가실 때 ㉡ 딸이라는 이유로 내가 유산을 받지 못 했지만, 그래도 ㉢ 외할아버지 덕분에 네가 과거를 보지 않고도 관직에 나아가지 않았더냐. 그러기에 서운함은 별로 없단다. …… 자주 보지는 못하지만 ㉣ 네가 바쁜 관직 생활 중에도 「소학」 등 성리학 관련 책을 열심히 읽는다고 들었다. 대견하구나! 더욱 정진하기 바란다. …… 날도 추워지는데 감기 조심하거라. ○○에서 어미가

① ㄱ, ㄴ ② ㄱ, ㄷ ③ ㄴ, ㄷ
④ ㄴ, ㄹ ⑤ ㄷ, ㄹ

11. 다음 축제의 주제에 맞는 행사로 가장 적절한 것은? [2점]

제○○회 태봉제
• 주제: 후삼국 시대 태봉의 역사 재현
• 기간: 2012년 ○○월 ○○일 ~ ○○일
• 장소: ○○ 종합 운동장 및 관내 일원

① 종묘 제례악 공연 ② 황산벌 전투 재현
③ 온달 장군 진혼제 ④ 상감청자 제작 체험
⑤ 궁예의 어가 행렬 재연

12. 다음 과제에 따라 모둠에서 정한 주제로 적절하지 않은 것은? [3점]

	모둠	과제	발표 주제
①	1모둠	초조대장경	청주 흥덕사와 인쇄 문화
②	2모둠	초조대장경	거란의 침입과 호국 불교
③	3모둠	속장경	의천과 교장도감
④	4모둠	팔만대장경	몽골의 침입과 강화도 천도
⑤	5모둠	팔만대장경	합천 해인사와 장경판전

13. 지도를 통해 알 수 있는 사건과 관련된 설명으로 옳지 않은 것은? [2점]

① 풍수 지리설의 영향을 받았다.
② 무신이 권력을 장악하게 되었다.
③ 문벌 귀족 사회의 문제점을 드러내었다.
④ 서경으로 수도를 옮길 것을 주장하였다.
⑤ 황제를 칭하고 독자적인 연호를 사용하였다.

14. 자료와 같이 평가된 왕에 대한 설명으로 옳은 것을 <보기>에서 고른 것은? [2점]

> 마침내는 자식이 부모를 거역하고 종이 그 주인을 고소하기까지 하여 상하가 마음이 갈라지고 신하들도 해이해져서 옛 신하와 오래된 장수들이 차례로 죽임을 당하고, 왕실의 골육 친척도 모두 죽어 없어졌습니다. …… 경종이 왕위에 오를 때에는 옛 신하로 남은 사람은 40여 명뿐이었습니다.
> - 「고려사」

<보기>
ㄱ. 과거 제도를 처음 실시하였다.
ㄴ. 최승로의 시무 28조를 채택하였다.
ㄷ. 광덕, 준풍 등의 연호를 사용하였다.
ㄹ. 12목을 설치하고 지방관을 파견하였다.

① ㄱ, ㄴ ② ㄱ, ㄷ ③ ㄴ, ㄷ
④ ㄴ, ㄹ ⑤ ㄷ, ㄹ

15. 지도에 표시된 사건이 일어난 시기를 연표에서 옳게 고른 것은? [2점]

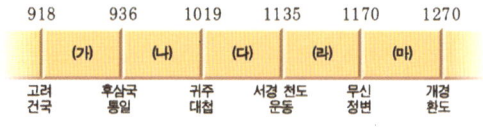

① (가) ② (나) ③ (다) ④ (라) ⑤ (마)

16. 다음 역사서의 공통점으로 옳은 것을 <보기>에서 고른 것은? [2점]

삼국유사   제왕운기

<보기>
ㄱ. 단군신화가 수록되어 있다.
ㄴ. 성리학적 유교 사관이 강조되었다.
ㄷ. 민족적 자주 의식이 반영되어 있다.
ㄹ. 고려 전기에 정부 주도로 편찬되었다.

① ㄱ, ㄴ ② ㄱ, ㄷ ③ ㄴ, ㄷ
④ ㄴ, ㄹ ⑤ ㄷ, ㄹ

17. 교사의 질문에 대한 답변으로 적절한 것은? [3점]

① 서경 천도를 추진하려고 했어요.
② 원의 간섭에서 벗어나려고 했어요.
③ 백제의 옛 지역을 차지하려고 했어요.
④ 유교를 통치 이념으로 삼으려고 했어요.
⑤ 공신과 호족 세력을 약화시키려고 했어요.

18. 다음 가상 대화가 이루어진 시기를 연표에서 옳게 고른 것은? [1점]

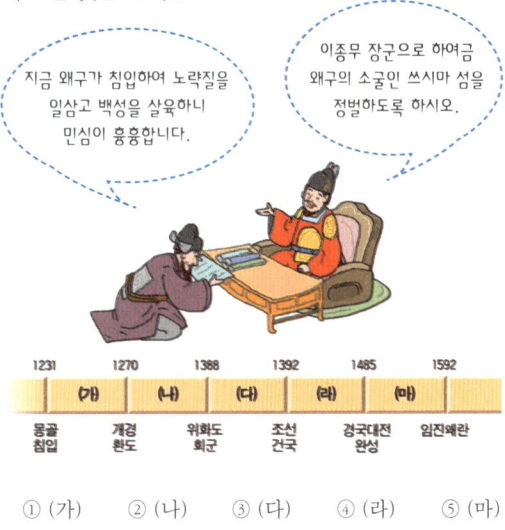

① (가) ② (나) ③ (다) ④ (라) ⑤ (마)

20. 다음 편지를 통해 당시 관리 선발 제도에 대해 추론한 것으로 옳지 않은 것은? [3점]

> 보고 싶은 둘째 아들에게
> 어렸을 때부터 공부하기 싫어하더니 4년 전 무과에 응시하겠다고 했을 때는 하늘이 무너지는 줄 알았다. 하지만 작년에 소과에 합격하여 성균관에 들어간 후부터 학업에 정진하고 있다는 소식을 네 형이 알려주었을 때 이제야 철이 든 것 같아 대견했었다. 너도 네 형처럼 대과에 합격하여 문관이 되려는 큰 포부를 가져야 한다. 과거에 합격하지 않고 관리가 되면 아무리 할아버지가 정승·판서라 하더라도 나라에서나 세상 사람들이 제대로 대접을 해주더냐? 그러니, 더욱 열심히 학업에 정진하여라.
> 더운 날 건강 조심하고 잘 지내라.
> ○○에서 아비가

① 무과보다는 문과 합격자를 우대하였다.
② 소과 합격생은 성균관에 들어갈 수 있었다.
③ 대과에 합격해야 고위 관리가 될 가능성이 높았다.
④ 과거를 보지 않고도 관리가 될 수 있는 제도가 있었다.
⑤ 음서 출신자와 과거 합격자에 대한 차별이 거의 없었다.

19. 다음 자료에 나타난 정치 제도에 대한 설명으로 옳은 것을 〈보기〉에서 고른 것은? [2점]

- 의정부의 서사를 나누어 6조에 귀속시켰다. …… 예조에서 아뢰기를, "6조로 하여금 각각의 직무를 직계하게 하소서."라고 하니, 임금이 그대로 따랐다.
- 지금부터 형조의 사형수를 제외한 모든 서무는 6조가 각각 그 직무를 담당하여 직계한다.

〈보기〉
ㄱ. 6조의 권한을 강화하였다.
ㄴ. 태종과 세조 때에 실시되었다.
ㄷ. 의정부 대신들의 역할을 확대시켰다.
ㄹ. 붕당 간의 균형을 이루기 위해 실시되었다.

① ㄱ, ㄴ ② ㄱ, ㄷ ③ ㄴ, ㄷ
④ ㄴ, ㄹ ⑤ ㄷ, ㄹ

21. 밑줄 그은 '왕'에 대한 설명으로 옳은 것은? [2점]

① 왕실의 위엄을 세우기 위해 경복궁을 중건하였다.
② 군역의 부담을 줄이기 위해 균역법을 실시하였다.
③ 한글을 창제하여 쉽게 배우고 쓸 수 있도록 하였다.
④ 경국대전을 완성하여 왕조의 통치 규범으로 삼았다.
⑤ 과전법을 제정하여 국가 재정의 기틀을 마련하였다.

22. 그림의 왕이 시행한 정책으로 옳은 것은? [3점]

① 화성 건설
② 균역법 도입
③ 비변사 설치
④ 탕평비 건립
⑤ 호포제 실시

23. 다음 그림이 그려진 시기의 경제 상황에 대한 설명으로 옳지 않은 것은? [2점]

① 전국적으로 개설된 장시가 지방민의 교역 장소 역할을 하였다.
② 정부는 필요한 물품을 공급 받기 위해 한양에 시전을 처음 설치하였다.
③ 경영 전문가인 덕대가 물주에게 자본을 조달 받아 광산을 경영하였다.
④ 국경 지대를 중심으로 공무역인 개시와 사무역인 후시가 이루어졌다.
⑤ 지주나 대상인들이 화폐를 고리대나 재산 축적에 이용하기도 하였다.

24. 다음과 같이 수취 제도를 변경한 원인으로 가장 적절한 것은? [2점]

집집마다 부과하여 토산물을 징수하던 공물 납부 방식에서 토지 결수에 따라 쌀, 삼베나 무명, 동전으로 납부하게 하는 방식으로 바뀌었다.

① 방납의 폐단이 심각하였다.
② 군역의 부담이 가중되었다.
③ 토지 대장에서 누락된 땅이 많았다.
④ 풍흉에 따라 거두는 세금이 차이가 났다.
⑤ 수조권을 가진 관료가 과도하게 수취하였다.

25. 국사 수업 시간에 선생님이 판서한 내용이다. 사실과 다른 것은? [2점]

고려 시대와 조선 시대의 지방 행정 비교

	고려 시대	조선 시대
(가)	5도 양계	8도
(나)	각 도에 관찰사 파견	각 도에 안찰사 파견
(다)	일부 군현에만 지방관 파견	모든 군현에 지방관 파견
(라)	향리가 지방의 실권자	향리는 수령의 행정 보조자
(마)	향, 소, 부곡 존재	향, 소, 부곡 소멸

① (가) ② (나) ③ (다) ④ (라) ⑤ (마)

26. 다음 자료와 관계 깊은 사실로 옳은 것을 〈보기〉에서 모두 고른 것은? [3점]

〈보기〉

ㄱ. 일본은 이들을 국가 손님으로 극진하게 예우하였다.
ㄴ. 일본은 이들을 통하여 조선의 선진 문물을 수용하였다.
ㄷ. 조선 정부는 200여 년에 걸쳐 여러 차례 파견하였다.
ㄹ. 에도 막부는 쇼군(將軍)이 바뀔 때마다 조선에 사절의 파견을 요청하였다.

① ㄱ, ㄴ   ② ㄷ, ㄹ   ③ ㄱ, ㄴ, ㄷ
④ ㄴ, ㄷ, ㄹ   ⑤ ㄱ, ㄴ, ㄷ, ㄹ

27. 다음 글과 관계 깊은 시기의 사회 변화 모습으로 옳지 않은 것은? [3점]

> 옷차림은 신분의 귀천을 나타내는 것이다. 그런데 어찌 된 까닭인지 근래 이것이 문란해져 상민과 천민이 갓을 쓰고 도포를 입는 것이 마치 조정의 관리나 선비같이 한다. 진실로 한심스럽기 짝이 없다. 심지어 시전 상인이나 군역을 지는 상민까지도 서로 양반이라 부른다. - 일성록

① 신분의 속박에서 벗어나고자 많은 노비들이 도주하였다.
② 다수의 양반들이 몰락하여 향반이나 잔반이 되기도 하였다.
③ 중인 출신들은 실무 능력을 바탕으로 신분 상승을 시도하였다.
④ 국가는 부모 한쪽이 노비면 자식도 노비로 삼는 법을 강화하였다.
⑤ 납속책과 공명첩을 이용하여 서얼 출신도 관직에 나아갈 수 있게 되었다.

28. 다음 (가)~(라) 전시물에 대한 설명으로 옳은 것은? [2점]

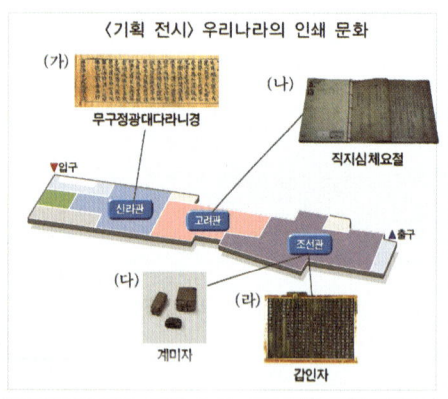

① (가) 현재 프랑스 국립 도서관에 소장되어 있다.
② (나) 석가탑에서 발견된 현존 최고(最古)의 목판 인쇄본이다.
③ (다) 식자판 조립법을 이용하여 인쇄 능률이 높아졌다.
④ (라) 정조 때 만든 아름다운 모양의 활자이다.
⑤ (다), (라) 주자소에서 제작한 활자이다.

29. 다음을 주장한 실학자에 대한 설명으로 옳은 것은? [2점]

> 비유하건대, 재물은 대체로 샘과 같다. 퍼내면 차고, 버려두면 말라 버린다. 그러므로 비단옷을 입지 않아서 나라에 비단 짜는 사람이 없게 되면 여공이 쇠퇴하고, 쭈그러진 그릇을 싫어하지 않고 기교를 숭상하지 않아서 공장 하는 일이 없게 되면 기예가 망하게 된다.

① 정통론에 입각하여 「동사강목」을 저술하였다.
② 「우서」를 저술하여 상공업 진흥을 강조하였다.
③ 북벌론을 비판하고 청문물의 수용을 주장하였다.
④ 육두론을 통해 나라를 좀먹는 여섯 가지 폐단을 지적하였다.
⑤ 토지의 공동 소유 · 공동 경작을 골자로 한 여전제를 주장하였다.

30. 다음 대화가 가능하였던 시기를 연표에서 고른 것은? [1점]

갑 : 세상에! 일본인들의 요구로 항구를 개방했다고 하네.
을 : 게다가 일본 사람이 조선에서 죄를 지어도 우리 관원이 아닌 일본 영사가 재판하도록 한다는구먼. 말세야 말세.
갑 : 참 내! 이러다간 우리 조선 팔도가 일본인들로 가득 차겠구먼. 허허!
을 : 그러게 말이야! 이러다가 다른 나라와도 이러한 통상 조약을 체결할 것 같아 걱정이구먼……

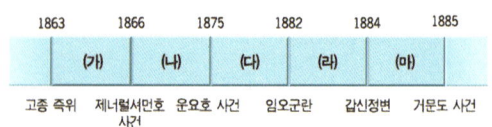

① (가) ② (나) ③ (다) ④ (라) ⑤ (마)

31. (가)에 들어갈 설명으로 옳은 것은? [2점]

〈가로〉
1. 고부 농민 봉기 당시 고부 군수
2. 제너럴 셔먼호 사건을 구실로 미국이 침입한 사건
3. 조선 후기 농민이 부담한 전정, 군정, 환곡을 일컫는 용어

〈세로〉
1. _____(가)_____
2. 조선은 ○○ 관료 사회. 문반과 무반 관료를 가리킴.

① 구식 군인들이 차별 대우에 불만을 품고 일으킨 사건
② 고종이 일본의 간섭을 피해 러시아 공사관으로 처소를 옮긴 사건
③ 일본이 삼국 간섭 이후 세력 만회를 위해 명성황후를 시해한 사건
④ 김옥균 등 개화파들이 우정국 개국 축하연을 이용하여 일으킨 사건
⑤ 지방관이 일본의 경제적 침투에 대항하여 곡식의 유출을 금지한 사건

32. 다음 그림과 같은 상황이 발생한 직접적 계기로 옳은 것은? [3점]

① 조청 상민 수륙 무역 장정이 체결되었다.
② 미국에 파견되었던 보빙사가 귀국하였다.
③ 군국기무처를 중심으로 개혁 정책을 실시하였다.
④ 일본이 운요호 사건을 구실로 개항을 강요하였다.
⑤ 김홍집이 가지고 온 「조선책략」이 국내에 배포되었다.

33. 자료와 관련된 제도가 시작된 시기를 연표에서 옳게 고른 것은? [2점]

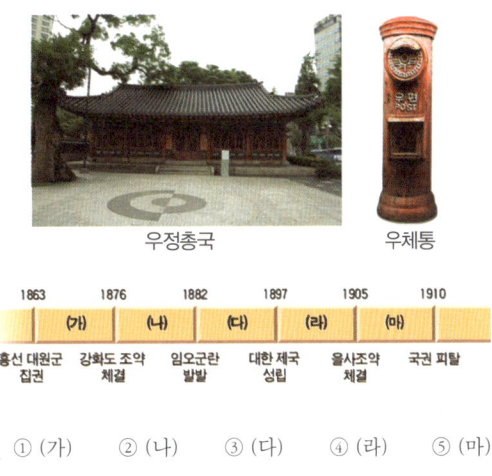

우정총국   우체통

| 1863 | 1876 | 1882 | 1897 | 1905 | 1910 |
| (가) | (나) | (다) | (라) | (마) |

흥선 대원군 집권 / 강화도 조약 체결 / 임오군란 발발 / 대한 제국 성립 / 을사조약 체결 / 국권 피탈

① (가) ② (나) ③ (다) ④ (라) ⑤ (마)

34. 자료에 나타난 민족 운동에 대한 설명으로 옳은 것은? [1점]

비록 일 푼 일 리라도 보조할 터인데 우리 여자가 다른 권리는 없지만 저마다 양식 다루는 권리를 가진 고로 매일 먹는 양식 중 식구 수대로 식사 때마다 한 술씩 모아 국채를 갚기 위해 적성회를 만드니 …… 우리는 밥 한 술씩 덜 먹고 십시일반으로 모은 쌀로 국채를 갚아 노예를 면하여 영원히 독립하기를 바라나이다.

① 보안회가 주도하였다.
② 대한매일신보가 후원하였다.
③ 평양에서 시작되어 전국으로 확산되었다.
④ 독립협회가 민중의 호응을 이끄는 데 앞장섰다.
⑤ '한민족 1천만이 한 사람이 1원씩'이라는 구호를 내세웠다.

35. 다음은 우리 역사와 관련된 비석들이다. 건립 시기가 빠른 순으로 바르게 나열한 것은? [3점]

광개토대왕릉비

백두산 정계비

척화비

단양 신라 적성비

① (가)-(나)-(다)-(라)
② (가)-(라)-(나)-(다)
③ (나)-(가)-(다)-(라)
④ (나)-(다)-(라)-(가)
⑤ (다)-(라)-(나)-(가)

37. 다음 일기의 밑줄 그은 인물로 옳은 것은? [1점]

> 2016년 ○월 ○○일
> 빙등 축제를 보기 위해 온 가족이 하얼빈에 갔다. 날씨는 추웠지만 꽁꽁 언 얼음 속의 다양한 불빛이 아름다웠다. 특히, 이 곳은 올해 순국 100주년을 맞은 ○○○ 의사의 의거가 있었던 곳이라서 더욱 감동이 새로웠다. 그런데 아직도 그의 유해를 찾지 못한 사실이 후손으로서 부끄러울 따름이다.

①  이봉창
②  김원봉
③  강우규
④  안중근
⑤  나석주

36. 자료에 나타난 시기의 의병 운동을 주제로 역사 신문을 제작하려고 한다. 기사 제목으로 옳은 것은? [2점]

> 아, 지난 10월의 소행은 실로 만고에 없었던 일이다. 하룻밤 사이에 종이 조각에 강제로 도장을 찍게 하여, 오백년 종묘사직이 마침내 망하고 말았으니, 이 때문에 천지의 신명도 놀랐을 것이고 조종의 신령도 통곡하였을 것이다. 우리나라를 통째로 원수에게 준 역적 이지용은 실로 우리나라 만대의 원수요, 제 임금을 죽이고 남의 임금을 범한 이토 히로부미는 마땅히 천하 열국이 함께 토벌해야 한다.
> - 「면암집」

① 고종, 의병 부대 해산 명령!
② 평민 출신 신돌석, 의병장 되다!
③ 의병 연합 부대, 서울 진격 준비 중!
④ 해산된 군인, 일본군과 시가전 벌여!
⑤ 단발령에 분노한 유생들, 의병 조직하다!

38. 다음 자료와 관련된 정부의 정책으로 옳지 않은 것은? [2점]

환구단   지계

① 국방력 강화를 위해 군제를 개편하였다.
② 상공업 육성을 위해 다양한 회사를 세웠다.
③ 황제권 강화를 위해 대한국 국제를 선포하였다.
④ 개화 정책 추진을 위해 통리기무아문을 설치하였다.
⑤ 근대적 토지 소유권 확립을 위해 양지아문을 설치하였다.

39. (가) 장면에 들어갈 수 있는 모습으로 옳지 않은 것은? [2점]

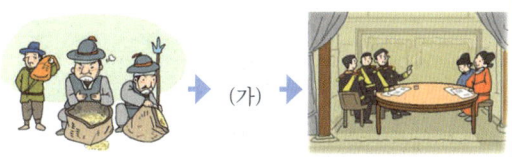

① 선혜청 습격
② 청으로 끌려가는 흥선 대원군
③ 전주성 점령
④ 청군의 도착
⑤ 장호원으로 피신하는 왕비

40. 다음 지역에 대한 탐구 학습 주제로 적절하지 않은 것은? [2점]

한반도 역사의 축소판, 선사에서 근·현대까지
◆ 세계 문화유산과 국방 유적의 고장
◆ 참성단, 고려궁지, 초지진 등 유적지
◆ 연중 축제 행사
 - 광성제
 - 고인돌 문화 축제
 - 삼랑성 역사 문화 축제

① 운요호 사건과 강화도 조약
② 몽골의 침략과 삼별초의 항쟁
③ 조선 왕조 실록과 정족산 사고
④ 병인양요와 외규장각 도서 약탈
⑤ 남연군 묘와 오페르트 도굴 사건

41. (가)에 들어갈 내용으로 가장 적절한 것은? [1점]

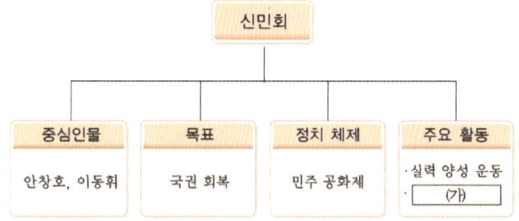

① 3부 통합 운동
② 임시정부 수립
③ 5적 암살단 조직
④ 독립군 기지 건설
⑤ 파리 강화 회의 대표 파견

42. 다음 연표의 (가)시기를 학습할 때에 활용할 수 있는 자료로 적절하지 않은 것은? [2점]

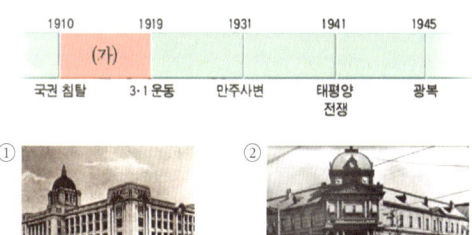

① 조선 총독부
② 동양 척식 주식 회사
③ 토지 조사 사업
④ 서대문 형무소

⑤ 물산 장려 운동

43. 다음을 행동 지침으로 삼았던 단체에 대한 설명으로 옳지 않은 것은? [2점]

민중은 우리 혁명의 대본영이다. 폭력은 우리 혁명의 유일한 대무기이다. 우리는 민중 속에 가서 민중과 제휴하여 끊임없이 폭력·암살·파괴·폭동으로 강도 국가 일본의 통치를 타도하고 우리 생활에 불합리한 일체 제도를 개조하여 인류가 인류를 압박하고 사회가 사회를 수탈하지 않는 이상적인 나라를 건설할 것이다!
― 신채호,「조선혁명선언」

① 무정부주의적 경향이 강하였다.
② 김원봉, 윤세주 등이 조직하였다.
③ 1919년 만주 길림에서 결성되었다.
④ 이봉창, 윤봉길 등이 대표적인 활동가였다.
⑤ 일제 식민통치 기관을 공격 대상으로 삼았다.

45. 다음 모습이 나타난 시기를 (가)~(마) 중에서 고른 것은? [1점]

신사 참배 　　　　금속 공출

(가)	(나)	(다)	(라)	(마)
조선 총독부 설치	토지 조사 사업 실시	산미 증식 계획 실시	만주 사변 발발	중·일 전쟁 발발	광복

① (가)　② (나)　③ (다)　④ (라)　⑤ (마)

44. 다음 지도의 (가), (나) 지역에 대한 설명으로 옳지 않은 것은? [2점]

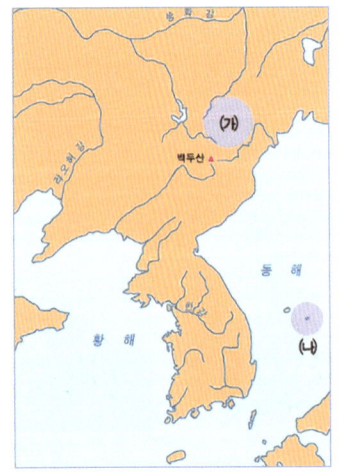

① (가) 북로군정서, 대한독립군 등 독립군 부대가 활동하였다.
② (가) 숙종 때 세워진 백두산 정계비에 의해 우리의 영토임을 알 수 있다.
③ (나) 일본이 철도 부설권을 얻는 대가로 청의 영토로 넘겨주었다.
④ (나) 안용복이 일본에 건너가서 우리 영토임을 확인시킨 일도 있었다.
⑤ (가), (나) 일제의 침략 과정에서 불법적으로 영토를 빼앗겼다.

46. (가)에 들어갈 내용으로 옳은 것은? [2점]

이달의 독립 운동가

- 한인 애국단을 조직하였다.
- 대한민국 임시정부의 주석을 역임하였다.
- (가) _____

① 제헌 국회의원으로 건국에 참여하였다.
② 의열단을 조직하여 의거 활동을 하였다.
③ 조선건국동맹을 조직하여 건국을 준비하였다.
④ 조선의용군을 조직하여 항일 전쟁에 참여하였다.
⑤ 남한만의 단독 선거를 반대하여 남북 협상을 추진하였다.

47. 다음 사회 운동을 홍보하기 위한 자료로 가장 적절한 것은? [2점]

> 학생 여러분, 여러분은 여름방학에 고향의 동포를 위하여 공헌하지 아니하시렵니까? 가령 글을 모르는 이에게 글을 가르쳐 주지 아니하시렵니까? 당신이 일주일만 노력하면 당신의 고향에 문맹이 없어질 것입니다.
> – 동아일보(1931)

①  ②  ③

④  ⑤

48. 다음 기사를 통해 알 수 있는 시기의 경제 모습으로 가장 적절한 것은? [2점]

우리 농촌은 매년 보릿고개에 시달렸으며, 경제 개발과 소득 증대로 쌀 소비가 늘면서 쌀의 자급자족은 역부족이었다. 이런 문제를 해결하기 위해 '기적의 볍씨'인 통일벼를 개발·보급하기 시작하였다. 일반 벼 품종보다 생산량이 약 40% 많았던 통일벼 보급으로 헥타르당 쌀 수확량은 불과 5년 만에 3.34톤에서 4.94톤으로 치솟았다.
– ○○신문

① 경제개발 5개년 계획을 처음으로 수립하였다.
② 신한공사가 귀속 농지를 농민에게 불하하였다.
③ 원조 경제를 바탕으로 삼백산업이 발달하였다.
④ 우루과이 라운드 체결로 쌀 시장이 개방되었다.
⑤ 농촌 소득 증대를 위해 새마을 운동이 추진되었다.

49. 다음 자료와 관련된 사건에 대한 탐구 활동으로 적절한 것을 〈보기〉에서 고른 것은? [3점]

〈보기〉
ㄱ. 한·일 국교 정상화 과정을 파악한다.
ㄴ. 6·29 선언이 나오게 된 배경을 알아본다.
ㄷ. 박종철 고문 치사 사건의 영향을 살펴본다.
ㄹ. 5·18 민주화 운동의 전개 과정을 조사한다.

① ㄱ, ㄴ   ② ㄱ, ㄷ   ③ ㄴ, ㄷ
④ ㄴ, ㄹ   ⑤ ㄷ, ㄹ

50. (가)~(라)는 통일을 위한 노력이다. 시기순으로 옳게 나열한 것은? [2점]

(가)
남북 적십자 제1차 예비 회담

(나)
남북한 유엔 동시 가입

(다)
남북 이산가족 고향 방문단

(라)
금강산 관광 시작

① (가) - (나) - (다) - (라)
② (가) - (다) - (나) - (라)
③ (나) - (라) - (다) - (가)
④ (다) - (가) - (나) - (라)
⑤ (라) - (나) - (가) - (다)

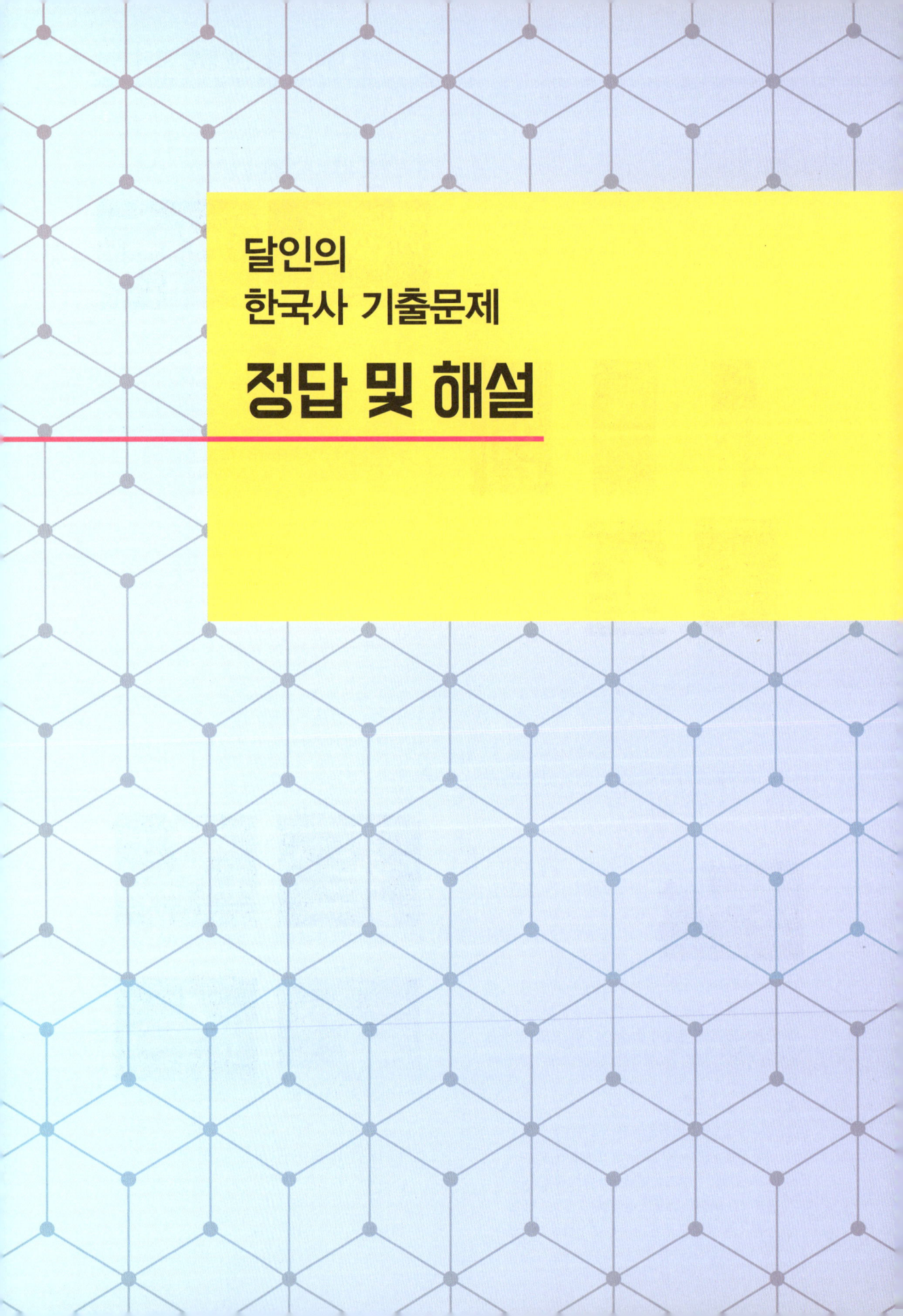

정답 및 해설

I. 선사 시대와 국가의 형성

01. 석기 시대와 금속기 시대
02. 초기 국가의 성립

정답

1. ⑤ 2. ① 3. ③ 4. ① 5. ③ 6. ④
7. ① 8. ② 9. ③ 10. ⑤ 11. ④ 12. ④ 13. ④

1 신석기 시대의 생활 모습

문제 풀이 신석기 시대에는 해안가나 강가에 움집(움집 중앙에 화덕 설치)을 짓고 정착 생활을 하였다. 농경과 목축이 시작되었지만 주로 사냥, 채집, 어로 생활을 하면서 생계를 이어나갔다. 뼈바늘과 가락바퀴가 출토되는 것으로 보아 원시적인 형태의 수공업이 발달했음을 알 수 있다. 또한 빗살무늬 토기, 이른 민무늬 토기, 조개껍데기 가면 등은 모두 신석기 시대의 유물들이다.

오답 풀이 ㄱ. 고인돌은 청동기 시대에 볼 수 있는 무덤이다.

ㄴ. 청동기 시대가 되어서야 청동으로 만든 무기를 제작하는 모습을 볼 수 있다.

2 청동기 시대의 생활 모습

문제 풀이 청동기 시대의 주거지는 대체로 낮은 구릉이나 야산에 위치하였으며 움집이 지상 가옥화되는 특징을 지니고 있다. 벼농사를 시작하였고 수렵과 어로의 비중은 점점 감소하였다. 농경이 발달하고 정복 활동이 활발해지면서 계급이 생겨나게 되는데, 군장의 무덤인 고인돌은 이러한 계급 사회의 모습을 단적으로 보여주는 유물이라고 할 수 있겠다.

오답 풀이 ②③ 모두 구석기 시대에 볼 수 있는 생활 모습이다.

④ 구석기 시대와 신석기 시대에 대한 설명이다. 청동기 시대는 계급 사회였다.

⑤ 신석기 시대의 설명이다. 신석기 시대에는 빗살무늬 토기, 이른 민무늬 토기 등을 만들었다.

3 신석기 시대의 유물

문제 풀이 ③ 신석기 시대의 갈돌과 갈판이다.

오답 풀이 ① 구석기 시대의 주먹 도끼이다.

② 청동기 시대의 거친무늬 거울이다.

④ 청동기 시대의 민무늬 토기이다.

⑤ 청동기 시대의 농경문 청동기이다.

4 철기 시대의 생활 모습

문제 풀이 자료의 왼쪽 사진은 중국 화폐인 명도전이고, 오른쪽 사진은 창원 다호리 유적에서 출토된 붓이다. 이를 통해 철기 시대에는 중국과 교류를 하고 한자를 사용했음을 알 수 있다.

오답 풀이 ㄷ. 철기 시대에는 한국식 동검인 독자적인 형태의 세형동검이 만들어졌다.

ㄹ. 화폐가 직접 주조된 것은 고려 시대부터이다.

5 부여

문제 풀이 만주 쑹화강 유역의 평야 지대에 위치한 부여는 5부족 연맹체의 연맹 왕국이다. 중앙은 왕이 다스리고 지방은 마가·우가·저가·구가가 각기 별도의 행정 구획인 사출도를 다스렸다. 반농 반목의 생활을 하였고, 12월에는 영고라는 제천행사를 열었다. 또한 지배 계급이 죽으면 살아 있는 가족이나 노예를 함께 묻는 순장의 풍습이 있었다.

오답 풀이 ① 삼한 ② 동예 ④ 고구려 ⑤ 옥저

6 동예

문제 풀이 부족의 경계를 침범하면 소나 말로 변상하게 하는 풍습이 있는 나라는 동예이다. 동예는 족외혼의 혼인 풍습이 있었으며, 10월에 무천이라는 제천행사를 열었다. 또한 지도상의 (라) 부분에 위치하고 있다.

오답 풀이 ① 부여 ② 고구려 ③ 옥저 ⑤ 삼한

7 고조선의 8조법

문제 풀이 자료는 고조선의 8조법의 내용이다. 고조선은 청동기 문화를 배경으로 건국되었으며 비파형 동검, 탁자식 고인돌, 미송리식 토기의 분포를 통해 그 세력 범위를 짐작해볼 수 있다.

오답 풀이 ② 반달돌칼은 청동기 시대에 곡식의 낟알을 거두어들이는 데 쓰던 도구이다.

③ 빗살무늬토기는 신석기 시대에 조, 피, 수수 등 농경이 시작되자 곡식을 저장하기 위해 토기를 만들었다.

④ 거푸집은 초기 철기 시대 동검을 만들던 틀이다.

⑤ 명도전은 중국 전국 시대에 사용되었던 화폐이다. 이를 통해 중국과 교류했음을 알 수 있다.

8 고구려의 혼인 풍습

문제 풀이 동이전 고구려조에 따르면 '처음 말로써 혼인을 정하고, 다음에 여자의 집 대옥(大屋) 뒤에 소옥(小屋)을 지어 서옥이라 부른다. 저녁에 사위가 여자 집에 와서 문 밖에서 자기의

이름을 알리고 무릎을 꿇고 절하면서 여자와 잘 것을 세 번 원하면 여자의 부모는 이것을 듣고 소옥에서 잘 것을 허락한다. 남자는 다음 날 떠날 때 전백을 놓고 간다. 여자는 자녀를 낳고 자녀가 성장한 뒤에야 남자의 집에 살러 간다'라고 하였다. 즉, 혼인이 결정되면 신랑이 신붓집에 살다가 자식이 장성하면 아내를 데리고 자신의 집으로 돌아가는 풍습인 서옥제가 있었다.

오답 풀이 ① 삼한은 천군이 다스리는 특별 구역인 소도가 있었다

③ 부여는 왕이 중앙을 다스리고 마가, 우가, 저가, 구가 등이 지방의 사출도를 다스렸다.

④ 옥저는 가족 공동 묘의 풍습이 있었다.

⑤ 동예는 책화라고 하여 다른 부족이 경계를 침범하면 노비나 가축들로 갚게 하는 풍속이 있었다.

9 구석기 시대 유적지

문제 풀이 연천 전곡리 유적은 전기 구석기 시대의 전형적인 주먹도끼가 발견된 곳이다. 그 밖에 상원 검은 모루 동굴, 공주 석장리 등에서도 구석기 시대의 유물이 발견되었다.

오답 풀이 ③ 빗살무늬 토기는 신석기 시대에 만들어진 대표적인 토기이다.

10 철기 시대의 청동기 유물

문제 풀이 청동기 시대의 비파형 동검과 거친무늬 거울은 철기 시대로 오면서 각각 세형 동검과 잔무늬 거울로 발달하는 등 한반도 안에서 독자적인 발전을 하였다.

오답 풀이 ㄱ. 비파형 동검은 청동기 시대에 만들어졌다.

ㄴ. 오수전은 중국에서 만들어진 화폐이다. 한반도에서 오수전이 출토되는 것을 통해 철기 시대에 중국과 교류했음을 알 수 있다.

11 신석기 시대의 신앙 생활

문제 풀이 자료에서 제시된 사진은 왼쪽부터 가락바퀴, 빗살무늬 토기, 조개껍데기 가면이다. 모두 신석기 시대에 처음 제작되었다. 신석기 시대에는 원시신앙이 등장하기 시작했다. 태양이나 물 등 자연물에 정령이 있다고 믿는 애니미즘과(ㄷ), 사람이 죽어도 영혼은 사라지지 않는다고 생각하였다(ㄹ). 이 밖에도 무당이나 예언·주술을 믿는 샤머니즘, 특정 동식물을 부족의 수호신으로 숭배하는 토테미즘 등의 신앙이 있었다.

오답 풀이 ㄱ. 청동기 시대에 군장이 정치와 종교를 모두 주관하는 제정일치 사회가 나타났다.

ㄴ. 철기 시대의 삼한에 대한 설명이다.

12 고조선

문제 풀이 위만조선은 한과 진 사이에서 중계무역으로 큰 이익을 얻었다. 고조선에서는 8조법을 제정하여 사회의 질서 유지를 도모했는데 그중 현재 3개의 조항만 전해지고 있다. 이를 통해 생명, 노동력, 사유 재산을 존중하고 계급이 발생했음을 유추해 볼 수 있다.

오답 풀이 ① 고구려

② 고구려, 백제, 신라

③ 가야

⑤ 고구려. 국동대혈은 고구려의 도읍 동쪽에 있던 큰 동굴이다. 중국 기록에 따르면 고구려 사람들은 하늘에 제사 지낼 때 이곳에서 신을 맞았다고 한다.

13 고조선

문제 풀이 고조선의 8조법 중에 현재 3개의 조목만이 현존하고 있는데 그 내용은 다음과 같다.

- 사람을 죽인 자는 즉시 죽인다. → 생명을 존중했음을 알 수 있다. (ㄱ)
- 남에게 상처를 입힌 자는 곡식으로 배상한다. → 노동력을 중시하고, 농경 사회였음을 알 수 있다. (ㄴ)
- 도둑질한 자는 노비로 삼는다. 용서를 받고자 하는 자는 50만 전을 내야 한다. → 계급 사회였으며 사유 재산을 인정했음을 알 수 있다. 또한 화폐를 사용했다는 것도 파악할 수 있다. (ㄹ)

오답 풀이 ㄷ. 동예의 책화에 대한 설명이다.

II. 고대사

01. 고대의 정치

정답

1. ④ 2. ③ 3. ⑤ 4. ⑤
5. ③ 6. ③ 7. ④ 8. ④

1 진흥왕의 업적

문제 풀이 신라의 전성기를 이끌었던 진흥왕은 한강유역, 함경도 지역, 대가야 등을 정복하는 등 활발한 대외활동을 펼쳤고 이를 기념하기 위해 순수비를 세웠다. 또한 화랑 제도를 개편하였고, 거칠부에게 『국사』를 편찬하게 하였다.

정답 및 해설

오답 풀이 ① 국학은 신문왕 때 설치되었다. (682년)
② 녹읍 부활은 경덕왕 때의 일이다. (757년)
③ 불교는 법흥왕 때 공인되었다. (527년)
⑤ 우산국은 지증왕이 이사부로 하여금 정벌케 하였다. (512년)

2 근초고왕의 업적

문제 풀이 백제의 전성기를 이끌었던 근초고왕은 남쪽의 마한을 정복하고 고구려를 공격하였다. 또한 해외 진출도 활발히 하여 요서, 산둥, 규수 등으로 진출하였다. 왕위의 부자 상속이 이루어졌으며, 박사 고흥으로 하여금 백제의 역사를 기록한 책인 『서기』를 편찬하게 하였다.

오답 풀이 ① 백제의 문주왕 때 한성에서 웅진으로 천도 하였다.
② 백제의 무령왕은 22담로에 왕족들을 파견하여 지방에 대한 통제력을 강화하였다.
④ 고구려의 장수왕이 세운 중원 고구려비는 5세기 고구려의 남진과 신라와의 관계를 알려주는 사료로서의 가치가 매우 큰 유물이다.
⑤ 고구려의 소수림왕에 관한 설명이다.

3 금관가야와 대가야

문제 풀이 (가)는 후기 가야연맹을 이끌었던 대가야이고, (나)는 전기 가야연맹을 이끌었던 금관가야이다. 금관가야는 낙랑과 왜에 철을 수출하면서 큰 이득을 얻었다. 5C 초 광개토대왕이 신라로 원정을 오게 되면서 쇠퇴하기 시작했으며 그 후 법흥왕에 의해 멸망하였다.

오답 풀이 ㄱ. 대가야는 고령을 중심으로 후기 가야연맹을 이끌었다.
ㄴ. 법흥왕 때 신라에 복속된 것은 금관가야이다. 대가야는 진흥왕 때 복속되었다.

4 호우명 그릇

문제 풀이 자료는 신라 경주 호우총에서 발견된 호우명 그릇이다. 당시 고구려가 신라에게 정치적으로 영향력을 끼치고 있었다는 사실을 알 수 있는 유물이다.

오답 풀이 ① 근초고왕에 관한 설명이다.
② 금관가야는 법흥왕 때, 대가야는 진흥왕 때 통합되었다.
③ 고구려는 말기에 서부 국경의 방어를 위해 천리장성을 축조하였다.
④ 왜의 수군이 백제 부흥군을 지원한 것은 660년 백강전투 때의 일이다.

5 4C 백제(근초고왕)

문제 풀이 자료는 백제가 전성기였던 4C 중반의 지도이다. 백제의 전성기를 이끌었던 근초고왕은 정복 군주로서 남쪽으로는 마한을 정복하고 북쪽으로는 고구려를 공격하는 등 활발한 정복활동을 하였다. 또한 고흥으로 하여금 『서기』를 편찬하게 하였으나 현재 전해지지는 않는다.

오답 풀이 ①④⑤ 성왕
② 의자왕

6 발해의 무왕

문제 풀이 자료에서 설명하고 있는 왕은 발해의 2대왕 무왕이다. 무왕은 '인안'이라는 연호를 사용하였으며 영토를 크게 넓혀 북만주 일대를 장악하여 발해의 기틀을 튼튼히 하였다. 727년 일본에 사신을 보내 통교하였고 이때 무왕은 일본에 보낸 국서에서 발해는 고구려를 계승했음을 밝히고 우호관계를 맺자고 제의하기도 하였다. 732년에는 장문휴로 하여금 당의 산둥 반도를 공격하게 하였다.

오답 풀이 ① 대조영(고왕)
②⑤ 문왕
④ 선왕

7 신라 하대 사회 모습

문제 풀이 신라 하대는 선덕왕부터 마지막 왕인 경순왕까지를 말하며, 이 시기는 진골 귀족들 간의 왕위 쟁탈전이 심해 150여 년 동안 20명의 왕이 교체되는 혼란기였다. 96각간의 난, 김헌창의 난, 장보고의 난 등이 발생했고 지방에 대한 중앙의 통제력은 약화되었다. 이와 같은 상황 속에서 6두품과 지방의 호족들이 성장하게 되었다.

오답 풀이 ㄴ. 국왕이 6두품과 결탁하여 전제 왕권을 강화한 시기는 신라 중대이다.

8 발해의 중앙 정치 조직

문제 풀이 자료는 발해의 중앙 정치 조직을 보여주고 있다. 발해의 중앙 정치 조직은 당의 3성 6부제를 수용하였지만, 중앙관제의 명칭을 달리하고 유교식 명칭을 6부에 사용하는 등 독자성을 유지하며 운영하였다.

오답 풀이 ㄱ. 발해는 감찰기구로 중정대를 두었는데 당나라 역시 어사대라는 이름의 감찰기구가 존재했기 때문에 독자성의 근거가 될 수 없다.
ㄷ. 당의 통치 조직은 3성을 중심으로 편성되었다.

02. 고대의 경제·사회

정답

1. ③ 2. ⑤ 3. ② 4. ④
5. ⑤ 6. ④ 7. ⑤ 8. ③

1 고구려의 진대법

문제 풀이 자료의 재상은 고국천왕 때 등용된 을파소이다. 을파소는 평민 출신으로서 흉년이나 춘궁기에 농민들에게 곡식을 빌려 주고 추수기에 갚게 하는 진대법의 실시를 건의하였다. 고국천왕은 이 건의를 받아들여 194년 진대법을 실시하였다

오답 풀이 ㄱ. 이 당시에는 유교적 이념 정치 이념이 들어오기 전이다.
ㄹ. 귀족들의 경제적 특권을 제한하기 위하여 실시하였다.

2 통일신라의 장보고

문제 풀이 자료에서 설명하고 있는 인물은 장보고이다. 해상 세력인 장보고는 전라남도 완도에 청해진을 설치해 해적을 소탕하는 등 서남 해상권을 장악하였다. 또한 당나라의 산둥 반도에 법화원이라는 절을 세우기도 하였다. 장보고는 김우징을 도와 왕으로 만드는 데 앞장섰으며, 그가 바로 신무왕이었다. 하지만 신무왕은 왕위에 오른 지 1년 만에 병들어 죽고 그의 아들인 문성왕이 왕위를 계승했는데, 이때 장보고는 자신의 딸을 문성왕의 두 번째 부인으로 삼게 하려 했다. 하지만 진골 귀족들 반발로 실현되지 못하였다. 846년 장보고가 반란을 일으키려 한다는 소식을 전해들은 귀족들은 청해진으로 자객 염장을 보내 그를 살해하였다.

오답 풀이 ⑤ 6두품에 관한 설명이다.

3 신라의 골품제

문제 풀이 자료는 신라의 골품제에 관한 설명이다. 골품에 따라 승진의 상한선이 정해져 있어 아무리 능력이 출중하더라도 정해져 있는 관등까지만 승진할 수 있었다. 관리의 복색은 골품이 아니라 관등에 따라 달랐다.

오답 풀이 ㄴ. 자색은 진골출신인 1등급 이벌찬~5등급 대아찬까지만 입을 수 있었다.
ㄹ. 김유신은 진골이기 때문에 1등급인 이벌찬까지 오를 수 있었다.

4 신라의 화랑도

문제 풀이 자료에서 설명하고 있는 단체는 신라의 화랑도를 말한다. 화랑도는 씨족 사회의 풍습을 계승한 신라의 청소년 교육 단체로서 무술과 학문을 가르쳤다. 또한 계급간의 갈등을 조절, 완화하는 기능도 가지고 있었다. 6세기 진흥왕 때 화랑도를 공인하여 인재 양성에 힘써 삼국 통일의 원동력으로 활용하였다. 화랑의 기본 정신은 원광의 세속 5계로서 여기에는 유교 사상과 불교 사상이 담겨 있다.

오답 풀이 ④ 국왕을 추대하거나 왕권을 견제하였던 것은 화백회의이다.

5 남북국 시대

문제 풀이 자료의 (가)는 발해이고 (나)는 통일신라이다. 발해와 통일신라는 신라도를 이용하여 교역하였는데 특히 8C 후반~9C 전반에 활발히 교류하였다.

오답 풀이 ① ② 통일신라
③ 고려
④ 발해

6 삼국 시대의 문화

문제 풀이 왼쪽의 자료는 고구려 각저총에 그려져 있는 씨름도 벽화이다. 여기에는 고구려인과 함께 눈이 크고 코가 높은 서역계 인물이 그려져 있다. 오른쪽의 자료는 신라에 수입된 서역의 유리 제품과 황금 보검이다. 이를 바탕으로 제시된 자료들은 모두 삼국 시대에 전래된 서역의 문화라는 것을 파악할 수 있다.

오답 풀이 ① 가야는 풍부한 철 생산지로 이를 기반으로 하여 낙랑과 왜에 철을 수출하면서 큰 이득을 얻었다.
② 통일신라는 당, 일본 등과 활발한 교역을 하였으며 울산항을 통해서 아라비아 상인이 유입되기도 하였다.
③ 발해와 통일신라는 신라도를 이용하여 교역을 하였다.
⑤ 고구려의 담징은 호류사의 금당 벽화를 그렸고, 혜관은 삼론종을 전하였다. 또한 백제의 노리사치계는 최초로 불교를 전하였다.

7 신라 하대의 모습

문제 풀이 신라 하대는 귀족들 간의 왕위 쟁탈전이 심하여 혜공왕 이후 150여 년간 20여 명의 왕이 교체되는 혼란의 시기였다. 골품제 역시 붕괴되어 1~3두품은 소멸되었고, 진골 중심의 골품제에 대한 불만이 강했던 6두품이 크게 성장하는 시기이기도 하였다. 또한 선종 및 풍수지리설을 수용한 지방 귀족 출신인 호족 세력도 세력을 키워 나갔다. 진성여왕 때는 원종과 애노의 난이 발생하기도 하고 토지를 잃은 농민들은 초적이 되기도 하였다.

오답 풀이 ⑤ 신라 중대 신문왕 때의 일이다.

8 통일신라 시대의 무역

문제 풀이 자료의 (가)는 남북국 시대의 통일신라 무역도이고, (나)는 고려 시대의 무역도이다. 통일신라는 울산항과 당항성을 통해, 고려는 벽란도를 통해 외국과 교역하였다. 신라는 당과 교류가 활발해지면서 중국 내에 신라인들을 위한 여러 시설들을 만들었다. 신라방, 신라소, 신라관, 신라원 등이 그것이다.

오답 풀이 ① 금나라가 건립된 것은 12C 초이다. 따라서 통일신라와는 관련이 없다.
② 활구는 고려 시대 숙종 때 사용된 화폐이다.
④ 송상, 만상, 내상들은 모두 조선 시대 후기에 활동한 상인들이다.
⑤ 장보고는 통일신라 시대의 인물이다.

---

03. 고대의 문화

정답

1. ② 2. ① 3. ① 4. ② 5. ③ 6. ⑤
7. ② 8. ② 9. ② 10. ③ 11. ① 12. ⑤

1 삼국의 예술

문제 풀이 자료의 (가)는 칠지도, (나)는 금동미륵보살 반가사유상, (다)는 수산리 고분 벽화이다. ㄱ. 칠지도는 4C 근초고왕 때 왜왕에게 하사였던 칼이다. 당시 백제와 왜의 긴밀한 관계를 파악할 수 있다. ㄷ. 고구려의 수산리 고분 벽화는 일본의 다카마쓰 고분 벽화에 영향을 주어 두 벽화는 상당히 유사한 모습을 보인다.

오답 풀이 ㄴ. 삼국과 일본의 문화 교류를 보여주는 유물이다. 일본의 목조 미륵보살 반가사유상과 삼국의 금동미륵보살 반가사유상은 그 형태가 굉장히 유사하다. 이를 통해 삼국과 일본 간의 관계를 짐작해 볼 수 있다.
ㄹ. 일본의 하쿠호 문화에 영향을 준 것은 통일신라 때 일이다.

2 통일신라 시대의 석탑

문제 풀이 사료의 (가)는 불국사 3층 석탑(석가탑), (나)는 진전사지 3층 석탑, (다)는 쌍봉사 철감선사 승탑이다. (가)는 통일신라 전기에 만들어진 탑으로 이중 기단 위에 3층으로 탑을 쌓은 양식이다. (나)는 통일신라 후기에 만들어진 탑으로 양식은 (가)와 같다. (다)는 역시 통일신라 후기에 만들어졌으며 선종의 영향을 받았다.

오답 풀이 ① 백제의 미륵사지 석탑은 한반도에서 가장 오래된 탑으로서 목탑의 모습을 많이 지니고 있다.

3 통일신라 시대의 불상

문제 풀이 자료의 (가)에 들어갈 유물은 석굴암 본존 불상이다. 석굴암은 화강암을 이용해 인위적으로 쌓아 만든 석굴로 원형의 주실 중앙에 본존불을 안치하였다. 신라 경덕왕 10년인 751년에 당시 재상이었던 김대성이 짓기 시작해 혜공왕 10년인 774년에 완공됐다.

오답 풀이 ② 미륵보살 반가사유상(삼국 시대)
③ 부석사 소조 아미타 여래좌상(고려 시대)
④ 논산 관촉사 석조 미륵보살입상(고려 시대)
⑤ 연가 7년명 금동여래입상(고구려)

4 백제의 무령왕릉

문제 풀이 자료는 백제 무령왕릉에 대한 설명이다. 무령왕릉은 중국 남조의 영향을 받아 만들어진 벽돌 양식의 무덤이다. 발견 당시 지석이 발견되어 무덤의 주인이 무령왕임을 알 수 있었다.

오답 풀이 ① 경주의 호우총에서 발견된 호우명 그릇이다. 5C 고구려가 신라에게 정치적으로 영향력을 끼치고 있었다는 사실을 알 수 있는 유물이다.
③ 신라와 가야에서 제작된 기마 인물형 토기이다.
④ 경주 천마총에서 출토된 천마도이다. 천마도는 벽화가 아니라 말 안장에 그려진 그림이다.
⑤ 가야의 판금갑옷이다.

5 발해의 문화유산

문제 풀이 발해의 이불 병좌상, 온돌, 정혜공주묘의 모줄임천장 구조 등은 고구려의 영향을 받은 문화유산들이다. ③은 이불 병좌상이다.

오답 풀이 ① 5C에 만들어진 호우명 그릇이다.
② 가야의 수레바퀴 모양 토기이다.
④ 백제의 금동대향로이다. 맨 위에 봉황을 장식하여 도교 사상의 영향을 나타내는 한편, 몸통에 연꽃 봉우리를 장식해 불교의 영향도 받았음을 알 수 있다.
⑤ 칠지도는 4C 근초고왕 때 백제가 왜에 하사한 칼로서 현재 일본의 국보로 지정되어 있다.

6 무덤 양식

문제 풀이 자료는 고구려의 청룡도와 현무도이다. 이와 같은 벽화를 볼 수 있는 무덤 양식은 굴식 돌방무덤이다. 굴식 돌방무덤은 도굴이 쉬워 유물은 거의 없지만, 고분 벽화가 남아 있어 당시 사람들의 생활·문화·종교 등을 짐작해 볼 수 있다.

오답 풀이 ① 고인돌은 청동기 시대의 무덤 양식이다.
② 독무덤은 크고 작은 항아리 또는 독 두 개를 맞붙여서 관

으로 쓰는 무덤 양식이다. 널무덤과 함께 철기 시대를 대표한다.
③ 돌무지무덤은 시체를 넣은 돌널 위를 봉토를 덮지 않고 돌만으로 쌓아올린 무덤으로 고구려와 백제의 초기 무덤 양식이다.
④ 돌무지덧널무덤은 신라 시대의 대표적인 무덤 양식이다.

7 일본에 영향을 준 삼국의 문화

문제 풀이 ㄱ. 목조 미륵보살 반가사유상 ㄹ. 칠지도 ㅁ. 다카마쓰 고분 벽화
일본의 목조 미륵보살 반가사유상(ㄱ)은 삼국의 금동 미륵보살 반가사유상과 일본의 다카마쓰 고분 벽화(ㅁ)는 고구려의 수산리 고분 벽화와 매우 유사하다. 칠지도(ㄹ)는 백제가 일본에게 하사한 칼이다.

오답 풀이 ㄴ. 백제의 산수무늬 벽돌
ㄷ. 신라의 분황사 모전석탑
ㅂ. 백제의 서산 마애삼존불

8 백제의 유물

문제 풀이 금동대향로와 정림사지 5층 석탑은 모두 백제의 유물이다.
오답 풀이 ① 발해의 정혜 공주의 묘에서 출토된 유물이다.
③ 고령 지산리에서 출토된 가야의 유물이다.
④ 장군총은 고구려의 돌무지 무덤이다.
⑤ 천마도는 신라의 천마총에서 출토된 유물이다.

9 통일신라 시대의 승려 의상

문제 풀이 통일신라 시대의 대표적인 승려인 의상은 신라 화엄종을 개창하였고 676년에는 부석사를 창건하였다. 신라에 관음신앙을 크게 확산시킨 고승이기도 하다. 대표적인 저서로는 『화엄일승법계도』가 있다.
오답 풀이 ㄴ. 원효는 『금강삼매경론』, 『대승기신론소』 등을 저술하여 불교의 사상적 이해의 기준을 확립하였다.
ㄹ. 지눌은 고려 무신 집권기의 대표적인 승려로 정혜쌍수 등을 주장하며 선종을 중심으로 교종을 통합하고자 하였다.

10 신라의 무덤 양식

문제 풀이 자료는 신라의 돌무지덧널무덤의 구조를 보여주고 있다. 돌무지 덧널무덤은 직사각형의 구덩이를 파고 관을 넣은 뒤 판자로 다시 방(널방)을 만들었다. 그런 다음 그 위에 돌을 쌓고 다시 그 위에 흙을 쌓아 올려 마무리하였다. 이러한 무덤 양식은 널방으로 들어가는 길이 없고 한 번 들어가면 다시 나올 수 없으므로 도굴이 어려워 많은 유물이 남아 있다. 천마총, 황남 대총, 금관총 등이 대표적이다.

11 고구려의 유물

문제 풀이 (가)에 들어갈 유물은 고구려의 연가 7년명 금동여래입상이다. '연가 7년명'이란 중국에서 쓰던 연호를 말하는 것으로 539년을 뜻하고, '여래'는 석가모니 불상을 말한다. 불상 뒤에 붙은 광배 뒷면에는 평양 동사의 승려들이 천개의 불상을 만들어 세상에 널리 퍼뜨리고자 하였는데, 그때 만들어진 불상 가운데 29번째 것이라고 쓰여 있다.

오답 풀이 ② 금동 미륵보살 반가사유상 (삼국 시대)
③ 논산 관촉사 석조 미륵보살 (고려 시대)
④ 부석사 소조 아미타여래좌상 (고려 시대)
⑤ 광주 춘궁리 철불 (고려 시대)

12 삼국 시대의 석탑

문제 풀이 자료에서 설명하고 있는 문화유산은 분황사 모전석탑이다. 신라 선덕여왕 때 만들어진 이 석탑은 돌을 벽돌 모양으로 다듬어 쌓은 것이다.
오답 풀이 ① 익산 미륵사지 5층 석탑 (백제)
② 부여 정림사지 5층 석탑 (백제)
③ 경주 불국사 3층 석탑(석가탑) (통일신라 전기)
④ 양양 진전사지 3층 석탑 (통일신라 후기)

III. 중세사

01. 고려의 정치

정답

1. ③ 2. ④ 3. ① 4. ③
5. ② 6. ③ 7. ③ 8. ②

1 광종의 개혁

문제 풀이 광종은 왕권 강화 정책의 일환으로 노비안검법, 과거제 등

정답 및 해설

을 실시했다. 또한 황제 칭호와 '광덕'·'준풍'이라는 독자적인 연호를 사용하고, 관리들의 공복을 제정하여 관리의 위계질서를 확립했다.

오답 풀이 ① 공민왕은 1352년 폐단이 많았던 정방을 폐지하였다.
② 성종은 중앙 관제를 2성 6부 체제로 정비하였다.
④ 태조는 호족을 견제하기 위해 사심관 제도를 실시하였다.
⑤ 공민왕은 전민변정도감을 설치하여 권문세족의 경제적 기반을 약화시키려고 하였다.

2 고려의 대외 정책

문제 풀이 자료에서 설명하고 있는 인물은 강감찬 장군(948~1031)이다. 10C 말~11C 초 고려는 송과는 친교를 맺고 거란에는 적대 관계를 취하는 대외정책을 취했다. 이에 거란은 3차례에 걸쳐 고려를 침입했다. 1018년 거란이 강동 6주의 반환을 구실로 삼아 3번째로 쳐들어오자, 강감찬 장군은 귀주에서 거란군을 격퇴하였다. 이를 귀주 대첩이라고 한다.

오답 풀이 ① 12C 초의 상황이다.
② 13C 초 몽골 사신 저고여의 피살이 원인이 되어 몽골의 1차 침입이 발생했다.
③ 우왕 때의 일이다.
⑤ 공민왕 때의 일이다. 특히 홍건적은 공민왕 4년(1355) 이후 여러 차례 고려를 침략하였고 이로 인해 한때 개경이 함락되기도 하였다.

3 묘청의 서경 천도 운동

문제 풀이 묘청의 서경 천도 운동(1135)은 금에 대한 외교정책을 둘러싸고 지배층 사이에서 대립이 발생하여 일어났다. 서경 세력(묘청) vs. 개경 세력(김부식)으로 분열하여 대립이 일어났으며 묘청 등은 풍수지리설을 내세우며 서경으로의 천도, 금의 정벌 등을 주장하였다. 그러나 김부식 등은 민생 안정을 내세우며 금과의 사대 관계를 주장하였다. 묘청은 서경에서 반란을 일으켰으나, 김부식이 이끄는 관군에 의해 1년 만에 진압당하였다.

오답 풀이 ② 무신 집권기인 1193년 경상도 일대에서 김사미와 효심의 주도로 농민 봉기가 일어났다.
③ 무신정변은 1170년 정중부와 이의방 등을 중심으로 일어났다.
④ 이자겸은 12C 초 권력을 독점하였다.
⑤ 무신 집권기인 1176년 충남 공주 명학소에서 망이·망소이의 난이 일어났다.

4 공민왕의 개혁 정책

문제 풀이 자료에서 설명하고 있는 왕은 바로 반원 자주 정책을 펼쳤던 공민왕이다. 공민왕은 원에 의해서 격하된 관제를 복구하고 몽골풍을 금지하였다. 몽골풍이란 몽골식 머리 모양이나 의복, 소주 등의 몽골의 풍습을 말한다.

오답 풀이 ① 만권당은 충선왕이 폐위되어 원나라에 머물 당시 연경에 세운 독서당이다.
② 충렬왕 때의 일이다.
④ 공양왕 때 국가 재정을 확보하고 신진 사대부의 경제적 기반의 마련을 위해 과전법이 실시되었다.
⑤ 광종은 불법으로 노비가 된 자를 양인으로 해방시켜주는 노비안검법을 실시하여 호족의 경제적·군사적 기반을 약화시키고 국가의 재정을 확충하고자 하였다.

5 삼별초 항쟁과 제주도

문제 풀이 자료에서 설명하고 있는 '이 섬'은 제주도이다. 무신 정권이 붕괴되고 개경으로 환도를 하게 되자 삼별초는 이에 반대하여 항쟁을 계속하였다. 배중손의 지휘로 강화도 → 진도 → 제주도로 옮겨 항전하였으나 고려와 몽골의 연합군에 의해 진압되었다.

오답 풀이 ② 원은 삼별초를 진압하고 제주도를 직접 관할하기 위한 관청으로 탐라 총관부를 설치하였다.
① 일본과 강화도에서 맺은 강화도 조약(1876)이 최초의 근대적 조약이다.
③ 장보고가 해상 무역 기지인 청해진을 설치한 곳은 전남 완도이다.
④ 이순신은 한산도 대첩에서 학익진으로 왜적을 물리쳤다.
⑤ 영국이 불법 점령한 지역은 전남 거문도이다.

6 12C 대외 정책과 정지상

문제 풀이 정지상은 김부식의 개경 세력에 대립하면서 묘청과 함께 서경 천도 운동을 일으켰다. 금과의 사대 관계를 청산하고 금의 정벌을 주장하였다.

오답 풀이 ② 원 간섭기 때의 상황이다.
④ 10C 거란 침입 후 강감찬의 주장이다. 이에 나성과 천리장성이 축조되었다.
⑤ 고려 말 이성계의 주장이다. 이성계는 4불가론을 내세워 요동 정벌을 반대하였다.

7 12C 문벌 귀족 사회의 동요와 붕괴

문제 풀이 제시된 자료를 순서대로 배열하면 (나)이자겸의 난(1126) → (가)묘청의 서경 천도 운동(1135) → (다)정중부·이의방 등이 주도한 무신정변(1170)이다. (나)의 십팔자위왕(十八子爲王)이란 十 + 八 + 子 = 李가 되므로 '이씨가 왕이 된다'는 예언이다.

255

8 광종의 정책

문제 풀이 자료의 첫 번째 설명은 칭제건원에 관한 내용이고, 두 번째 설명은 왕권 강화 정책으로 실시했던 노비안검법의 내용이다. 모두 광종이 실시했던 개혁 정책이다. 이 밖에도 광종은 쌍기의 건의로 과거제를 실시하여 신진 관료를 등용하였고, 공복을 제정하여 관리의 위계 질서를 확립하였다.

오답 풀이 ㄴ. 지방에 12목을 설치한 건 성종 때의 일이다.
ㄹ. 시정 전시과를 실시한 건 경종 때의 일이다.

---

02. 고려의 경제·사회

정답

1. ① 2. ④ 3. ③ 4. ④
5. ③ 6. ⑤ 7. ① 8. ②

1 화폐

문제 풀이 삼한통보, 해동통보, 활구(은병) 등은 숙종 때 의천의 건의로 주조된 화폐들이다.

오답 풀이 ㄹ. 상평통보는 조선 후기에 주조된 화폐이다.
ㅁ. 당백전은 흥선 대원군이 경복궁 중건에 필요한 재원을 마련하기 위해 주조한 화폐이다.

2 토지 제도 전시과

문제 풀이 고려 시대의 전시과는 관리를 18등급으로 구분하여 전지와 시지의 수조권을 지급하였다. 전지는 곡식을 걷을 수 있는 토지를 말하고, 시지는 땔감을 얻을 수 있는 임야를 말한다.

오답 풀이 ①②⑤ 과전법
③ 소유권을 지급한 것이 아니라 수조권을 지급한 것이기 때문에 매매와 임대는 불가능하였다.

3 망이·망소이의 난

문제 풀이 망이·망소이의 난은 1176년 충남 공주 명학소(수공업 집단)에서 일어난 천민들의 신분 해방 운동으로 무신 집권기에 천민 집단인 명학소에서 망이·망소이 형제가 신분 해방을 목적으로 일으켰다.

4 원 간섭기

문제 풀이 ① 왕실 용어가 조·종 → 왕, 폐하 → 전하, 태자 → 세자 등으로 격하되었다. ② 원은 고려왕을 원의 공주와 혼인시켜 고려를 부마국으로 삼았고, 왕의 시호 앞에는 모두 '忠'자가 붙게 되었다. ③ 정동행성을 설치하여 2차례의 일본 원정을 단행하였지만 모두 실패하였다. 이후 그 부속 기구인 이문소를 통하여 내정간섭을 하였다. ⑤ 만권당은 충선왕이 원의 연경에 세운 독서당으로서, 이곳에서 백이정과 이제현 등은 원의 학자들과 교류하였다.

오답 풀이 ④ 교정도감은 최씨 정권기에 최충헌이 설치한 기구로서 국가의 중요 정책을 담당하였다.

5 무역 활동

문제 풀이 대식국이라 불리던 아라비아 상인들은 고려의 벽란도를 통해 왕래하였고, 벽란도는 국제 무역항으로 번성하게 되었다. 고려는 이들로부터 수은·향료·산호 등을 수입하였으며, 이들에 의해 'Corea'라는 이름을 얻게 되었다.

오답 풀이 ㄴ. 청해진은 통일신라 시대인 822년 장보고가 완도에 설치한 해군 무역 기지이다.

6 사회 모습

문제 풀이 고려 시대에는 여성이 호주가 될 수 있었고, 태어난 순서에 따라 족보에 기록되었다. 또한 유산 상속에 있어서 남녀의 구분이 균분 상속하였으며, 자녀가 돌아가며 부모의 제사를 지내는 윤회 봉사를 하였다.

오답 풀이 ㄱ, ㄴ. 모두 조선 후기 이후의 사회 모습이다.

7 무신 집권기 만적의 난

문제 풀이 제시된 자료는 1198년 최충헌의 사노인 만적이 일으킨 신분 해방 운동인 만적의 난이다. 만적의 주인인 최충헌은 1196년 천민 출신인 이의민을 죽이고 정권을 장악하였다.

오답 풀이 ② 고려 말 14C의 일이다.
③ 위화도 회군은 고려 말인 1388년의 일이다.
④ 천리장성은 1033년부터 국경선에 장성을 쌓기 시작해 1044년에 완공하였다.
⑤ 쌍성총관부는 고려 말 공민왕이 무력으로 수복하였다.

8 원 간섭기

문제 풀이 원나라는 정동행성을 설치하여 2차례의 일본 원정을 단행하였지만 일본의 저항과 태풍의 피해로 모두 실패로 끝났다. 또한 원 간섭기에는 고려의 처녀들을 공녀로 끌고 가고, 응방을 설치하여 매를 징발하는 등 자원의 수탈이 심하였다.

오답풀이 ㄴ. 이의민은 무신 집권기 때의 인물이다.
ㄹ. 동북 9성은 12C 초 윤관이 별무반을 이끌고 여진족을 물리친 후 쌓은 성이다.

---

03. 고려의 문화

정답

1. ② 2. ⑤ 3. ③ 4. ④ 5. ① 6. ④
7. ② 8. ① 9. ③ 10. ⑤ 11. ① 12. ⑤

1 대각국사 의천

문제풀이 문종의 아들이자 숙종의 동생인 의천은 교관겸수를 주장하며 교종을 중심으로 선종을 통합하고자 하였다. 국청사를 창건하고, 해동 천태종을 개창하였다. 또한 숙종에게 화폐를 주조할 것을 건의하여 해동통보 등이 주조되었다.

오답풀이 ① 혜심에 관한 설명이다.
③ 요세에 관한 설명이다.
④ 지눌은 정혜쌍수를 주장하며 선종을 중심으로 교종을 통합하고자 하였다.

2 재조대장경

문제풀이 재조대장경은 팔만대장경, 고려대장경이라고도 한다. 최씨 정권 때 몽골이 침략하자 부처의 힘으로 외적을 물리치고자 간행되었다. 조선 시대에 건립된 해인사 장경판전은 1995년 유네스코의 세계 문화유산으로 지정되었다.

오답풀이 ㄱ. 재조대장경은 합천 해인사에 보관되어 있다.
ㄴ. 초조대장경을 보완하기 위해 의천의 건의로 간행된 속장경(교장)에 관한 설명이다.

3 석탑

문제풀이 제시된 자료를 제작된 순서대로 나열하면 (나) 통일신라 신문왕 때 만들어진 감은사지 3층 석탑 → (가) 송의 영향을 받아 고려 초에 만들어진 월정사 8각 9층 석탑 → (다) 조선 세조 때 만들어진 원각사지 10층 석탑이다.

4 영주 부석사

문제풀이 제시된 자료는 경북 영주의 부석사에 관한 내용이다. 따라서 (가)는 화엄종, (나)는 무량수전, (다)는 소조 아미타 여래 좌상이다.

오답풀이 ㄴ. 무량수전은 다포 양식이 아니라 주심포 양식이다. 고려 후기에 유행한 다포 양식은 사리원 성불사 응진전이 대표적이다.

5 고려 시대 불상

문제풀이 관촉사 석조 미륵보살 입상과 용미리 마애이불 입상은 모두 개성 있는 모습을 하고 있다. 이는 호족의 영향을 받아 지방적이고 향토적인 성격이 강하게 드러난 것이라고 할 수 있다.

오답풀이 ㄷ. 서산 용현리 마애 여래 삼존상은 백제 시대에 만들어졌다.
ㄹ. 석굴암 본존 불상은 신라 중대에 만들어졌다.

6 상정고금예문

문제풀이 상정고금예문은 고려 인종 때 최윤의 등 17명이 왕명으로 고금의 예의를 수집, 고증하여 50권으로 엮은 책이다. 고금상정예문이라고도 한다.

오답풀이 ① 팔만대장경(재조대장경)은 몽골 침략을 물리치기 위해 제작된 것이다.
② 삼강행실도는 조선 세종 때 제작된 것으로서 윤리와 의례에 관하여 엮은 도덕서이다.
③ 직지심체요절은 1377년 청주 흥덕사에서 만들어진 현존하는 가장 오래된 금속 활자본이다. 유네스코 세계 문화 유산으로 등재되어 있다.
⑤ 무구정광대다라니경은 세계에서 가장 오래된 통일신라 때의 목판 인쇄물로서 경주 불국사 3층 석탑(석가탑) 탑신부에서 발견되었다.

7 고려 시대 역사 편찬

문제풀이 동명왕편은 이규보의 『동국이상국집』에 수록되어 있는 동명왕(주몽)의 영웅 서사시이다.

오답풀이 ①『7대실록』은 태조~목종까지의 왕조를 기록해 놓은 고려 전기 때 책이다.
③『삼국유사』는 승려 일연이 저술한 고려 후기 때 책이다. 불교 사관을 엿볼 수 있으며 단군 신화 및 설화, 전설 등이 수록되어 있다.
④『삼국사기』는 김부식이 저술한 고려 중기 때 책이다. 유교적 합리주의 사관을 엿볼 수 있으며 신라 계승 의식이 반영되어 있다.
⑤『조선왕조실록』은 조선 태조 이성계~철종 때까지 472년

간의 역사를 시간 순서대로 각 왕별로 묶어 기록한 것이다. 1997년 유네스코 세계 기록 문화유산으로 지정되었다.

1236년~1251까지 15년에 걸쳐 완성한 대장경이다. ⑤ 일연의 『삼국유사』는 1281년 편찬되었다.

오답 풀이 ① 상감청자는 12C에 이르러 고려의 독창적인 상감기법이 개발되면서 유행하다가 원 간섭기 이후 쇠퇴하였다.

8 고려 시대의 지방 문화와 불상

문제 풀이 충남 논산의 관촉사 석조 미륵보살 입상은 당시 지방 세력인 호족의 영향을 받아 상당히 개성 있는 모습을 지니고 있다. 이는 향토 문화의 특색을 잘 보여준다고 할 수 있겠다.

오답 풀이 ② 청자 상감 운학문 매병은 12C에 고려의 독창적인 상감기법이 개발되면서 만들어졌다. 청자는 기본적으로 귀족의 생활 도구와 불교 도구로 사용되므로 지방 문화와는 관련이 없다.
③ 청동은입사 포류 수금문 정병은 대표적인 금속 공예품으로 은입사 기술의 발달을 엿볼 수 있는 유물이다.
④ 고려 후기의 수월 관음도는 불교 미술과 관련이 있다.
⑤ 경천사 10층 석탑은 원의 영향을 받아 대리석으로 만들어진 석탑이다.

12 고려 시대 석탑

문제 풀이 제시된 자료는 경천사지 10층 석탑이다. 원나라의 영향을 받아 대리석으로 만들어졌으며 후에 조선의 원각사지 10층 석탑에 영향을 주었다. 현재 국립 박물관에 있다.

오답 풀이 ① 승탑
② 미륵사지 석탑
③ 분황사 모전석탑
④ 감은사지 3층 석탑

Ⅳ. 근세사

01. 조선의 정치

정답

1. ③ 2. ② 3. ④ 4. ②
5. ③ 6. ④ 7. ① 8. ③

9 직지심체요절

문제 풀이 직지심체요절은 현존하는 가장 오래된 활판 인쇄물로서 청주 흥덕사에서 간행되었다. 유네스코 세계 문화유산에 등재되어 있으며 현재 프랑스 파리 국립 박물관에 보관되어 있다.

오답 풀이 ① 속장경은 목판 인쇄물이다.
② 초조대장경은 목판 인쇄물이다.
④ 상정고금예문은 세계에서 가장 오래된 활판 인쇄물이나 현존하지 않는다.
⑤ 무구정광대다라니경은 통일신라 시대 목판 인쇄물이다.

1 예송 논쟁

문제 풀이 예송 논쟁은 효 종사후 자의대비의 상복 입는 기간을 두고 논쟁이 발생했던 것이다. 인조의 둘째 아들인 봉림대군이 왕위에 올랐던 것이 논쟁의 원인이었는데 남인은 효종을 장자로 추대해 3년설을 주장하였고 서인은 차자로 추대해 1년설을 주장하였다. 결국 서인이 주장했던 1년설이 채택되었다.

오답 풀이 ③ 인조반정으로 광해군이 쫓겨났고 탕평비가 건립된 것은 영조 때 일이니 예송 논쟁이 발생했던 것은 다) 시기이다.

10 고려 시대 불상

문제 풀이 제시된 자료에서 설명하고 있는 불상은 광주 춘궁리 철불이다. 경기도 광주 춘궁리에서 발견되었으며 높이 1.5m의 대형 철불이다. 현재 국립 박물관에 소장되어 있다.

오답 풀이 ① 금동 미륵보살 반가 사유상
② 연가 7년명 금동여래 입상
③ 석굴암 본존 불상
④ 부석사 소조 아미타 여래 좌상 문화유산으로 지정되었다.

2 조선의 지방 행정 구역 체제

문제 풀이 조선은 8도로 구분이 되었고 부·목·군·현을 설치하고 그 아래에 면·리·통을 설치하였다. 모든 군현에 지방관 파견하였는데 도에는 관찰사를 파견하여 도내의 수령의 지휘·감독을 맡겼고 군·현에는 수령을 파견하였는데 수령은 그 지방의 행정·사법·군사권을 가지고 있었다.

오답 풀이 ㄴ. 고려 ㄹ. 통일신라

11 고려 시대 전반

문제 풀이 ② 김부식의 『삼국사기』는 1145년 편찬되었다. ③ 지눌은 무신 집권기 때 수선사(송광사)를 중심으로 불교의 타락을 비판하는 수선사 결사 운동을 전개하였다. ④ 팔만대장경은

정답 및 해설

3 광해군

문제 풀이 지문에서 설명하고 있는 인물은 광해군이다. 광해군은 임진왜란으로 인한 피해를 복구하기 위해 여러 가지 개혁책을 실시하였다. 그중에 하나가 공납의 폐단을 바로잡기 위해 실시했던 대동법이다. 광해군은 명과 후금 사이에서 중립 외교 정책을 펼치기도 했는데 이것과 인목대비 폐위가 구실이 되어 일어난 인조반정 때 왕위에서 쫓겨나게 되었다.

오답 풀이 ① 태조 때 정도전이 요동 정벌을 추진했다.
② 효종은 나선 정벌로 북벌 운동의 성과를 확인하였다.
③ 효종이 북벌 운동을 추진하였다.
⑤ 백두산 정계비를 세운 것은 숙종이다.

4 조선 후기 정치사

문제 풀이 선조 때 붕당정치가 시작되었고 정여립 모반사건으로 동인이 북인과 남인으로 분열되었다. 그래도 붕당정치가 어느 정도 지속이 되었는데 숙종 때 환국을 거치면서 붕당 간 세력이 붕괴되었고, 영·정조 시기에는 붕당의 폐단을 바로잡고자 탕평을 실시하였다. 순조가 집권하면서 한 가문이 정치를 독점하는 세도정치가 발생하게 되었다.

오답 풀이 (가) 동인과 서인으로 분열(선조) → (다) 환국(숙종) → (나) 세도정치(순조)

5 4군 6진

문제 풀이 조선은 여진족에 교린정책을 실시하였다. 강경책으로 태조 때는 두만강을 개척하였으며, 세종 때 국경 지대에 4군 6진을 설치하였다. 회유책으로 귀화와 조공을 권유하였고 무역소를 설치하여 국경 무역을 실시하였다.

오답 풀이 ㄱ, ㄹ 일본

6 숙종

문제 풀이 숙종 대의 상황을 묻는 질문이다. 숙종은 탕평론을 제시하였고 외척 세력을 이용해 서로 간의 세력을 견제하였는데 편당적인 인사관리로 결국 환국의 빌미를 제공하게 되고 탕평은 결국 실패하였다.

오답 풀이 ①, ② 정조 ③, ⑤ 고종

7 임진왜란

문제 풀이 (가) 조명 연합군의 평양 수복 (나) 권율의 행주 대첩 (다) 충주 탄금대–신립 장군 출전 (라) 진주성(김시민)에서 관군 승리 (마) 이순신이 이끄는 수군이 한산도 등지에서 큰 승리

오답 풀이 ② (나)–권율 장군
③ (다)–신립 장군
④ (라)–김시민 장군
⑤ (마)–이순신 장군

8 광해군의 중립외교 정책

문제 풀이 임진왜란을 겪는 동안에 조선과 명의 힘이 약화된 틈을 타서 여진족이 후금을 건국하고 명에 대하여 전쟁을 포고하였다. 이에 명은 후금을 공격하는 한편, 조선에 원군을 요청하였다. 광해군은 대내적으로 전쟁의 뒷수습을 위한 정책을 실시하면서 대외적으로는 명과 후금 사이에서 중립 외교 정책으로 대처하였다.

오답 풀이 (다) 광해군은 명과 후금 사이에서 실리적인 중립 외교를 취하였고 서인은 그것을 빌미로 인조반정을 일으켜 광해군을 왕위에서 쫓아냈다.

---

02. 조선의 경제·사회

정답

1. ① 2. ① 3. ③ 4. ③
5. ① 6. ⑤ 7. ① 8. ②

1 조선의 전세 제도

문제 풀이 조선의 전세 제도는 과전법의 경우 수확량의 1/10을 부과하였고, 매년 풍흉을 조사해 납부액을 정하였다. 세종때 공법을 새로 지정(전분 6등법, 연분 9등법)하였고, 조선 후기에는 풍흉에 관계없이 토지 1결당 미곡 4두를 부과하는 영정법을 실시하였다.

오답 풀이 ② 고려
③ 신라
④ 민정문서로 통일신라
⑤ 일제 강점기

2 균역법

문제 풀이 군역을 포로 대신하는 사람이 증가하고 납속과 공명첩으로 면역자가 증가하면서 군포의 부과량이 증가하였다. 그래서 1년에 2필에서 1필로 군포를 경감하는 균역법을 실시하고, 나머지 부분은 결작미·선무군관포·잡세(어장세, 선박세) 등의 징수를 통해 충당하였다.

오답 풀이 ② 호포법 ③, ④, ⑤ 대동법

3 대동법

문제 풀이 대동법이란 공납 제도에 대한 폐단을 극복하기 위해 조선 중기 이후 공물을 쌀로 통일하여 바치게 하던 세금 제도로, 1608년(광해군 즉위) 경기도에서 처음 시행되기 시작하여 1708년(숙종 34)에 완성되었다. 원래 조선 시대 공물 제도는 각 지방에서 생산되는 특산물을 바치도록 하였는데, 이런 폐단을 이용해 관리나 상인이 백성을 대신하여 공물(특산물)을 나라에 바치고, 그 대가를 몇 배씩 가중하여 백성에게 받아내는 방납으로 인하여 백성들의 부담이 컸기에 토지의 크기에 따라 현물 대신 쌀과 면, 포, 동전 등으로 세를 징수하였다.

오답 풀이 ㄱ. 백골징포, 황구첨정 등의 폐단은 군역에 의한 것으로 폐단을 없애기 위해 균역법을 실시하였다.
ㄹ. 세종은 풍흉과 토지 비옥도에 따라 전세를 차등 부과하는 전분 6등법, 연분 9등법을 실시하였다.

4 객주 · 여각

문제 풀이 조선 후기에는 상업이 발달하면서 여러 종류의 상인이 등장한다. 이중 김만덕은 객주로 상품 매매를 중개하는 일 외에도 운송, 보관, 숙박, 금융 등 여러 가지 업무도 같이 담당하였다.

오답 풀이 ① 송상, 만상, 내상 등 ② 민간 수공업자 ④ 시전상인 ⑤ 공인

5 조선의 신분 제도(상민)

문제 풀이 조선 시대 초기에 사회 신분을 양인과 천민으로 구분하는 양천제가 법제화되었다. 천민(노비)이 아닌 양인은 과거에 응시해 벼슬을 할 수 있는 대신에 조세, 공납, 군역 등의 의무를 지니고 있었다. 조선 시대는 엄격한 신분제 사회였지만 신분 이동이 가능하였다. 그중 상민은 양반과 중인이 아닌 백성의 대부분을 차지하는 신분 계층으로 주로 농업에 종사하였으며, 조세 · 공납 · 역 등의 의무를 담당하였다.

오답 풀이 ② 중인 ③ 양반 ④ 중인 ⑤ 천민

6 향약

문제 풀이 향약은 지방 사족이 향촌 사회를 운영하기 위해 조직한 것으로 전통적 공동 조직과 미풍 양속 계승을 계승하며 삼강오륜을 중심으로 한 유교 윤리가 가미하였고 교화 및 질서 유지에 알맞게 구성하였다. 풍속 교화, 향촌 사회의 질서 유지, 치안 담당, 향촌의 자치 기능의 역할을 담당하였다.

오답 풀이 ① 제생원 ② 서원 ③ 두레 ④ 오가 작통제

7 조선 후기 가족 제도(부계 중심 사회)

문제 풀이 조선 후기에는 양자 입양이 일반화되고, 부계 위주의 족보를 적극 편찬하고 동성 마을 형성하는 등의 부계 중심의 가족 제도가 강화되는데, 비교적 남녀가 평등했던 조선 전기와는 달리 상속이나 제사도 무조건 장자가 중심이 되었고 결혼 후 남자의 집에서 생활해야 했다.

오답 풀이 ②, ③, ④, ⑤ 조선 전기까지

8 동학

문제 풀이 동학은 서학에 반대되는 개념으로 최제우가 창도한 민족 종교로 유 · 불 · 선의 주요 내용과 민간 신앙의 요소를 결합하였고 사회 모순을 극복하고 일본과 서양 국가의 침략을 막아내자고 주장하고 있다. 시천주(侍天主), 인내천(人乃天) 사상을 강조하였다. 동학의 평등사상은 일반 백성들한테 공감을 얻어 교세를 확장할 수 있었는데, 이에 정부는 최제우를 혹세무민의 죄로 처형하였다.

오답 풀이 ② 조상에 대한 제사를 거부한 것은 천주교이다.

---

03. 조선의 문화

정답

1. ④ 2. ④ 3. ② 4. ② 5. ② 6. ⑤
7. ① 8. ④ 9. ② 10. ⑤ 11. ③ 12. ④

1 조선 전기의 과학기술

문제 풀이 장영실 선생을 기리기 위해 도로명 짓기 공모전을 개최한다고 했으니, 장영실 선생의 업적이 아닌 것을 고르면 된다. 장영실 선생의 업적을 모두 모른다고 할지라도, 이 문제는 장영실 선생이 활동했던 조선 전기의 유물이 아닌 것을 고르면 되는 쉬운 문제이다. 거중기는 조선 후기에 정약용 선생이 발명한 기계이기 때문에 답이 될 수 없다.

오답 풀이 ① 간의 : 천체의 위치를 측정하는 천문 관측 기구로 장영실이 만들었다.
② 혼천의 : 천체의 운행과 위치를 측정하는 천문 관측 기구로 장영실이 1433년 6월에 제작하였다.

2 정약용의 업적

문제 풀이 조선 후기의 학자이자, 목민심서, 경세유표, 흠흠신서, 마과회통을 저술한 인물은 다산 정약용이다. 문제에서는 다산 정약용의 업적인 것을 고르라 했으니, 정약용이 고안한 거중기와 배다리가 정답이다.

정답 및 해설

오답풀이 ㄱ. 신기전과 화차는 모두 조선 전기의 발명품으로, 신기전은 최무선이 주화를 개량한 것이고, 화차는 그의 아들인 최해산의 업적이다.
ㄷ. 대동여지도는 조선 후기 김정호의 업적이다.

오답풀이 ㄱ. 한글 소설에는 홍길동전, 춘향전, 심청전 등이 있다. 양반전과 허생전은 모두 조선 후기 박지원이 쓴 한문 소설이다.
ㄴ. 구체적인 이야기를 창과 사설로 엮은 것은 판소리이다.

3 세종대왕의 업적

문제풀이 훈민정음은 조선 전기 세종대왕 시대에 만들어졌다. 때문에 이 문제에서는 세종대왕의 업적인 것을 고르면 된다. 세종대왕 때는 금속활자로 경자자와 갑인자를 만들었으며, 장영실 등을 통해 측우기를 비롯한 각종 천문 관측 기구와 과학기술을 도입한 여러 기계를 발명하였다.

오답풀이 ㄴ. 혼일강리역대국도지도는 태종 때 만들어진 것이다.
ㄹ. 경국대전의 마무리는 성종 때의 업적이다.

7 조선 후기의 미술

문제풀이 제시된 지문에서는 상민이 천민의 갓을 쓰고 도포를 입어 조정의 관리나 선비의 행세를 한다고 하고 있다. 이는 계급이 혼란해진 조선 후기의 상황을 나타내고 있는 지문이다. 때문에 조선 후기 특히 민중들의 모습을 담아내고 있는 작품을 고르면 된다. 다섯 개의 그림 중에 조선 후기의 작품은 ①번인 김홍도의 서당이다.

오답풀이 ② 신사임당의 초충도 중 '수박과 들쥐'로 이는 조선 전기의 작품이다.
③ 강희안의 '고사관수도'로 조선 전기의 작품이다.
④ 어몽룡이 그린 '달밤에 핀 매화'로 조선 중기의 작품이다.
⑤ 안견의 '몽유도원도'로 조선 전기의 작품이다.

4 조선왕조실록

문제풀이 조선왕조실록은 편년체 기록이며, 임금이 죽으면 실록청이 만들어져, 춘추관의 관원들이 실록청에 모여 편찬했다. 편찬된 실록은 각각 4개의 사고(史庫)에 두어 각각 충주, 성주, 전주, 춘추관에 보존하였다가, 임진왜란 이후에는 강화, 묘향산, 태백산, 오대산, 춘추관인 5대 사고에 보관했다. 역사의 객관성을 위해 임금이라 할지라도 원칙적으로 3대까지 볼 수 없었으며, 현재 유네스코 세계기록유산으로 등재되어 있다.

오답풀이 ② 승정원에서 편찬된 것이 아니라 실록청이 구성되어 춘추관의 주도 하에 편찬되었다.

8 조선 전기의 미술

문제풀이 (가)의 몽유도원도는 안평대군이 꾼 꿈을 안견에게 그리게 한 것으로, 이 그림은 왼 편에는 자연스러운 현실 세계가, 오른 편에는 환상의 도원 세계가 그려져 있는 것이 특징이다. (라)의 인왕제색도는 정선이 우리나라의 자연 경관을 실제로 보고 그린 진경산수화이다.

오답풀이 ㄱ. 이 수월관음도는 일본 교토의 대덕사에서 소장 중이다.
ㄷ. (다)는 강희안의 고사관수도이다.

5 김정호와 대동여지도

문제풀이 김정호의 대동여지도는 총 22첩으로 나누어져 있고, 목판본으로 제작되어서 대량 인쇄되어 민간에도 전해졌다. 또 산맥이나 하천, 도로망, 물길 등이 자세하게 표시되어 있었기 때문에 여행자들이 지도에 표현된 육로와 수로만 보고도 여행 경로를 계획할 수 있을 정도였다고 한다.

오답풀이 ㄴ. 최초로 100리척을 사용한 지도는 정상기의 동국지도이다.
ㄹ. 이중환의 택리지에 관한 설명이다.

9 조선 후기의 실학자와 사회 개혁론

문제풀이 반계수록은 유형원, 성호사설은 이익, 경세유표는 정약용의 저서로 이들 모두 균전론, 한전론, 정전론, 여전론 등의 토지 제도 개혁을 주장한 실학자들로, 그중에서도 특히 중농학파(경세치용학파) 실학자들이다. 때문에 정답은 ②번이 된다.

오답풀이 ③, ④, ⑤는 실학자들 중에서 중상학파 혹은 이용후생학파에 해당하는 인물이 주장한 것이다.

6 조선 후기의 서민 문화

문제풀이 조선 후기 서민 문화의 내용에 관해서 묻는 문제이다. 조선 후기의 탈놀이는 반상 제도로 이루어진 현실 사회를 풍자하고, 양반의 위선과 모순을 풍자하는 내용을 중심으로 이루어졌다. 또 민화는 서민들의 미적 감각을 표현하는 동시에 복을 기원하거나 장수를 기원하는 등의 소망을 반영하는 작품들이 주를 이루었다.

10 조선 전기와 후기의 미술

문제풀이 (가) 고사관수도는 조선 전기의 작품이며, (나) 인왕제색도는 조선 후기의 작품이다. 인왕제색도는 우리나라 고유의 자연을 사실적으로 그려낸 진경산수화이며, 이 작품은 정선에 의해 그려졌고, 진경산수화 기법 역시 정선에 의해 개척되었다.

오답풀이 ㄱ. (가)는 조선 전기, (나)는 조선 후기이므로 (나)가 더 후대에 그려졌다.

ㄴ. 풍속화는 조선 후기에 나타나는 미술의 특색이므로 (나)가 그려진 시기에 함께 유행했다.

11 조선 후기의 판소리

문제 풀이 '춘향가', '심청가', '흥부가', '적벽가', '수궁가'는 5대 판소리로 정답은 ③번이 된다.

오답 풀이 ② 종묘 제례악은 종묘의 영녕전에서 제사를 지낼 때 쓰는 음악이다.

12 다산 정약용의 업적

문제 풀이 다산은 정약용의 호이다. 정약용의 업적이 아닌 것을 고르는 문제이다. 혼천의는 조선 전기의 작품으로 세종 때 왕명으로 이천과 장영실 등에 의해 제작되었다.

오답 풀이 ③ 수원 화성은 정약용의 계획 하에 거중기를 이용해 만들어졌다.

V. 근대사

01. 개화 정책의 추진과 반발

정답

1. ⑤ 2. ① 3. ⑤ 4. ①
5. ① 6. ③ 7. ④ 8. ①

1 흥선 대원군 시대

문제 풀이 흥선 대원군은 안으로는 왕권 강화와 민생 안정책을 펼치고, 밖으로는 통상 수교 거부 정책을 펼쳤다. 병인박해(1866) → 제너럴 셔먼호 사건(1866) → 병인양요(1866) → 오페르트 도굴 사건(1868) → 신미양요(1871)을 거치면서 흥선 대원군의 통상 수교 거부 정책을 더욱더 강하게 추진했다. 1871년 건립된 척화비는 흥선 대원군의 통상 수교 거부 정책의 확고한 의지를 엿볼 수 있다고 하겠다.

오답 풀이 ① 조선과 청의 국경 분쟁은 19C 후반의 일이다.

② 강화도 조약은 1876년 일어났다.

④ 임진왜란은 1592년~1598년에 일어난 일이다.

2 외국과의 근대적 조약

문제 풀이 제시된 자료의 조항은 치외법권의 내용이다. 치외법권이란 외국인이 체류하고 있는 국가의 국내법 적용을 받지 않고 출신 국가의 법에 따라 재판을 받는 것을 말한다. 조·일 수호 조규의 제10조와 조·미 수호 통상 조약의 제4조 모두 치외법권을 규정한 대표적인 불평등 조약이다.

오답 풀이 ② 최혜국 대우란 통상·항해 조약 등에서 한 나라가 어떤 외국에 부여하고 있는 최고의 대우를 상대국에도 부여하는 일을 말한다.

3 갑신정변

문제 풀이 갑신정변은 온건 개화파의 개화 정책 등에 반발해 우정총국 축하연을 기회로 삼아 급진 개화파가 일으켰다. 14개조 정강을 공표하며 청과의 사대 관계 청산, 문벌 폐지, 지조법 개혁, 재정의 일원화 등을 추구하였다. 청군의 개입으로 개혁은 3일 만에 물거품이 되고 급진 개화파의 김옥균 등은 일본으로 망명하였다.

오답 풀이 ① 집강소는 동학 농민 운동과 관련이 있다.

② 통신사는 조선 후기 일본에 파견한 사절단이다. 개항 이후에는 수신사와 신사 유람단(조사 시찰단)이 파견되었다.

③ 갑신정변은 지조법 개혁 등을 언급하였을 뿐 토지 제도 개혁은 언급하지 않았다는 한계점을 가지고 있다.

④ 갑신정변은 근대적 민주주의 국가 수립을 지향하였다. 국왕의 전제권 강화는 대한제국의 광무 개혁과 관련이 있다.

4 갑신정변

문제 풀이 위의 3번 문제와 마찬가지로 갑신정변(1884)과 관련된 문제이다. 김옥균, 박영효, 홍영식은 모두 급진 개화파의 대표적인 인물로 갑신정변을 일으켰다. 일본의 메이지 유신을 모델로 하여 일으킨 개혁 운동으로서 14개조 정강을 발표하였는데, 그 1조의 내용이 청에 대한 사대 관계를 청산하자는 것이었다. 청군의 개입으로 개혁이 3일 만에 끝나게 됨에 따라 청의 내정 간섭이 더욱더 심해지는 결과를 낳았다. 또한 한성 조약과 텐진 조약을 맺는 결과를 초래하였다.

오답 풀이 ① 일본군이 서울에 주둔하게 된 계기는 갑신정변이 아니라 임오군란(1882)의 결과 맺어진 제물포 조약이다.

5 유길준

문제 풀이 자료에서 설명하는 인물은 유길준이다. 그는 조사 시찰단의 일원으로 일본으로 건너갔고, 바로 귀국하지 않고 그곳에서 학문을 익혔다. 1883년 보빙사가 미국으로 파견될 당시 민영익의 수행원으로서 같이 파견되었고, 최초의 국비 유학생 자격으로 미국 학교에 입학하여 수학하였다. 그는 청·미·일·러 등의 열강이 보장하는 중립화론 주장하였고, 대표적인 저서로는 『서유견문』이 있다.

오답 풀이 ② 1884년 갑신정변의 실패로 일본으로 망명한 인물은 김옥균, 박영효 등이다.
③ 미국에서 귀국하여 1896년 독립협회를 창립한 사람은 서재필이다.
④ 박정양은 초대 주미 공사로 임명되어 미국에 파견되었다.
⑤ 김윤식은 1881년 영선사로 청에 다녀왔다.

6 1880년대 근대 시설

문제 풀이 (가) 1881년 청에 파견된 영선사는 귀국 후 1883년 근대 무기 제조창인 기기창을 설치하였다. (나) 광혜원은 1885년 알렌이 설립한 최초의 근대식 병원으로 제중원으로 명칭을 변경하였다. (라) 박문국은 인쇄·출판에 관련된 사무를 담당하기 위하여 1883년 박영효의 건의로 설립되어 한성순보를 발행하였다. (마) 전환국은 화폐(당오전)의 주조를 담당한 기관이다.

오답 풀이 ③ 우정총국은 우편 업무를 담당한 기관이다. 최초로 설립된 민간 은행은 1896년 설립된 조선 은행이다.

7 박영효

문제 풀이 자료에서 설명하는 인물은 박영효이다. 3차 수신사로 일본에 파견되었을 때 태극기를 제작하였고, 박문국 설립을 주도하였다. 1884년 갑신정변을 김옥균 등과 함께 일으켰고 청군의 개입으로 실패하자 일본으로 망명하였다. 귀국 후, 1918년에는 조선식산 은행 이사에 취임하였고 1920년에는 동아일보 초대 사장에 취임하였다. 1939년 중추원 부의장으로 있을 때 사망하였다.

오답 풀이 ① 미국인 선교사 알렌 ② 유길준 ③ 서재필 ⑤ 유길준과 독일 영사 부들러

8 강화도 조약

문제 풀이 1876년 조선은 일본과 최초의 근대적 조약인 강화도 조약을 맺었다. 제1관에 조선국은 자국이며 일본국과 평등한 권리를 가진다고 명시한 것은 청의 종주권을 부인하기 위한 목적에서였다. 제4관의 부산 이외 두 곳의 항구를 개항한다는 내용을 통해 원산과 인천이 개항하게 되었다. 또한 제10관은 치외 법권을 인정하는 불평등한 내용이다.

오답 풀이 ① 강화도 조약에서는 최혜국 대우가 명시되지 않았고, 개정된 조일통상장정(1883)을 통해 최혜국 대우가 인정되었다.

02. 동학 농민 운동의 전개와 갑오개혁
03. 근대 국가 수립을 위한 노력

정답

1. ① 2. ⑤ 3. ⑤ 4. ②
5. ④ 6. ③ 7. ④ 8. ⑤

1 백두산 정계비와 영토 분쟁

문제 풀이 백두산 정계비는 조선 후기 숙종 때 청과의 국경선을 규정한 비문이다. 간도 지역에서 조선과 청이 갈등을 빚게 되자 양국은 서쪽은 압록강, 동쪽은 토문강을 경계로 국경선을 명시한 비문을 세웠다.

오답 풀이 ② 거문도 사건은 1885년 영국이 러시아의 남하를 저지하기 위한 목적으로 조선의 거문도를 불법으로 점령한 사건이다.
③ 청·일 전쟁은 조선의 지배권을 둘러싸고 1894년 일어난 전쟁이다.
④ 1876년 일본과 강화도 조약을 맺은 후 3차례에 걸쳐 수신사를 파견하였다.
⑤ 김홍집이 황쭌셴의 『조선책략』을 들여오고, 청이 직접 알선하면서 1882년 미국과 통상 조약을 체결하게 되었다.

2 동학 농민 운동의 전개 과정

문제 풀이 고부 군수 조병갑의 횡포를 더 이상 견디지 못한 전봉준 등이 농민들과 함께 1894년 1월 고부 농민 봉기를 일으켰고 이에 정부는 조병갑을 탄핵하고 안핵사 이용태를 파견하였다. 그러나 이용태는 오히려 봉기 관련자를 탄압하였다. 그러자 전봉준, 김개남 등은 3월 백산에서 1차 봉기를 일으켰다. 황토현 전투 등에서 관군을 격퇴하는 등 승승장구하여 전주성까지 점령하였다. 정부는 청에 군대 파견을 요청하여 5월 5일 청군은 아산만에 파병을 하였고, 일본군 역시 톈진 조약에 의해 하루 뒤인 5월 6일 파병을 하였다. 이에 5월 8일 농민군과 정부는 전주화약을 맺었다. 그러나 일본군은 철병하지 않고 경복궁을 점령하는 등 계속 조정에 미무르면서 내정 간섭을 하였다. 일본군을 몰아내기 위해 전봉준 등은 9월, 다시 2차 봉기를 일으켰지만 우금치 전투에서 정부와 일본의 연합군에 의해 패배하였다.

오답 풀이 ⑤ 청의 흥선 대원군 납치는 임오군란(1882) 때 일이다.

3 개화 정책 추진 기구

문제 풀이 조선 정부는 개항 이후 개화 정책을 추진하기 위해 1881년 통리기무아문을 두었다. 통리기무아문은 그 아래 12사를 두어 각종 실무를 담당하게 하였다.

오답 풀이 ① 교정청은 조선 정부가 동학 농민의 요구를 수용하고 일본의 내정 간섭 요구에 대항하기 위해 설치했던 기구이다.
② 집강소는 동학 농민 운동 때 농민군이 호남 지방의 각 군현에 설치하였던 농민 자치기구이다.
④ 삼정이정청은 1862년 조선 후기 삼정의 잘못을 바로잡기 위해 설치한 관서이다.

4 동학 농민 운동의 전개 과정

문제 풀이 고부 농민 봉기는 1894년 1월, 전주화약은 5월, 우금치 전투는 9월에 일어난 일이다.

오답 풀이 ① 백산 농민 봉기는 1894년 3월이다.
③ 황토현 전투는 1894년 4월이다.
④ 전봉준이 처형된 것은 우금치 전투의 이후인 1894년 12월이다.
⑤ 보은 집회는 1893년 3월이다.

5 울릉도와 독도

문제 풀이 512년 지증왕 때 이사부는 울릉도를 중심으로 한 해상왕국 우산국을 정벌하였다. 조선 숙종 때에는 안용복이 에도 막부로부터 조선 영토임을 확인하였고, 1900년 대한제국 칙령 41호에 의해 독도를 울릉도에 편입시켰다. 그러나 일제는 러일전쟁 중 독도를 일본 영토로 강제 편입(1905, 시마네현 고시)하였고 현재까지 일본의 영토로 주장하고 있다.

오답 풀이 ④ 일제는 간도 협약(1909)을 통해 남만주 철도 부설권을 획득하였다.

6 갑오개혁의 의의와 한계

문제 풀이 남학생의 경우 봉건적 질서를 타파하고 여러 계층의 요구를 반영하였다는 점에서 갑오개혁을 긍정적으로 파악하고 있다. 갑오개혁은 과거제 폐지, 조혼 금지, 과부의 개가 허용, 고문 및 연좌제 폐지, 공사 노비의 폐지 등을 통하여 그 의의를 찾을 수 있다.

오답 풀이 ㄱ, ㄹ 광무 개혁과 관련된 내용이다.

7 동학 농민 운동의 전개 과정

문제 풀이 집강소는 동학 농민군이 호남 지방의 각 군현에 설치하였던 농민 자치 기구이다. 동학 농민군은 정부와 외국 군대 철수, 폐정개혁 12조, 집강소 설치 조건 등을 내세운 전주화약을 맺었다. 따라서 집강소에서 재판하는 장면의 경우 전주성 점령 이후인 (라)에 들어가는 것이 적합하다.

8 광무 개혁과 지계 발급

문제 풀이 자료의 밑줄 친 정부는 대한제국이다. 대한제국은 양전사업을 실시하고 근대적인 토지 소유권의 확립을 위해 지계를 발급하였다.

오답 풀이 ① 2차 갑오개혁에서는 8도를 23부로 개편하였다.
② 1차 갑오개혁에서는 은 본위제를 채택하였다.
③ 2차 갑오개혁에서는 교육 입국 조서를 발표하여 한성사범 학교와 소학교를 설립하였다.
④ 3차 개혁인 을미개혁에서는 군사력 강화를 위해 친위대와 진위대를 설치하였다.

---

04. 국권 침탈과 국권 회복 운동
05. 근대 문물의 수용과 발전

정답

1. ③ 2. ① 3. ③ 4. ① 5. ⑤ 6. ⑤
7. ① 8. ② 9. ③ 10. ② 11. ④ 12. ④

1 을미의병

문제 풀이 제시된 자료는 을미사변과 을미개혁이 배경이 되어 일어난 을미의병(1895)이다. 을미의병은 위정 척사 사상을 지닌 보수적 양반 유생층인 유인석 등이 일으켰는데, 고종의 권고 조칙으로 대부분 해산하였다.

오답 풀이 ① 정미의병(1907)은 13도 연합 부대를 조직하였다.
② 을사조약(1905)으로 일본에 의해 외교권이 박탈되자 을사의병을 일으켰다.
④ 한일 신협약(정미7조약)으로 인해 해산된 군인들이 정미의병에 합류하여 전투력이 향상되었다.
⑤ 정미의병은 외국 공사관에 서한을 보내 국제법상 교전 단체로 인정해 줄 것을 요청하였다.

2 종교 운동

문제 풀이 나철은 1909년 단군신앙을 기반으로 하여 대종교를 창설하였다. 이는 일제 시대 중광단, 북로군정서군과 연관이 있다.

오답 풀이 ③ 원불교는 1916년 박중빈 등이 창시한 한국의 신 불교로서 일원상의 진리와 함께 불교의 생활화, 대중화, 시대화를 추구하는 종교이다.
④ 천도교는 손병희가 1905년에 창설한 종교로서 만세보를 간행하였고, 제2의 3·1 운동을 계획하기도 하였다.

정답 및 해설

3 헤이그 특사 파견

문제 풀이 고종은 을사조약의 부당함을 널리 알리고자 1907년 네덜란드 헤이그에 이준, 이상설, 이위종을 특사로 파견했다. 그러나 일본의 동맹국이었던 영국의 방해로 회의장 안에 들어가지 못하였다. 일본은 헤이그 특사 사건을 구실로 고종을 퇴위시키고, 한일 신협약(정미 7조약)을 체결하였다.

오답 풀이
① 을사조약(1905)으로 통감부가 설치되었다.
② 일제에 의해 명성 황후가 시해된 사건은 을미사변(1895)이다.
④ 유길준과 독일 영사 부들러(1885)에 의해 한반도 중립화론이 제기되었다.
⑤ 조미 수호 통상 조약은 1882년 체결되었다.

4 애국 계몽 운동

문제 풀이 애국 계몽 운동은 개화 자강파 중심의 진보적 지식인이 주도한 운동으로서, 약육강식과 적자생존의 사회 진화론에 기반을 두고 있다. 교육 운동, 경제 운동 등의 국민 계몽을 통한 실력을 양성하여 국권 회복을 추구한다. 주로 학교와 학회 설립, 신문 간행, 강연회 등의 활동을 하였으며 대표적인 단체로는 보안회, 헌정 연구회, 대한 자강회, 신민회 등이 있다. 신민회는 평양에는 대성 학교, 정주에는 오산 학교를 설립하는 등 활발한 활동을 하였다.

오답 풀이
ㄷ. 서울 진공 작전은 정미의병(1907) 때 일이다.
ㄹ. 조선 농민 총동맹은 1927년 결성되었다.

5 열강의 이권 침탈

문제 풀이 제시된 자료는 대한제국기와 일제 강점기 부설된 철도이다. 가장 먼저 설립된 경인선은 원래는 미국이 부설하기로 했으나 일본에게 부설권을 넘겨 1900년 일본에 의해 완공되었다. 경부선(1905)과 경의선(1906)은 러·일 전쟁 중 일본에 의해 부설되었다. 경원선과 호남선은 1914년에 완공되었다.

오답 풀이
ㄱ. 가장 먼저 개통된 철도는 경부선(1905)이 아니라 경인선(1900)이나.
ㄴ. 경인선(1900), 경부선(1905), 경의선(1906)은 일제강점기 이전인 대한제국기에 부설되었다.

6 미국인 선교사 헐버트

문제 풀이 헐버트는 육영공원 교사로 학생들을 가르쳤을 뿐만 아니라, 1905년 을사조약이 체결될 당시에는 고종의 밀서를 들고 미국을 방문하였다. 1907년 네덜란드 헤이그의 만국 평화 회의에 참석하여 고종의 입장을 대변하려고 하였으나 실패하였다.

오답 풀이
① 아펜젤러는 1885년 배재학당을 설립하였다.

② 베델은 양기탁과 함께 1904년 대한매일신보를 창간하여 항일 운동에 힘썼다.
③ 알렌은 1885년 최초의 근대식 병원인 광혜원을 설립하였다.
④ 이사벨라 버드 비숍은 1898년 『한국 (조선)과 그 이웃 나라들 Korea and Her Neighbours』을 저술하였다.

7 신민회

문제 풀이 안창호 양기탁 등이 주도한 비밀 결사 신민회는 국권 회복, 민주 공화정의 근대 국민 국가 수립을 목표로 하였다. 대성 학교(평양)·오산 학교(정주) 설립하는 교육 활동에 힘썼고, 자기 회사(평양)를 설립하고 태극 서관(대구)을 운영하였다. 또한 남만주 삼원보, 밀산부 한흥동 등 국외에 독립 운동 기지를 건설하였고 이와 더불어 신흥 무관 학교도 설립하였다. 대한매일신보와 연계하여 활발한 언론 활동을 펼치기도 하였으나, 1911년 일제가 안명근의 데라우치 총독 암살 미수 사건을 날조하여 간부 105명이 구속되는 105인 사건을 겪으면서 해체되었다.

오답 풀이
① 일제의 황무지 개간권 요구를 저지한 단체는 보안회(1904)이다.

8 신분제 사회의 해체 과정

문제 풀이 (가) 1801년 공노비가 해방되고 → (라) 갑신정변(1884)때 14개조 정강을 통해 문벌 폐지와 인민 평등권을 선언하였으며 → (나) 1886년 노비 세습제가 철폐되고 → (다) 1차 갑오개혁(1894) 때 호적에 신분 대신 직업을 기재하였다.

9 갑오개혁 이후 근대 교육

문제 풀이 1895년 제2차 갑오개혁 때 정부는 교육입국조서를 반포하여 한성 사범 학교와 소학교, 외국어 학교를 설립하는 등 근대 교육 제도 확립을 위해 노력하였다.

오답 풀이
ㄱ. 1907년 신민회는 평양에 대성 학교를, 정주에 오산 학교를 설립하였다.
ㄹ. 1886년 최초의 관립 학교인 육영공원이 설립되었다.

10 제1차 한일 협정 후 재정·외교 고문

문제 풀이 제1차 한일 협정(1904)이 체결된 이후 재정 고문으로 메가타, 외교 고문으로 스티븐스가 파견되었다. 메가타는 조선 화폐(백동화)를 정리하여 모두 없애고 일본 화폐만 쓰도록 하는 화폐 정리 사업을 실시하였고 이로 인해 한국 상공업자가 몰락하게 되었다. 친일 미국인 스티븐스는 샌프란시스코에서 장인환, 전명운 의사에게 저격당하였다.

오답 풀이
ㄴ. 황성신문은 1898년 남궁억이 창간한 국한문 혼용의 신문이다. 1905년 을사조약이 체결된 이후 장지연의 '시일야방성대곡'을 게재했던 신문이기도 하다.
ㄷ. 묄렌도르프는 임오군란(1882) 이후 청에 의해 파견된 외교 고문이다.

11 신민회

문제 풀이 안창호, 양기탁 등이 주도한 비밀 결사인 신민회(1907)는 민주 공화정의 근대 국민 국가 수립을 목표로 하여 교육, 군사, 산업 등 다양한 분야에서 활발한 활동을 하였다. 대성 학교(평양), 오산 학교(정주)를 설립하여 교육에 힘쓰는 반면 국외에 독립운동 기지를 건설하고 신흥 무관 학교를 설립하였다. 그러나 1911년 일제는 데라우치 총독 암살 미수 사건을 날조하여 간부 105명을 구속하며 신민회를 탄압하였다. 이 105인 사건을 계기로 신민회는 해체되었다.

오답 풀이
① 외회 설립 운동을 전개한 단체는 독립협회이다.
② 1907년 헤이그 특사 파견으로 인해 퇴위된 고종의 퇴위 반대 운동을 전개한 단체는 대한 자강회이다.
③ 신간회는 1929년 광주항일 운동이 발생하자 진상 조사단을 파견하였다.
⑤ 보안회는 1904년 일제의 황무지 개간권 요구를 저지하였다.

12 대종교

문제 풀이 대종교는 1909년 나철이 단군신앙을 바탕으로 창시한 종교이다. 간도에서 무장 독립운동 단체를 조직하는 데 기여하여 일제 시대 중광단, 북로군정서군 등을 조직하였다.

오답 풀이
① 나철이 창시한 천도교는 제2의 3·1 운동을 계획하였다.
② 박은식은 유교구신론 통해 양명학의 지행 합일 정신을 계승하여 실천적 유교 정신을 강조하였고, 1909년 대동교를 창시하였다.
③ 천주교와 관련된 내용이다.
⑤ 1916년 박중빈 등이 창시한 원불교와 관련된 내용이다.

VI. 일제 강점기

01. 일제의 식민통치 정책과 3·1 운동

정답
1. ② 2. ③ 3. ③ 4. ④
5. ③ 6. ③ 7. ① 8. ④

1 1930년대 이후 일제의 식민통치

문제 풀이 제4차 조선 교육령 공포(1943)에서는 학교 교육을 전시 체제로 개편하여 군사 훈련을 실시하고, 한국어·한국 사 교육을 폐지하였다. 또한 황국 신민화 정책을 강화하여 황국신민서사 암송하게 하고 궁성 요배, 신사 참배를 강요했으며 창씨개명도 강조(1939)하였다.

오답 풀이 ① 회사령은 1910년 공포되었다.
③ 치안 유지법은 1925년 제정되었다.
④ 헌병 경찰 제도는 1910~1919년까지 시행되었다.
⑤ 토지 조사 사업은 1912~1918년까지 실시되었다.

2 1910년대 일제의 경제 수탈

문제 풀이 제시된 자료는 (가)는 토지 조사 사업(1912~1918), (나)는 회사령(1910)의 내용이다. 근대적 토지 소유 제도를 확립한다는 명분으로 실시한 토지 조사 사업은 실상 토지 약탈과 세금의 안정적 확보를 위해 실시한 것이었다. 미신고 토지가 많아 전 국토의 40% 이상이 조선 총독부의 소유지가 되었고 이를 다시 동양 척식 주식 회사 등에게 불하하였다. 경작권, 개간권, 도지권 등을 인정하지 않아 농민들이 기한부 소작농화로 전락하는 등의 결과를 초래했다. 회사령은 조선인의 기업 활동을 억압하고 민족 산업의 성장을 억제하기 위해 기업의 설립을 총독의 허가제로 규정한 것이다.

오답 풀이 ③ 회사령은 조선 총독부에서 직접 추진하였다.

3 1910년대 일제의 식민통치

문제 풀이 태형령은 1910년대 헌병 경찰 통치기 때 시행되었다. 일제는 이 당시 치안과 일반 경찰 업무 모두 담당하는 헌병 경찰제를 실시하였다. 이들에게는 즉결 처분권, 태형 처벌 등의 권한이 있었다. 또한 보안법·신문지법·출판법·사립 학교령 등으로 언론·출판·집회·결사의 자유를 제한하였다. 일반 관리와 교원들에게도 제복을 입고, 칼을 착용하게 하여 공포 분위기를 조성하였다.

오답 풀이 ① 치안 유지법은 1925년 제정되었다.
② 남면 북양 정책은 일제가 본격적으로 대륙 침략을 본격화한 1930년대 시행된 정책이다.
④ 조선일보, 동아일보의 폐간은 1940년의 일이다.

⑤ 미곡을 공출하고 식량 배급제를 실시한 건 1940년이다.

4 3·1 운동

문제 풀이 자료는 유관순 열사가 참여했던 3·1 운동(1919)과 관련된 내용이다. 3·1 운동은 고종의 인산일을 기해 일어난 만세 운동이다. 전민족적인 항일 운동으로 국내뿐 만 아니라 해외에서도 만세 운동이 일어났다. 또한 일제가 헌병경찰 통치에서 문화 통치로의 통치 방식의 변화를 주게 되는 계기가 되었으며, 운동 과정에서 민족 대표 기구의 필요성을 절감하여 대한민국 임시정부가 수립(1919)되었다.

오답 풀이 ① ⑤ 광주 학생 항일 운동(1929)과 관련된 내용이다.
② 3·6·10 만세 운동(1926)과 관련된 내용이다.

5 일제 강점 말기 의복의 변화

문제 풀이 몸뻬는 원래 일본 농촌 여성의 작업복이었다. 바지를 겉옷으로 착용해본 적이 없던 조선 여성들이 처음에는 잘 입지 않았으나 여성용 작업복이 별도로 없었던 당시의 상황에서 활동에 편리하다는 점과 당국의 강력한 정책에 의해 몸뻬는 점차 확산되었다. 일제는 몸뻬를 항상 착복하도록 '몸뻬 필착 운동'까지 벌였으며, 몸뻬를 입지 않으면 관공서나 공공 집회장의 출입을 금지시키고 전차나 버스의 승차도 금지하기도 하였다.

6 3·1 운동

문제 풀이 제시된 자료에서 민족 최대의 항일 독립운동은 바로 3·1 운동을 가리킨다. 1910년대 일제의 무단통치로 민족의식이 고양된 상태에서 1918년 윌슨이 민족자결주의를 선언하고, 중국 만주에서의 무오 독립 선언 발표, 1919년 일본에서의 2·8 독립 선언 등이 배경이 되어 3·1 운동이 일어났다. 고종의 인산일(장례일)을 기해 일어났기 때문에 많은 사람들이 참여하였다. 처음에는 비폭력의 평화적 시위를 표방하였으나 점차 전국적으로 확산되면서 폭력 투쟁으로 변화되었다. 유관순 열사는 군중에게 태극기를 나눠주는 등 만세 시위를 주도하다가 체포되어 어린 나이에 옥사하였다.

오답 풀이 ③ 조선 혁명 선언은 신채호가 1923년 작성하였다.

7 1910년대~1930년대 초 일제의 식민통치

문제 풀이 자료에서 알 수 있듯이 엄복동이 활동하였던 시기는 1910년대~1930년대 초이다.

오답 풀이 ① 쌀과 보리에 대한 공출 제도가 시행된 것은 1938년 이후이다.

8 3·1 운동

문제 풀이 첫 번째 자료는 탑골 공원에서 발표된 기미 독립 선언서이고, 두 번째 자료는 경상북도 청도군 용문면에서 발표된 격문이다. 기미 독립 선언서는 1919년 3·1 만세 운동 때 민족 대표 33인이 한국의 독립을 선언한 글이다. 민족 대표들은 3월 1일 아침 인사동의 태화관에 모여 독립 선언서를 낭독한 다음 일동이 대한 독립 만세를 삼창하고 축배를 들었다. 이날 같은 시각인 오후 2시 탑동(파고다) 공원에서는 각급 학교 학생·시민 약 5,000명이 모여 선언서를 낭독하였다.

오답 풀이 ① ② 3 6·10만세 운동(1926)과 관련된 내용이다.
⑤ 1930년대 문맹 퇴치 운동에 관한 설명이다.

---

02. 민족 해방 운동과 민족 문화 수호 운동

정답

1. ① 2. ⑤ 3. ② 4. ② 5. ⑤ 6. ④
7. ② 8. ② 9. ④ 10. ① 11. ② 12. ②

1 1930년대 문맹 퇴치 운동

문제 풀이 심훈의 『상록수』는 1930년대 농촌 계몽 운동을 소재로 한 소설이다. 1930년대 전반 문맹 퇴치 운동의 일환으로 조선일보에서는 문자 보급 운동을, 동아일보에서는 브나로드 운동을 주도했다. 일본은 초기에는 이 운동들을 묵인하였으나, 민족 운동의 성격을 띠게 되자 탄압하였다.

오답 풀이 ② 토지 조사 사업은 1912~1918년에 실시되었다.
③ 산미 증식 계획은 1920년에 시작되었다.
④ 암태도 소작 쟁의는 1923년에 일어났다.
⑤ 창씨 개명 강요는 1939년 이후의 일이다.

2 6·10 만세 운동

문제 풀이 기미 운동은 기미년(1919)에 일어난 3·1 운동을 말하고, 그 이후 제2차 만세 사건은 6·10 만세 운동을 말한다. 6·10 만세 운동은 식민지 교육 정책에 대한 반발과 사회주의 사상의 보급 등이 배경이 되어 일어난 운동이다. 민족주의 계열과 사회주의 계열이 순종의 인산일을 기해 만세 운동을 준비했지만 사전에 일제에게 발각되었다. 그러나 학생들은 이에 굴하지 않고 서울에서 만세 운동을 하였고, 이는 전국적으로 확산되었다. 이 운동이 계기가 되어 좌우 합작의 움직임이 일어났고 1927년 신간회의 창립으로 이어졌다.

오답 풀이 ① 신민회는 1911년 해체되었다.
② 민립 대학 설립 운동은 1920년대 초에 추진되었다.
③ 1907~1908년 추진된 국채보상 운동을 말한다.
④ 헌병경찰 통치는 1910~1919년 일제가 추진한 식민통치

정책이다. 이에 반발하여 3·1 운동이 일어났다.

3 1920년대 국외 독립운동

문제 풀이 1920년 일제가 독립군에 반격을 가하면서 독립군을 후원하던 간도 지역의 한인 동포들을 무차별적으로 탄압하는 간도 참변을 일으키자, 독립군은 일본의 반격을 피해 밀산부로 이동하였다. 그곳에서 서일을 주축으로 하여 독립군 연합 부대인 대한독립군단을 조직했다. 1921년 대한독립군단은 소련의 지원 약속을 믿고 연해주의 자유시로 이동하였지만, 소련의 지시를 거부하여 오히려 소련군으로부터 공격을 받는 참변을 당했다. 이를 자유시 참변이라고 한다.

오답 풀이 ① 참의부는 1924년 압록강 주변의 독립군 부대들이 주축이 되어 만들었다.
③ 조선 의용군은 1942년 중국 화북 지역에서 김두봉 등이 조직한 군대이다.
④ 미쓰야 협정은 1925년 조선 총독부 경무 국장 미쓰야와 만주 군벌 장작림이 독립군을 탄압하기 위해서 체결한 것이다.
⑤ 1930년대 초 조선 혁명군과 한국 독립군은 각각 중국군과 연합하여 항일 운동을 펼쳤다.

4 한국 광복군의 활동

문제 풀이 제시된 자료는 1940년 충칭에서 김구, 지청천 등이 결성한 한국 광복군에 관한 내용이다. 태평양 전쟁이 발발하자 대일 선전 포고를 하고(1941), 인도·미얀마 등에서는 영국군과 연합 작전을 펼치기도 하였다. 1942년 김원봉의 조선 의용대의 일부를 편입하여 전투력을 보강하였다. 미국 전략 정보국(OSS)와 함께 국내 진공 작전을 준비하였지만 일본의 항복으로 실현시키지는 못 했다.

오답 풀이 ㄴ. 신흥 무관 학교를 설립한 것은 신민회와 서간도의 경학사와 관련된 내용이다.
ㄹ. 흥경성 전투와 영릉가 전투는 1930년대 초 조선 혁명군과 관련이 있다.

5 광주 학생 항일 운동

문제 풀이 일제의 민족 차별과 식민지 교육에 대한 반발로 인해 일어난 광주 학생 항일 운동은 학생과 시민들이 합세한 3·1 운동 이후 최대의 민족 항일 운동이다.

오답 풀이 ① 1926년 일어난 6·10 만세 운동과 관련된 일이다.
② 1919년 일어난 3·1 운동과 관련된 일이다.
③ 을미사병(1895)은 을미사변과 단발령 등의 을미개혁으로 인해 일어났다.
④ 2·8 독립 선언은 1919년 동경 유학생들이 발표한 독립 선언이다.

6 청산리 전투

문제 풀이 청산리 전투는 1920년 일본이 훈춘 사건을 조작하자 김좌진 등의 북로군정서군과 독립군 연합 부대가 일본군을 공격하여 승리한 전투이다. 북로군정서군은 대종교 계통의 중광단이 확대 개편된 조직이다.

오답 풀이 ㄱ. 대한 국민 의회는 1919년 연해주에서 설립되었고, 대한민국 임시정부가 수립되면서 없어졌다.
ㄷ. 한·중 연합 작전은 1930년대 초 조선 혁명군과 한국 독립군이 각각 중국과 연합하여 항일 운동을 펼친 활동을 말한다.

7 일제 시대 사학자

문제 풀이 자료에서 설명하고 있는 민족주의 사학자는 박은식이다. 박은식은 '국혼'을 강조하고 『한국 통사』(1915), 『한국 독립운동 지혈사』(1920)을 저술하였다.

오답 풀이 ① 문일평은 '조선심'을 강조하였다.
③ 백남운은 사회경제사학자로서 저서로는 『조선사회경제사』, 『조선봉건사회경제사』등이 있다.
④ 신채호는 '낭가 사상'을 강조하였고, 『독사신론』, 『조선사연구초』, 『조선상고사』 등을 저술하였다.
⑤ 정인보는 '얼'을 강조하였고, 『조선사연구』 등을 남겼다.

8 소년 운동

문제 풀이 소년 운동은 천도교 계열의 방정환 등이 주축이 되어 펼쳤던 운동이다. 천도교 소년회를 설립하고 어린이날을 제정하였으며, 잡지 어린이를 발간(1923)하기도 하였다.

오답 풀이 ① 1913년에 조직된 여성 비밀 결사인 송죽회는 평양숭의 여학교 교사와 학생들을 중심으로 결성되었다. 이들은 망명 지사의 가족을 돕고 독립군 자금 지원과 실력 함양을 목적으로 하였다. 토론회와 역사 강좌 등을 통해 민족 의식을 고취시키기도 하였다.
③ 우리말 큰사전 편찬 사업은 조선어 학회에서 추진하여 조선어학회 사건(1942)으로 잠시 중단되었다가 한글학회에서 완간하였다.
④ 1920년대 초 물산 장려 운동과 관련 있는 구호이다.
⑤ 근우는 1927년에 조직된 근우회의 기관지이다.

9 1920년대 국외 독립운동

문제 풀이 자료에서 설명하고 있는 것은 청산리 전투(1920)이다. 청산리 전투는 북간도 백운평, 천수평, 어랑촌 등에서 일어났던 전투로서, 북로군정서군(김좌진) 등이 일본군에게 대승한 전투이다.

오답 풀이 ① 신한촌은 연해주 블라디보스토크에 있던 한인 거주지역이다.

정답 및 해설

② 단지 동맹은 안중근 의사가 1909년 3월 초 항일 투사 11명과 함께 결성한 동맹으로, 왼손 넷째 손가락 첫 관절을 잘라 혈서로 '大韓獨立(대한독립)'이라 쓰면서 독립운동에의 헌신을 다짐하였다.
③ 양세봉은 주로 서간도 일대의 정의부, 국민부, 조선 혁명군 등에서 활약하였다.
⑤ 봉오동 전투는 대한독립군(홍범도), 국민회군, 군무도독부(최진동)이 국내로 잠입하여 일본군을 공격한 전투를 말한다.

10 의열 투쟁

문제 풀이 김원봉, 윤세주 등이 1919년 조직한 의열단은 1920년대 일본 고관 암살과 관공서 테러 등 활발한 활동을 하였다. 김익상은 조선 총독부에(1921), 김상옥은 종로 경찰서에 투탄(1923)하였다. 나석주는 동양 주식 회사에 투탄(1926)하였다.

오답 풀이 ② 구월산대는 1920년에 황해도 신천에서 조직되었던 대한민국 임시정부의 지원 단체로 만주에서 활동하였던 대한독립단의 한 부대이다.
③ 대한 광복회는 1915년 대구에서 박상진, 채기중, 김좌진 등이 조직한 단체이다.
④ 독립 의군부는 1912년 고종의 밀명으로 임병찬 등이 조직한 단체로, 복벽주의를 추구하였다.
⑤ 한인 애국단은 1931년 김구가 결성한 단체이다. 이봉창, 윤봉길 등이 활약하였다.

11 근우회

문제 풀이 신간회의 자매 단체인 근우회는 여성계 민족 협동 전선 조직이라고 할 수 있다. 여성의 해방을 위한 여성 운동과 독립운동을 활발히 전개하였고, 잡지 '근우'를 발간하였다. 신간회가 해소되자 같이 해소되었다.

오답 풀이 ① 근우회는 신간회의 자매 단체로서 신간회와 마찬가지로 공개된 단체였다.
④ 민립 대학 설립 운동을 전개한 단체는 민립 대학 기성회이다.
⑤ 6·10 만세 운동은 1926년에 일어났고, 근우회는 그 이후인 1927년 결성되었다.

12 형평 운동

문제 풀이 1894년 갑오개혁으로 신분제가 철폐되었지만 여전히 사회적으로 백정에 대한 차별은 여전하였다. 이에 반발하여 1923년 백정 출신인 장지필 등이 진주에서 조선형평사를 설립하여 형평 운동을 펼쳤다.

오답 풀이 ② 백정은 조선 시대 천인 계층에 속하였다. 신량역천은 하층 양민이므로 백정이 속한 계층이 아니다.

VII. 현대사

01. 대한민국 정부의 수립과 분단
02. 민주주의의 시련과 발전
03. 경제 성장과 사회·문화의 변화

정답

1. ③ 2. ⑤ 3. ② 4. ④ 5. ③ 6. ④
7. ④ 8. ② 9. ③ 10. ③ 11. ③ 12. ③

1 친일파 청산과 반민특위

문제 풀이 제시된 지문은 반민족 행위 처벌법으로, 친일파의 처리와 재산 몰수 등에 대해서 정하고 있다. 이 법률에 의해 설치된 기구가 바로 반민족행위특별조사위원회, 반민특위이다. 이 반민특위는 반민족 행위자의 처벌을 목표로 특별 재판부와 특별 검찰부를 설치하여 민족 반역자를 조사하고 구속하는 역할을 했다.

2 남북 협상

문제 풀이 제시된 지문은 김구의 '삼천만 동포에게 읍고함'이다. UN에 한국 문제가 이관된 이후 UN에서 남한만의 총선거를 결정하자 이에 반대하며 통일 정부 수립 운동을 펼쳤습니다. 이때 김구는 이 선언문을 발표하여 김규식 등과 함께 38도선 이북으로 건너가 김일성, 김두봉과 회담을 하게 된다. 이 시기는 (마)에 해당하는 시기이다.

3. 미 군정기 한국 사회

문제 풀이 미 군정기 아래에서 한국 선수의 올림픽 축전을 다루고 있는 글로, 이 시기에는 대한민국 정부를 수립하기 위해 여러 부문에서 노력하고 있던 시기이다. 베트남 파병과 경부 고속국도 개통, 100억 불 수출 기념식은 박정희 정부 당시에 볼 수 있는 것으로, 상면 내각은 이때와는 거리가 멀다. 미 군정기에는 아직 대한민국 정부가 수립되지 않았으니, 정부 수립을 위해 노력하는 제헌 국회의원의 모습이 가장 적절하고 할 수 있다.

4 6·25 전쟁

문제 풀이 인천 상륙 작전은 1950년 9월 15일 국군과 UN군이 인천에서 개시한 상륙 작전으로 초기의 수세를 벗어나 반격을 시작하는 결정적인 계기가 된 사건이다. 맥아더 원수의 지휘로 이루어진 인천 시가지 전투에서 UN군이 별다른 저항을 받지 않고 내륙으로 진입할 수 있게 되었고, 경인가도를 따라 서울로 진격할 수 있게 되었다. 이로써 국군과 UN군은 서울을 되찾을 수 있었고, 낙동강 방어선에 투입된 북한 공산군 주력 부대의 병참선을 일시에 끊을 수 있게 되었다.

5 이승만 정부와 4·19 운동

문제 풀이 제시된 자료는 4·19 혁명의 원인-경과-결과라는 걸 쉽게 알 수 있다. 때문에 정답은 4·19 혁명이다. 부마 항쟁은 박정희 정부의 유신 독재 반대 시위, 6·3 항쟁은 박정희 정부의 굴욕적인 한일 회담 반대시위이다. 5·18 민주화 운동과 6월 민주 항쟁은 전두환 정부 때 일어난 사건이다.

6 5·18 광주 민주화 운동

문제 풀이 여기서 말하는 운동은 5·18 민주화 운동이다. 2011년에 유네스코는 5·18 민주화 운동 기념물을 세계 기록유산에 등재하였다. 함께 제시된 사진은 5·18 민주화 운동 당시를 보여주는 유명한 사진 중 하나로, 대형 버스를 바리케이트 삼아 계엄군과 대치하던 시민군의 모습을 보여주고 있다. 5·18 광주 민주화 운동은 신군부의 계엄령에 반발하면서부터 시작된 민주화 운동이니 정답은 4번이다. 한·일 국교 정상화에 반대하면서 일어난 것은 6·3 운동, 3·15 부정 선거 규탄으로 시작된 것은 4·19 혁명, 유신 철폐를 요구하며 부산과 마산에서 일어난 시위는 부마 항쟁, 마지막으로 6·29선언은 1987년 6월 민주 항쟁의 결과이다.

7 6월 민주 항쟁과 6·29 선언

문제 풀이 대통령 직선제 개헌과 선거를 통한 정부 이양이라는 키워드를 통해 제시된 자료가 1987년의 6·29 선언이라는 것을 알 수 있다. 6·29 선언의 배경은 6월 민주 항쟁이니 6월 민주 항쟁과 관련된 내용을 선택하면 된다. 6월 민주 항쟁은 전두환 정부에서 시민들의 대통령 직선제 개헌 요구를 묵살하고 4·13 호헌 조치를 통해 개헌을 하지 않겠다는 의사를 밝히자 이에 반대하며 일어나기 시작했다. 이들의 구호가 "호헌 철폐, 독재 타도"였다는 점을 기억하면 쉽게 문제를 풀 수 있다. 한편, 부마 항쟁은 박정희 정부의 유신 체제 반대 운동이다.

8 박정희 정부의 통일 정책

문제 풀이 분단 이후 남북이 처음으로 통일 원칙에 합의했다는 내용만으로도 이것이 7·4 남북 공동 선언을 의미하는 것을 알 수 있다. 7·4 남북 공동 성명은 통일의 세 가지 원칙으로 자주, 평화, 민족 대단결을 합의했다.

9 김대중 정부의 통일 정책

문제 풀이 금강산 관광 사업과 개성공단 사업은 김대중 정부의 공적이다. 김대중 정부는 2000년 여름에 남북 정상 회담을 했는데, 이때 이 회담을 통해 발표한 것이 바로 6·15 남북 공동 선언이다. 한반도에너지개발기구(KEDO)는 1995년 3월 한국과 미국, 일본 3개국이 설립한 국제 기구를 말한다.

10 박정희 정부의 새마을 운동

문제 풀이 여기서 말하는 이 운동은 새마을 운동을 말한다. 새마을 운동은 1970년부터 시작된 운동으로, 농촌과 도시의 경제적 격차가 커지자 농민들의 불만을 해소하기 위해 전개된 농촌의 근대화 운동이었다. 이때 새마을 운동은 근면·자조·협동의 정신과 실천을 목적으로 하여 농촌 개발뿐 아니라, 공장과 도시, 직장 등 한국 사회 전체의 근대화 운동으로 확대되게 된다.

11 현대사회와 경제·통일 정책

문제 풀이 (가)는 김영삼 정부의 금융 실명제, (나)는 북한으로 소 500마리를 보냈던 기사로, 김대중 정부 당시에 이루어졌던 일이다. 때문에 (가)는 김영삼 정부의 정책을, (나)는 김대중 정부의 정책을 고르면 된다. 개성 공업 단지 조성, 경의선 연장, 이산가족 방문단 교환 등은 김대중 정부의 정책이고, 경제협력개발기구(OECD)에 가입한 것은 김영삼 정부의 정책이다.

12 현대사회와 문화

문제 풀이 현대사회의 문화에 대한 전반적인 이해를 묻는 문제이다. 고속 철도(KTX)는 1992년부터 착공을 시작해서 2004년에 개통했으니, 1980년대에 해당하는 사진은 아니다. 장발 단속이나 미니스커트 단속은 박정희 정부 때로, 1970년대에 해당하는 사진이다.

달인이 선별한 기출문제 모의고사 해설

정답

1	②	2	④	3	④	4	①	5	③
6	①	7	②	8	④	9	③	10	②
11	⑤	12	①	13	②	14	②	15	⑤
16	②	17	②	18	④	19	①	20	⑤
21	④	22	①	23	②	24	①	25	②
26	④	27	④	28	⑤	29	②	30	④
31	④	32	①	33	④	34	②	35	⑤
36	②	37	②	38	④	39	③	40	④
41	④	42	⑤	43	④	44	③	45	⑤
46	⑤	47	②	48	⑤	49	③	50	②

1 신석기 시대의 유물

문제 풀이 제시된 자료는 신석기 시대의 유물인 덧무늬 토기와 치레걸이이다. 신석기 시대에는 이른 민무늬·덧무늬·눌러찍기무늬·빗살무늬 토기 등이 제작되었다. 또한 짐승의 뼈 등을 이용해 치레걸이를 만들어 몸을 치장하는 데 사용했다.

오답 풀이 ㄷ. 뼈바늘과 가락바퀴를 통해 알 수 있다.
ㄴ. 구석기 시대는 사냥, 채집을 위해 무리를 지어 여기저기 이동하면서 생활하였다.
ㄹ. 청동기 시대에 계급이 처음 출현하였다.

2 고조선 사회의 특징

문제 풀이 제시된 자료는 고조선의 단군 신화이다. ① 곰과 호랑이가 등장하는 것으로 보아 특정 동물을 부족의 수호신으로 숭배하는 토테미즘이 있었음을 알 수 있다. ② 풍백, 우사, 운사는 농사를 지을 때 중요한 바람, 비, 구름이므로 농경 생활을 했음을 알 수 있다. ③ 단군왕검에서 단군이란 제사장을, 왕검은 정치적 지배자를 의미한다. 이를 통해 제정일치 사회였음을 알 수 있다. ⑤ 웅녀와 환웅의 혼인은 토착 집단인 웅녀 부족과 유이민 집단인 환웅 부족 간의 연합으로 볼 수 있다.

오답 풀이 ④ 고조선은 청동기 문화를 배경으로 건국된 나라이다. 청동기 시대에 접어들면서 지배자와 피지배자의 계급이 생겨났다. 구석기와 신석기 시대가 평등 사회이다.

3 동예

문제 풀이 제시된 자료는 10월에 열리는 동예의 제천 행사인 무천을 말한다.

오답 풀이 ① 부여 ② 고구려 ③ 옥저 ⑤ 삼한

4 고대 국가의 특징

문제 풀이 고대 중앙 집권 국가는 크게 4가지의 특징을 지니고 있다. 왕권 강화를 목적으로 한 왕위 세습제, 체제 정비를 위한 율령의 반포, 사상 통일을 위한 불교 수용 그리고 마지막으로 영토 확장을 위한 활발한 정복 전쟁이 바로 그것이다.

오답 풀이 ㄷ. 사출도는 연맹 왕국 단계인 부여에 있었던 지방의 행정 구역이다.
ㄹ. 3성 6부제는 남북국 시대 이후에 도입되었다.

5 백제의 수도 변천

문제 풀이 백제는 수도를 한성 → (가) 웅진(공주) → (나) 사비(부여)로 천도하였다. 고구려 장수왕이 백제를 공격하여 개로왕이 전사하자, 문주왕은 웅진으로 천도하여 국방에 힘을 쏟았다(5C). 그 후 성왕이 다시 사비로 천도하여, 국호를 남부여로 개정하고 제도를 개편하는 등 백제의 중흥을 꾀하였다(6C).

오답 풀이 ㄱ. 미륵사지 석탑은 전남 익산에 있다.
ㄹ. 무령왕릉은 충남 공주(웅진)에 있다.

6 금관가야

문제 풀이 〈가로〉 1. 이사금 3. 제가 4. 야별초 〈세로〉 1. 금관가야 ① 금관가야는 김해를 중심으로 전기 가야연맹을 주도한 나라이다. 참고로 대가야는 고령을 중심으로 후기 가야연맹을 주도한 나라이다.

오답 풀이 ② 4C 백제의 전성기를 이끈 왕은 근초고왕이다.
③ 1896년 아관파천에 관한 설명이다.
④ 1145년 편찬된 『삼국사기』에 관한 설명이다.
⑤ 고구려 말 연개소문에 관한 설명이다.

7 『삼국사기』의 신라 시기 구분

문제 풀이 김부식은 『삼국사기』에서 신라를 상대(上代)·중대(中代)·하대(下代)의 3시기로 나누었는데, 태종 무열왕과 그 직계 자손이 즉위한 시대를 중대라 하고, 그 이전 시기를 상대, 그 이후 전 시기를 하대라고 구분하고 있다. 따라서 제시된 자료의 (가)에 들어갈 말은 중대이다. ①③④⑤ 모두 신문왕 때 있었던 일이다. 신문왕은 무열왕 – 문무왕의 뒤를 이은 중대 시

271

기의 왕이다.

오답풀이 ② 장보고는 흥덕왕 때(828) 전남 완도에 청해진을 설치하였다.

8 신라 민정 문서

문제풀이 제시된 자료는 신라의 민정(촌락) 문서이다. 서원경(청주) 인근의 촌락의 면적, 인구, 호구, 논밭, 과실나무, 가축 수 등이 기록되어 있는 이 문서는 조세의 수취와 노동력 징발을 위해 만들어졌다.

9 신라 말 승탑

문제풀이 제시된 자료의 '이것'은 승탑을 말한다. 신라 하대에는 선종이 널리 확산되면서 승려의 사리를 봉안하는 승탑이 세워지기 시작하였다. 기본형이 팔각원당형으로 쌍봉사 철감선사 승탑이 대표적이다.

오답풀이 ① 화엄사 각황전 앞 석등은 통일신라 시대에 만들어졌다.
② 분황사 석탑은 신라 시대에 만들어진 모전 석탑이다.
④ 법주사 팔상전은 조선 후기 17C에 만들어진 목탑이다.
⑤ 천마총은 신라 시대 돌무지덧널무덤이다.

10 고려 전기의 특징

문제풀이 ㄱ. 문하시중은 고려 시대 최고의 중앙 기구인 중서문하성의 장(長)으로 국정을 총괄하였다. 문벌 귀족들은 음서를 통해 관직을 세습하고, 공음전을 통해 부를 축적해 나갔다. ㄷ. 고려에서는 음서의 혜택이 사위와 외손자에게도 주어졌다.

오답풀이 ㄴ. 고려 시대에는 남녀가 구분 없이 유산을 골고루 분배 받았다.
ㄹ. 성리학은 고려 말 충렬왕 때 안향이 원에서 들여왔다.

11 후삼국 시대의 태봉

문제풀이 후삼국 시대의 태봉은 901년 궁예가 건국한 나라이다.
① 종묘 제례악은 조선 시대 종묘에 제사드릴 때 연주하는 기악과 노래, 무용을 말한다. ② 황산벌 전투는 660년에 있었던 백제군과 신라군 사이의 싸움이다. 백제의 계백 장군은 이 전투에서 전사하였다. ③ 온달 장군은 고구려 평원왕~영양왕 때의 장군으로 북주와의 전투에서 공을 세웠으며, 신라에 빼앗긴 한강 유역의 영토를 회복하기 위해 출정하였다가 아단성에서 전사했다. 진혼제란 죽은 사람의 영혼을 위로하기 위하여 지내는 제사를 말한다. ④ 고려는 12C 독자적인 기술인 상감기법을 개발하여 상감청자를 만들었다. 특히 13C 몽고 침입 때 강화도에서 전성기를 이루었다.

12 고려 시대 대장경

문제풀이 초조대장경은 현종 때 거란의 침입을 막기 위해 간행되었다. 대구 부인사에 보관되었지만 몽골의 침입으로 소실되었다. 속장경은 초조대장경을 보완하기 위해 의천의 건의로 교장도감에서 간행되었다. 흥왕사에 보관되었지만 이 역시 몽골의 침입으로 소실되었다. 팔만대장경은 최씨 정권 때 몽골의 침입을 막기 위해 간행되었다. 현재 합천 해인사에 보관되어 있다. 또한 조선 시대 건립된 해인사 장경판전은 유네스코 세계 문화유산으로 지정되어 있다.

오답풀이 ① 청주 흥덕사는 직지심체요절이 간행된 곳이다.

13 묘청의 서경 천도 운동

문제풀이 묘청의 서경 천도 운동(1135)은 금에 대한 외교 정책을 둘러싸고 지배층 사이에 대립이 격화되어 일어났다. 즉 서경 세력인 묘청 등은 풍수 지리설을 근거로 서경으로의 천도와 북방의 금을 정벌할 것을 주장하였다. 반면 개경 세력인 김부식 등은 민생 안정을 내세워 금의 사대 관계를 주장하였다. 이에 묘청 세력은 국호를 '대위', 연호를 '천개'로 정하고 서경에서 반란을 일으켰다. 그러나 김부식이 이끄는 관군에 의하여 1년 만에 진압당하였다.

오답풀이 ② 무신이 권력을 장악하게 된 것은 무신정변(1170) 이후이다.

14 고려 광종의 정책

문제풀이 제시된 자료는 최승로가 시무 28조와 함께 성종에게 올린 5조 정적평이다. 5조 정적평은 태조~경종에 이르는 5대왕의 치적에 대한 잘잘못을 비판하여 경계할 것을 성종에게 권하기 위해 작성하였다. 최승로는 특히 광종의 왕권 강화를 위해 시행했던 호족 숙청과 노비안검법 등을 비판하였다. 광종은 쌍기의 건의로 과거제를 처음 실시하였고 스스로 황제를 칭하고 독자적인 연호(광덕, 준풍)을 사용하였다.

오답풀이 ㄴ, ㄹ. 성종 때의 일이다.

15 고려 무신 집권기 반란

문제풀이 무신 집권기에는 전국 곳곳에서 반란이 많이 일어났다. 망이·망소이의 난(1176), 김사미·효심의 난(1193), 만적의 난(1198) 모두 무신 집권기에 일어난 반란들이다.

16 고려 시대 역사서

문제풀이 고려 후기 일연의 「삼국유사」와 이승휴의 「제왕운기」에는 모두 단군 신화가 수록되어 있다. 이는 몽골 침략 이후 민족적 자주 의식을 고취하기 하기 위해서였다.

정답 및 해설

오답풀이 ㄴ. 고려 말 이제현의 『사략』이 성리학적 유교 사관에 입각하여 지은 역사서이다.
ㄹ. 고려 전기 태조~목종까지의 왕조를 기록한 『7대실록』이 이에 해당한다.

17 고려 공민왕의 정책

문제풀이 고려의 공민왕은 원·명 교체기를 이용하여 반원 자주 정책을 펼쳤다. 기철 등의 친원 세력을 축출하고, 내정 간섭 기구였던 정동행성이문소를 폐지하였다. 또한 원에 의해 격하된 관제를 복구하고 몽골풍을 금지하였다. 쌍성총관부를 공격하여 철령 이북의 땅을 수복하여 영토를 회복하였다.

오답풀이 ① 고려 정종이 북방개척을 위해 서경 천도를 추진하였다. 또한 인종 때 묘청이 풍수지리설을 근거로 서경 천도 운동을 일으켰다.
④ 고려 성종은 유교를 정치 이념으로 도입하였다.
⑤ 고려 광종은 왕권 강화를 위해 대대적으로 공신 및 호족 세력을 숙청하였다.

18 조선 세종의 정책

문제풀이 제시된 자료에서 이종무 장군으로 하여금 쓰시마 섬(대마도)를 정벌토록 한 것은 조선 전기 세종 때(1418~1450)의 일이다.

19 6조 직계제

문제풀이 제시된 자료에서 나타난 정치 제도는 6조 직계제이다. 6조 직계제는 6조에서 논의한 사안을 의정부를 거치지 않고 바로 국왕에게 직접 전달되도록 하는 정치 제도를 말한다. 조선 태종과 세조 때 실시되었는데 의정부의 세력을 약화시켜 왕권을 강화하려는 의도로 실시되었다.

오답풀이 ㄷ. 의정부 서사제에 관한 설명이다.
ㄹ. 조선 후기 실시된 탕평책에 관한 설명이다.

20 조선 시대 관리 선발 제도

문제풀이 ① 조선 시대에는 고려 시대와는 달리 무과가 있었으나 문과 합격자를 더 우대하였다. ② 소과(문과 예비 시험인 생원시와 진사시)에 합격한 이후에는 성균관에 입학할 수 있었다. ④ 과거 이외에도 음서, 천거, 취재 등을 통하여 관리가 될 수 있었다. 음서는 2품 이상의 관리 자제를 대상으로 하여 과거를 치르지 않고 특별 채용되는 제도이고, 천거는 고관의 추천으로 간단한 시험 통과 후 관직에 등용되는 것을 말한다. 또한 취재는 하급직을 뽑는 특별 시험이다.

오답풀이 ⑤ 조선 시대에는 음서 출신자와 과거 합격자에 대한 차별이 있어 과거 합격자가 음서 출신자보다 우대받았다.

21 성종의 업적

문제풀이 연산군의 아버지이자 조선의 9대 왕은 성종(1469~1494)이다. 성종은 훈구파를 견제하기 위해 사림파를 등용하였다. 또한 『경국대전』을 편찬하여 통치 방향과 이념을 제시하였으며 유교 정치의 추구하여 홍문관을 설치하고 세조 때 폐지되었던 경연을 부활하였다.

오답풀이 ① 고종 ② 영조 ③ 세종

22 조선 정조의 정책

문제풀이 정조는 왕권 강화를 위해 규장각을 설치하고 초계문신제를 실시하였다. 규장각은 왕실 도서관의 기능을 가진 기구로 신진 인사를 등용하는데 큰 역할을 하였고, 초계문신제는 젊은 문신 관료들을 선발해 규장각에서 재교육하는 제도이다. 또한 친위 부대인 장용영을 설치하여 군권을 장악하고, 수원 화성을 축조하여 그곳에 정치·군사 기능을 부여하고 화성으로 행차 시 백성들의 여론을 수렴하기 위해 노력하였다.

오답풀이 ② 균역법은 영조 때 도입되었다.(1751)
③ 비변사는 중종 때 외침에 대비하여 임시 기구로 처음 설치되었다.
④ 탕평비는 영조가 이인좌의 난 이후 성균관 앞에 세웠다.
⑤ 호포제는 흥선 대원군이 국가 재정 확충을 위해 실시한 군역제이다.

23 조선 후기 경제 상황

문제풀이 제시된 자료는 조선 후기 화가 김홍도의 풍속화이다. ① 15C 말 남부 지방에 개설되기 시작한 장시는 18C 중엽 전국에 1000여 개소가 개설되었다. 지방민의 교역 장소로서, 보통은 5일장이 열리지만 일부 장시는 상설 시장이 되기도 하였다. ③ 조선 후기에는 덕대(경영 전문가)가 물주에게 자본을 조달받아 채굴업자와 노동자 등을 고용하여 광산을 경영하였다. 분업과 협업이 발달된 것이 특징이다. ④ 공무역(개시)와 사무역(후시)을 통한 청과의 무역이 활발하였다. ⑤ 조선 후기 지주나 대상인들이 화폐를 고리대나 재산 축적에 이용하여 유통 화폐가 부족하게 되는 전황(錢荒)이 발생하기도 하였다.

오답풀이 ② 시전은 조선 건국 직후 설치되었다.

24 조선 시대 수취 제도

문제풀이 공물 수납을 중개하는 사주인들이 농간을 부려 자신이 가진 물건으로 공물을 대신 납부하고 농민들에게 엄청난 이익을 붙여 그 대가를 받는 방납의 폐단이 발생하자, 농민들의 공납 부담액이 크게 늘어났다. 이러한 폐단을 없애기 위해 가호마다 현물로 거두던 공납 방식을 토지의 결수에 따라 쌀이나 무명, 동전 등으로 납부하는 방식으로 변경하였다.

오답 풀이 ② 균역법 ③ 양전사업 ④ 영정법 ⑤ 관수관급제

25 고려와 조선의 지방 행정

문제 풀이 고려 시대는 지방 행정 조직을 일반 행정 구역인 5도와 군사 행정 구역인 양계로 나누었다. 지방관을 파견한 주현보다 파견되지 않은 속현이 더 많았다. 향·소·부곡은 일반 군현에 비해 더 많은 세금이 부담되는 지역이었다. 조선 시대에는 지방 행정 조직을 8도로 구분하여 모든 군현에 지방관을 파견하였다. 또한 향·소·부곡을 폐지하였다.

오답 풀이 ② 고려 시대에는 5도에는 안찰사를 파견하였고 양계에는 병마사를 파견하였다. 반면 조선 시대에는 각 도에 관찰사를 파견하였다.

26 통신사

문제 풀이 제시된 자료는 (조선)통신사이다. 통신사는 총12차례 파견되었는데 외교 사절 및 조선의 선진 문화를 전파하였다. 즉 통신사는 일본에 학문과 기술, 문화를 전달하는 역할을 했기 때문에 일본은 이들을 성대하게 대접하였다.

27 조선 후기의 사회 상황

문제 풀이 제시된 자료는 조선 후기의 사회 모습을 보여주고 있다. 조선 후기에는 신분제가 동요하여 신분내부에서의 계층분화와 함께 신분 계층 간의 이동 현상이 동시에 일어났다. 즉, 양반계층의 변화가 일어나 다수의 양반이 몰락하게 되었다. 또한 상민과 노비가 감소하고 양반의 수가 증가하게 되었다.

오답 풀이 ④ 일천즉천(부모 중 한쪽이 노비일 때 그 자식도 노비가 되는 제도)이 시행되다가 조선 후기에는 노비종모법(양인과 천인 사이의 자식일 경우 어머니의 신분을 따르는 제도)으로 변화되었다.

28 문화유산

문제 풀이 (가) 무구정광대다라니경 통일신라 시대의 인쇄물로 세계에서 가장 오래된 목판 인쇄물이다. 불국사 석가탑(3층 석탑)에서 발견되었다. (나) 직지심체요절은 현존하는 가장 오래된 금속 활자본으로 현재 프랑스 파리 국립 도서관에 소장되어 있다. (다)(라) 계미자는 태종 때, 갑인자는 세종 때 주조된 동 활자로 모두 주자소에서 제작되었다.

오답 풀이 ① 직지심체요절은 현재 프랑스 파리 국립 도서관에 소장되어 있다.

② 무구정광대다라니경에 관한 설명이다.
③ 세종 이후 인쇄 기술(갑인자)에 관한 설명이다.
④ 정유자(1777)에 관한 설명이다.

29 조선 후기 실학자

문제 풀이 제시된 자료는 박제가의 주장이다. 조선 후기 실학자인 박제가는 생산과 소비와의 관계를 샘에 비유하면서 절약보다 소비를 강조하였다. 수레와 선박을 이용할 것을 권장하고, 청과의 통상 강화를 주장하였다. 대표적인 저서로『북학의』가 있다.

오답 풀이 ① 안정복 ② 유수원 ④ 이익 ⑤ 정약용

30 강화도 조약

문제 풀이 제시된 자료의 대화는 1876년 일본과 맺은 강화도 조약에 관한 내용이다. 제10조에 "일본국 인민이 조선국 지정의 각 항구에 머무르는 동안에 죄를 범한 것이 조선국 인민에게 관계되는 사건일 때는 모두 일본 관원이 심판한다."라고 명시해 놓았다. 즉 치외법권을 인정한 불평등한 조약이다.

31 갑신정변

문제 풀이 〈가로〉 1. 조병갑 2. 신미양요 3. 삼정 〈세로〉 1. 갑신정변 2. 양반 ④ 갑신정변(1884)은 청군의 일부 철수, 일본의 지원 약속 등을 배경으로 하여 급진 개화파인 김옥균·박영효·홍영식 등이 우정국 개국 축하연을 계기로 일으킨 정변이다. 14개조 정강을 발표하여 급진적인 개혁을 추진하였으나 청군의 개입으로 3일 천하로 끝나게 되었다. 이후 청의 내정 간섭은 더욱 심해졌다. 또한 조선은 일본과 한성조약을, 일본은 청과 톈진조약을 맺었다.

오답 풀이 ① 임오군란(1882) ② 아관파천(1896) ③ 을미사변(1895) ⑤ 방곡령(함경도 : 1889, 황해도 : 1890)

32 상권 수호 운동

문제 풀이 제시된 자료에서처럼 외국 상인들의 내륙 진출 허용을 반대하고 이들의 퇴출을 요구했던 것은 1880년대 말의 상황이다. 임오군란의 결과 조·청 상민 수륙 무역 장정(1882)이 체결되면서 청 상인의 내지 통상권이 허용되고, 청과 일본 상인의 내륙 진출과 상권 침탈이 가속화되자 국내 상인들은 점점 몰락하게 되었다. 이에 시전 상인들을 중심으로 철시를 하고 황국중앙상회를 결성하는 등 상권 수호 운동을 펼쳤다.

오답 풀이 ② 보빙사는 1883년에 미국에 파견된 사절단이다.
③ 군국기무처는 1894년 1차 갑오개혁을 주도한 기구이다.

정답 및 해설

④ 운요호 사건은 1875년 일어난 일로 이 사건을 계기로 일본과 강화도 조약을 맺었다.
⑤ 김홍집은 1880년 2차 수신사로 일본에 다녀오면서 『조선책략』을 들여왔다.

33 근대적인 우편 업무

문제 풀이 1884년 정부는 우정총국을 설치하고 홍영식을 총판으로 임명하여 근대적인 우편 업무를 실시하고자 하였다. 그러나 개국 축하연에서 갑신정변이 일어나 폐지되었다. 1895년 을미개혁 때 우체사를 설치함으로써 우편 업무가 재개되었다.

34 국채 보상 운동

문제 풀이 국채 보상 운동은 김광제, 서상돈에 의해 1907년 대구에서 시작되어 전국으로 확산되었다. 대한매일신보, 제국신문, 황성신문 등의 언론 기관이 후원하여 금연 운동, 모금 운동을 전개하였다. 그러나 일제의 탄압으로 실패하고 말았다.

오답 풀이 ① 보안회(1904)는 일본의 황무지 개간권 요구를 저지하였다.
③ 물산 장려 운동(1923)은 평양에서 조만식 등이 전개하여 전국으로 확산되었다.
④ 독립협회(1896~1898)
⑤ 민립 대학 설립 운동(1922)

35 비석

문제 풀이 자료에 제시된 비석들을 건립 시기 순으로 나열하면 (가) 광개토대왕릉비 → (라) 단양 신라 적성비 → (나) 백두산 정계비 → (다) 척화비이다. (가) 현재 중국 길림성 집안시에 있는 광개토대왕릉비는 414년 광개토대왕의 아들인 장수왕이 아버지의 업적을 칭송하기 위해 세운 비석으로, 고구려의 건국 과정과 광개토대왕의 정복 사업을 연대순으로 기록하였다. (라) 현재 충북 단양에 있는 단양 신라 적성비는 진흥왕의 영토 확장 업적을 기록한 비석이다. 551년 이사부 등 여러 장수가 진흥왕의 명을 받고 한강 상류 고구려 영토를 차지하였다는 내용이 기록되어 있다. (나) 백두산 정계비는 1712년 조선과 청이 국경선을 정하고 백두산에 세운 비석이다. (다) 척화비는 흥선 대원군이 1871년 신미양요 후 전국에 세운 비석이다.

36 을사의병

문제 풀이 제시된 자료는 최익현의 『면암집』의 내용이다. 을사조약에 반대하여 일어난 을사의병은 최익현과 기정진 등의 유생의병장 뿐만 아니라 신돌석 등의 평민의병장의 활약한 의병 운동이었다.

오답 풀이 ① ⑤ 을미의병(1895)에 관한 설명이다.
③ ④ 정미의병(1907)에 관한 설명이다.

37 안중근 의사

문제 풀이 안중근 의사는 1909년 만주 하얼빈 역에서 통감부 초대 통감인 이토 히로부미를 저격하여 사살하였다. 그 후 체포되어 여순 감옥에서 사형되었다.

오답 풀이 ① 한인 애국단원인 이봉창은 일본 국왕 폭살 기도하였다.(1932)
② 김원봉은 윤세주 등과 함께 의열단(1919)을 만주 길림성에서 조직하여 의열 투쟁을 벌였다. 김익상, 김상옥, 나석주 등도 의열단원이다.
③ 강우규는 제3대 총독으로 부임하는 사이토 마코토 마차에 폭탄을 던졌으나(1919), 뜻을 이루지 못하고 체포되어 사형(1920)당했다.
⑤ 나석주는 동양 척식 주식 회사에 폭탄을 투척하였다.(1926)

38 대한제국과 광무 개혁

문제 풀이 제시된 자료에서 환구단(원구단)은 고종이 황제 즉위식을 거행했던 곳이고, 지계는 근대적 토지 소유권 제도를 확립하기 위해 발급했던 문서이다.

오답 풀이 ④ 통리기무아문은 정부가 개화 정책을 추진하기 위해 1880년에 설치한 기구이다.

39 임오군란

문제 풀이 임오군란은 구식군인에 대한 차별대우가 직접적인 원인이 되어 발생되었다. → 구식 군대는 일본 공사관을 습격하였고, 그 후 선혜청 당상 민겸호를 살해하였다.(①) → 이에 위협을 느낀 민비는 충주 장호원으로 피신하였다.(⑤) → 대원군의 재집권으로 5군영이 부활하고 통리기무아문이 폐지되었다. → 그러나 청군이 출병하여 군란을 진압하고(④) 대원군을 청으로 압송해 갔다.(②)

오답 풀이 ③ 전주성 점령은 동학 농민 운동(1894) 때의 일이다.

40 강화도

문제 풀이 제시된 자료는 강화도에 대한 탐구 학습 주제로 적절하다. ① 일본 군함 운요호가 강화도 앞바다에 불법 침입한 운요호 사건(1875)을 계기로 조선은 최초의 근대적 조약인 강화도 조약(1876)을 일본과 맺었다. ② 삼별초는 1270년 고려 조정의 개경 환도를 반대하며 강화도에서 항쟁을 하였다. ③

조선 전기에는 춘추관과 충주·전주·성주 등 4곳에 사고가 있었는데 임진왜란으로 전주 사고를 제외한 모든 사고가 불에 타버려 다시 4부씩 인쇄하였다. 춘추관·묘향산·태백산·오대산·강화도 마니산에 새로 사고를 설치하여 실록을 보관하였다. 마니산 사고의 실록은 1636년 병자호란의 피해를 입어 현종 때 보수하여 1678년에 가까운 정족산 사고로 옮겨졌다. ④ 1866년 프랑스 군은 병인박해를 구실로 강화도에 침입하였고, 외규장각 도서를 약탈하였다.

오답풀이 ⑤ 오페르트가 도굴 시도한 남연군의 묘는 충청도 덕산에 있다.

41 신민회의 활동

문제풀이 안창호, 양기탁, 이동휘 등이 주도하여 설립된 비밀 결사인 신민회는 국권 회복과 민주 공화정에 근거한 근대 국민 국가의 수립을 목표로 하였다. 실력 양성 운동과 함께 국외에 독립운동 기지를 건설하여 독립군 양성에도 힘썼다.

오답풀이 ① 3부 통합 운동은 1920년대 후반 일어나 남만주 지역에서는 국민부, 북만주 지역에서는 혁신의회가 결성되었다.
② 대한민국 임시정부는 3·1 운동 이후에 수립되었다.(1919)
③ 5적 암살단은 을사조약이 체결된 후 나철, 오기호 등이 친일파 처단을 위해 조직하였다.(1905)
⑤ 신한 청년당은 김규식을 파리 강화 회의에 파견하였다.(1919)

42 일제 시대 헌병경찰통치기

문제풀이 ① 조선 총독부는 1910~1945년 광복 때까지 한반도를 지배했던 일본의 통치 기관이다. ② 동양 척식 주식회사는 1908년 일제가 대한제국의 토지와 자원을 수탈할 목적으로 설치한 식민지 착취 기관이다. 토지 조사 사업 당시 미신고 토지 등을 싼 가격으로 불하 받았다. ③ 토지 조사 사업은 1912~1918년에 실시되었다. ④ 서대문 형무소는 을사조약 이후 국권 침탈을 시작하면서 일제가 만든 시설로, 1908년 경성감옥으로 만들어 1912년 서대문 형무소로 이름을 바꾸었다.

오답풀이 ⑤ 실력 양성 운동의 일환으로 1920년대 초 조만식 등은 물산 장려 운동을 주도하였다.

43 의열단의 활동

문제풀이 의열단은 1919년 김원봉, 윤세주 등이 1919년 만주 길림성 등에서 조직하였다. 신채호가 1923년 작성한 조선 혁명 선언을 활동 지침으로 삼아 무장 투쟁의 성격을 지녔다. 김익상(조선 총독부 투탄, 1921), 김상옥(종로 경찰서 투탄, 1923), 나석주(동양 척식 주식 회사 투탄, 1926) 등이 대표적인 의열단원이다.

오답풀이 ④ 이봉창과 윤봉길은 김구가 조직한 한인 애국단 단원이었다.

44 간도와 독도

문제풀이 제시된 자료에서 (가)는 간도, (나)는 독도이다. 숙종은 간도 지역에 1712년 조선과 청국 사이의 국경선을 표시한 백두산 정계비를 세웠다. 1883년에는 백두산 정계비의 '토문강'에 대한 해석을 둘러싸고 청과 의견 대립이 발생하여 귀속 문제가 발생하기도 했다. 대한제국에서는 간도 관리사 이범윤을 파견하여 교민 보호에 앞장섰다. 그러나 1909년 일제가 남만주 철도 부설권을 획득하는 대가로 청의 영도로 인정하였다. 독도는 조선 숙종 때 안용복이 에도 막부로부터 조선의 영토임을 확인하였고, 1900년 고종은 대한제국 칙령 41호를 발표하여 독도를 울릉도에 편입시켰다. 그러나 일제는 러·일 전쟁 중 독도를 일본의 영토로 강제 편입시켰고 현재까지 자국의 영토로 주장하고 있다.

오답풀이 ③ 일본이 철도 부설권을 얻는 대가로 청의 영토로 넘겨준 지역은 (가)간도이다.

45 일제 시대 민족 말살 통치기

문제풀이 신사 참배를 강요하고 금속을 공출해 갔던 시기는 중·일 전쟁(1937) 이후이다. 일제는 1930년대 대륙 침략을 본격화하면서 전쟁 물자를 조달하기 위해 놋그릇 등을 수탈해 갔고 학도 지원병, 징병제 등을 실시하여 인적 자원을 수탈했다.

46 김구

문제풀이 김구는 1931년 한인 애국단을 조직하고 1944년 대한민국 임시정부의 주석을 역임하였다. 광복 이후에는 1948년 남한만의 단독 선거에 반대하며 김규식과 함께 남북협상을 추진하기도 하였다.

오답풀이 ① 김구는 남한만의 단독 선거에 반대하여 5·10 총선거에 불참하였으므로 제헌 국회 의원이 되지 못하였다.
② 김원봉 ③ 여운형 ④ 김두봉

47 문맹 퇴치 운동

문제풀이 제시된 자료는 1930년대 동아일보에서 주관한 브나로드 운동이다. 조선일보는 문자 보급 운동을 주도하였다. 일본은 초기에는 이 운동들을 묵인하였으나, 점차 민족 운동의 성격을 띠자 탄압하였다.

오답풀이 ① 여성 운동 ③ 소년 운동 ④ 형평 운동
⑤ 물산 장려 운동

48 1970년대 경제 모습

문제풀이 1970년대 쌀 생산량을 높이기 위한 목적으로 통일벼를 개발,

보급하기 시작하였다. ⑤ 새마을 운동은 근면·자조·협동의 기치 아래 낙후된 농촌을 근대화시킨다는 취지로 1971년부터 정부 주도로 시작된 지역 사회 개발 운동이다.

오답 풀이 ① 경제 개발 5개년 계획은 1962년에 처음 수립되었다.

② 신한공사는 미군정이 설립하였다.

③ 삼백산업은 1950년대 발달하였다.

④ 우루과이 라운드는 1993년 체결되었다.

49 6월 민주 항쟁

문제 풀이 제시된 자료는 1987년 6월 민주 항쟁에 관한 사진이다. 1980년 5·18 민주화 운동의 진상 규명과 민주화를 요구하는 학생 운동이 확대되는 상황 속에서 1987년 1월 박종철 고문 치사 사건이 발생하면서, 6월 민주 항쟁이 일어났다. 4·13 호헌 조치 철폐, 독재 타도, 민주 헌법 쟁취 등을 주장하며 범국민적인 투쟁으로 발전하였다. 전개 과정에서 연세대생 이한열이 사망하는 사건이 발생하였다. 항쟁이 계속되자, 정부는 6·29 선언을 발표하여 대통령 직선제로의 개헌을 약속하였다.

오답 풀이 ㄱ. 한·일 국교 정상화는 1965년의 일이다.

ㄹ. 5·18 민주화 운동은 1980년의 일이다.

50 통일을 위한 노력

문제 풀이 제시된 자료를 순서대로 나열하면 (가) 1972년 → (다) 1985년 → (나) 1991년 → (라) 1998년이다.

MEMO

MEMO

자신의 나라를 사랑하거든
역사를 읽을 것이며,

다른 사람에게 나라를 사랑하게 하려거든
역사를 읽게 할 것이다.

영토를 잃은 민족은 재생할 수 있어도
역사를 잃은 민족은 재생할 수 없다.

역사학자, 독립운동가, 언론인
단재 신채호(1880~1936)